# 歴史総合の授業と評価

## 高校歴史教育コトハジメ

編著　金子 勇太・梨子田 喬・皆川 雅樹

清水書院

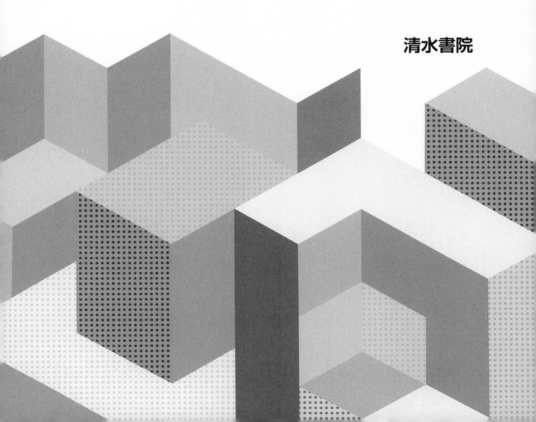

# は じ め に

　2018 年 3 月告示の高等学校学習指導要領で，地理歴史科において，新たに設置された必修科目である〈歴史総合〉の授業が 2022 年度より始まった。当該の学習指導要領で示された「主体的・対話的で深い学び」の実施とあわせ，高等学校現場に向けては，指導要録の改訂，観点別学習評価の実質的な導入などが進められている。

　本書は，2022 年度より始まった新科目〈歴史総合〉の授業実践と評価のあり方を検証する内容となっている。新科目導入の初年度を経験し，その経験を振り返る記録として，リアルを残す〈歴史総合〉初年度の奮闘記である。各執筆者による試行錯誤の様子や歴史を学ぶことへの思いの丈がここに記されている。

　〈歴史総合〉の目標の中には，「よりよい社会の実現を視野に課題を主体的に追究，解決しようとする態度を養う」とある。「よりよい社会の実現」という未来の社会を構想すること，そしてその社会には生徒ひとりひとりが自分の存在を認識できるようにしていくことが求められよう。学校教育で，歴史科目を学ぶ最後の授業となる生徒も少なくない。小学校，中学校で学んだこととつなげたりくらべたりしつつ，歴史を学ぶことが生徒自身の生き方やあり方に意義あるものとなるようにできうるのか。

　本書が，単なる授業実践集にとどまらず，〈歴史総合〉とは何か，〈歴史総合〉を通じて身につける力（≒「評価」）とは何かについて，〈歴史総合〉のこれからを検討・追求していくための土台となれば幸いである。

2023 年 10 月吉日

金子勇太・梨子田喬・皆川雅樹

※本書内では，学習指導要領における科目名には〈　〉を付しています。
　ただし，大学入学共通テストの科目名や授業内容に言及する場合には，「　」を使ったり，〈　〉を省略したりしています。

# もくじ

# 〈歴史総合〉とは何か
## ―歴史総合元年を終えて―

金子 勇太
青森県立青森高等学校

## 1. はじめに

　新科目〈歴史総合〉は，新学習指導要領（以下，「要領」）が 2018 年に告示された当初から，歴史学者，教育学者，授業実践を世に提供する意欲的な歴史教師などにより，さまざまな議論が述べられてきた。今回の要領改訂に伴う歴史領域科目の再編を「戦後日本の歴史教育の大改革」[i]，〈歴史総合〉を「画期的な科目」[ii]と評する期待がある一方で，日本史と欧米史を軸にすることで近代化・グローバル化の負の側面や，近現代の日本と東アジア諸国との関係の軽視を危惧する見方もあった。[iii]また，各教科書会社から教科書が示されると，その充実した内容から，学習進度の担保を懸念する声が現場教師から多く聞かれた。

　本稿のテーマは「歴史総合とは何か」である。歴史総合 2 年目を迎え，〈日本史探究〉〈世界史探究〉元年となる 2023 年度，改めて〈歴史総合〉の位置付けを考えることが趣旨である。しかし，地方の一介の高校教員である筆者には，あまりにも荷が重く，力量を大きく超えている。そこで，歴史総合元年における筆者の取り組みを示すことで，今後の〈歴史総合〉に関する議論に一石を投じることができればと考えた。

## 2. 〈歴史総合〉で身に付ける資質・能力とは？

　まずは，〈歴史総合〉で身に付ける資質・能力について再確認したい。要領では次のように示されている。

（1）近現代の歴史の変化に関わる諸事象について，世界とその中の日本を広く相互的な視野から捉え，現代的な諸課題の形成に関わる近現代の歴史を理解するとともに，諸資料から歴史に関する様々な情報を適切かつ効果的に調べまとめる技能を身に付けるように

する。

（2）近現代の歴史の変化に関わる事象の意味や意義，特色などを，時期や年代，推移，比較，相互の関連や現在とのつながりなどに着目して，概念などを活用して多面的・多角的に考察したり，歴史に見られる課題を把握し解決を視野に入れて構想したりする力や，考察，構想したことを効果的に説明したり，それらを基に議論したりする力を養う。

（3）近現代の歴史の変化に関わる諸事象について，よりよい社会の実現を視野に課題を主体的に追究，解決しようとする態度を養うとともに，多面的・多角的な考察や深い理解を通して涵養される日本国民としての自覚，我が国の歴史に対する愛情，他国や他国の文化を尊重することの大切さについての自覚などを深める。

　（1）は「知識及び技能」，（2）は「思考力，判断力，表現力等」，そして（3）は「学びに向かう力，人間性等」に関わるねらいを示しており，〈歴史総合〉が現代的な諸課題の形成に関わる近現代の歴史を理解するとともに，諸資料を基に歴史的事象について考察する歴史学の手法を学ぶことを通して，現代的な諸課題について考察する科目であることを示している。これは，コンテンツ中心であった歴史学習からの脱却であり，コンピテンシー重視への転換を示唆している。

　そして，上記のような資質・能力が身に付いているかどうかを把握するために，「指導と評価の一体化」がより重視され，高等学校においても本格的に観点別学習状況の評価を導入することに至った。評価方法についてもペーパーテストのみではなく，多種多様な方法を用いることが求められるようになった。また，評価を通して生徒の学習改善及び教師の指導改善を図るという形成的評価が強調されている。

　以上の資質・能力を身に付けるために，〈歴史総合〉は，A「歴史の扉」，B「近代化と私たち」，C「国際秩序の変化や大衆化と私たち」，D「グローバル化と私たち」の4つの大項目から構成されている。

## 3．〈歴史総合〉の授業をどのように行ったのか？

　それでは，筆者が行った１年間の〈歴史総合〉の授業を例にして，要領が示す資質・能力が身に付いていたのか，生徒自身は授業をどのように捉えたのかなどについて考察したい。以下の流れで授業の実際を紹介する。

（１）授業の前提（カリキュラム，授業担当者，使用教材，評価方法）

（２）授業の実際

（３）学習評価の実際

## （１）授業の前提（カリキュラム，授業担当者，使用教材，評価方法）

　筆者の勤務校では，１年生で〈歴史総合〉と〈地理総合〉を履修し，２年生から〈地理探究〉〈日本史探究〉〈世界史探究〉を選択履修するカリキュラムを構成している。ちなみに〈公共〉は２年生で履修する。令和３年度は３人の教員（日本史担当２人，世界史担当１人）で〈歴史総合〉を担当した。日本史担当である筆者が３クラス，もう１人の日本史担当が２クラス，世界史担当が１クラスを担当し，筆者が教材や評価のための素材（定期考査，レポートなど）を作成した。なお，本校では旧課程（現３年生）においては，１年生で現代社会を履修し，２年生で地理歴史の各科目を選択履修するカリキュラムである。そのため，令和３年度は新旧カリキュラムが混在し，地理歴史科担当教員の授業時数が極端に増加し，１人の週担当授業時数が平均17時間であった。このような状況だったので，本来ならば，〈歴史総合〉担当者同士が授業構築にあたり，協議することが必要であったのだが，なかなか十分な話合いの時間を割くことができなかった。

　教材は，教科書と資料集，そして自作のワークシート（生徒には授業プリントの名称で配付）の３種類である。ワークシートを基に授業を展開し，学習課題の解決を軸とした授業構成とした（**資料１**）。ワークシートには，学習内容を理解するための問いを設けて，知識の構造化をねらった。また，授業で使用する諸資料（統計資料，文字史料，絵画資料など）は，教科書や資料集に掲載されているものを活用したり，必要に応じて

教師が探し出した資料を，データでGoogle classroomを介して配付したりした。

評価方法については，**資料2**に示した方法を用いた。なお，ここでの評価とはいわゆる「評定に用いる評価」である。

資料1　ワークシートの一例

| 評価の観点 | 評価方法 |
|---|---|
| 知識・技能 | ●定期考査<br>●レポート |
| 思考・判断・表現 | ●定期考査<br>●レポート |
| 主体的に学習に取り組む態度 | ●レポート<br>●ワークシート<br>●振り返りシート |

資料2　「評定に用いる評価」の方法

## （2）授業の実際

当初，授業の内容について担当者同士で，どの歴史的事象を取り上げて，どこを省略するかというコンテンツの精選という視点で検討を進めた。しかし，世界史及び日本史のそれぞれの専門的視点で意見を交わすと，互いの歴史観の違いなどもあり，妥協点を見つけることが難しかっ

た。また，十分な話合いの時間を設定することができなかった。そこで「逆向き授業設計」の視点から，各授業においてどのような資質・能力を身に付けたいのかを軸に授業展開を構築するようにした。また，コンテンツの精選については，各大項目で示された「概念」（「近代化」「大衆化」「グローバル化」）を考察するために，必要な歴史的事象や人名などは何かという視点で行うことにした。

筆者の勤務校では，「知識及び技能」「思考力・判断力・表現力等」「学びに向かう力，人間性等」の３つの資質・能力のうち，「思考力・判断力，表現力等」の育成を重視している。これに従い，〈歴史総合〉の授業も「思考力・判断力・表現力等」の育成を軸とした授業づくりを目指すことにした。**資料３**は，授業デザインのイメージ図である。

```
        ┌─────────────────────────────────┐
        │ 歴史的な見方・考え方を働かせる「問い」 │
        └─────────────────────────────────┘
                        │
「学びに向かう力」の向上 ──┼── 「知識・技能」の活用
                        ▼
        ┌─────────────────────────────────┐
        │  「思考力・判断力・表現力」の育成  │
        └─────────────────────────────────┘
```

★「思考力・判断力」
　歴史に関わる事象の意味や意義，特色，事象相互の関連を多面的・多角的に考察する力，歴史に見られる課題を把握して，学習したことを基に複数の立場や意見を踏まえ，その解決を視野に入れて構想できる力
★「表現力」
　歴史に関わる事象の意味や意義について，自分の考えを論理的に説明する力，資料等を適切に用いて，歴史に関わる事象について考察，構想したことを効果的に説明したり論述したりする力，他者の主張を踏まえたり取り入れたりして，考察，構想したりしたことを再構成しながら議論する力

高等学校学習指導要領（平成30年告示）解説　地理歴史編より

**資料３　授業デザインのイメージ図**

歴史的な見方・考え方を働かせる「問い」を設定し，その「問い」を考察する過程で必要な知識を習得したり，諸資料から情報を収集してまとめたりする力を身に付ける。また，学んだことと現代の諸課題とを結び付けて考える主体性も身に付ける。つまり，「知識を覚えてから考える」のではなく，考えることで知識を習得し，深い理解につなげるという「知識」と「思考力」が一体化した学習展開を目指した。

歴史的な見方・考え方を働かせる「問い」については，小単元の中心となるメインクエスチョン（ＭＱ）と，ＭＱの考察に活用するサブクエスチョン（ＳＱ）を段階的に設定した。また，学習内容によっては，現

在の諸課題とつなげる問いも投げかけ，過去と現在とのつながりを意識できるような学習場面も設けた。

　資料4は，授業展開の一例である。資料4中の「資料」とは，ＳＱを考察するための素材として資料を活用することを意味しており，資料活用の技能の習得も目指している。また，授業の最後に「ナショナリズム」という概念の現代における意義について考察し，他者と意見交換する場面を設けた。

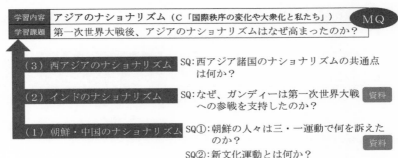

**資料4　授業展開の一例**


## （3）学習評価の実際

　学習評価については，『「指導と評価の一体化」のための学習評価に関する参考資料』（国立教育政策研究所）に示されている「評定に用いる評価」と「学習改善につなげる評価」の2つの評価を行った。

　「学習改善につなげる評価」の方法として，ワークシート（資料1）に記載された，ＭＱやＳＱに対する解答を参考にした。生徒は授業においてＭＱ及びＳＱを考察し，文章で表現する。その後，グループで互いの解答を共有することで，必要があれば加筆・修正する。さらに教師が示した解答例と比較し，再修正の必要性を検討する。ワークシートは，授業後に回収し，生徒がどのような「つまづき」をしていたのかを確認することで指導改善のヒントを得るようにした。資料5は，ある生徒が記載したＭＱ（資料4）に対する解答である。他の生徒との解答の共有

朝鮮やインドは独立を目指して運動が行われ、
中国は、二十一か条の要求が山東半島の権利がないことに対しての
不満が募っていたこと。
西アジアは、第一次世界大戦によってヨーロッパの勢力が弱まった
ことに伴い、アラブ人やエジプト人は自国の独立を目指して
ヨーロッパ諸国に反発した。オスマン帝国に対する不平等条約、
→イギリスの多重外交　イランに対する大戦中の列強の行動

資料5　ある生徒のMQへの解答

や，教師の説明などを経て，最初にまとめた解答を修正・加筆している。

次に「評定に用いる評価」についてであるが，先述したとおり，定期考査・レポート・ワークシート・振り返りシートなどを用いて観点別に評価した。

○「知識及び技能」の評価について

「知識及び技能」の評価方法は，主に定期考査を用いた。基本的な歴史的事象等の理解を空欄補充形式で問う設問や，複数の資料から得た情報を結び付けて解答を導く設問などを設定した（**資料6**）。

○「思考・判断・表現」の評価について

「思考・判断・表現」の評価は，定期考査と，大項目ごとに課したレポートを用いた。**資料7**は定期考査の問題の一例であるが，概念的知識などを理解し，適切に表現できるかという視点から出題している。

**資料8**は大項目B「近代化と私たち」の学習直後に課したレポートである。レポートには，「評価のめやす」という名称で評価基準を示し，作成の参考にするように指示した。

○「主体的に学習に取り組む態度」の評価について

「主体的に学習に取り組む態度」については，「知識及び技能を獲得したり，思考力，判断力，表現力等を身に付けたりすることに向けた粘り強い取組を行おうとする側面」（以下，「粘り強い取組」）と「自らの学習を調整しようとする側面」（以下，「学習を調整」）の2つの側面を評価することが示されている。

■基本的な歴史的事象に関する設問

（2）生徒がまとめた次のレポート中の空欄①～⑤に入る適切な語を答えなさい。

> 江戸時代の日本は、徳川幕府の直轄領と、二百数十におよぶ大名が内政をおこなう
> 【　①　】にわかれ、将軍は大名を臣従させて彼らへの軍事指揮権を握り、天皇の権威
> をよりどころとして全国を支配した。幕藩体制のもと、遠隔地海運が発展し、全国的な
> 市場が形成された。「【　②　】」と呼ばれた大坂には年貢米、蝦夷地や東北地方からい
> りこ・ふかひれ・干し鮑などの【　③　】や昆布などが運ばれ、物産の集積地になった。
> 蝦夷地産の昆布は長崎・薩摩藩・【　④　】経由で中国まで輸出された。8代将軍吉宗の
> 享保の改革では、綿作・朝鮮人参・サトウキビ、また、飢饉対策として甘藷など商品作
> 物生産を奨励した結果、【　⑤　】経済が農村にも浸透した。農村における土地を集積
> する有力百姓と田畑を失った小百姓への分化が生じ、また、天候不順による凶作で米価
> が下落、さらに浅間山の大噴火による飢饉の影響もあり、18世紀半ばから末まで人口が
> 停滞した。しかし、19世紀に入ると、織物業や製糸業といった農村工業が発達し、地域
> 間の分業と交易にもとづく経済成長が本格化して、再び人口増加が始まった。

■複数の資料からの情報を結び付ける設問

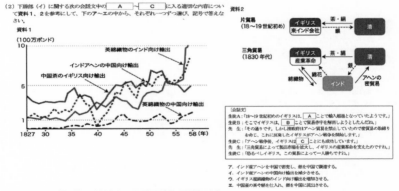

資料6　「知識・技能」を評価する問題の例

---

> 5　第一次世界大戦が国際社会に与えた影響について、次の語句を用いて200字以内で説明し
> なさい。なお、180字に満たないものは採点の対象としない。
> 　　総力戦　　　民族自決　　　国際協調　　　ナショナリズム

資料7　「思考・判断・表現」を評価する問題の例

　　前者の側面についてはレポート（**資料9**）で，後者は「振り返りシー
ト」（**資料10**）を評価方法として用いた。レポートは「思考・判断・
表現」の評価と同様に，大項目終了時に課した。「振り返りシート」

資料8 「思考・判断・表現」を評価するレポートの例

**課題2**

今日の世界にある貧富の格差について、一つ具体的な事例をあげて、格差が生じた歴史的背景や格差を解消するためにはどうすればよいと思うか、授業で学習したことをもとに自分の考えを述べなさい。

【レポート作成のめやす】

| A | 今日の世界にある貧富の格差に関する具体的な事例について、格差が生じた歴史的背景や格差を解消するための方策を学習したことや今後の学習内容についても触れて自分の考えを述べている。 | 評価 |
|---|---|---|
| B | 今日の世界にある貧富の格差に関する具体的な事例について、格差が生じた歴史的背景や格差を解消するための方策を学習したことをもとに自分の考えを述べている。 | |
| C | 事実の羅列のみで課題で求められている論点に答えていない。また、文章に論理性がない。※修正して再提出 | |

資料9 「主体的に学習に取り組む態度」を評価するレポートの例

については、筆者の勤務校では全教科において単元ごとに実施し、評価の参考にすることになっている。〈歴史総合〉では、レポート作成と同様に大項目ごとに行った。

「粘り強い取組」は、単に一生懸命に学習に取り組んでいるという態度面のみを評価するのではなく、獲得した知識及び技能を活用して思考力・判断力・表現力等を発揮できているかをレポートで評価した。また、「学習を調整」は、生徒自身が学習を振り返り、メタ認知できているのかということと、学習の前後において学ぶ意欲がどのように変化しているのかを「振り返りシート」で評価した。

〈歴史総合〉単元ごと自己評価シート【近代化と私たち】

| 結び付く世界と日本 | | | | |
|---|---|---|---|---|
| 知識 | ① | 18世紀のアジアの経済と社会に関する知識を身に付けることができたか。 | 4<br>3<br>2<br>1 | 身に付けた知識同士を結び付け、説明することができた。<br>身に付けた知識同士を結び付けることができた。<br>基本的な知識を身に付けることができた。<br>あまり知識を身に付けることができなかった。 |
| | ② | 世界の工業化と世界市場の形成に関する知識を身に付けることができたか。 | 4<br>3<br>2<br>1 | 身に付けた知識同士を結び付け、説明することができた。<br>身に付けた知識同士を結び付けることができた。<br>基本的な知識を身に付けることができた。<br>あまり知識を身に付けることができなかった。 |
| 思考・判断・表現 | ③ | 18世紀のアジア諸国における経済活動の特徴、アジア各地域間の関係、アジア諸国との関係などを考えて、表現することができたか。 | 4<br>3<br>2<br>1 | 特徴や関係性をいろいろな立場から考え、文章でわかりやすく表現することができた。<br>特徴や関係性を考え、文章で表現することができた。<br>特徴や関係性を考えることができた。<br>特徴や関係性を考えることができなかった。 |
| | ④ | アジア諸国と欧米諸国との関係の変容などを考えて、表現することができたか。 | 4<br>3<br>2<br>1 | 関係の変容をいろいろな立場から考え、文章でわかりやすく表現することができた。<br>関係の変容を考え、文章で表現することができた。<br>関係の変容を考えることができた。<br>関係の変容を考えることができなかった。 |
| 国民国家と明治維新 | | | | |
| 知識 | ⑤ | 立憲体制と国民国家の形成に関する知識を身に付けることができたか。 | 4<br>3<br>2<br>1 | 身に付けた知識同士を結び付け、説明することができた。<br>身に付けた知識同士を結び付けることができた。<br>基本的な知識を身に付けることができた。<br>あまり知識を身に付けることができなかった。 |
| 主体的 | ⑩ | 近代化の歴史の学習を振り返り、できた部分とできなかった部分は何ですか。<br>※自由記述 | | |
| | ⑪ | 近代化の歴史に関する学習を経て、自分の関心や理解が学習前と比較して、どのように変わりましたか。<br>※自由記述 | | |

資料10 「主体的に学習に取り組む態度」を評価する「振り返りシート」の例

## 4．生徒は〈歴史総合〉の授業をどのように捉えたのか？

　1年間の授業に関するアンケートを最後の授業で行った（対象生徒120名中，105名が回答［**資料11**］）。これを基に〈歴史総合〉の授業を生徒がどのように捉えたのかについて分析してみたい。

　まずは，項目③と④についてである。いずれも「1　とても役に立つ」，「2　役に立つ」の回答を合わせると9割以上であった。生徒は，ペアやグループでの学習活動が，自己の考えの相対化と深化に役立ち，さらに学習課題について考えアウトプットすることが，思考力の向上につながると感じたらしい。これらのことは，⑥と⑫の項目の記述にも多く見られた。

　次に⑤の中学校の学習との違いについてであるが，「知識を覚えるだけではなく，活用して考えるところ」「資料から情報を収集しまとめ，表現するところ」「ペアやグループでの学習活動が多いところ」という

| | 質問項目 | | 選択肢など | % |
|---|---|---|---|---|
| ① | 授業における説明について | 1 | とてもわかりやすい | 60.0 |
| | | 2 | わかりやすい | 38.1 |
| | | 3 | まあまあわかりやすい | 1.9 |
| | | 4 | わかりづらい | 0.0 |
| ② | ワークシートについて | 1 | とても見やすい | 41.9 |
| | | 2 | 見やすい | 47.6 |
| | | 3 | まあまあ見やすい | 9.5 |
| | | 4 | 見づらい | 1.0 |
| ③ | ペアまたはグループでの話合い活動について | 1 | とても役に立つ | 60.0 |
| | | 2 | 役に立つ | 31.4 |
| | | 3 | まあまあ役に立つ | 8.6 |
| | | 4 | 役に立たない | 0.0 |
| ④ | 学習課題を考えて、自分の考えをまとめる活動について | 1 | とても役に立つ | 60.0 |
| | | 2 | 役に立つ | 37.1 |
| | | 3 | まあまあ役に立つ | 2.9 |
| | | 4 | 役に立たない | 0.0 |

| ⑤ | 中学校での歴史の授業と〈歴史総合〉の授業との違いは何ですか？ |
|---|---|
| | ※同じような内容の回答が多いものには「複数」と示した |
| | ・ペアやグループでの活動が多いこと。（複数） |
| | ・歴史の出来事を「知る」ということから「理解する」というようになった。 |
| | ・語句の暗記だけではなく、時代の流れや同時期に外国で起こっていたことを常に考えるところ。（複数） |
| | ・身に付けた知識を使って自分の考えなどを表現する活動が多いところ。（複数） |
| | ・資料を読み取る能力や、それを相手に自分の言葉で伝える力を育てることを重視しているところ。（複数） |
| | ・単なる暗記ではないところ。（複数） |
| | ・中学校の歴史は「点」で高校の歴史は「線分」であるところ。 |
| | ・授業で習ったことをもとに、自分で考えたことや調べたことをレポートにまとめるところ。（複数） |
| | ・歴史を振り返るだけではなく、学んだ歴史を使って、今の時代のことを考えるところ。 |

| ⑥ | 〈歴史総合〉を学ぶことで、どのような力が身に付きましたか？ |
|---|---|
| | ※同じような内容の回答が多いものには「複数」と示した |
| | ・情報を読み取り、自分でまとめる力。 |
| | ・資料や過去の出来事を参考にして、関連性を考えて、これからの問題について考える力。（複数） |
| | ・社会の出来事の変遷について考える力。 |
| | ・背景や流れ、原因をいろいろな国や人の立場から考える力。 |
| | ・現在の社会を理解したり、学ぼうとする意欲。 |
| | ・今、世界で起きている出来事の背景や原因について考察できるようになった。 |
| | ・自分の知識をまとめて相手にわかりやすく説明する力。（複数） |
| | ・世界や日本の未来について考える力。 |
| | ・資料の内容と自分の知識を結び付けて、課題を解く力。（複数） |

| ⑦ | 〈歴史総合〉を学ぶことは、自分の将来の生き方や進路などに役に立ちますか？ | 1 | とても役に立つ | 24.8 |
|---|---|---|---|---|
| | | 2 | 役に立つ | 53.3 |
| | | 3 | まあまあ役に立つ | 21.9 |
| | | 4 | 役に立たない | 0.0 |

| ⑧ | ⑦で「とても役に立つ」「役に立つ」と答えた人のみ。どのような点が役立ちましたか？ |
|---|---|
| | ※同じような内容の回答が多いものには「複数」と示した |
| | ・過去のことを踏まえて未来について考えることができること。（複数） |
| | ・日常生活において、資料を読み解く力が身に付いたこと。（複数） |
| | ・ニュースをそのまま受けとめるのではなく、自分で学んだことを使って疑ってみること。 |
| | ・相手に自分の考えを伝える力を身に付けたこと。（複数） |
| | ・現代の問題を過去の解決方法を用いて解決できること。（複数） |
| | ・過去の過ちを繰り返さないようにできること。 |
| | ・外国の歴史を学ぶことで、海外の人と関わる時に役に立つ。 |

| ⑨ | 〈歴史総合〉で学習したことを、現代の様々な問題と関連付けて考えたことはありますか？ | 1 | あった | 79.0 |
|---|---|---|---|---|
| | | 2 | なかった | 21.0 |

| ⑩ | ⑨で「あった」と答えた人のみ。具体的にどのような問題と関連付けて考えましたか？ |
|---|---|
| | ※同じような内容の回答が多いものには「複数」と示した |
| | ・ロシアとウクライナとの問題（複数） |
| | ・領土問題（複数） |
| | ・現在の日韓関係（複数） |
| | ・現代の人権侵害に関する問題。 |
| | ・パレスチナ問題。 |
| | ・環境問題 |

| ⑪ | 〈歴史総合〉を学んでみて、もっと知りたくなったこと、学習してみたいことは何ですか？ |
|---|---|
| | ※同じような内容の回答が多いものには「複数」と示した |
| | ・近現代以前の歴史（複数） |
| | ・第二次世界大戦の国際関係の推移（複数） |
| | ・冷戦時の各国の対応 |
| | ・女性に関する歴史（複数） |
| | ・韓国の歴史。（複数） |
| | ・日本の歴史についてもっと深く学びたい。 |
| | ・現在の諸問題が、どのような原因で起こったのかもっと知りたい。（複数） |
| | ・ヒトラーなどの独裁者が支持された理由（複数） |

| ⑫ | 〈歴史総合〉の授業について、「感想」「要望」など、意見を自由に述べてください。 |
|---|---|
| | ※授業改善の参考になる「感想」「要望」のみを記載 |
| | ・現代の課題との結び付きが、授業内であまり感じられなかった気がします。 |
| | ・レポート作成は理解の定着に役立ったが、得意な人とそうでない人との差が気になった。 |
| | ・習ったことを確認する小テストをしたかった。 |
| | ・グループで分担して調べるのではなく、個人のほうがよいと思った。他の人がまとめたことは頭に入らなかった。 |
| | ・一問一答とかワークとかが欲しかった。 |
| | ・授業プリントにもっと資料を載せてほしい。 |
| | ・昔の歴史の内容も学びたいと思った。 |

資料 11　生徒へのアンケート結果

内容が多かった。

　⑥の〈歴史総合〉を通して身に付いた力に関する質問に対しては，「資料を基に自分の考えを文章にまとめたり，相手に伝えたりする力」「歴史的事象の関連性や推移，意義などについて考える力」という旨の内容が大半であった。

　⑦で〈歴史総合〉での学びが自身の将来について役立ったかについて質問したところ，「１　とても役に立つ」「２　役に立つ」の回答が８割弱，「３　まあまあ役に立つ」が約２割であった。さらに⑧で，どのようなことが役立ったのかについて記述形式で質問すると，大半が「資料から情報を収集する力の向上」「自分の考えを他者に伝える力が身に付いた」「現代の問題と過去の出来事を関連付けて考えることができるようになった」という，⑥での回答と重複する内容であった。

　⑨は，〈歴史総合〉で学習したことと現代の諸課題とを関連付けて考えたことがあるかどうかについての項目であるが，約８割が「１　あった」と回答した。現代の諸課題の具体として「ロシアとウクライナとの問題」「領土問題」の２つが圧倒的に多かった。

　最後に⑫で「感想」と「要望」を質問した。資料11には「要望」のみを示したが，「感想」の大半は，「知識を結び付けて考えることが役立った」「グループで意見交換することが楽しかった」など好意的なものであった。一方，要望の中には，個人での学習活動を望むものや，教材の工夫，小テストの実施により知識の定着を確認する場面の設定などが見られた。

　以上，アンケート結果について概観してみたが，要領に示された〈歴史総合〉で育成すべき３つの資質・能力と照らし合わせると，生徒は「知識及び技能」「思考力，判断力・表現力等」「学びに向かう力，人間性等」の向上を実感していると考えられる。

## 5．〈歴史総合〉とは何か―今後の課題と展望について―
### （１）大学受験に対応できるか？

　以上，筆者の１年間の拙い授業実践の詳細について紹介してきた。教

師も定期考査やレポートなどから，生徒の資質・能力の向上を実感している。

しかし，本当に要領等で示されている資質・能力が身に付いているのか，評価方法が妥当なのかという不安を拭いきれない。また，筆者の勤務校は，大半の生徒が大学進学を希望している。今の授業スタイルで大学入学共通テストに対応できるのかという大きな不安がある。大学入試への対応を悩む教師は筆者だけではないだろう。そこで，令和４年に大学入試センターから公表された，令和７年度大学入学共通テストの試作問題の「歴史総合」（日本史探究版と世界史探究版の両方）を生徒に取り組ませた。**資料12**は各設問の正答率である。生徒が取り組んだ時期は令和４年の２月下旬であり，学習内容を全て終わっていない状況であった。設問によって，正答率のばらつきはあるが，全体を平均すれば約55％であった。

| 科目 | | 問題番号 | 正答率(%) | 科目 | | 問題番号 | 正答率(%) |
|---|---|---|---|---|---|---|---|
| 歴史総合・世界史探究 | 第1問 | 問1 | 51.5 | 歴史総合・日本史探究 | 第1問 | 問1 | 74.0 |
| | | 問2 | 83.7 | | | 問2 | 42.7 |
| | | 問3 | 62.1 | | | 問3 | 36.6 |
| | | 問4 | 68.3 | | | 問4 | 57.3 |
| | | 問5 | 50.7 | | | 問5 | 47.1 |
| | | 問6 | 87.7 | | | 問6 | 60.8 |
| | | 問7 | 43.6 | | | 問7 | 61.2 |
| | | 問8 | 13.2 | | | 問8 | 59.0 |
| | | 問9 | 49.8 | | | 問9 | 44.1 |

資料12　試作問題の正答率

試作問題なので，慎重な判断を要するが，１年生で試験対策を全くしていない状態なので「それなりにできた」というのが，筆者の感想である。実施後にクラス全体に問題の難易度などを尋ねたところ，「すごく難しいとは思わなかった」「資料の読み取りが多かったが，普段の授業でやっていたので大丈夫だった」「もう少し知識を覚えていれば，もっとできていた」などの感想が寄せられた。もし，実際の共通テストも同じような形式で出題されるとすれば，筆者らの〈歴史総合〉の授業が受験に対応できていると考えてもよいのか，今後も検討を重ねたい。

## （2）課題について

「歴史総合元年」を終えて，改めて〈歴史総合〉の課題が提示されている。それらは，内容構成や科目目標など科目全体に関することや，学習の進め方や学習評価の方法などである。本稿の冒頭でも述べたが，全

てを語る力量は筆者には到底ない。ここでは、〈歴史総合〉のコンテンツと学習評価、そしてポスト〈歴史総合〉に関する課題について、〈歴史総合〉を実践した１人として私的な見解を述べたい。

## ○授業に関する課題

最初に２単位という少ない授業時数では要領に示されたコンテンツを終えることができないという課題である。これについては、〈歴史総合〉実施以前に教科書が提示されてから多くの意見が出ていた。筆者も全内容を「均等」に終えることができなかった。先に示した授業スタイルで学習を進めたところ、Ｄ「グローバル化と私たち」が大項目ＢとＣと同じ進め方では年度内に終えることができない状態に陥った。そこで、最後は教科書の小項目を一つずつ学習するのではなく、複数の小項目を一つにまとめ、小項目を横断する問いを設定し、グループによる調べ学習を行った。苦し紛れの思い付きであったが、ここに今後のヒントがあるかもしれないと感じた。教科書の章立てや項目をベースに授業を計画する教師は多いのではないか。筆者はそうである。そこから脱却して、要領などを参考に教科書の枠組みにとらわれることなく授業を構築する視点が必要ではないか。そのように授業実践を行っている教師もいる。もちろん、要領で示されたコンテンツの精選の検討も必要である。しかし、次回の改訂までは時間がかかるだろう。現状を改善するために早急な対応が求められている。

## ○評価に関する課題

次に学習評価についてである。観点別学習状況の評価に関しては、〈歴史総合〉のみならず、全教科・科目において、さまざまな評価方法及びそのシステム化が課題とされている。先述した筆者の評価方法を実施してみたが、さほど負担感は感じていない。確かにペーパーテストのみで評価することと比較すれば、作業量は断然増加しているが、多様な評価を用いることで、生徒のつまずきや指導の改善点を明確に把握することができた。評価に関する課題として「客観性」「公平性」が指摘されるが、それは果たして解決可能な議論であろうか。仮に入試のようにペーパーテストのみで評価し、数値による明確な結果が出たとしても、そもそも

テストにも作題者の主観は入り，完璧に客観的であるとは言い切れない。それよりも要領に示されたように，「信頼性」と「妥当性」を追及した評価のほうがよい。「信頼性」ある評価とはその基準を明確に示すことであり，「妥当性」ある評価とは説明責任を確実に果たせるものと筆者は考える。人が人を評価する限り，完全に客観的で公平な評価は難しい。しかし，評価に関する課題はある。それは，「ＡＢＣ」で評価する観点別学習状況評価と５段階の数値であらわす評定との関連性である。２つの評価の組合せ方法は各校の判断に委ねられているが，特に評定は大学入試等で用いられるものであり，より慎重な評価と説明責任が求められる。形成的評価を主眼とする観点別学習状況評価と総括的評価である評定をどう結び付けるのかについて，今後さらなる検討が必要である。

○ポスト〈歴史総合〉に関する課題

　最後に〈歴史総合〉の後についてだが，これについては２点ある。まず「探究科目」にどう接続していくかである。令和５年度から〈日本史探究〉〈世界史探究〉が実施されている。これらの授業に〈歴史総合〉で学んだことをどのように活用していくのかという新たな課題が生じる。〈日本史探究〉〈世界史探究〉ともに〈歴史総合〉における「資料から情報を読み取ったりまとめたりする技能」や「問いを表現する」ことを踏まえて学習を進めていくことが求められている。「探究科目」では標準単位数が３単位に設定されたことにより，内容の精選が必要であり，この状況で〈歴史総合〉の成果を「探究科目」に活用した授業実践を構築しなければならない。「探究科目」を実施してこそ，〈歴史総合〉の成果と課題が明確になるのだろう。

　そして，〈歴史総合〉しか履修しない生徒に対するこの科目の意義についての検証である。全ての高校で「探究科目」が設定されているわけではない。むしろ，〈歴史総合〉しかない学校の方が多いのかもしれない。小・中学校から学習してきた歴史学習を〈歴史総合〉で終える生徒に対して，〈歴史総合〉のレリバンスを考察する必要があるだろう。

## （3）展望について

　今年度（2023年度）は，筆者も含め２人で〈歴史総合〉を担当している。授業スタイルは昨年度のものをベースとしているが，マイナーチェンジを図りながら進めている。昨年度と大きく異なるのは授業デザインの視点である。１年間の経験を経て，「何を教えるのか」から「何を考えるのか」，「どこまで教えるのか」から「どの知識を使うのか」，「どうやって教えるのか」から「どのような学習が最適か」と変わった。授業の主体を教師から学習者にする視点の変化は〈歴史総合〉だけではなく，他の授業デザインにも活用している。これは，「主体的・対話的で深い学び」を実現する授業には不可欠であると考える。筆者が視点を変えることができたのは，〈歴史総合〉及び観点別学習状況の評価の実施の影響が大きい。課題は多々あるが，この２つの改革を今後の授業改善への大きなプラスと前向きに捉えているが，同様な考えをもつ教師は多いのではないか。

　「歴史総合とは何か」，筆者にとっては「ルネサンス」である。教員を目指して歴史教育を学んでいた学生時代の理想を，現場に出てさまざまな現実に直面して忘れかけていた。「歴史を学んで，何に役立つのか」という問いに対して，もう一度真摯に向き合う機会を与えてもらったと捉えている。「歴史を考える，歴史で考える」授業を模索したい。ただし，あまり無理はしない。まずは「持続可能な」授業をデザインしていきたい。

【注 記】
　ⅰ）君島和彦「歴史総合とはどのような科目か」歴史教育者協議会編『歴史地理教育』第880号，2018年，p.63
　ⅱ）小川幸司・成田龍一編『シリーズ歴史総合を学ぶ１　世界史の考え方』，岩波書店，2022年，p.6
　ⅲ）米山宏史「『歴史総合』－その批判的検討と授業づくりを考える」歴史教育者協議会『歴史地理教育』第881号，2018年，p.10
　ⅳ）西岡加名恵『教科と総合学習のカリキュラム設計－パフォーマンス評価をどう活かすか－』図書文化社，2016年などを参照されたい。
　ⅴ）『「指導と評価の一体化」のための学習評価に関する参考資料　高等学校　地理歴史』国立教育政策研究所教育課程研究センター，2021年，pp.10～11

# 序　評価の時代を生きるための航海図

若松 大輔
弘前大学大学院教育学研究科

## 1. はじめに

　現在，高等学校の教師は，「評価（assessment / evaluation）」を意識せざるをえない状況を生きている。このように述べるとき，すぐに思い浮かぶことは，観点別評価の全面導入と大学入試改革であろう。しかしながら，本書が主たる対象としている地理歴史科の科目〈歴史総合〉が成立したことも，「評価」の産物である。というのも，2018年告示の学習指導要領で〈歴史総合〉が新設された背景には，2006年に表面化した世界史未履修問題を契機に実施された，既存の歴史教育が抱えている構造的問題を把握・評価するための全国的な大規模調査と，文部科学省指定研究開発学校におけるカリキュラムの開発と評価の実証的研究の結果が反映されているためである。

　確かに観点別評価の導入と大学入試改革が，「評価」を意識せざるをえない状況を生み出したことは事実であるかもしれないが，「評価」という営みは，もとより世界に溢れている。現代を生きる人間が，モノ・コト・ヒトをよりよくしたいという欲望を持つ限り，そこに「評価」は存在している。よりよい生徒たちの学力を，よりよい授業を，よりよいカリキュラムを，よりよい学校を望むときに，「評価」という営みは必要不可欠である。換言すれば，「評価」によって，よりよい教育の世界が拓かれるのである。

　このような理由から教師には，評価の力量が求められていると言えよう。しかしながら，とりわけ高等学校では「評価＝テストによる成績づけ」であると捉えられてきた伝統が強く，「評価」は教育とは切り離された事務的な仕事，あるいは非教育的な行為であると考えられてきたようである。そのため，教師の専門性として，「評価」が数えられることはほとんどなかった。ただし，このことは日本に限ったことではない。

国際的にも，教師による評価の力量は，重要であるものの，十分にフィーチャーされてこなかった。では，暫定的に評価の力量としてどのようなことが求められていると言えそうか。

評価に関わる教師の力量の内実は，今後探究されるべきテーマであるが，たとえば次の3つの次元が提案されてきた。それは，評価の目的や方法などに関する概念的理解のことである「評価リテラシー」と，具体的な評価のデザインやフィードバック等の技術である「評価スキル」と，公正な評価実践をめぐる「評価に関する価値観」である（Gardner，2007，p.19）。このことを踏まえると，教師には，「評価」に関わる諸概念を理論的に理解した上で，各自の状況に基づき，適切で公正な評価実践を構想・実施することが求められていると言える。

「評価」の時代を協働的に舵取りしていくためには，共通言語が必要である。そこで本稿は，観点別評価への対応のためのハウツー的な情報提供を超えて，創造的な評価実践を構想・実施するための諸概念や考え方を提示することを目的とする。

## 2．さまざまな教育評価のかたち

教師にとっても生徒たちにとっても，「評価」は可能であれば避けたいと思われているかもしれない。このような印象は，評価という営みが，教育や学習とは独立しているという見方と，テストによる成績づけや選別の道具であるという見方が支配的であることに一因があると言える。そこでまずは，評価に対する見方を解きほぐし，立体的な評価観を共有するために，評価の対象と目的の類型を示したい。

### （1）何を評価するのか

教育評価とは何かを考える際に，評価の対象に着目することは重要である。なぜならば，教育評価と言っても，生徒たちの学力や学習を評価するのか，カリキュラムや授業を評価するのか，学校や教師を評価するのか等によって，具体的な評価のデザインは異なるためである。ここでは，科目〈歴史総合〉の評価が何を指しているのかを明瞭にする作業を

行いたい。

　教育評価の対象は，次のカリキュラムの3つの次元を区別すると整理しやすい（田中，2008）。第1に国家等の政策のレベルにおける「意図されたカリキュラム」，第2に教室において実際に教えている「実施されたカリキュラム」，第3に生徒たちが実際に学んだことや学んだと思っていることである「達成されたカリキュラム」である（Mullis & Martin，2017，p.4）。たとえば，「意図されたカリキュラム」とは，学習指導要領に記載された〈歴史総合〉の教育目標や教育内容のことである。そして，この「意図されたカリキュラム」に影響を受けつつ，各学校における教師によって実際に構想・実施された〈歴史総合〉の実践が「実施されたカリキュラム」である。「達成されたカリキュラム」は，教師によって具現化された教育実践を通して実際に生徒たちが学んだ内容である。この3つの次元は，それぞれにズレが生じる。つまり，学習指導要領に記載された〈歴史総合〉の目標と内容は，そのまま各教師によって創造される〈歴史総合〉の実践と同一ではない。さらに，それらの実践を通して生徒たちが実際に学び取っていることも，国家や教師の意図通りというわけではないのである。重要なことは，それぞれのカリキュラムとその評価は，一方で互いに影響を与え合うということと，他方で他の次元の議論に回収されない固有の論理と方法を有するということである。

　教師は，この3つの次元の評価に関わる。教師が「意図されたカリキュラム」である学習指導要領における〈歴史総合〉の目標と内容を批判的に検討することが理想的かつ有意義であるということは言うまでもないが，とりわけ「実施されたカリキュラム」と「達成されたカリキュラム」の評価には，教師が果たす役割が大きい。なぜならば，「実施されたカリキュラム」である各教室で実践された単元や授業は，さまざまな制約（たとえば検定教科書）は受けるものの，基本的には各教師によって創り出されたものだからである。「実施されたカリキュラム」を評価するということは，端的に言ってしまえば自身の教育実践に価値判断を下すということである。換言すれば，教師自身が構想した各単元における目

標とそれに基づく教育内容や学習評価の方法，そして各回の授業における教材や学習活動などの意義と課題を明らかにすることである。そのため，このことは中長期的な計画における教育目標や教育内容の選択と配列に関するカリキュラム評価に加えて，「授業評価」も含む。[i]

「達成されたカリキュラム」を評価するということは，実際に生徒たちが何を学んだのかということを理解し意味づけることである。このことは，「評価」に意識的でない場合であっても，普段から各教師が行っていることである。たとえば，テストによって生徒たちの学力の状況を把握したり，授業中の観察によって生徒たちの学習プロセスの状況を見取ったりといった具合だ。したがって，このことは，カリキュラム評価というよりも，「学習評価」として考えた方がイメージしやすい。学習評価とは，生徒たちの学習のプロセスと結果の双方を評価の対象とするものである。

科目〈歴史総合〉の評価の対象は，カリキュラムの次元に着目すれば，学習指導要領（教科書も含む），教育実践，生徒たちの学習のプロセスと結果，という３つに区別することができる。繰り返しになるが，教師による評価実践は，このうち自身の教育実践の評価と生徒たちの学習評価が中心となる。そして，この両者は往還しながら行われるべきである。なぜならば，生徒たちの学習は教師による教育実践と独立に生じているわけではないからである。つまり，やや強く表現すれば，生徒たちの学習は，教育実践の結果だからである。

さらに付言すれば，この両者の評価実践は，学習指導要領における〈歴史総合〉の目標と内容を評価するというボトムアップの回路にも開かれている。すなわち，この教室における評価実践の事例は，政策レベルのカリキュラムの妥当性を問い直すためのエビデンスになりうるのである。

## （2）評価の目的

次に，何のために評価するのかという視点から「評価」に形を与えていきたい。評価の目的に関する古典的な分類は，「形成的評価」と「総括的評価」の区別である。簡潔に言ってしまえば，前者は「改善のため」

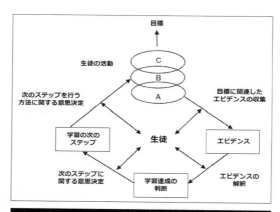

で後者が「報告のため」だと言える。この区分は，実施時期によるもの（たとえば単元末だから総括的評価という捉え方）ではなく，目的による区分であることに留意されたい。

　また，近年，学習評価の文脈で，学習者中心の発想に基づく再定義が行われている。たとえば，その場合の形成的評価の特徴は図1の通りである。さらに，概念の名辞の変更を提案するものもある。それが，「学習の評価」「学習のための評価」「学習としての評価」の3区分である（Earl, 2003）。「学習の評価」は，報告や証明を目的とするものであり，概ね総括的評価に該当する。「学習のための評価」は，学習の支援のために活用されるものであり，形成的評価の概念と大きく重なる。「学習としての評価」は，評価者が生徒たち自身であり，学習改善のための自

| 形成的評価の特徴 |
| --- |
| 教師が生徒たちと共有している各授業や一連の授業の目標が明確である |
| 生徒たちが学習のプロセスの中心にいて，学習を行うのは自分たちであるということを認識している |
| 生徒たちが，目標に関連したエビデンスを収集し解釈することに参加している |
| 教師と生徒たちは，一緒になって次のステップとそれを行う方法について意思決定を行っている |
| 教師は，生徒たちにフィードバックを提供し，生徒たちからのフィードバックを授業改善のために用いる |

図1　形成的評価の特徴
(Harlen, 2016, pp.698-699)

己評価，すなわちメタ認知における自己調整プロセスのことである。

　学習者視点による再定義においても，依然として「改善のため」と「報告のため」という目的を2つに区分する発想は残っている。そのため，近年の動向は，目的に関して全く新しい考え方が導入されたわけではないが，生徒たち自身が評価実践に参加していくことの重要性を提起したものとして受け止めるべきであろう（Harlen は「形成的評価」の枠組みの中に，Earl は「学習としての評価」の概念の中にこの考え方を取り入れている）。

　このような目的による評価の類型化を踏まえると，「評価」とは必ずしも教師がテストによって生徒たちの成績をつけることを意味しているわけではないということがわかる。また，「評価」とは，学習とは独立しているどころか不可欠な要素であると言えるだろう。以上，評価の対象と目的を整理することで，図2のように〈歴史総合〉の評価とは，多層的で多様な目的に関わる価値判断の営みであることが明確になった（「誰が」「何のために」「何を」評価するのかの組み合わせ）。なお，この図2は，ミニマムの要素しか入れていない。たとえば，評価の主体は，教師や生徒の他に保護者や地域の人々や研究者などを挙げることができるし，評価対象も教科書や各種研究団体によるスタンダードなどもありうる。少なくとも図2におけるバリエーションを各人が意識することは，〈歴史総合〉の評価に関して，議論のすれ違いを避けることにつながるだろう。では，次節では具体的な学習評価の方法について見ていこう。

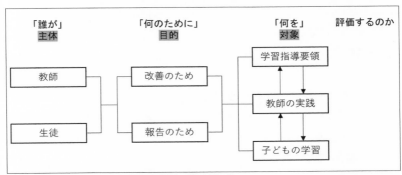

図2　〈歴史総合〉の評価の多様性（筆者作成）

### 3．学習評価の方法

　観点別評価の導入によって，高等学校において学習評価の方法に関する議論が盛んになっている。学習評価の目的と主体に関しては，前述したように，「報告のため」以外にも「改善のため」に用いられるべきであり，その評価者は教師だけでなく生徒たち自身でもありうるということを示してきた。では，具体的に学習評価の実践はどのようにデザインできるのだろうか。

### （1）目標に準拠した評価

　現在の指導要録では，相対評価ではなく，目標に準拠した評価を行うことが強調されている。しかしながら，それでもなお高等学校から目標に準拠した評価への懐疑の声がしばしば聞こえてくる。まずは，なぜ目標に準拠した評価を行うことが強調されているのかを探るために，相対評価の問題点を確認しておこう。

　相対評価は，戦前の教師による感覚に基づく主観的な絶対評価への反省から，「客観性」を有する評価のあり方として広がった考え方である。しかし，相対評価は，集団の中の相対的な位置を示すにすぎないものであり，「必ずできない子がいるということを前提とする非教育的な評価論であること」「排他的な競争を常態化させて，『勉強とは勝ち負け』という学習観を生み出すこと」「学力の実態を映し出す評価ではないこと」という問題点を抱えている（田中，2002，pp.18-19）。さらに，この相対評価というあり方は，評価という営みを教師による実践とも生徒の学習とも切り離して考える発想に立っていると言える。その結果，いくら相対評価を重ねても，教師の実践や生徒たちの学習がよりよくなるわけではない。

　このような相対評価に対する課題認識の上に，目標に準拠した評価が強調されているのである。目標に準拠した評価を前提として初めて，教師による実践と生徒の学習を評価で結びつけ，またその評価を「改善のため」に用いることで，実践と学習が相互に影響を与え合いつつ発展する動態的構造として捉えることができる。

## （2）目標と評価の一体化：妥当性と信頼性

　目標に準拠した評価を行っていく上で，まず重要なことは，明確な目標の設定である。明確であるということは，その目標が達成された生徒の姿を他者と共通にイメージすることができる状態のことを指す。「指導と評価の一体化」の必要性が言われてきたが，それ以前に大切なことは，「目標と評価の一体化」である（石井，2023，p.20）。このことを考える上で重要な評価に関する概念が「妥当性」と「信頼性」である。

　妥当性とは，ある評価方法が測定したいものを厳密に測定できている程度のことをいう。他方で，信頼性とは，測定の一貫性の程度のことをいう。たとえば，ある課題に対して複数の採点者が同じ評点を与えたとすれば信頼性は高いと言える。しばしば妥当性と信頼性は「トレードオフ」の関係であると言われてきた（Harlen，2016，p.696）。信頼性を高めるために，つまり誰が採点者であっても採点にズレが生じないために多肢選択式の問題や空欄補充の問題にすれば，批判的思考力など高次の学力を十分に測定することができない。また，批判的思考力を測定するために妥当性が高い論述問題にすれば，評価の一貫性，すなわち信頼性は怪しくなってくる。では，学校における評価実践としては，どちらを重視すべきなのだろうか。それは妥当性である。なぜならば，いくら信頼性が高い評価方法であったとしても，測りたいものを測れていない的外れな評価方法であれば，目標に準拠した評価を行う上で，全くの無意味だからである。まず妥当性を確保した上で，次に信頼性を高めていく工夫を行っていくべきである。

　妥当性がある評価方法の具体について，高等学校で歴史的思考力を育てることを主眼に置いていた加藤公明による実践を例に説明しよう。加藤実践における歴史的思考力は，「多くの確かな事実を踏まえ，論理的な思考を武器に，その歴史的真実をねばり強く追究する意欲と，あくまでも自分の頭（知識・体験・感性・思考パターン）を使って，個性に応じた歴史認識を作る能力」（加藤，1991，p.17）と定義されている。この学力は，3つの観点「なるべく多くの史料や確かな事実にもとづいて考えること（実証性）」「論理的・統一的に考えること（論理性）」「人ま

ねではなく，自分の知識や感性を使って，自分の頭で考えること（個性・主体性）」（加藤，2015，p.107）から構成されている。このような高次の学力がどの程度身についているのかを見取ることは，空欄補充の問題などではほとんど不可能である。加藤実践において，歴史的思考力の程度を見取るための妥当な評価課題として採用されていたものは，論述問題（たとえば「奈良時代の戸籍には女性が過多のものが多い。その理由について君の探究の成果を論述しなさい」）である（加藤，2015，p.147）。そしてこの論述問題は，「実証性」「論理性」「個性・主体性」の3つの観点で採点されて，よりよい論述に深化させていくためのコメントも付される。これは，「目標と評価の一体化」の典型的な例である。

　「目標と評価の一体化」を行うということは，育てたい学力を問うて目標を明確化する作業と，その学力を十分に可視化することができる，つまり妥当性の高い評価方法を構想することを意味している。このような「目標と評価の一体化」が実現されて初めて，「（教師の）指導と評価の一体化」と「（生徒の）学習と評価の一体化」の道が拓かれる。ここで誤解のないように強調したいことは，信頼性が不要であるということではない。むしろ，妥当性が確保された上であれば，信頼性は当然高ければ高いほどよい。この点，どのように高次の学力を評価する課題において信頼性を高めるのかについては後述していく。

## （3）観点別評価の具体化

　観点別評価の導入は，各教科目における学力とは何かを議論することを促すことになった。これまで地理歴史科の授業は，世界史未履修問題後の調査が明らかにしたように，生徒たちが大量の個別的・事実的知識を記憶再生（暗記）できるようになることに力点を置きがちであった。あるいは，このような記憶再生が歴史の学力ではないということに意識的であっても，歴史を大観する力や史資料を読み解く力などを育てる単元と授業やそれを見取るための評価方法が構想・実施されることは多くはなかったと言えよう。

　「知識・技能」「思考・判断・表現」「主体的に学習に取り組む態度」

という観点で評価することになったことで，とりわけ「思考・判断・表現」と「主体的に学習に取り組む態度」をどのように捉え，それを育てるための単元と授業をどのように構想し，またそのような生徒の学習をどのように評価することができるのかが議論になっている。教育実践を構想するときに，前述したように起点は目標の明確化である。〈歴史総合〉の「思考・判断・表現」に該当する学力とはどのようなものであろうか（本書 Focus「〈歴史総合〉と評価」（pp.272-279）も参照）。1つの回答として「歴史的思考力」が挙げられる。しかしながら，歴史的思考力とは何かと問われると，漠然としている。歴史的思考力の構成要素を細分化することは，少しは明確化につながるかもしれない。しかし，それでも命題的な言語化をいくら重ねても，同僚や生徒たちと想定している学力のイメージを共有することには依然として困難が伴う。言語で高次の学力を明確化することの難しさを踏まえると，明確化のための1つの有効な手立ては，特定の課題とその課題に期待されるパフォーマンスを組み合わせて表現することである。つまり，「本単元の目標は，この課題（具体的な課題）に対して，このようなことができる状態（具体的な生徒の作品）」といった具合である。このように，目標の明確化は，評価課題と期待されるパフォーマンスの具現化という行いとコインの裏表の関係として考えることができる。

　高次の学力を明確化する試みとして，特定の評価課題とパフォーマンスの組み合わせで表現することが有効であるとすれば，たとえば小川幸司が提起した「世界史実践の六層構造」は，〈歴史総合〉における「思考・判断・表現」という観点の内実を検討する際の参照枠組みになるであろう。「世界史実践の六層構造」は歴史学を含む歴史実践として定式化されたもの（表1）であるため，非常に高度な印象を受けるかもしれない。しかしながら，小川が「学生や生徒・児童は，歴史教師が研究の成果を教え込む客体なのではなく，歴史教師とともに歴史を探究していく主体である。歴史を探究する主体どうしが対等なパートナーとして歴史対話を展開することで，私たちは互いの歴史認識（歴史実証・歴史解釈・歴史批評・歴史叙述の総体）を鍛えることができ，ひいてはそれが社会の

集合的記憶を鍛え上げる営み（歴史創造）になっていくのであろう」（小川，2021，p.16）と述べるとき，この歴史実践が歴史学研究者や研究者を志している学生だけではなく，広く生徒と大人たちを視野に入れながら，市民としての歴史的主体に求められるパフォーマンスとして考えられている。これらは，歴史実践というパフォーマンスの特徴を示したものであり，熟達の程度は含まれていない。各教師が，これらの特徴を踏まえて，目の前の生徒たちにとって求められるパフォーマンスの水準を設定していく必要がある。その時に，具体的な特定の課題とパフォーマンスで描くことが有効であるということは言うまでもない。このような歴史実践それ自体を評価することは，第一義的には当然「思考・判断・表現」の観点になるが，同時に「主体的に学習に取り組む態度」の観点も評価することができる。なぜならば，このような歴史実践は，「問い」と「答え」の距離が長い課題であり，そのような課題と向き合うということは，認識を深めるための粘り強さと自己調整も要求されるためである[iii]。

| 歴史実証 | 問題設定に基づき，諸種の史料の記述を検討（史料批判・復元・解釈）することにより，問題設定に関わる「事実の探究」（確認・復元・推測）を行う。 |
|---|---|
| 歴史解釈 | 事実間の原因と結果のありよう（因果関係）やつながり（連関性・構造性），そして比較したときに浮かび上がること（類似性・相違性）について問題設定に関わる仮説を構築することにより，「連関・構造の探究」を行う。 |
| 歴史批評 | その歴史解釈について，より長い時間軸やより広い空間軸においてみたときの意義や，現代の世界に対する意義について，「意味の探究」を行う。 |
| 歴史叙述 | 歴史解釈や歴史批評を論理的・効果的に表現する「叙述の探究」を行う。 |
| 歴史対話 | 以上の試みについて事実立脚性と論理整合性に基づいて検証を重ね，特に歴史実証の矛盾や歴史解釈の矛盾のうえに歴史批評や歴史叙述が行われていないか，歴史批評や歴史叙述のありかたが歴史実証・歴史解釈を歪めていないかなどを，他者との協働によって考察することにより，「検証の探究」を行う。 |
| 歴史創造 | 歴史を参照しながら，自分の生きている位置を見定め，自分の進むべき道を選択し，自らが歴史主体として生きることにより，「行為の探究」を行う。 |

表1　世界史実践の六層構造（小川，2021，pp.13-14）

　ここまで見てきたように，観点別評価を行う際には，それぞれの観点における学力の内実を明確化することが必要である。そして，その明確化の作業は，特定の課題と期待されるパフォーマンスを描くことが有効であろうと述べてきた。「知識・技能」の評価は，従来のテストで十分

に妥当性の高い評価が可能である。一方で、「思考・判断・表現」と「主体的に学習に取り組む態度」の評価は、テストにおける作問の工夫では限界がある。そこで、たとえば、表2のように、1学期間のうちいくつかの単元において、歴史実践というパフォーマンスを評価するような課題を設定することで無理なく妥当な評価をすることができるだろう。

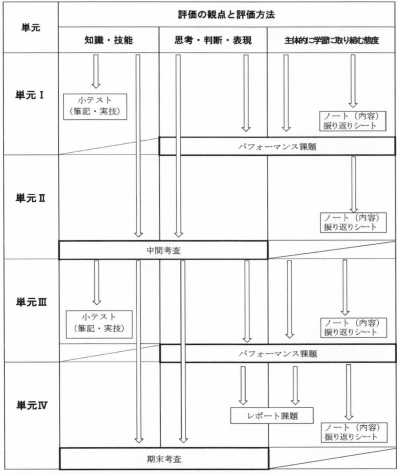

表2　1学期間における各観点の評価場面の設定の例
（大阪府教育委員会，2021，p.15）

## （4）評価の信頼性を築く

　「思考・判断・表現」の観点に該当する目標に妥当な評価方法として，歴史実践というパフォーマンスを評価対象とするような論述課題を設定した場合，次の検討事項は信頼性についてである。論述課題における生徒の記述は，空欄補充や多肢選択式の問題と異なり，一意には定まらない。「同じ」記述ではなく，「質的に同じ程度の」記述を「同じ」だと判断する必要性が出てくるのである。この判断には，評価者によるパフォーマンスに関する鑑識眼が求められる。どの教師が採点しても，あるパフォーマンスに対して同じ判断を下せることが望ましいが，現実的ではない。同僚間で，鑑識眼の程度や，何を重視しているのかという価値観の相違によって，採点は異なってしまうからである。また，１人の教師が採点しても，一貫性をもって「質的に同じ程度の」記述を「同じ」だと判断できるとも限らない。

　そこで，信頼性を確保するために，評価者の頭の中にあるパフォーマンスに対する質的判断の規準（クライテリア）と基準（スタンダード）を外化することが１つの有効な方略である。この外化したものがルーブ

| | 5つの要素 | 具体的な姿 | Lev.1 | Lev.2 |
|---|---|---|---|---|
| (1) | 史料を批判的に読む力 | 一次史料と二次史料を区別し、情報源を調べ、書き手の背景を知る | 一次史料と二次史料の区別や情報源の特定ができていない | 一次史料と二次史料を区別し情報源を明らかにしたうえで、何が書いてあるか説明することができる |
| (2) | 歴史的文脈を理解する力 | 史料から得られた情報を歴史的な文脈や背景に沿って正しく理解する | 史料から得られた情報が位置づけられる時代の特徴を捉えることができない | 史料から得られた情報を時代の特徴と関連付けて説明することができる |
| (3) | 歴史的な変化を因果的に理由づける力 | 歴史的な変化の様々な要因を因果的に理由づける | 歴史的事象が生じた理由について、その要因を挙げることができていない | 歴史的事象が生じた理由について、その要因を挙げることができる |
| (4) | 歴史的解釈を批判的に分析する力 | 歴史的解釈を批判的に分析し、新しい解釈と比較検討する | 歴史的事象に対して、史料に基づいて解釈することができていない | 歴史的事象について、多様な史料を基に、自分なりに解釈することができる |
| (5) | 歴史を現代に転移させる力 | 歴史上の社会的変化の因果関係を現代の類似した問題構造に応用する | 歴史的事象の因果関係を現代の類似した問題構造に当てはめることができていない | 歴史的事象の因果関係を現代の類似した問題構造に当てはめることができている |

表3　歴史的思考力のルーブリックの例（神田・中村，2022，p.45）

リックである。ルーブリックとは，**表3**のように尺度とそれぞれのパフォーマンスの質を説明した記述語から構成されている（なお，この**表3**のルーブリックは，歴史学習におけるあらゆる課題に適用可能な汎用性のあるルーブリックであり，これとは異なって，ある特定の課題に対してのみ使用できるルーブリックのことは「特定課題ルーブリック」と呼ばれる）。生徒たちの作品（パフォーマンス）に対して，同僚と判断結果をすり合わせながら協働してルーブリックを作成していくことは，信頼性を高めることにつながる。

　また，教師の頭の中にある質的な判断を外化することは，評価結果に対する生徒たちの納得にもつながる（透明性の確保）。このようにルーブリックの意義は，教師間の採点結果の調整や生徒に対する説明責任にあると言える（ルーブリックの功罪については本書Focus「発散的課題の学習評価」（pp.280-287）を参照）。そうだとすると，ルーブリックとして外化された質的判断の内実を他者と共有できなければならない。換言すれば，ルーブリックの記述語を読めば，誰もが「質的に同じ程度の」パフォーマンスの姿をイメージできる必要がある。このように考え

| Lev.3 | Lev.4 |
|---|---|
| 一次史料と二次史料を区別し情報源を明らかにしたうえで、書き手の背景を説明することができる | 一次史料と二次史料を区別し情報源を明らかにしたうえで、なぜ書かれたのか説明することができる |
| 史料から得られた情報を前後の時代の特徴と関連付けて説明することができる | 史料から得られた情報を各時代の特徴と関連付けながら説明することができる |
| 歴史的事象が生じた理由について、特定の要因を関係づけて説明することができる | 歴史的事象が生じた理由について、複数の要因を関係づけて説明することができる |
| 歴史的解釈を取り上げ、新しい解釈と比較し、違いを提示することができる | 多様な史料に基づいて、それぞれの歴史的解釈の妥当性について議論することができる |
| 歴史的事象の因果関係を現代の類似した問題構造に当てはめ、あるべき方向性を提示できる | 歴史的事象の因果関係を現代の類似した問題構造に当てはめ、具体的な解決策を構想できる |

ると，目標の明確化における命題的な言語表現の限界と同様で，ルーブリックも具体物で構成する方が，他者との共有可能性は高まると言えるかもしれない。生徒たちは，ルーブリックがあるから納得するのではなく，教師による質的判断が妥当だと思えたときに納得するのである。そのためには，生徒たち自身も，望ましいパフォーマンスの具体的なイメージをある程度理解しておく必要があろう。

## 4．おわりに

　本稿では，主として〈歴史総合〉の新設と観点別評価の導入という2つの改革の荒波を踏まえ，〈歴史総合〉における評価実践を構想・実施していくための概念や考え方を紹介してきた。「評価＝テストによる成績づけ」という一面的な見方は，多くの人々を苦しめてきた。「評価」とは，何かを理解して意味づけるという創造的な行為であるという原初的な意味に立ち返り，「評価」を飼いならすことは，教師と生徒のウェルビーイングに寄与するのではないだろうか。

### ◆ 参考文献

・ Earl, L., Assessment as Learning: Using Classroom Assessment to Maximize Student Learning, Corwin Press, 2003.
・ Gardner, J., "Is Teaching a 'Partial' Profession?," Making the Grade, 2007, pp.18-21.
・ Harlen, W., "Assessment and the Curriculum", In Wyse, D., Hayward, L. & Pandya, J. (eds.), The Sage Handbook of Curriculum, Pedagogy, and Assessment, SAGE, 2016, pp.693-709.
・ Mullis, I. V. S. & Martin, M. O. (Eds.), TIMSS 2019 Assessment Frameworks, TIMSS & PIRLS International Study Center, 2017.
・ 安彦忠彦『学校の教育課程編成と評価』明治図書出版，1979年。
・ 石井英真『中学校・高等学校 授業が変わる学習評価深化論』図書文化社，2023年。
・ 大阪府教育委員会『新学習指導要領の趣旨を踏まえた「観点別学習状況の評価」実施の手引き』2021年。
・ 小川幸司「〈私たち〉の世界史へ」小川幸司編『世界歴史1 世界史とは何か』岩波書店，2021年，pp.3-79。
・ 加藤公明『わくわく論争！考える日本史授業』地歴社，1991年。
・ 加藤公明『考える日本史授業4：歴史を知り，歴史に学ぶ！今求められる《討論する歴史授業》』地歴社，2015年。

・神田健介・中村怜詞「歴史的思考力の育成をめざした高等学校歴史授業の考察：歴史を現代に転移する力に着目して」『学校教育実践研究』第5巻，2022年，pp.43-55。
・澤井陽介『できる評価・続けられる評価』東洋館出版社，2022年。
・田中耕治『指導要録の改訂と学力問題：学力評価論の直面する課題』三学出版，2002年。
・田中耕治『教育評価』岩波書店，2008年。
・古川善久「授業評価を起点としたカリキュラム評価」田中統治・根津朋実編『カリキュラム評価入門』勁草書房，2009年，pp.91-112。
・若松大輔「観点別評価との付き合い方」宮﨑亮太・皆川雅樹編『失敗と越境の歴史教育：これまでの授業実践を歴史総合にどうつなげるか』清水書院，2022年，pp.138-147。

【注 記】

i ）「カリキュラム」と「授業」の関係性は曖昧である。というのも，伝統的に授業論が独自に展開してきた日本に対して，英米圏は「curriculum」を多層的に捉えることで授業の次元や生徒が経験した次元までも含む概念として発展してきたためである。日本において授業の次元をカリキュラム（教育課程）の教育方法的領域として捉える立場については安彦（1979）を参照されたい。また，「授業評価」と「単元評価」と「カリキュラム評価」を明確に区別して入れ子構造で捉えることもできる（古川，2009）。

ii ）指導要録が有する「指導機能」と「証明機能」（田中，2008）や，その解説で言われている「指導に生かす」と「記録に残す」（澤井，2022）のように2つを区別することも基本的に同じ発想である。

iii）「主体的に学習に取り組む態度」は，歴史実践のような「思考・判断・表現」を見取るための評価課題と同時に見取る場合と，「思考・判断・表現」とは異なる評価場面（典型的には生徒自身によるふりかえりの場面）を設定する場合がある（若松，2022）。

# 〈歴史総合〉の授業づくりについて

国士舘大学客員教授　加藤公明
<ruby>加<rt>か</rt></ruby><ruby>藤<rt>とう</rt></ruby><ruby>公<rt>きみ</rt></ruby><ruby>明<rt>あき</rt></ruby>

## はじめに

　2023年の春，今まで「学習指導要領（2018年告示）」の規定やそれに準拠して制作された教科書の記載でしかなかった〈歴史総合〉が，実践報告として現実の姿を見せ始めた。高校における歴史教育のあり方を根底から変革するとされる新科目の誕生だが，実際に授業を担当した教師たちはどのようにこの新科目に向き合ったのだろうか。自分が考える「あるべき歴史の授業」が実現できる歴史教育の新たなステージとして歓迎し，積極的に授業づくりをしたのだろうか。そのような関心から実践報告を読んでいるのだが，どうもそのように思えないものが多いというのが私の率直な感想である（むろん，革新的で意欲的な実践も散見されるが…）。これまで自分が実践してきた授業や開発した教材をいったん反故にして，この新しい科目の授業づくりにトライしてみたといった，いわば試作品を見せられている感じであった。

## 歴史教育の原点－教師こそ授業づくりの主体

　そうなってしまうのは理由がある。〈歴史総合〉は実践するに難しい科目だからである。「学習指導要領」が求める要件は多岐にわたる。例えば「目標」だが，前回の「学習指導要領（2009年告示）」では「我が国の近現代の歴史の展開を諸資料に基づき地理的条件や世界の歴史と関連付け，現代の諸課題に着目して考察させることに

よって，歴史的思考力を培い，国際社会に主体的に生きる日本国民としての自覚と資質を養う」（日本史Ａ）といったものだった。対して，〈歴史総合〉の「目標」は下のように長文化した。

---

　社会的事象の歴史的な見方・考え方を働かせ，課題を追究したり解決したりする活動を通して，広い視野に立ち，グローバル化する国際社会に主体的に生きる平和で民主的な国家及び社会の有為な形成者に必要な公民としての資質・能力を次のとおり育成することを目指す。
（1）近現代の歴史の変化に関わる諸事象について，世界とその中の日本を広く相互的な視野から捉え，現代的な諸課題の形成に関わる近現代の歴史を理解するとともに，諸資料から歴史に関する様々な情報を適切かつ効果的に調べまとめる技能を身に付けるようにする。
（2）近現代の歴史の変化に関わる事象の意味や意義，特色などを，時期や年代，推移，比較，相互の関連や現在とのつながりなどに着目して，概念などを活用して多面的・多角的に考察したり，歴史に見られる課題を把握し解決を視野に入れて構想したりする力や，考察，構想したことを効果的に説明したり，それらを基に議論したりする力を養う。
（3）近現代の歴史の変化に関わる諸事象について，よりよい社会の実現を視野に課題を主体的に追究，解決しようとする態度を養うとともに，多面的・多角的な考察や深い理解を通して涵養される日本国民としての自覚，我が国の歴史に対する愛情，他国や他国の文化を尊重することの大切さについての自覚などを深める。

---

　違いは単に文字数だけではない。前回のものは「日本国民としての自覚と資質を養う」とされながらも，その内実が具体的に規定されてはいなかった。つまり目標とされる「自覚と資質」とはどのような内容を指し，それをいかにして「養う」かも基本的に授業者（教師）の裁量に任されていた。しかし，〈歴史総合〉では目標である「公民としての資質・能力」の内実とその育成法が（1）から（3）と

して示されている。その評価（良し悪し）は実践者それぞれの（歴史）教育観によろうが，はたしてどのような授業が（1）から（3）に適合するのか。自分が実践しようとしている授業はどうなのかと，教師たちが疑心暗鬼になるのは無理からぬ事である。「目標」だけではない。近現代史を「近代化と私たち」「国際秩序の変化や大衆化と私たち」「グローバル化と私たち」という3つの観点で捉えるとする点についても，そのような歴史観に賛同する教師ばかりではない。それぞれに自分の歴史観にもとづいて実践をしてきた教師たちは，これまでの自分の授業とは違う単元構成や教育内容などを考えなければならない。いったいどうすればいいのか。いきおい，「学習指導要領」が求める〈歴史総合〉の授業とはいかなるものか，その典型はこれだといえるものを求めての模索に多くの教師が追いやられた。そんな情景が私には浮かぶのである。

　たしかに，現在の日本の学校教育において「学習指導要領」を無視して授業することはできない。しかし，それはあくまでも「大綱的な基準」であることは文部科学省自身が認めていることであるし，各学校にたいして「創意工夫を生かした特色ある教育課程を編成・実施されるようお願いしたい」（『高等学校学習指導要領解説　地理歴史編（2018年告示）』「まえがき」）ともしているわけで，教師の授業者としての主体性が否定されているわけではない。歴史教育とは児童・生徒（子ども・青年）を歴史認識の主体として成長させ，そのことによって有為な公民（市民・主権者）に育てることである。そのためには彼らが歴史に対してどのような興味・関心・問題意識（歴史意識）を持ち，いかなる歴史感（観）を有しているかを把握し，その成長・発達に寄与する授業を構想し，地域に根付いた実践をしていかなければならない。それが出来るのは現場の教師しかいない。歴史教育の原点はそこにある。教師は「学習指導要領」の指図通りに仕事（授業）をする請負人でも，文科省に言いなりの「下請け業者」でもない。今，目の前にいる生徒たちにとって楽しく，彼らの

成長に価値ある授業の創造こそが社会から付託された教師の授業者
としての仕事なのである。「学習指導要領」は本来そのような教師
の仕事を円滑かつ効果的に行い得るように教科・科目編成などの枠
組を整備し，全国の教師が共通して目指すことのできる教育内容の
おおまかなアウトライン（「大綱的基準」）を明示し，それぞれの教
科・科目が必要とする単位数を過不足なく設定する，つまり授業と
いう教師にとっては教える場（ステージ）であり児童・生徒にとっ
ては学習の場を保証するという役割を果たすものでなくてはならな
い。したがって，例えば，先述のように〈歴史総合〉では「近代化
と私たち」などの3つの観点で近現代の世界と日本の歴史を捉え
させようとしているのだが，果たしてこの3つは生徒の歴史意識
を振起し，歴史観の刷新を実現し，歴史認識の主体としての成長を
実現するに資する観点たりえるであろうか。新自由主義とポピュリ
ズムの時代に生きている現代日本の高校生が，その弊害である格差
と差別の増大を阻止し，平等で民主的な社会への展望を確信できる
ような歴史認識を獲得するためには，日本国憲法に具現化されてい
る基本的人権の尊重はどのような歴史的な推移や人々の思想，運動
によって実現されてきたのかを広く世界（史）的な視野で探究する
ような授業が必要である。はたして，それは提示された3つの観
点で可能なのか。実践の成果を踏まえて検討されなければならない。
そして，検討の結果によっては，学習指導要領に提示されている観
点をそのような授業を可能にするように解釈したり，新たにそのよ
うな授業を可能とする観点を立てることが必要であるかもしれな
い。その場合は学習指導要領の「法的拘束力」についてのこれまで
の議論と，教師の授業づくりの自由や裁量との関係を視野に，現場
からの実践を踏まえた要請活動が必要である。それは，これまで日
本の歴史教師が実践的な努力を重ねてきた平和教育としての（アジ
ア太平洋戦争における日本軍の加害の事実にも着目するような）戦
争教育についても同様であるといえる。しかし，個人では限界があ

る。教職員組合の教研活動や歴史教育者協議会などの民間の研究団体に結集して文部科学省・教育委員会や社会全体に訴えることが必要であろう。

## 授業サンプル「砂利鉄道ってなんだ？」

まずは，p.44〜45の学習指導案＝「授業展開」を見てほしい。〈歴史総合〉の「大項目A　歴史の扉」の「(1) 歴史と私たち」の授業サンプルとして私が作成したものである。

勝山元照氏が「新しい世界史教育として『歴史総合』を創る－「自分の頭で考え，自分の言葉で表現する」歴史学習への転換－」(『岩波講座世界歴史』第1巻，岩波書店，2021年)で述べているが，〈歴史総合〉は「日本史と世界史の統一」と「思考力育成型授業への転換」という2つの目標を掲げている。なかなかの難題である。しかし，教師たちにとって全く未経験の領域であろうか。例えば，〈日本史A〉の「近代の追究」は学習指導要領に「近代における政治や経済，国際環境，国民生活や文化の動向が相互に深くかかわっているという観点から，産業と生活，国際情勢と国民，地域社会の変化などについて，具体的な歴史的事象と関連させた適切な主題を設定して追究し表現する活動を通して，歴史的な見方や考え方を育てる」とある。「歴史的な見方や考え方を育てる」とは歴史的な思考力を育成することに他ならないし，〈歴史総合〉の内容（「A　歴史の扉」「(1) 歴史と私たち」）にある「私たちの生活や身近な地域などに見られる諸事象を基に，それらが日本や日本周辺の地域及び世界の歴史とつながっていることを理解すること」と，「近代の追究」の学習指導要領の規定はアンダーラインの語句や部分を中心に重なっている部分が大きいと言えるのではないだろうか。

むろん，日本史A「近代の追究」の授業をそのまま〈歴史総合〉に流用することはできない。特に「日本史と世界史の統一」の部分

が不十分であることは否めない。しかし，であればその補充ないし
は，その観点からの変革をすればいいのではないか。そうであるな
らば，教師，この場合は，今まで主に日本史を担当していた教師だ
が，従来の自分の実践的蓄積の上に新科目〈歴史総合〉の授業づく
りを果敢に，自信を持ってチャレンジすることができる。当然その
ような授業は生徒にとっても学びやすく，学びがいのある学習の機
会になるはずである。

## おわりに

　サンプル授業で使用する教材や詳しい解説は拙著『考える日本史
授業　5』（地歴社，2023 年）の第 3 章第 17 節に載せているの
でご覧いただければと思うが，このプランのもととなった授業は教
科書（『高校日本史 A』実教出版，2012 年文部科学省検定済）に
掲載されたこともあり，多くの高校で参照されて多彩な実践が行わ
れた。結果，自分が生活し，成長し，学んでいる地域の歴史を問題
意識をもって，けっしてドメスティックな狭い視野ではなく同時代
の世界（アジア）の歴史的情勢のなかでどうだったのかを調べ，考
え，まとめ，発表し，みんなからの批評を得てさらに探究していく
高校生の活動的な歴史学習（アクティブラーニングとしての歴史学
習）が実現していった。そうして，彼らは歴史的存在としての自己
を認識し，自分（たち）がなすべき歴史的使命はなにかを考えるよ
うになっていったのであり，歴史認識の主体として成長していった
彼らは，目的意識をもった歴史創造の主体になっていったのである。
　このような歴史教育の到達が〈歴史総合〉という新たなステージ
（科目）でより充実した実践を実現するにはどのような改良を加え
ればいいのか。そのような方向で〈歴史総合〉の授業づくりは進め
るべきではないかと思うのである。それは，教師にとってこのうえ
もなく楽しい作業になるはずである。

以上

# Column

## 〈歴史総合〉の授業づくりについて

### 授業展開

| 課程 | 教師の働きかけ（発問，指示，解説など） | 生徒の学習（発言，活動など） | 教材・学習材 |
|---|---|---|---|
| 導入 | 本時の主題をつかませる。<br>・「この案内図を観て，気づいたことはなんですか」<br><br>・「下河原線といって府中市で一番はじめにできた鉄道です」「現在は廃線になっていますが，その線路跡の多くが下河原緑道とよばれる遊歩道になっています」<br>・「いったい，なんのための鉄道だったのでしょうか。調べてみましょう」 | ・「昭和 29 年というから，1954 年の府中市の地図だ」「中央線や京王帝都線などの他に，国分寺駅から市街を南北に貫通する鉄道が描かれている。今はそんな鉄道はないぞ」「終点が多摩川の河原ってどういうこと？」「途中に駅が一つしかない」 | 「府中市観光案内図」（府中市郷土の森博物館蔵） |
| 展開① | 砂利鉄道を調べさせる。<br>・「インターネットの情報には不正確なものもあるので，書籍などからも確かめた方がいいですよ」「家族や近所のお年寄りにも聞いてみましょう」<br>・「唯一の途中駅である北府中駅が開業したのは 1956 年で，それまではノンストップで国分寺駅と下河原駅を結んでいました」 | ・「インターネットで検索したら，資料①の記事がヒットしたよ」「図書館の本に資料②が載っていた」<br>・「下河原鉄道は 1910 年に多摩川の砂利を東京方面に運ぶためにつくられたことがわかった。そのため，乗客が乗り降りする途中駅を市街につくる必要がなかったというわけか」「なんのために多摩川の砂利を東京に運んだんだろう」 | 資料①「下河原鉄道」（フリー百科事典『ウィキペディア』）<br>資料②今尾恵介『多摩の鉄道沿線 古今御案内』 |
| 展開② | 多摩川の砂利と都市の近代化の関係をとらえさせる。<br>・「資料③を読んでみましょう。運ばれた砂利の用途がわかりますよ」<br><br>・「コンクリートとはセメントに砂，砂利，水を調合して固めた人造石のことで，耐震性や耐火性に優れています。1880 年代のなかごろから，セメントの国産化が進み，コンクリートの建物がどんどん造られるようになりました」<br>・「資料④のグラフからどんなことが読み取れる？」 | ・「コンクリートの材料」「近代になって東京がコンクリートのビル街になっていったのは，近くの多摩川から大量の砂利が供給されたからなんだ」<br>・「多摩川から毎年どのくらいの量の砂利が東京などに運ばれていたんだろう？」<br>・「④から，全国の河川で多摩川が砂利の生産量断トツ 1 位ってわかる」「それって，多摩川産の砂利がコンクリートの材料として良質だったから」「それに，近代化が急速に，そして大規模に進んだ東京の都市部に近くて，砂利の需要量が大きくて，しかも輸送費が安くすむからじゃないかな」 | 資料③建設省関東地方建設局京浜工事事務所『多摩川誌』<br>資料④『関東砂利業界変遷記』 |
| 展開③ | 関東大震災と朝鮮人労働者に注目させる。<br>・「1923 年に東京市に運ばれた砂利は 107.4 万トンだったのに，翌年には 131.7 万トンにもなっている。こんなに急増したのはどうしてだろう？教科書の年表や記述を手がかりにその理由を探ってごらん」<br><br>・「砂利採取の仕事は重労働でした。作業は露天で，夏は強い日差しを受けて川面の反射が強烈で，冬は寒い川風のなかをふるえながらシャベルや長い柄の先に竹を編んでつくった鋤簾をつかって砂利をすくうのです」<br>・「その様子を描いた当時のルポライトが資料⑤です。読んでみましょう」 | ・「1923 年 9 月 1 日に関東大震災があった」「教科書の全壊 10 万 9 千，焼失 21 万 2 千」ってある」「復興のため，耐火性の強い都市をめざしてコンクリートのビルや橋などが造られるようになって，コンクリートの材料としての砂利が大量に必要となった」<br>・「でも，どうやってそんな大量な砂利を取っていたんだろう？」<br>・「多摩川では多くの朝鮮人が砂利採取の過酷な労働に従事していた。なぜだろう？」「1910 年に朝鮮は日本の植民地になったって中学校で習ったけど，そのことと関係があるんじゃないかな」 | 資料⑤チャンヒュクチェ「朝鮮人集落を行く」（『改造』1937 年 6 月号） |

44　序

| 課程 | 教師の働きかけ<br>（発問，指示，解説など） | 生徒の学習<br>（発言，活動など） | 教材・学習材 |
|---|---|---|---|
| 展開④ | 植民地下の朝鮮と日本への移住の関係をとらえさせる。<br>・「近代になって日本と朝鮮の関係はどのように推移したのか，特に植民地になってから朝鮮総督府はどのような支配を行い，結果，朝鮮の社会や人々の生活はどのように変化したか。調べてみましょう」 | ・「1875年の江華島事件の結果，翌年結ばれた日朝修好条規によって日本の朝鮮への経済的な進出がはじまり，日清戦争時に再起した朝鮮農民たちを徹底弾圧したりして支配を強化した」「日清戦争，日露戦争を経て，列強の承認を取り付けて日本は朝鮮を1910年に併合した」「朝鮮総督府による土地調査事業などによって多くの農民が土地を失い，日本に移住せざるをえなかった」「多摩川での砂利採取は，朝鮮半島での生活を奪われた人々が日本に渡ってきて，ようやく見つけた仕事だったんだろう」<br><br>・「でも，朝鮮人労働者の人力による採取じゃ，関東大震災以降の増大する砂利需要に対応できないんじゃないかな？」 | |
| 展開⑤ | 多摩川砂利闘争－多摩川の自然と生活を守る運動－<br>・「資料⑥は1931年に朝鮮人の砂利採取労働者の組合が集会を行った時の様子が書かれたビラの一部です。なぜこのような事態になったのか。どんなことを彼らが要求しているか，調べて発表してください。」 | ・「関東大震災以後，1日に150～200トンも採取する機械（化された採取）船が，鉄道会社などの大企業によって導入された。そのようなこともあり，長年の砂利の大量採取は多摩川の自然に影響をあたえ，河床の低下などの多くの問題を生んだ。内務省は規制を強化するが，機械船による砂利採取は許可を与える一方で，1日2.5～3トンの採取にすぎない朝鮮人や貧しい手掘り労働者を排除しようとした。そこで，朝鮮人労働者たちは労働組合をつくりデモやストライキを行った」<br>・「朝鮮人労働者たちは自分たちの採取権の承認や砂利の値上げだけでなく，機械船を撤廃して多摩川の自然を守ろうとしている」「日本人労働者も参加して，朝鮮と日本の労働者の連帯が生まれている」<br>・「母に聞いたが，曾祖父がこの争議にかかわったそうだ。夏休みに祖父の家に行くので，なにかこの件について知っていることはないか，じっくり話を聞いてこよう」 | 資料⑥パクキョンシク「多摩川と在日朝鮮人」 |
| まとめ | 学習の総括と新たな課題<br>・「多摩川の砂利採取はアジア太平洋戦争後どうなったのか，調べて発表してください。」<br><br><br><br><br>・「あなたはどう思いますか。また，今の私たちの課題としてどのような問題が考えられ，それを解決するにはどうやって連帯の輪を広げたらいいと思いますか」 | ・「戦後も多摩川の砂利採取は続けられ，高度経済成長の建設ブームを支えた。しかし，家族の話では，機械採取によってできる大きな窪地の危険性や輸送時のダンプによる排気ガスや騒音被害など，新たな問題も発生した。そのために多摩川での砂利採取は1968年3月31日に全面禁止となった。役割を終えた下河原線は1973年の一部廃止を経て，1976年に全線廃止となった」<br>・「現在も府中には多数の在日韓国・朝鮮人が生活している。他にもアジアや世界の国・地域からたくさんの人々が来て生活している。府中はけっして日本人だけの町ではない。そういった人々といかにして連帯の輪を広げていくか，それが今の私たちの課題だと思った」 | |

## 苦役への道は歴史教科書の善意によってしきつめられている

長野県伊那弥生ケ丘高等学校　小川幸司（お がわこう じ）

### 1　10年ぶりの教壇復帰

　「まさに苦役への道だよなあ…」

　頻繁に，このことばをつぶやきながら生きている。高校の歴史系科目の教科書に対してのつぶやきである。

　この4月から10年ぶりに教壇に復帰した。「希望降任制度」を使って60歳まで残り4年の校長生活を早期辞任して，教諭に戻ったのだ。「前例がない」と言われたが，ならばなおのこと，「初の試み」をしてみたいと考えた。

　自らが策定にかかわった今次の学習指導要領（2018年告示，以下・新学習指導要領）のもとで，昨年度（2022年度）から全国で〈歴史総合〉の授業が始まった。このタイミングで，校長室の高みから歴史教育を評論してばかりいることは，絶対に後悔すると思ったのだった。生徒とともに日々の授業実践を重ねる立場に身を置いて，〈歴史総合〉や〈世界史探究〉の学び方について考えていくことに，残りの人生の日々を使うべきだろう。6月に岩波新書の形で世界史教育論『世界史とは何か』を刊行するときにも，実践者として世に問いたい。そんな思いによる人生の"プチ"転身だ。

　とはいえ，10年のブランクのうちに長野県の公立高校でも生徒のBYODが実現している。校長としての私は終始業式はもちろん，入学式や卒業式もすべて講話・式辞をパワーポイントで行ってきたが，さすがに授業ソフトを駆使したことはない。それでも4月の最初の1週間でiPadを購入してロイロノートの機能を懸命に学

び，授業開きのときからペーパーレスで行っている。始めて3週間が経つと，もうブランクのことは全く気にならなくなった。授業中の生徒の発言をくみとって，次の思考に展開していくことが，自然とできている。不器用な私でも意外と適応力はあったのだ。

　新しい勤務校で私が担当しているのは，1年の〈公共〉，2年の〈地理総合〉と〈世界史探究〉だ。肝心の〈歴史総合〉は，1年の担任をしている他の先生の担当である。でも〈公共〉と〈地理総合〉を教える立場になったことで，とても有意義な経験をしている。地歴・公民科の他の科目との比較のなかで〈歴史総合〉を見つめることができるようになったからである。

## *2* 〈地理総合〉と〈公共〉の教科書を比較する

　地歴・公民科の必履修3科目の教科書を並べてみて一番感心したのは，〈地理総合〉のものだ。教科書の内容がとても精選されている。使っているA社の詳述型教科書は，索引を除く本文が227頁でスリムであるうえに，各ページとも説明本文が3分の1くらいの分量に抑制されていて，図や写真・資料が豊富に盛り込まれている。見開き2ページ分がちょうど1時間分の授業になる計算だ。読図ワークであったり，問いに対するディスカッションであったり，講義一辺倒にならない工夫をする余地が十二分にある。見開きでもゴシック太字用語が10個を越えることはない。高校現場の授業風景を，教科書執筆者が想像しながら編纂してくれていることがよくわかる。文章もとても読みやすい。内容を精選し，丁寧な説明を心がけているからだ。

　それに比べると，〈公共〉の教科書は，内容を盛り込みすぎていることが一目瞭然だ。本来，〈公共〉こそ，問いをめぐって記述したり，ディスカッションしたりすることを目指していたと思うのだが，明らかに週2時間のペースでは，とても教科書を終わらせる

ことができないだろう。教科書の文章もとても読みにくくなっている。冒頭の「青年期分野」はまだ許せるものの，続く「倫理分野」になると惨憺たる状態になる。世界史上のさまざまな思想について説明不足の解説が延々と続いてしまうのだ。私でも理解ができない教科書の文章を生徒が理解できるわけがないだろうと思う。

　たとえば，某社の〈公共〉教科書は本文が 209 頁だが，「伝統文化と私たち」の見開き 2 ページには，ゴシック太字の用語が 36 個も氾濫する。『古事記』から中世の無常観，江戸時代の伊藤仁斎，本居宣長，そして近代の福沢諭吉，夏目漱石，和辻哲郎までがぎゅうぎゅうに詰まった状態なのだ。夏目漱石について「漱石は，単なる利己主義ではなく，自己本位に生きるという独特の個人主義を唱えた」と解説している。これでは「自己本位」がなぜ利己主義とは異なる「独特の個人主義」なのかが，皆目わからない。そこで私は，漱石の講演記録である「現代日本の開化」や「私の個人主義」を資料プリントにして生徒と一緒に読み進め，漱石が自己本位の追求と他者へのリスペクトをいかに両立させるかに腐心したかを見つめるようにした。本来は，漱石の評論をじかに読んだことのない教師・生徒にも，ゴシック体用語の思想の骨格をわかりやすく伝えるのが教科書の責務なのではあるまいか。

　これまでの〈現代社会〉と比べて，〈公共〉では政治哲学のウェイトが高まるべきなだけに，この過積載にともなう「分量的な消化不良感」と「質的な消化不良感」は，大きな課題と言えよう。

## *3* 〈歴史総合〉と〈世界史探究〉の教科書の過積載

　必履修 3 科目の教科書を並べる時，〈歴史総合〉教科書の過積載状態はさらにひどいものとなる。そして〈世界史探究〉教科書になると過積載は極限的なものに思えてくる。これは勤務校の地歴・公民科の教員が異口同音に抱いている感想であるし，全国の教員と交

流するときに最も多く聞かれる歴史教育の課題である。

　たとえば，C社の詳述型〈歴史総合〉の教科書は，本文236頁のうえに，1ページあたりの解説本文が6〜7割をしめている。「フランス第二共和政と第三共和政」「イタリアの統一」「ドイツの統一」「ビスマルクの政治」という小見出しがひしめく見開きページに，17個のゴシック太字の用語に加えて14個の通常フォントの歴史用語が詰め込まれることになる。〈公共〉の36個のゴシック太字に比べれば少ないように思われるかもしれないが，〈歴史総合〉の見開き該当箇所ではフランス・イタリア・ドイツの各国史を個別に扱わなければならない。ひとつひとつの歴史用語を理解するために必要な時間は〈公共〉の比ではないのである。

　私はこれまで，戦後初の世界史教科書がうまれたときは，1300個程度であった歴史用語が，50年経ってみると約3500個まで膨張してきたことを問題視してきた。そのことで生じている暗記偏重の歴史学習を，歴史的思考力を育成するような歴史学習に転換する必要があると考えるからだ。共通する問題意識は全国の歴史研究者・歴史教育者が抱いており，そうした切実な課題意識が，今回の歴史教育改革の流れにつながってきた。ただし，新学習指導要領の〈歴史総合〉〈地理総合〉〈公共〉新設について，他教科で見られたような批判意見の大きなうねり——たとえば国語の必履修科目〈現代の国語〉から文学を排除することへの批判とか，英語の入試改革への批判——が起こらなかったのは，それが日本史・世界史・地理・政経・倫理をバランスよく学ぼうとする「足し算」の論理だったからだと，私は考えている。

　しかし，「足し算」の論理には，過積載を抑制する論理を欠いているというウィークポイントがある。教科書執筆者は「このくらいは最低限の教養として書いておかないと」と考え，善意で記述内容の充実をはかるから，結果として出来上がってきた〈歴史総合〉の教科書は，〈世界史A〉と〈日本史A〉のボリュームを維持したま

まで「何を学ぶか」を説明し，それに上乗せをするように問いや資料を描きこんで「いかに学ぶか」を説明する「足し算ばかりの教科書」になってしまった。

さらに〈世界史探究〉の教科書になると事態は極限的だ。たとえば，D社の詳述型の教科書は，索引の「あ」の歴史用語が185個であり，〈世界史B〉のときの194個からわずか9個（4.6%）しか減っていない。「い」の歴史用語も大同小異であるし，他の教科書についても調べたが，ほぼ同じである。つまり標準単位が〈世界史B〉のときの4単位から〈世界史探究〉では3単位に減ったはずなのに，内容の精選はほとんどはかられていない。おそらく教科書会社では，2単位の〈歴史総合〉では世界史部分に1単位は充てられるから，トータルとして高校生が世界史を学ぶ単位数は4単位を確保されていると，計算したのだろう。さらに言えば，全国の高校では地歴・公民科に標準単位数を大きくうわまわる単位数をあてている現実があるので，過積載の内容であっても「何とかなるという読み」があるのだろう。さらに悪いことに，市販されている問題集には〈世界史B〉から看板をつけかえただけのものが多く，教科書が削除してくれた数少ない歴史用語であっても，市販問題集のなかで問われてしまうという悪循環も起こっている。

ここで改めて歴史教育の根本を見つめ直す必要がある。それは〈地理総合〉のように，高校現場の授業風景を想像しながら本文が書かれている教科書を，歴史研究者や歴史教育者が作るべきなのではないかという課題である。

かつて私は，高校生が暗記地獄に陥っている現実について，「苦役への道は世界史教師の善意によってしきつめられている」と書いた。現代においては，「苦役への道は歴史教科書の善意によってしきつめられている」という事態になってしまっていると言えよう。

## <u>4</u>　今後のシミュレーションと打開策について

　「1年間の授業をいくら頑張っても教科書が終わらない！」という悲鳴があがる事態のなかで，起こりうる現場の工夫をシミュレーションしてみたい。

　パターン1として，教科書を使わずに自主編成した教材プリントで，1年間の〈歴史総合〉を組み立てていくという「自主編成派」があろう。教科書は定期考査や大学入試の前に読めば参考になるだろう…くらいの教科書の使い方である。この状況下であっても「いかに学ぶか」を大切にする姿勢であり，実際にこうした実践をしている教師は私の周囲でも多い。実質的には教科書は「副教材の一つ」程度の重みしかなくなる。ただし，この姿勢にも弱点があり，大学入試問題を作成する側が，「教科書にある歴史用語は知識として習得されているべきもの」と考えれば——実際にそうなる恐れが大なのだが——過積載の歴史用語の暗記に奔走することが避けられなくなってこよう。

　パターン2として，〈探究〉科目の内容が4単位時代と比べて減っていないという現実をふまえて，〈探究〉科目のほうの知識の定着が確実になされるように，〈歴史総合〉の授業ではあっても〈探究〉レベルの知識の教授を丁寧に行っていくという「探究読み替え派」があろう。〈探究〉科目も含めて現代まで扱えばよいと考えれば，問いとか資料読解，討議もまじえながら，ともかく進められるところまで行けばよいと割り切ることになる。近現代史を〈歴史総合〉と〈探究〉科目で二度繰り返すこともなくなる。さらに言うと，この姿勢をとるならば，過積載の教科書は，むしろ歓迎されることになる。かなり現実的な対応であり，実際に教科書会社もこうした動きを想定している（意図的に仕掛けている）ふしがある。しかし，結果的に生じるのは，〈歴史総合〉の有名無実化であることは言うまでもない。自国史と他国史の近現代史を総合的に学ぶという理念

は，限りなく希薄化していくであろう。

　実際にはパターン１・２ともに，その変形版があるだろうし，両
者の融合版もあるだろう。いずれにせよ，苦渋の選択をとっている
わけであり，本当は…

　①〈歴史総合〉の教科書の内容がもっと精選されれば，安心して
　「いかに学ぶか」をもっと授業の中で探究できる。

　②〈世界史探究〉〈日本史探究〉の教科書の内容がもっと精選さ
　れれば，安心して〈歴史総合〉に集中できる。

…と願っている歴史教育者が，むしろ多いはずなのである。「新し
い歴史教育の必要性は感じるけれども，この教科書では実際にはム
リ」という歴史教育者の溜め息に，教科書執筆者がどう対応してい
くかが，今，問われていると私は考えている。〈地理総合〉ででき
ていることが，なぜ〈歴史総合〉で実現していないのか。地理学は
内容の薄い学問分野だから…ということではないはずなのだ。

　最後に，「あなたはどんな授業をしているのか」という問いを想
定して，応答をしてみたい。あくまで〈世界史探究〉の授業実践に
なってしまうことをお許しいただきたいが，〈歴史総合〉を担当し
たとしても，私は同じ方針をとったはずである。

　問いを考えるとか，考えたことを対話していると「時間がない」
という最大の課題にどう立ち向かうのか。対策として，私はノート
を作ることをやめている。教科書を読み，その記述を点検し，場合
によっては記述を訂正したり，余白に補足事項を書き入れたりする，
テキスト・クリティークの形をとった授業をしているのだ。私は，
世界史の授業とは，歴史実証・歴史解釈・歴史批評（意味の問い直
し）・歴史叙述・歴史対話・歴史創造という一連のプロセスからな
る「歴史実践」であると考えており，目の前の教科書は，「すべて
正しいことが書かれている決定版（the history）」ではなく，「こ
れまでの膨大な歴史叙述を参考にして編まれた暫定版の試み（a

history)」であるという前提で授業を進めている。そうであるがゆえに，教科書の一行一行には，これまでの膨大な研究の蓄積や，考えるべきテーマが奥に秘められており，そうしたテキストと向き合いながら，自分たちの実証・解釈・批評を叙述・対話していきたいね…と生徒たちに語りかけている。ノートをとる手間を省いているから，書いたり，対話したりする時間を確保しているのだとも言えよう。そしてその分，知識の定着に向けてのトレーニングを考査の前に行っている。考査の平均点はむしろ高くなっているくらいだ。勤務校では，〈歴史総合〉について同僚たちが上記のパターン 1 で行ってくれているので，生徒たちが書いて，対話するときの基礎力がとてもついており，ありがたく思っている。〈歴史総合〉を学んだうえで〈世界史探究〉を思い切り深めていくということの醍醐味を，私は感じているわけだ。

　とは言え，私は，「時間がない」と叫びながらアリスを深い穴に誘った白ウサギのように生きていることに変わりはないし，テキスト・クリティークの授業スタイルを世の中に広めるつもりもない。さまざまな歴史教師が安心して思い切りそれぞれの理想の授業を目指すことを支えてくれる，「配慮と抑制の効いた」教科書がほしいというのが，私の主張である。海外の歴史教科書には日本のものよりもはるかに厚い分量のものがいくらでもあるが，それは記載事項イコール暗記という通念がないから可能なのだ。日本とは前提が異なる。

　歴史教育の充実のために多大な努力を傾けてきた教科書執筆者の皆様に心からの敬意を抱きつつ，「どうかこれで任が終わったと思わないでください」と，お願いしておきたい。そして大学入試の出題者の先生方にも，「教科書に書いてあれば暗記していて当たり前だと思わないでください」とお願いしておきたい。

　すべてはまだ始まったばかりなのだ。

# 歴史総合の授業実践と評価

# 〈歴史総合〉の1年間をどのように始めるか

## ―「歴史の扉－歴史の特質と資料」の授業と評価を事例として―

金子 勇太
青森県立青森高等学校

## ■1 大項目A「歴史の扉」とは

　〈歴史総合〉は4つの大項目で構成されている。A「歴史の扉」は，中学校社会科の歴史的分野を踏まえて，高校の歴史学習の動機付けと，以後の学習に必要な基本的技能や学び方を身に付けることを目的にしており，「歴史と私たち」と「歴史の特質と資料」の2つの中項目で構成されている。本稿では，中項目（2）「歴史の特質と資料」の授業実践を紹介し，生徒は何を学んだのかを見ていきたい。

　中項目（2）の目標は学習指導要領（2018年告示）解説（以下，解説）に以下のように示されている。

（2）歴史の特質と資料

　日本や世界の様々な地域の人々の歴史的な営みの痕跡や記録である遺物，文書，図像などの資料を活用し，課題を追究したり解決したりする活動を通して，次の事項を身に付けることができるよう指導する。

ア　次のような知識を身に付けること。

　（ア）　資料に基づいて歴史が叙述されていることを理解すること。

イ　次のような思考力，判断力，表現力等を身に付けること。

　（ア）　複数の資料の関係や異同に着目して，資料から読み取った情

報の意味や意義，特色などを考察し，表現すること。

　指導に当たっては，生徒が歴史資料に触れ，それらと歴史叙述との関係について考察することなどを通じて，①歴史的な考察の拠り所として資料が必要であること，②文字資料だけではなくさまざまなものを資料として活用できること，③資料の批判的な読み取りと吟味が重要であることなどに気付くことができるよう，指導を工夫することが必要であると解説には示されている。

## ❷ 「歴史の特質と資料」の授業実践

### ① 授業のデザイン ●

　解説に示された目標と①〜③の指導上の工夫を踏まえて，以下の順序で授業の全体的なイメージをデザインした（**資料1**）。設定時間は1時間（筆者の勤務校では50分）とした。

| 学習内容 | | 歴史の特質と資料（A「歴史の扉」） |
|---|---|---|
| 学習目標 | 知技 | 歴史が時代に応じたさまざまな資料からの情報で叙述されていることを知る。 |
| | 思判表 | 歴史資料や歴史の叙述を多角的に考察することを通して，歴史の叙述を解釈する際には，批判的な読み取りと吟味が必要であることに気付く。 |

※「知技」は知識・技能，「思判表」は「思考・判断・表現」の評価の観点を意味する。

| MQ：歴史資料を基に歴史を考察する際の留意点は何か？ |
|---|

- SQ①：各時代を知るために用いられる資料は何か？
- SQ②：「歴史叙述」体験を通して，どう思ったのか？
- SQ③：風刺画の説明文には，どのような内容が記載されているのか？

| 評価方法 | ワークシートの生徒の記載　※「学習改善につなげる評価」 |
|---|---|

　資料1　授業のデザイン

最初に，この中項目における目標を確認し，目標とする資質・能力を身に付けるための問いを段階的に設定した。サブクエスチョン（SQ）を①〜③まで設定し，それらの考察を経て，最後にメインクエスチョン（MQ）「歴史資料を基に歴史を考察する際の留意点は何か？」に対する自分の考えをまとめて表現するという展開である。MQに対する生徒の解答を評価の素材とする。この単元での評価は，「評定に用いる評価」ではなく，「学習改善につなげる評価」である。

　次に教材を準備していくが，筆者は毎時間の授業において，オリジナルの教材（ワークシート，**資料2**）を使用している。ワークシートには，MQとSQに対する解答欄を設けており，授業後に回収して記載された生徒の解答を基に評価する。

　最後に具体的な授業展開を考える。本時のみならず，毎時間，数回のペアワークまたはグループワークを行う場面を設けている。これにより，生徒は教師の発問やSQ，MQに対する互いの考えを共有することを通して，自己の思考をブラッシュアップさせていくことになる。

　本時の授業展開が**資料3**（p.60）である。対象は1年生であり，4月当初の〈歴史総合〉2回目の授業である。生徒間の人間関係がまだ希薄なことを考慮し，ペアワークとグループワークにかける時間を少し多めにとることにした。また，SQ①〜③（**資料1**）に適応した3つの学習活動，「過去を知る方法－多様な歴史資料－」「歴史を叙述すること」「歴史資料から情報を読み取る」を設定した。

　以上のように，筆者は「学習目標の設定（確認）」→「問いの設定」→「評価方法の検討」→「教材の準備」→「授業展開及び学習活動の選定」という流れで授業をデザインしている。以前は，いかにわかりやすく説明するか，見やすい教材をどう作成するのかに力点を置いていたが，「主体的・対話的で深い学びの授業」への転換，観点別学習状況の評価の本格的な実施を機に授業づくりの視点を変えたところ，以前よりも授業をデザインしやすくなったと感じている。

No. 1

(3) 歴史資料を分析することは

Q3. 次の風刺画は、ロシア人によって描かれた「日本の勝利」という風刺画である。この絵について考察し、下の文章に入る内容を考えてみよう。

ロシアの公式ポスター。クロパトキン大将の所属部隊を背負って働く日本の将官らの姿を飛ばし、日本では結構した実態を描いたイギリスと、伊藤博文元勲のアメリカに手当を受けている(日韓戦時のロシアとの交渉は公的な仲裁であった)。「トキオ（東京）」の旗もロシア帝国の占領、赤の三色旗になっている。ポスターの下方には、

などと書かれている。

【学習課題への回答】

1年　　組　　番　氏名

---

歴史総合授業プリント—プロローグ　歴史の扉—

## I　歴史の特質と資料

**課題**　歴史資料を基に歴史を考察する際の留意点は何か？

【キーワード：歴史資料、歴史の叙述】

(1) 過去を知る方法→過去の人びとが残した「遺物」をてがかりにする

★様々な歴史資料
遺跡・遺物、碑文、日記、手紙、新聞、雑誌、文字・表術作品、風刺画、版画、ポスター、写真
映像、口述記録（オーラルヒストリー）

Q1. 次の時代のことを知る手がかりに用いられる資料は上のどの語から選んでみよう。

| 時代 | 用いる歴史資料 |
|---|---|
| 縄文 | |
| 弥生 | |
| 平安 | |
| 江戸 | |
| 明治 | |
| 昭和 | |

(2) 歴史を叙述すること　叙述法：物事について順を追って述べること。

Q2. 次のテーマについて、100年以内で叙述してみよう。

| テーマ | | | | | | | | | |
|---|---|---|---|---|---|---|---|---|---|
| | | | | | | | | | |

★他の人の叙述と比較してみての感想を書いてみよう。

資料2　本時のワークシート

59

| 過程 | 学習内容 | 生徒の活動 | 教師の活動と指導上の留意点 |
|---|---|---|---|
| 導入 | ○歴史を知る方法 | ○歴史を知るために必要なものは何かについて考える。 | ○歴史を知る方法について発問し，多様な歴史資料があることを紹介する。 |
| | ○本時の学習課題の確認 | ○授業の見通しを把握する。 | ○本時の学習課題（MQ）を提示し，授業の見通しを紹介する。 |
| | **【MQ】：歴史資料を基に歴史を考察する際の留意点は何か？** | | |
| 展開 | ○歴史を知る方法についてQ1「次の時代のことを知るために用いられる資料は何か？」 | ○Q1の解答を考える（個人）。<br>○グループで解答を共有する。 | ○Q1に対する自身の解答をワークシートに記入し，その後にグループで解答を共有するように指示する。<br>○時代を追うごとに用いられる歴史資料の種類が増えていくことを確認する。 |
| | ○歴史を叙述すること | ○入学式のことを思い出し，100字以内で叙述する。<br>○グループで互いの叙述を紹介し合う。<br>○他の人の叙述と比較して感じたことをワークシートにまとめる。 | ○入学式のことについて，100字以内で叙述するように指示する。<br>○グループで互いの叙述を紹介し合うように指示する。<br>○他の人の叙述と自分のものと比較した感想をまとめるように指示する。 |
| | ○歴史資料を分析するとは | ○風刺画「日本の勝利」の説明文中の空欄に入る内容について，グループで話し合い，ワークシートにまとめる。<br><br>○歴史資料には作成者の主観が入る場合があることを，入学式の叙述とも関連付けて理解する。 | ○風刺画「日本の勝利」を見て，説明文の空欄に入る内容についてグループで話し合い，ワークシートにまとめるように指示する。<br>※話合いの前に日露戦争について，中学校までの既習内容を確認する。<br>○空欄には日本に対する差別的な発言などが入ることを示し，歴史資料には作成者の主観が入る場合があることを確認する。 |
| まとめ | ○MQの考察 | ○MQに対する解答をワークシートにまとめる。 | ○MQへの解答をワークシートにまとめるように指示する。 |

**資料3　本時の授業展開**

## ② 授業の実際 ●

　それでは，実際の授業の様子について，学習展開に沿って紹介する。

　授業冒頭の導入では「私たちは，過去の出来事をどのようにして知ることができるのか」と発問した上で，歴史を知るために多様な歴史資料があることを説明した。次に本時のMQを示し，授業の見通しをもつことができるようにした。

○展開　過去を知る方法－多様な歴史資料－

　ワークシートを用いて，歴史資料の種類を確認した。ワークシートに記載された歴史資料（**資料４**）の中で，知らないものはないか尋ねたところ，「口述記録（オーラルヒストリー）」を初めて見たという生徒が複数いたので，簡単な説明をした。なお，ワークシートに記載した歴史資料は解説に示されたものである。

★様々な歴史資料
遺跡・遺構、碑文、日記、手紙、新聞・雑誌、文学・芸術作品、風刺画、ポスター、写真映像、口述記録（オーラルヒストリー）

資料４　解説に示されている歴史資料

　続いて SQ ①「次の時代のことを知るために用いられる資料は何か？」を考えて，３分でワークシートにまとめるように指示した。これは，時代によって用いられる歴史資料が異なってくることを通して，各資料の特質について理解させることをねらいとしている。**資料５**はある生徒の記載例である。

資料５　ある生徒の記載

　グループでの共有を経て，自分の解答を加筆・修正していることがわかる。また，教師が各時代で用いる歴史資料を説明している時に，土器は芸術作品として考えるかどうかという質問が出て，生徒同士で意見交換する雰囲気になった。教師が促すのではなく生徒からの問いにより，自然とクラス全体で議論する状況になった。

○展開　歴史を叙述すること

　歴史の叙述が作成者の主観が入る可能性を実感させるために，100字以内で２週間前の入学式に関する説明文を作成するように指示した。この学習活動は，藤本和哉氏の授業実践を活用させていただいた。作成

61

した説明文はグループで紹介し合い，生徒は人によって説明する視点が異なることに気付いていった。**資料6**は生徒が作成した説明文，**資料7**はグループでの共有後の生徒の感想の一例である。

　**資料6**では，3人の生徒の叙述を紹介した。生徒Aは事実を中心に説明しているのに対して，生徒BとCは自ら感じたことを踏まえて説明している。ただし，BとCでは捉え方が異なることがわかる。**資料6**以外にも多様な説明文が叙述され，生徒は人によって出来事を捉える視点が異なるということを実感できたことが，**資料7**の感想からわかる。

---

〈生徒A〉

　令和5年4月7日金曜日に入学式があった。生徒1人1人の名前が呼ばれ，自分の名前の時に返事をした。校長先生の話を聞き，入学の許可を得た。1年生の代表1名が入学にあたっての決意を述べた。

〈生徒B〉

　令和5年4月7日雨天の中，計238名が青森高校入学を許可された。新品の制服，新しい校舎そして新しい仲間との出会い，新しい生活のスタートをきった。雨天の空気をかきけす程の喜びを胸に入学式を終えた。

〈生徒C〉

　期待と不安を抱えた中，式が始まった。義務教育ではなく自らが学びたいと望んだ上の入学許可には見えない責任が感じられた。それと同時に新たな学び舎での勉強の意欲も高まり，努力しようと決意した。

---

資料6　生徒が記載した入学式についての説明文

---

・私は事実だけを書いたが，他の人は式の様子や感想を書いていて，1人1人でまとめ方が違うと感じた。

・全然違う内容で，同じテーマなのに個人によって大きく異なると知り，驚いた。

・事実を伝えるか，雰囲気を伝えるかなどで文章が大きく変わることがわかった。

---

資料7　他の生徒の叙述と比較した後の生徒の感想

○展開　歴史資料から情報を読み取る

　風刺画から情報を読み取る学習場面を設定し，歴史資料を分析することについて考察させた。用いる風刺画は，「日本の勝利」という日露戦争直後にロシア人によって描かれたものである（**資料8**）。生徒は日露戦争について中学校で学習している。風刺画を分析する前に，日露戦争では日本が勝利してポーツマス条約が締結されたこと，条約内容に対する不満から日比谷焼打ち事件が発生したことを確認した。

　風刺画はロシアの公式ポスターで，ロシアの軍人によって吹き飛ばされる日本の将兵や，負傷した東郷平八郎と伊藤博文が描かれている。また，「TOKIO（東京）」と書かれたロシア帝国の三色旗も描かれていて，まるでロシアが勝利したかのような描き方であることがわかる。

　この風刺画の下方にはロシア語で説明文があるが，日本に対する作者の見解が記載されている。そこにどのような内容が書かれているのか，予想するように指示した。生徒は日露戦争の結果をロシア側がどのように捉えていたのかについて考えたことがなく，この風刺画に新鮮さを感じていた。

**資料8　風刺画「日本の勝利」**
「日本の勝利」アレクサンドル・ベヌア　1904年（出典：若林悠編『風刺画が描いたJAPAN－世界が見た近代日本』，p.78，国書刊行会，2021年）

資料９は，生徒が予想したものである。大半の生徒が，風刺画の雰
囲気からロシアが敗北国であったのにもかかわらず，日本に対して高圧
的な態度を示したことを予想した。実際の説明には日本に対する差別的
な言葉を用いた痛烈な批判が記載されており，さらにこの絵がロシアの
公式ポスターとして当時の国民に示されたものであることを知って驚い
た様子であった。当然，この絵に描かれた内容は事実とは異なっている
が，描き方や紹介の仕方によって，受け手の印象が変わってくるという
ことに気付いたようであった。

---

・日本は勝利したが，我々との戦争により，多大な被害を負い，大き
　く国力は低下した。今ではアメリカとイギリスの支援を受けている
　が，いずれはアメリカ，イギリスそして我々ロシアなどの植民地に
　なるだろう。
・一時だけの勝利だ。外国に助けられてばっかりで，決して日本の完
　勝ではない。
・日本はかなり弱まっているから，次戦う時には日本を簡単に植民地
　にすることができる。

---

資料９　生徒による風刺画の説明の予想


## ❸ 生徒は何を学んだのか（評価の観点）

　改めて本時の学習目標を確認すると，①歴史が時代に応じたさまざま
な資料からの情報で叙述されていることを知る（知識・技能），②歴史
資料や歴史の叙述を多角的に考察することを通して，歴史の叙述を解釈
する際には，批判的な読み取りと吟味が必要であることに気付く（思考・
判断・表現）である。
　①②ともに「学習改善につなげる評価」として設定した。生徒のワー
クシートへの記載内容を基に生徒のつまずきを分析し，改善に至るため
の支援をする。また，教師にとっても指導の改善のヒントにする。「評
定に用いる評価」ではないので，「ABC」や「○○点」などのように，

数値などを用いて記録はしない。

①については SQ ①に対するワークシートの記載から評価した。

先に資料5にて生徒の記載を示したが，ここでの評価の目安としては，時代に応じた歴史資料を適切に選択することで，各歴史資料の特質を理解しているとした。ワークシートの記載から大半の生徒が適切に選択していたので，概ね目標は達成できたと判断した。

②は MQ への解答を基に評価する。

授業の最後にワークシートにまとめるように指示した。評価の目安は「歴史資料に対しては批判的な読み取りと吟味が必要」であるという旨の記載があるかどうかにした。MQ への考察に至るために，SQ ②では，歴史の叙述には作成者の主観が入る可能性があること，SQ ③では歴史資料の分析には，作成者の意図や背景などを考慮することが必要であることを確認した。資料 10 は MQ への生徒の解答の一部である。

資料 10 には 4 名の解答を示したが，大半が生徒 A ～ C と同様の内

---

〈生徒 A〉

　文章で書かれる歴史資料は個人の主観が強かったり，立場によって内容が大きく変わったりすることがあるため，当時の時代背景に気を付けて見る必要がある。

〈生徒 B〉

　時代によって多くの資料があるが，誤ったものや主観が入ったものがあるので，それを正確に見極めること。

〈生徒 C〉

　1 つの歴史資料だけを見て判断すると，間違った情報である可能性があるため，様々な資料を見て，いろいろな視点から歴史を捉える必要がある。

〈生徒 D〉

・自身の主観が入らないようにするとともに，客観的な事実のみで構
　成すること。

資料 10

---

容を記載していた。一部の生徒がDのような内容を記載していた。これは，歴史を「叙述」する際の注意点という視点からの解答であり，MQを誤って捉えてしまったと思われる。このように記載した生徒には，MQの趣旨を確認することを指示した。また，問いの表現を見直すという指導の改善の必要性を感じた。

　以上，ワークシートへの生徒の解答を基に学習目標が達成されているかどうかを評価したが，本時では概ね良好であると判断した。

## 4 大項目A「歴史の扉」を後の学習にどうつなげるか

　本稿では，大項目A「歴史の扉」(2)「歴史の特質と資料」の授業実践を紹介した。冒頭でも述べたが，この大項目のねらいは，高校の歴史学習の動機付けと歴史学習の基本的な技能や学び方である。ここで扱った内容をイベント的な内容で終わらせないために，大項目B・C・Dにどのようにつなげていくのかが重要である。

　筆者は(1)「歴史と私たち」では，カレーライスを素材とした授業を行っている。カレーライスを選定した理由は，誰もが一度は食したことがある料理だからである。インド発祥のカレーが日本に伝来した歴史的背景を，当時のイギリス・中国（清）・インドの関係性を基に考え，さらに現在のカレーライスの具材が明治政府の富国強兵策と関連して誕生したこと，カレーライスの普及に日露戦争が影響していることに気付くという授業展開にした。授業後の感想として「身近な料理からも歴史を学ぶことができることを知った。」「カレーの伝来にイギリスやインド，中国の歴史が関連していることに驚いた。」「カレーライスの広がりに（日露）戦争が関わっているとは知らなかった。」というものが見られた。

　(1)と(2)の学習後に，〈歴史総合〉を学ぶ上でのキーワードとして「近代化」「大衆化」「グローバル化」があることを再確認し，各キーワードについてグループで説明し合うことを指示した。いずれのワードも聞いたことはあるが，自分のことばで説明となると，生徒たちは戸惑ったり，悩んだりしている様子であった。「近代化」については「生活が

便利になること」「文明化すること」という説明が多かった。「大衆化」については「一般化すること」「一般民衆に権利が与えられること」,「グローバル化」については「世界が結び付くこと」「お互いの文化を認め合うこと」などが多く聞かれた。

　また,歴史は「覚える」ものではなく,「考えて理解する」ことであることも説明している。高校受験を終えたばかりの生徒たちは,歴史の学習＝「用語を覚える（暗記する）こと」と捉えている傾向にある。そのような生徒たちに,歴史的事象について考え,その過程で知識を習得したり活用したりすることが理解することであると伝えている。今後の学習の中では,資料を分析すること,歴史的事象について多面的・多角的に考えていくこと,自分の考えをさまざまな形で表現すること,そして現代のさまざまな問題との関連性を考えることを「近代化」「大衆化」「グローバル化」というキーワードを基に近現代の世界と日本の歴史を学んでいくことが〈歴史総合〉であることを説明した。

　〈歴史総合〉は言うまでもなく,すべての高校生が学ぶ必修科目である。学校教育で歴史を学ぶ最後の授業となる生徒も多い。小学校,中学校で学んだことと結び付け,歴史を学ぶことが自分の生き方に意義があると感じることができるような学習にしたい。歴史を学ぶ意義は何かについては,多くの議論があるのだろうが,まずは〈歴史総合〉の学習を終えた後に生徒が学びの実感を得ることができる授業をデザインしていこうと思う。

【注記】
　i ）国立教育政策研究所教育課程研究センター『「指導と評価の一体化」のための学習評価に関する参考資料　高等学校　地理歴史』2021年,pp.10～11
　ii）藤本和哉「「歴史の扉」実践例－5日前の入学式を思い出してみよう―」『山川歴史PRESS』NO9,山川出版社,2022年
　iii）筆者の勤務校の生徒が,歴史学習をどのように捉えているのかについては,本書の序章「歴史総合とは何か－歴史総合元年を終えて－」の資料11（p.16）のアンケート結果に示した。

# 「歴史総合っておもろいやん」と言われるために

宮﨑 亮太（みやざき りょうた）
関西大学中等部・高等部

## 1 生徒とともに歴史に向き合う

本校のカリキュラムでは，高校1年に〈歴史総合〉2単位を設定しており，2022年度から〈歴史総合〉の授業をおこなっている。〈歴史総合〉における「主体的に学習に取り組む態度」を評価するにあたり，生徒の普段の学習状況や考え，どのように授業に向き合っているかなど，従来に増して把握することが必要であると年度当初に考えていた[i)]。

2022年7月の定期考査が終了したあと，夏季休業中の課題として「これまでの歴史総合を振り返ってどのように感じ，考えているか」について，Google formの形式で配信し，記述してもらった。内容は①「これまでの歴史総合の授業において，どのようなことが印象に残っていますか」，②「歴史総合の授業において，さらに考えたいことや調べたいことは何ですか」の2点である。

結果としては，それぞれの生徒と担当教員との関係性や課題として取り組ませているため，生徒が被評価者の立場で記述していることを考慮しなければならないが，〈歴史総合〉の授業に対する肯定的な意見が圧倒的に多かった。具体的な記述内容を踏まえて，生徒が〈歴史総合〉をどう捉えているか考えてみたい。

①についてである。7月の定期考査に近い時期の授業の内容が印象に

残りやすいと思っていたが，結果として必ずしもそうではなく，年度当初から7月の授業までに関するさまざまな記述が見られた。なかでも，フランス革命，アメリカ独立革命，イギリス産業革命など世界史に関わる単元について印象に残った生徒が多かった。その要因として，ワッフルやイギリス伝統料理であるプディング，フランス国歌のラ・マルセイエーズなど衣食住や芸術文化，ナポレオンやワシントンなど歴史上の有名な人物を授業の素材として取り上げたことが親近感につながったという主旨の記述が複数見られた。また，授業において絵画やグラフ，地図などの資料を活用していることが印象に残っているという主旨の記述をした生徒が3割程度いた。

　新学習指導要領では，中学社会歴史分野において，世界史に関わることを中心に学習内容が増加した[ii]。しかし，実態は日本史の通史的学習で精一杯という学校も多いと聞く。〈歴史総合〉の授業を展開する際，世界史に関わる内容を中学校で詳しく学習していない生徒がいるなかで，単元の内容理解に関わる世界史の知識を一から教えると，時間を要するばかりでなく，授業で何を学習するのか焦点がぼやける，知識量が多くて苦手意識を持つといった弊害が起きる。

　そこで，身近な食べ物や音楽，絵画，写真，映像などの資料や人物に関するエピソードを切り口として，具体的なイメージを生徒に持たせ，授業に参加しやすくするための工夫をする。その上で，「国民国家はどのように形成されたのか」「明治維新は革命と呼べるのか」など概念を柱にして，日本と諸外国・諸地域の歴史事象を比較し，世界のなかに日本をどのように位置付けるかについて，考察することが必要であると感じた。

　②についてである。多かったのが「歴史事象の背景や影響，違う事象との関連性についてさらに知りたい」という主旨の意見である。一方で，「資料から考えて書くということが慣れない」「もっと知識を覚えたい」「とにかくテストのことが気になる」などの意見も散見された。これについて，生徒とコミュニケーションをとりながら授業の回数を重ねるうちに，これまでとは違う歴史学習であっても，生徒は徐々に授業スタイ

ルに慣れていったことが，おおよそ〈歴史総合〉を前向きに捉えている
理由として考えられる。一方で，〈歴史総合〉は通史学習が主たる目的
ではない[iii]こともあり，これまでとは違う授業スタイルに戸惑いを覚える
生徒が少なからずいたことも事実である。

　そのほかに，「革命や戦争を起こした人びとの心理が知りたい」「人び
との支持を得ていてもなぜ失脚する指導者がいたのか」「フランス革命
の時代に生きた人間について知りたい」などの記述も見られた。また別
に，「資料を深く調べると歴史はつながっていることがわかった」「人物
のストーリーに隠された背景を自分なりに読み解きたい」という主旨の
記述も見られた。

　こうしたことから，高校の歴史系科目は構造化，概念化し，客観的に
捉えさせるため，それぞれの時代に生きた人びとの様子が見えにくいが，
生徒は「人間」に関心を寄せており，「人びとはどのように生きたのか」
にフォーカスを当てて歴史を学ぶことが重要であると改めて認識した。
ただ，歴史上の有名な人物のエピソードを主に扱うのではなく，市井の
人びとの生き様について，資料をていねいに読み解き，解釈し，資料の
歴史的背景を考えていくうちに，社会や歴史事象，時代のつながりが見
えていくのではないだろうか[iv]。

　その時々の生徒によって考えは違い，これまで述べてきたことが〈歴
史総合〉の方向性の唯一の正解ではないが，教授内容や方法論など枠組
みにこだわるよりも，生徒の素朴な疑問を大切にしながら，生徒に働き
かけ，生徒とともに歴史に向き合っていくこと[v]を軸に据えた。

## ■2 大項目 A「歴史の扉」をどう捉えるか

　「歴史の扉」について少し整理をしておきたい。「歴史の扉」は〈歴史
総合〉のねらいを実現する導入としての位置付けである。「中学校社会
科歴史的分野の大項目 A「歴史との対話」を踏まえ，高校の歴史学習へ
の動機付けと以後の学習に必要な歴史学習の基本的な技能や学び方を身
に付ける[vi]」ことが求められている。

　〈歴史総合〉のねらいの重要なポイントとして，「生徒が現代の社会の基本的な構造がどのような歴史的な変化の中で形成されてきたのかを理解し，自らが向き合う現代的な諸課題との関わりについて，課題意識をもって考察できるよう，学習が展開されること[vii]」ということが挙げられる。

　中学歴史の「歴史との対話」と「歴史の扉」の違いとしては，「中学校社会科の「我が国の歴史の大きな流れ」を中心とした学習から，世界とその中の日本を広く相互的な視野から捉える学習につなげるために，空間的な広がりや自己との関係性を意識した学習へと視野を広げることが重要である。また，現代に生きる生徒が，過去の事象を考察するために，資料を活用する学習を通して，歴史の叙述には，諸資料の検証と論理性などが求められることに気付くことが大切である。[viii]」

　これらを踏まえ，「歴史の扉」は〈歴史総合〉を通じてどのような知識，力を獲得するかというゴールを示し，そして，ゴールに近づくために，どのような〈歴史総合〉の授業を展開するか，という見通しを示し，教員と生徒で合意形成をはかることが大切であろう。

　とはいえ，時間的制約があるなかで「歴史の扉」を扱う授業において，これら全ての理念を実際に盛り込むことは難しいと感じる。「歴史の扉」に限ったことではないが，目の前の生徒にどうなって欲しいか（どのような力をつけたいか），そのために〈歴史総合〉の授業を通してどのような働きかけができるかを考え，授業で重視する点を絞り込む必要があるのではないか。

　「歴史の扉」は生徒に身近なことから授業を展開し，「歴史総合を学習する動機付け」ができるかどうかにかかっていると考えている。生徒と話していると，歴史系の授業が好きな理由として「暗記が得意だから」とよく聞く。逆に歴史が嫌いな理由として「語句が多すぎて暗記できないから」ともよく聞く。小学生や中学生段階で「歴史は暗記する科目である」というような意識が内在化すると，そうした意識を高校生になっても持っている可能性がある。[ix]ゆえに，〈歴史総合〉の授業をおこなう前から，暗記することが得意かどうかによって，学習意欲の有無がすでに決まっていることもあろう。しかし，これは望ましいことではない。

「歴史の扉」は多くの歴史的な知識を用いる単元ではなく，大学入試とは直接結びつかないという思い込みもあるのか，飛ばしてしまうか簡略に扱うこともあると耳にする。しかし，「歴史の扉」は歴史的知識をそれほど必要としない単元であるからこそ，歴史学習に対するアレルギーを持っている生徒が授業に参加しやすくなり，歴史学習を見直す可能性を秘めた単元である。「歴史の扉」の授業を通して，歴史を学ぶということは，知識をやみくもに暗記するものではなく，「歴史的に考える」ことを必要とする科目であることを生徒と共有したい。

　　ここで留意しておきたいことがある。まず，「歴史的に考える」とは，どのようなことかをおさえておく必要がある[x]。

　　具体的には，歴史事象を比較したり，関連づけたりすることや歴史のもとになる資料には文字資料や図像資料，音声資料などさまざまなものがあることを理解し，複数の資料を用いて多面的，多角的に捉える。「本当にそうなのか」と疑問を持って資料を参照する。自己や他者（資料も含む）と対話して問いを生成するなどが挙げられる。こうしたことについて，ていねいに順を追って説明したり，体験させたりすることが大切である。もっとも「歴史の扉」だけで「歴史的に考える」ことを理解させられるものではなく，その端緒を開くのが「歴史の扉」ということになる[xi]。

　　次に，学習者に対するまなざしを意識することである。授業は教師から生徒に知識を伝達，教授するものであるという意識が暗黙的に共有されていると，そこに信頼性や親近性は生じにくいのではないか。生徒と対話しながら一緒に〈歴史総合〉の授業をつくろうという，期待や信頼を寄せるまなざしを向けることが〈歴史総合〉の授業を共創的にしていくことにつながる[xii]。教師と生徒との間に情報の非対称性は当然あるが，知識や技術量を教師の権威の源泉として顕示させていると，教師と生徒との間に階層性が生まれ，いくら教師が期待や信頼を寄せるまなざしを向けても，「一緒に歴史総合の授業をつくる」という関係性を醸成することは難しいだろう。

　　「歴史の扉」は情報の非対称性がなるべく生じないようにすること[xiii]。教室を単なる「空間」から，フラットに対話ができる「場になる」よう

仕掛けていくこと。この2点は心に留め置きたい。

## ❸ 「歴史の扉」の授業実践

　『高等学校学習指導要領 解説 地理歴史編』（2018年告示）によれば，「歴史の扉」では「私たちの生活や身近な地域などに見られる諸事象」を扱うことになっている。私立学校ではさまざまな地域から通学しているため，学校がある地域を取り上げても共通認識をはかることが難しい。そこで，教科書の内容を踏まえ，学校に関わる事象を取り上げることとし，「なぜ学校のチャイムは普及したのか」をテーマに，1時間を使って授業実践をおこなった。[xiv]

　明治時代に学校制度が始まって以来，子どもたちに時間を意識させる目的もあり，学校では太鼓や鉦などを使って始業，終業時間を知らせていた。1950年代後半以降，現在のような学校のチャイムが全国に普及していったとされるが，普及経緯については定かではない。[xv]

　チャイムが全国に普及した背景について，提示した資料と各自の教科書，デバイスでの検索結果などを参考に仮説を立て，何を根拠に仮説を立てたかをプリントに記述させた。授業プリントには次の7点の資料を掲載した。

①　毎日新聞1954年4月12日東京朝刊（「音色で時間が判る　明石小にチャイム・オルゴール」記事）
②　SEIKOミュージックチャイムの画像（音声も動画で共有）
③　「みおつくしの鐘」の画像と銘文（図1）
④　大阪府下の学校園の数の推移のグラフ（令和3年度大阪の学校統計より）
⑤　大阪府下の児童生徒数の推移のグラフ（令和3年度大阪の学校統計より）
⑥　1950～1970年代に建てられた大阪府高槻市内の3つの小学校の外観写真

⑦　戦後の学校施設整備に関する年表（下記）

| 年 | 学校施設整備に関するできごと |
| --- | --- |
| 1945年 | アジア・太平洋戦争終結 |
| 1946年 | 戦争の被害にあった学校建物の復興に関する方針を政府が発表 |
| 1947年 | 教育基本法・学校教育法が制定され新しい戦後の教育がはじまる |
| 1950年 | 鉄筋コンクリート造の学校校舎を大量に建設する必要があるため，標準的な設計について，検討され，東京都内に建設される |
| 1953年〜 | 学校の施設の整備・改善に対して，国が予算を組んで実施していく法律，政策ができて，学校建設，改築，修繕などが進んでいく |
| 1961年 | 災害対策基本法が制定され，災害に強い学校校舎への対策が進められる |
| 1962年 | 新しい鉄骨造校舎について標準的な設計が検討されていく |

**年表：戦後の学校施設整備に関する年表**

図1：「みおつくしの鐘」
（大阪市役所 Web サイトより）

　①〜⑦の資料について，どのようなものであるか補足しておく。

①　東京都中央区立明石小学校では従来，始業や終業を知らせていたベルの音がけたたましかったため，他校の例も参考にしてチャイム・オルゴールの音がスピーカーによって全校に流れるようにしたことを報じた記事である。

②　チャイムは当初，オルゴールや機械時計からはじまったとされるが，戦後，ミュージックチャイムという機械を東芝やナショナル，SEIKO などのメーカーが製作するようになった。工業の発達とともにミュージックチャイムの生産が増加したことが普及の要因の一部にはあると生徒に考えてもらうために示した。

③　大阪市役所に設置されている「みおつくしの鐘」の画像と銘文（「鳴

りひびけ　みおつくしの鐘よ夜の街々に　あまく　やさしく　"子らよ帰れ"と子を思う母の心をひとつに　つくりあげた　愛の　この鐘　昭和30年のこどもの日に　大阪市婦人団体協議会」）を資料として示した。なお，毎年成人の日には新成人の代表が大阪市長らとともに撞くのが恒例となっており，メディアに取り上げられる。

　戦後しばらくの時期は，戦争で両親を亡くすなど身寄りのない子どもや非常に貧しい家庭が多かったことから少年犯罪が多発していた。そのため，夕方にチャイムを鳴らし，子どもたちに帰宅するようにうながす運動が各地でおこり，大阪市でも婦人団体を中心に募金を集めて鐘と時報装置を設置し，22時にミュージックチャイムが流されることになった。[xvi)]

　このような動きが各地に広がって，ミュージックチャイムが流されるようになり，人びとの間にチャイムが時間を知らせるものであるという認識が一定程度浸透したという仮説を生徒が立てると想定して，①〜③を示した。

　④〜⑦は，戦争によって被害を受けた校舎の再建や災害対策，子どもの数の増加などを背景として，校舎の建設が各地で実施されたこと，大量に校舎を必要としたため，コストや資材調達などの理由から似たような校舎が短期間に各地で建設されたこと，高度経済成長期には工業の発達によって，電気機器関係の設備が学校には導入されたことなどを生徒に考えてもらう材料として示した。

　①〜⑦の資料をもとに，まずは個人でじっくり思考し，その後に記述したことをクラスの生徒2人以上と意見を共有するよう指示した。生徒は身近にあって所与のものとして，考えたことはなかったと思われるチャイムの歴史性について，資料を参照しながら仮説を立てることに新鮮さを感じ，楽しんでいるように見受けられた。

　なお，最後に授業のまとめとして，時間が他者によって厳格に管理されることの意味や歴史的背景について補足した。そして，「学校のチャイムが普及した理由を調べるためには，今回挙げた資料のほかにどのよ

うな手がかりがあると良いだろうか」「歴史（過去）を知る手がかりにはどのようなものがあるだろうか」と質問を2点投げかけ，各自記述して終了した。

「歴史の扉」で使用したプリントを回収してチェックすると，教科書にも掲載されておらず，インターネットを検索しても明確な答えは見つからず，生徒各自で考えたためか，記述には個性がよく現れており，示唆に富むものであった。

〈歴史総合〉の初回の授業オリエンテーションでは，いくつか質問を生徒に投げかけて，プリントに記述させている。質問の内容は，「関心を持っている現代社会の課題はどのようなことか」「歴史総合の授業に対してどのようなことを期待するか」「担当者にききたいことはあるか」などである。

生徒は関心がある現代社会の課題として，ロシアによるウクライナ侵攻の問題，新型コロナウィルス問題，児童虐待，ジェンダー平等，環境問題などを挙げた。一方で，授業に関する質問項目について，ほとんどの生徒は何も書いておらず，「何を覚えたらいいか授業中に示してほしい」「どんなテストですか」などの記述が各クラスで複数見られた。生徒はさまざまな社会問題について一定把握しており，何らかの関心を持っていることはわかったが，全体的に記述量が少ないことが気になった。

私の経験則でしかないが，記述量が少ない背景を考えずに授業回数を重ねると生徒と一緒に授業をつくりあげる雰囲気になるまで時間がかかることが多い。記述量が少ない理由としてはいくつか考えられるが，「歴史は役に立たないから意欲がわかない」「覚えられないから学習しても無駄」などの歴史系授業に対する無力感，無効感，諦めを示している生徒も少なからずこの傾向がある。こうしたことを踏まえ，年度当初はどこに焦点を当てるか苦悩した。

結果として，初回と「歴史の扉」の記述量を比較すると，「歴史は答えが決まっており，教科書や資料集から答えを探す茶番のようなワークをさせる」「歴史の知識がないと授業に取り組めない」「すぐに飽きてしまう」「そもそも書いて表現することが苦手」といった意識を少しでも

変えようとした本実践において，意欲や期待が垣間見えた生徒はいたように思われる。一方で，一回の授業だけでは生徒の意識を変えることは難しく，継続して生徒に働きかけていく必要性を感じた。

## 4 これからの〈歴史総合〉に向けて雑感

### ① 一年間の授業実践を振り返って ●

〈歴史総合〉は本校において50〜55時間程度（2022年度実績）でおこなう必要がある。7月の定期考査までは，大項目A「歴史の扉」から大項目B「近代化と私たち」へと進んだが，教科書の内容を順番通りに全てを取り扱うのではなく，独自にテーマを設定して単元を構成していた。しかし，生徒からは「復習できるように教科書に沿って授業をしてほしい」「今，教科書のどこを進んでいるかわからない」といった声が上がり，なるべく教科書に沿って単元を構成することにした。

その結果，各地の研究会やメディアなどでも取り上げられているが，大項目Dの「グローバル化と私たち」まで十分取り扱うことができない学校があったとのことであるが，本校においてもそうなってしまった。

なぜ進度が遅くなったかを考えてみた。歴史事象については，別の歴史事象や現代との比較，その歴史事象がもたらした影響などについて生徒が考え，自分の言葉で表現するためには，歴史事象や時代的背景についてアウトラインを捉えておかなくてはならない。

そこで，歴史事象について新しい歴史用語を使って説明すると，生徒は聞き慣れない歴史用語は定期考査に出題されるものという思い込みが働き（中学社会歴史的分野で暗記することが学習することであると生徒が認識している場合，高校でもその認識はなかなか変わらない生徒は多い），歴史用語にこだわって説明を求めたり，文脈を無視して歴史用語だけを漢字ドリルのように何度も書いて暗記しようとしたりする場面が見られた。こうなると，一部の成績向上を意識する生徒がより多くの知識を求めるようになる。教師は意欲のある生徒の要望を受け入れ，さらに多くの細かい知識を示し，生徒を安心させようとする。一方で，暗記

を苦手とする生徒や歴史に無関心な生徒は授業から離脱し，授業が硬直化していく。こうした悪循環が年度途中に間欠的に生じた。

〈歴史総合〉は網羅的に通史を学習することが目的ではないとはいえ，研究者が一般向けに執筆している新書のレベルとは違った，デフォルメされた内容を説明することに抵抗があった。

つまり，歴史の複雑さを複雑なものとして示さずに，簡略にわかりやすく説明しようとすると，正確な意図が伝わらないのである。この問題は常に悩ましいところである。

## ② これからの〈歴史総合〉に向けて ●

歴史的な知識を時間的な制約があるなかで，どの程度扱うかという課題は全国の授業実践を参考にして今後工夫していく必要がある。ただ，「○○の戦い」「○○事件」など歴史用語を極力使わずに，内容について平易な表現で説明することは効果的であると思われる。これには理由がある。生徒たちに時代の画期となる歴史事象を調べさせて，KP法[xvii]をアレンジして，生徒間で相互に発表させることが年間何度かあった。成果物を回収してチェックすると，多くの生徒は歴史用語を自分なりに嚙み砕いて理解しようとする様子が見られた。成果物によって，教師は生徒の認知プロセスを一定理解することができる。生徒の状況を見極めつつ，授業において歴史用語を開いて説明することが求められるのではないだろうか。

どのような資料をどの程度扱うかという課題もある。すでに述べたように資料は多用すればよいのではなく，教科書や資料集に掲載されている資料や関連する資料で十分であると思われる。資料は深掘りすることで，なぜ記録に残そうとしたのか，その資料は何を伝えようとしているのかが教材研究のなかでわかってくる。特に教科書や資料集の資料は意図をもって掲載されており，メッセージ性があるものを採用しているように思われる。

具体的な例を挙げると，日清戦争の単元では，聖徳記念絵画館所蔵の下関講和会議の様子を描いた絵画が多くの教科書に掲載されている。伊藤博文，陸奥宗光，李鴻章らが描かれている程度の説明で済ませること

もあるが，伊藤が画面中央に描かれているのに対して，清国側は後ろ向きか画面右端に描かれている。なぜこのような構図になっているのか。作者の意図は何なのだろうか。清国側で描かれた下関講和条約の絵画資料はないのだろうか。など，ここから広がっていくのである。

　最後に単元構成をどのようにするかという課題である。まずは，生徒がどのようなことに問題意識を持っているか，小学校や中学校段階でどのように歴史を学んできたのかなど生徒を知ることに時間を割く。生徒の問題意識を近現代の歴史と結びつけ，教師が生徒に身につけてほしい力，ロシアによるウクライナ侵攻や新型コロナウィルス感染流行による社会変容など現代社会の課題を鑑みて生徒に理解させたい事項といったようなものを踏まえて，生徒と考えたい「歴史的概念」を検討するところから出発したい。「歴史的概念」をもとに単元の問いを立て，理解するために最も適した事例をいくつか選び，単元を構成するとよいのではないだろうか。

　生徒の持つ素朴な疑問に歴史という他者を介在させて，抽象化，相対化することで，生徒の考えには意味があり，価値があることを教室で共有したいのである。

　学習指導要領の理念は良いが，2単位で実施するにはハードルが高いと感じる。また，現行の教科書はほとんど誰も授業実践をおこなっていないなかで作成されており，これまで新科目が創設された事例を踏まえても，版を重ねていくなかで内容は調整されていくことが予想される。2025年から実施される新課程入試についても十分見えていない。しかし，目の前の生徒は待ってくれない。「無難に乗り切ろう」「生徒の進路に差し障りがないようにしよう」と考え出せばキリがない。外的要因によって思考停止になるのではなく，全国各地の先生方が〈歴史総合〉で悪戦苦闘されていると割り切って，今ある枠組みにはめようとするのではなく，もう少し自由に思い切って〈歴史総合〉をデザインしてみてもよいのではないだろうか。

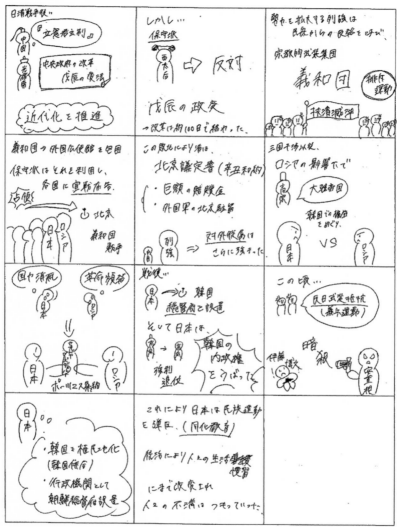

図２：KP法をアレンジした生徒の成果物（例）

◆ 参考文献

・池上俊一『歴史学の作法』2022年　東京大学出版会

・岡本充弘『「小さな歴史」と「大きな歴史」のはざまで』2022年　花伝社

・小田中直樹『歴史学のトリセツ』2022年　筑摩書房

・高校歴史教育研究会編『資料と問いから考える歴史総合』2022年　浜島書店

・成田龍一『シリーズ歴史総合を学ぶ②歴史像を伝える』2022年　岩波書店

・南塚信吾・小谷汪之・木畑洋一編著『歴史はなぜ必要なのか』2022年　岩波書店

・宮﨑亮太・皆川雅樹編著『失敗と越境の歴史教育』2022年　清水書院

・歴史学研究会編『「歴史総合」をつむぐ』2022年　東京大学出版会

・『思想』2023年4月号（No.1188）岩波書店

【注 記】

ⅰ）文部科学省国立教育政策研究所教育課程研究センター『「指導と評価の一体化」のための学習評価に関する参考資料』（2021年，東洋館出版社）　pp.10〜11を参照されたい。

ⅱ）中学校学習指導要領（2017年3月31日告示）比較対照表（https://www.mext.go.jp/content/1384661_5_1_2_1.pdf）を参照されたい。

ⅲ）高大連携歴史教育研究会編『歴史総合Q&A』（2021年）　pp.5〜6を参照されたい。

ⅳ）リンダ・S・レヴィスティック，キース・C・バートン著『歴史をする』（2021年，新評論）第1章を参照されたい。

ⅴ）大串潤児「歴史学と歴史教育」（歴史科学協議会編『歴史学が挑んだ課題』（2017年，大月書店）を参照されたい。

ⅵ），ⅷ）文部科学省『高等学校学習指導要領（2018年告示）解説　地理歴史編』（2019年，東洋館出版社）p.135より引用

ⅶ）藤野敦ら編著『高等学校地理歴史科公民科必履修科目ガイド』（2022年，学事出版）p.95より引用

ⅸ）ジョン・ハッティ著『教育の効果』（2018年，図書文化）第3章を参照されたい。

ⅹ）南塚信吾・小谷汪之編著『歴史的に考えるとはどういうことか』（2019年，ミネルヴァ書房）などを参考にした。

ⅺ）今野日出晴「歴史に学ぶということ―「私たち」と資料―」（歴史科学協議会『歴史評論』No.877，2023年5月号）を参照されたい。

ⅻ）ジョン・ハッティ『教育の効果』（2018年，図書文化）　pp.143〜148を参照されたい。

ⅹⅲ）矢野博之,伊藤昭「創発的な対話に関するコーパスの構築」（言語処理学会『自然言語処理』6巻（1999年4号））

ⅹⅳ）三原慎吾「文化財の新しい捉え方と学校」（全国歴史教育研究協議会『全歴研紀要第58集』（2022年）），NHK番組「チコちゃんに叱られる！」（2018年7月28日放送回）などから構想した。

ⅹⅴ）森田正信「＜研究報告＞学校文化の地域性と起源」（京都大学学際融合教育研究推進センター地域連携教育研究推進ユニット『地域連携教育研究』第2号（2018年））などを参考にした。

ⅹⅵ）みおつくしの鐘が伝える，未来へのキーワード「鼎談『愛の鐘』みおつくしの鐘」（https://kyodo-portal.city.osaka.jp/report/24000018032/）を参照されたい。

ⅹⅶ）川嶋直著『対話を生み出すKP法』（2023年,みくに出版）などを参照されたい。

# 歴史の学びは，本当に「問いからはじまる」のか？

専修大学文学部歴史学科　廣川和花
（ひろかわ わか）

## 大学で問われる，高校での学びと「問い」

　最近「問いからはじまる○○」というタイトルの書物が巷間にあ
ふれている。〈歴史総合〉もまた，「問いからはじまる」歴史の学び
を目指している。では，歴史の学びを「問いからはじめる」にあたっ
て，どんなことを考えておけばよいのだろうか。そもそも歴史の研
究と教育は，本当に「問いからはじめる」ことが可能なのだろうか。
本稿ではこのことについて，筆者の大学での歴史教育の経験と近年
の学術の動向から考えたい。

　筆者の在籍する専修大学文学部歴史学科では，1年次の後期に2
年次から所属するゼミナールを選択し，4年次まで同じゼミナール
で学び卒業論文を執筆する。つまり1年次後期の段階で，自分が
将来的に研究する専門分野を決断しなければならない。したがって，
ゼミナール選択には，高校の歴史系科目で，何を・どの程度学んだ
かが，良くも悪くも決定的な意味を持つ。例えば「日本近代史」ゼ
ミを志望する学生の大半は，基本的に高校までの学習で得た「日本
近代」の何らかのできごとや人物などの知識やイメージを基に「日
本近代史」ゼミを選択することになるからである。

　ゼミナール選択では，何らかの「問い」（問題関心）を立てたう
えで，選考に臨んでもらうことになる。この「問い」は，〈歴史総合〉
の「問い」の延長線上にあるものだろう。有効な（＝追究する価値
のありそうな）「問い」が立てられるかどうか。ここに高校での学
びはダイレクトに反映される。〈歴史総合〉を学んだ世代がどのよ

うな「問い」を立て，そこから大学での歴史の学びを「はじめる」のか，楽しみである。もっとも，歴史系学部・学科に進学する学生でなくとも，「問い」を立てる能力が問われる場面は多々あるだろう。その際，高校でそうした来たるべき場面を具体的にイメージしながら学んだ学生は，強みを発揮できるはずである。

## 大学1年生にとっての「日本近代史」のイメージ

1年次後期の段階でゼミナール選択をせまられる弊学科の学生たちの「日本近代史」への認識や理解は，不思議なほど似通っている。まず，「日本近代」とはいつからいつまでかという「問い」に，明確な「答え」が返ってくることは少ない。なんとなく明治維新（大政奉還）から日本の「近代」がはじまって，1945年8月15日を境に国家と社会の体制は一変し，戦後＝「現代」になる，というような，近世とも戦後とも断絶した日本の「近代」があるという時代区分認識が一般的であるようだ。かつ，それが一国史的なとらえ方だという認識は希薄である。

研究テーマに関してはどうか。「明治維新と文明開化」のような「近代の始まり」にも一定の人気がある。ただしその場合の関心の対象は，ステレオタイプ化された明治日本の「文明開化」の諸相であることが多い。国民国家化やナショナリズムなど，「近代化」の諸条件に関する抽象化された「問い」は立てられにくい。それはひとえに，そのような分析概念を「よく知らない」からだろう。

何よりも，学生たちの圧倒的な関心の対象は「戦争」である。戦争といっても，戊辰戦争や日清・日露戦争，第一次世界大戦，日中戦争への関心は極度に低い。「戦争」とは何を措いても「第二次世界大戦」であり，そこでの軍事作戦か，もしくは戦時下の国民生活なのである。もう少し具体的にイメージしているものを聞いてみると，前者としては陸海軍の指揮官目線での作戦遂行過程（「作戦派」

とでも呼んでおこう），後者としては空襲・学童集団疎開・配給制度・言論統制・軍国主義教育（同，「銃後派」）などが挙がる。大多数の人々が戦争に協力した理由を政府や軍部による厳しい統制に求め，戦後と大きく断絶したものとして戦前・戦時期をとらえる見方は，依然として根強いようである。これも，いわゆる「総力戦体制論」的な分析枠組みを「全く知らない」からだろう。

　要するに，多くの弊学科1年生にとって「日本近代」の何に関心があるのかといえば，それは日中戦争やアジア・太平洋戦争といった枠組みでとらえられる「日本の」戦争ではなく「第二次世界大戦」なのであり，とりわけその下での「銃後の苦難」であるようだ。しかし，「では，第二次世界大戦とは何年にどこで始まった戦争ですか」「日本にとっての第二次世界大戦は，いつからいつまで，どこで行われた戦争ですか」と聞いてみると，答えに詰まる学生も少なくないのが現実である。いうまでもなく，第二次世界大戦の始まり＝アジア・太平洋戦争の始まりではないし，日本が1941年に突如として戦争状態に突入したわけでも，対中国の戦争が1941年で終わったわけでもない。銃後の国民生活の困難にも段階的な変化がある。そして1945年8月15日にすべての戦場で戦闘が終結したわけでもない。最も関心が高いはずの「戦争」の輪郭ですら，かくもぼんやりとしたものなのである。

## 学生の「戦争」イメージはどこから？

　学生たちが高校までに学んできた「日本近代」は，決して「第二次世界大戦」関連のできごとに限定されているわけではない。その意味では，まっさらな「問いからはじまる」状態とはいえないのだが，高校までの学びは有効な日本近代史の「問い」を立てるのに十分なものとはなっていないのが現実であるようだ。ゼミナール選択に臨む弊学科1年生に「問い」を立てさせてみても，有効な「問い」

はそう簡単には出てこない。例えば「戦争」に関する「問い」として頻出する「作戦派」の「問い」は、「日本はどうすれば戦争に勝てたのか？」というものである。「銃後派」はそもそも、「戦時中に庶民がどんな生活を送っていたのか」ということへの素朴な関心を発展させるような「問い」自体を立てにくいようである。

ポジティブに考えれば、とりわけ「銃後派」に関しては、平和学習などの場での学びが一定の成果を挙げ、生徒に強い印象を残しているのかもしれない。いわゆる「8月ジャーナリズム」の影響もあるだろう。戦争体験の「継承」が課題に取り上げられることが多くなって久しい。そうしたメッセージを若い世代として受け止め、かれらなりに「継承」を引き受けようとしているとも考えられる。

ここまで述べてきた「近代の時代区分」と「第二次世界大戦」問題のような認識傾向は、学力レベルによって程度の差はあるだろうが、多くの受験生に共通するものではなかろうか。もちろん、大学であらためて勉強してもらえば何の問題もない。実際、最終的に卒業論文のテーマに選ばれるのは、「戦争」への関心を発展させつつも必ずしも直接には関係しないような多様な時期と題材であり、それこそが大学での学びによる成長の証左であろう。しかし、高校での学びが学校教育での最後の歴史の学びになる人も多い現状では、課題が残る。

## 〈歴史総合〉が課題を解決する？

以上に述べたような大学の「日本近代史」ゼミ担当教員として抱いている学生の「問い」への悩みは、〈歴史総合〉の学びによって部分的には解決するのではないかというのが、筆者の目下の希望的観測である。

第一に時代区分の問題は、〈歴史総合〉の三つの大項目それ自体によって、かなり改善されるのではないだろうか。第一項目「近代

化と私たち」では，一国史的でない視点から「近代」の始まりを学ぶ。その際には「近代化」に必要であった諸条件を，抽象的な分析概念を導入して理解させようとしている。第二項目「国際秩序の変化や大衆化と私たち」では，第一次世界大戦を契機として世界中で起きた「大衆化（現代化）」という時期区分を意識せざるを得ない。第一次世界大戦に対する「日本にはあまり関係なかった」という認識を改め，大戦景気がもたらした日本社会の構造変化への理解も促されるだろう。何より，第二次世界大戦の終結を次の大項目との間の時代の区切りとしていないことは大きい。そのことの意味を，それ自体生徒に「問い」として考えてもらいたいと期待する。

　第二に，しかしながら，ぼんやりした「戦争」認識をもたらす従来の歴史教科書の難点は，あまり改善されていない。筆者が見たいくつかの〈歴史総合〉の教科書では，おおよそ「（アジア・）太平洋戦争」を「第二次世界大戦の一部」として説明しているが，日中戦争に関する記述は1940年前後で終わってしまう。そのため，日中戦争が「太平洋戦争」（当時の日本が「大東亜戦争」と呼んだもの）に含まれていたことは，これまでの〈日本史A・B〉の教科書同様，注意深く読まないとわかりにくい。日中間に戦争があったことまでは理解できても，それが1945年まで続いたことが意識されにくいという難点が，解消されていないのだ。くわえてメディア等には，政府関係者や皇族が「（アジア・）太平洋戦争」の語を回避するために使い始めた「先の大戦」という曖昧な語が蔓延し，混乱に拍車をかける。アメリカによる中国からの撤退要求こそが日米開戦に至る核心であったことは，代表的な教科書にも書かれている。それを糸口に，第二次世界大戦と日中戦争，アジア・太平洋戦争の包含関係（戦争の呼称問題に発展させることも可能だろう）を「問い」として生徒たちに考えてもらいたい。

## 「仮説検証型」研究と「探求型」研究について，知っておくべきこと

　ここまで，大学で日本近代史を教える立場から，〈歴史総合〉に期待する「問い」の方向性を例示した。しかし〈歴史総合〉では，教える側があらかじめ立てた「問い」への「答え」を生徒にみつけさせるのに止まらず，生徒自身に「問い」を立てさせることが強く求められている。ただそれはいろいろな意味で容易なことではない。しかも「問い」の立て方は，歴史教育の方法論に止まらず，歴史研究／教育への外部評価ともかかわる問題をもはらんでいるが，そのことに十分な注意が払われているだろうか。

　そもそも学問分野が異なれば，「問い」を立てることの意味すら変わってくることを忘れてはいけない。歴史学分野では，少なくとも論文の形式としては「問い」を立て，分析を通じてそれへの「答え」を提示するのが一般的である。〈歴史総合〉の「問い」も，そうした学問分野としての歴史学のスタイルを踏襲したものになりやすい。しかし論文の「問い」が，研究開始当初の時点ですでに完全に確立しているかというと，必ずしもそうではないだろう。歴史学者はある程度の「見通し」の下でデータや史料を集めるが，最終的には分析結果に対応するように「問い」を整える。これはごく一般的なやり方である。しかし今後の動向如何では，これが他分野のルールに照らして問題視される可能性がなくはないのである。

　というのは近年，自然科学や社会科学の一部分野では，「仮説検証型（hypothesis testing）」研究，すなわち最初に仮説を立て，それを実験によって検証していくスタイルの研究がよしとされる。その規範の下では，「分析結果が判明したあとに，それに合うように仮説を作る」行為は HARKing（hypothesizing after the results are known）と呼ばれ，「研究倫理違反」として厳に戒められるようになってきている。仮説 A を検証するために集めたデータを使って，あたかも最初から仮説 B を検証したかのように装う

べきではないというのがその主な理由である。それを避けるために
は，最初から仮説を設定しない研究は「探索的（exploratory）」
研究として行われるべきだとされる。

　この規範の下では，先に挙げたような，ある程度の「見通し」を
持って研究を開始するが，最終的には分析結果に合わせて「問い」
を調整するという歴史研究の一般的な手法が，「研究倫理違反」と
とられかねない。もちろん歴史学者の多くは，歴史研究における「見
通し」と実験で検証される「仮説」は性格が異なる，あるいは歴史
研究においても自説に都合のよい史料だけを「つまみ食い」しては
ならないという規範は広く共有されている，などと反論するだろう。
しかしそれは今後ますます，分野外の理解を得られなくなっていく
かもしれない。HARKing を禁忌とする規範それ自体は，〈有意差
を主張するが再現可能性の低い論文ばかりが出版されてしまう〉分
野の状況に警鐘を鳴らすという意義がある。学際研究が推進され，
分野の特性を考慮せずに画一的な評価基準が適用されることも増え
ている中で，今後こういった研究評価の基準や価値観が歴史研究に
どのような影響を及ぼしてくるのか，注視が必要である。

## 歴史研究／教育において「問い」を立てるとはどういうことか？

　このような学術界の動向をふまえたとき，〈歴史総合〉の「問い」
は，いったいどういうものとして理解されうるのだろうか。

　まず，教える側が生徒に提示する「問い」は，上述したような歴
史研究（論文）の「問い」以上に，「答え」から逆算した「問い」
である。筆者が先に提案したいくつかの「問い」も，むろん「答え」
と生徒の理解の弱点から逆算した「問い」である。つまり，歴史教
育において，外れなしに有効な（＝追究する価値のありそうな）「問
い」を立てるという行為は，極端にいえば「答え」がわかっている
からこそ可能なのである。

これに対して，生徒自身が立てる「問い」はどうだろうか。これから学ぶ未知のことがらに対して，有効な「問い」が立てられる可能性は高くはない。「日本はどうすれば戦争に勝てたのか？」という学生の「問い」を，そのまま歴史の学びの「問い」として追究させる価値があるとは考えにくい。しかし，なぜこの「問い」が「有効でないか」を端的に説明することは，それほど簡単ではない。

　このようなジレンマは多くの教員がすでに経験していることだろう。生徒自らが立てる「問い」を有効なものとするためには，あらかじめ生徒に十分な知識を提供しなければならない，すなわち，生徒がほぼ完璧な「答え」を知っていなければならない，というジレンマである。しかし，有効な「問い」が導かれるようにと，教員があらかじめ事細かく解説してしまうのなら，これまでの歴史系科目と同じになってしまう。

　しかも，問題はそれに止まらない。生徒自らが純粋に「探索的」な「問い」を立てることが現実には困難である以上，〈歴史総合〉の授業での「答え」から逆算した「問い」は，「仮説検証型」規範の下では，学術的に間違ったやり方だとみなされるかもしれないのだ。教育のための適度に誘導的な「問い」と研究の「問い」は異なるという反論は，果たして説得的だろうか。〈歴史総合〉で「答え（結果）から逆算する問い（仮説）」を量産させられた生徒たちが，将来，「仮説検証型」の研究に従事することになったとき，〈歴史総合〉の「問い」に疑いの目を向け，さらには歴史学の学問としての有効性に疑念を抱くようになる可能性すら，十分に想定されるのである。

　今後，歴史学の存在意義を毀損するような事態を生まないために，高校と大学のそれぞれで深く考えなければならないのではないだろうか。歴史教育と歴史研究は本当に「問いからはじまる」のか，それとも「答えがないとはじまらない」のか。〈歴史総合〉を学んだ世代を大学で待ちながら，「問う」ことの行く末を見守りたい。

## Column
# 〈歴史総合〉について思うこと

神戸学院大学人文学部　北村　厚

## はじめに

　〈歴史総合〉がはじまった2022年4月，私はようやく〈歴史総合〉の教科書を入手し，分析を開始した。高校の先生方には，教科書選定があるので，その前年に各教科書会社から見本が送られてくる。しかしその内容は外部に漏らしてはならず，研究会などでも教科書の内容に踏み込んだ分析を聞くことはできず，ホームページで公開されている紹介ページで推測するのが限界であった。そのため〈歴史総合〉に関連する研究を進めるためには，大学教員はその準備を1年遅れで始めるしかなかった。

　その間にも〈歴史総合〉の開始を見据えて，大学教員の手になる書籍がいくつも刊行されている。歴史学会編『歴史総合　世界と日本』（戎光祥出版），歴史学研究会編『「歴史総合」をつむぐ　新しい歴史実践へのいざない』（東京大学出版会），岩波新書の「シリーズ　歴史総合を学ぶ」全3巻などである。これらは小川幸司氏を除いてほとんどが大学の研究者による編著で，学習指導要領（2018年告示，以下同）およびその解説を分析し，〈歴史総合〉の主旨をふまえた上で，各専門分野について歴史的思考を働かせるためのテキストが書かれている。私はそれらを読んだうえで，実際の〈歴史総合〉の教科書を分析したが，両者の間には違いがあるように感じた。

　それでは，〈歴史総合〉とはどのような学習内容を持つ科目だったのか。歴史学から期待される〈歴史総合〉のあり方と，実際の〈歴

史総合〉との間にはどのような相違があったのだろうか。このコラムではそうした観点から〈歴史総合〉を振り返ってみたい。

## *1* 歴史的事実と学説

　歴史学者の多くは，歴史事項の暗記ではなく資料とその解釈を主軸にすえた〈歴史総合〉に，歴史学的な史料批判や多様な解釈，学説を盛り込むことができると期待したように思える。確かに帝国書院『明解歴史総合』（歴総706）に5か所設けられた「歴史に迫る！」コーナーのように，一次史料に基づき論争的なテーマを正面からあつかったものもある。しかし全体の本文はそのようになっていないし，何冊かの教科書は，本文の情報量が多く，歴史事項の暗記をうながす旧態依然とした内容になっていた。〈歴史総合〉の主旨に忠実に構成されている教科書においても，「歴史の扉」で丁寧に紹介されていたような，複数の立場の異なる資料を突き合せたり，資料自体の真実性を検証する史料批判を実際に行う場面は，本文ではほとんどなかった。歴史学者はひとつの歴史的事実を証明するために，膨大な資料を渉猟して突き合わせている。しかし，そうした歴史的事実の構成を実際に生徒にやらせるような余裕は教育現場にはないし，それを教科書に盛り込むのも現実的ではない。歴史学者の主要な仕事である歴史的事実の証明は，〈歴史総合〉の主題ではないのだ。
　それでは，学説的なテーマはどのように取り上げられているだろうか。例えば，実教出版『詳述歴史総合』（歴総703）では「ACTIVE 歴史を資料から考える」コーナーで，「大分岐」論を取り上げている。その内容は，近代以前はアジアのほうがヨーロッパよりも経済力が上であったが，それが19世紀に逆転したことに気づかせるもので，その要因は産業革命に求めるしかない。イギリスと中国江南地域との比較をつうじて，イギリスがマルサスの罠を克服して産業革命による経済成長を実現できた要因を，後背地としての新大陸の存在に

求めたケネス・ポメランツの「大分岐」論とは，いささか異なる解釈である。というよりも「大分岐」論の基本的な問題意識の背景を学ぶような構成になっていることがわかる。

　当然ながら，〈歴史総合〉は高校1年生で学ぶ共通科目であり，そこで学び考える歴史の内容は，基礎的なものである。資料が全面に押し出されているといっても，1つの歴史的事項について1つの資料が対応するのがほとんどであり，歴史学において重要な事項（例えばナチスの反ユダヤ主義など）について思考するための資料が用意されていないこともしばしばである。2単位の〈歴史総合〉においては，世界と日本の近現代史の大枠を学んだうえで歴史的思考力を働かせるのが精一杯であり，歴史的事実と解釈，学説の資料に基づく検証といった学習過程は不可能であるし，生徒のキャパシティをこえる作業になるだろう。そもそも〈歴史総合〉では，歴史学の技術の習得が目指されているわけではなく，資料を読み取って歴史的思考力を働かせる能力の獲得が目指されている。前者は史料実証性をつきつめる必要があるが，後者はそうではなく，教科書やプリントの範囲内で提示された材料をもとに思考し，発表し，議論できれば良い。歴史学と〈歴史総合〉とでは，目指すべき方向性が異なるのである。

## 2　因果関係か影響関係か

### 〈歴史総合〉における問いの特色

　もうひとつ，歴史学と〈歴史総合〉の方向性の相違について取り上げてみたいことがある。それは因果関係についてである。歴史学においては，特定の歴史的事実を叙述する際，特にそれがなぜ起こったかという因果関係の検証を重視する。〈歴史総合〉においても，学習指導要領解説（2018年告示）の中にあるように，因果関係の考察は歴史的思考の主要な構成要素をなしている。ところが〈歴

史総合〉の教科書の内容を見てみると，因果関係よりは歴史的帰結，影響関係のほうが重視されているのがわかる。

　例えば，各社教科書のなかで最も資料と問いを重視していると思われる，山川出版社の『現代の歴史総合　みる・読みとく・考える』（歴総708）においては，各章の冒頭にメインの問いとサブの問い（テーマへのアプローチ）が掲げられており，この問いについて資料とテキストをもとに考えることが単元目標になると想定されているが，それらの問いを5W1Hで分類すると，圧倒的に「どのように（how）」が多い。第Ⅰ部「近代化と私たち」の各節にある大小の問いは全部で44個あるが，その問いの分類の内訳は，「どのように（how）」31個，「なぜ（why）」6個，「何（what）」3個，「どこ（where）」2個，「誰（who）」1個，その他（which）1個である。

　第1章第4節「中国の開港と日本の開国」の冒頭に掲げられたメインの問いは，「清の開港と日本の開国によって，東アジアはどのように変わったのだろうか？」であり，サブの問いは，「①欧米諸国が清の開港を求めた理由と日本の開国を求めた理由は，どのように異なるのだろうか」「②清の開港と日本の開国では，その内容はどのように異なるのだろうか」「③欧米諸国の進出に対して，日本や清はどのように対応したのだろうか」の3つである。メインの問いは時代的な変化を考えさせるものであり，サブの問いは①と②が同じ歴史的事象を地域間で比較するものであり，③が事実関係を問うものである。サブの問いは，基本的には教科書に書かれてある内容を正確に読み取り，まとめる能力の育成を図るものであり，メインの問いは，それらの理解をつうじて，東アジアが欧米諸国の国際秩序に組みこまれようとしたこと，つまり東アジアの国際的な近代化という，「近代化と私たち」の大テーマにつなげようとするものである。

　この問いの構造は，〈歴史総合〉の基本的な考え方，つまり18

世紀後半から「近代化」が経済・社会・政治・国際秩序といったさまざまな形で発生し、ヨーロッパから世界へと波及していき、それがさまざまに変容しながら現代につながっているというグランドデザインに組みこまれたものである。特に、近代化、大衆化、国際秩序の変化、グローバル化という大項目のテーマから明らかなように、〈歴史総合〉では概念の「変化」をつうじて時代の変化を読み取り、現代との相違や連続性について考えることが重視されているのである。この「変化を読み取る」という趣旨に対応する問いの形式は、確かに「どのような」や「何」がふさわしい。

　先ほど述べたように、歴史家が歴史的事象について分析する際に、因果関係の細かな検証は不可欠である。これは、「それはなぜ起こったのか」という過去に向けられた思考と言えるだろう。しかし〈歴史総合〉においては「どのような変化があり、どのような影響をもたらしたか」を理解することが大切で、それはいわば未来に向けられた思考と言えるかもしれない。

### 影響関係を重視することの問題点

　なぜ〈歴史総合〉は過去の因果関係ではなく、未来への影響関係を重視するのか。それは〈歴史総合〉の目的が、当然ながら歴史家の育成ではなく、公民的資質の育成にあるからである。学習指導要領によれば、〈歴史総合〉の目標は「広い視野に立ち、グローバル化する国際社会に主体的に生きる平和で民主的な国家及び社会の優位な形成者に必要な公民としての資質・能力」の育成にあるとされており、そのために最初から教科としてのグランドデザインが組まれているのである。これまでの日本史や世界史においても、学習指導要領に似たような文言はあったが、それはほとんど無視され、歴史的知識を体系的・網羅的に身につけることを目的とする教育が実施されていたし、教科書もそのような構成になっていた。しかし〈歴史総合〉は指導要領でその構成が細かく指定され、歴史的思考力を

どのように働かせるのかも指示され，多くの教科書もその指示に従ってつくられた。これまでのように歴史的事象を暗記し，因果関係を理解するのではなく，歴史的事象の結果生じた現代への影響関係を考えるように，構造的に促されることになったのである。

　もちろん，これは喜ばしい変化ではある。明治以降の総理大臣の名前をその時代におこった出来事とともに全て暗記したり，ややこしいイスラーム王朝の名前を支配民族系統や宗派とともにリスト化して覚えたりするような歴史学習は，不毛でしかない。それに対して〈歴史総合〉の諸概念を考えることは，現代に生きる私たちにとってどのような意義があるのかを結びつけやすく，生徒にとって暗記よりもずっと意味のある学習になるだろう。

　しかし，実は私は〈歴史総合〉の教科書に掲載された「どのような」の問いの連続を見て，少しばかり違和感を抱いた。それは，生徒たちは本当にこれらの問いに興味をもって取り組んでくれるのだろうか，ということである。これは学習科学によっても示されていると思われるが，学習過程において生徒が自然と「なぜこうなるんだろう？」と心から疑問に思うような問いでなければ，生徒は自ら考えようとはしない。生徒がまったく共感を抱かず，授業で先生に言われた課題を黙々とこなすだけなら，あるいはパズルのピースを探すように，あたえられた命題に合致する答えを探して，組み合わせてそれっぽい答えをつくるだけならば，それは主体的な学習とは言えない。それならば，先生の面白い歴史の話に，前のめりになって聞き入って歴史好きになる学習パターンのほうが，まだ主体的である。

　誤解を与えたくないのだが，アクティブ・ラーニングよりもチョーク・アンド・トークのほうが好ましいと言いたいのではない。〈歴史総合〉の問いが生徒をアクティブにさせるものになっていないのではないかということである。例えば先ほど挙げたサブの問い，「欧米諸国が清の開港を求めた理由と日本の開国を求めた理由は，どの

ように異なるのだろうか」に対して，生徒はどのような思考をする
だろうか。テキストや資料の中から，欧米諸国の清に対する要求，
日本に対する要求を探し，それらを箇条書きにして比較し，ここが
違うと指摘するだろう。これはこれで非常に重要な歴史的思考だが，
生徒は楽しんで，自ら望んで取り組んでいるだろうか。「どのように」
の問いとは，つまりは教科書に書いてあることから，問いに対応す
る事実関係を抜き出して再構成する能力が求められているのであ
り，それは「作業」のようになってしまうのではないか。

　ではどうすればよいのか。やはり生徒の歴史に対する興味関心を
引きやすい問いは，因果関係，つまり「なぜ」にあると思われる。「欧
米諸国が清の開港を求めた理由と日本の開国を求めた理由は，どの
ように異なるのだろうか」と問うよりも，「なぜ，清に対しては二
度にわたる戦争をしてまで要求を押しとおした欧米諸国が，日本に
対しては本格的な戦争をしかけなかったのだろうか」と問うほうが，
生徒の興味を引くのではないだろうか。先生から「これこれについ
て調べて発表ください」と言われるよりも，生徒自身が「確かにそ
うだ，なぜなんだろう？」とひっかかるほうが，歴史への興味関心
と自発的な歴史的思考を誘発しやすいだろう。

　もちろん歴史学においても「どのように」「何」の問いは，過去
を構築する上において重要である。しかし〈歴史総合〉においてそ
うした問いが多いのは，〈歴史総合〉のグランドデザインによるも
のであり，それは歴史学の面白さとは異なるものなのではないか，
そしてこれらの問いがもしかすると歴史好きの生徒を生みだしにく
いものになりはしないかという懸念を抱いてしまうのである。

## *3* 歴史認識問題について

　もう一つ，開始された〈歴史総合〉について心配なことがある。
それは歴史認識問題についてである。近現代における世界と日本と

を結びつけ，現代的な諸課題と関連させて歴史を考えるさいに避けては通れないのが，中国や韓国といった隣国との関係を左右する歴史認識問題だろう。従軍慰安婦や南京大虐殺といった歴史的事象について，日本では政界民間を問わず歴史修正を試み，これらの事実を教科書に載せまいとする，いわゆる「歴史戦」と呼ばれる運動が激しく行われている。その結果，隣国との関係はことあるごとにギクシャクし，政治や経済の交流をも阻害する結果となっている。教育現場でこれらの事実を教えると，ネット上で炎上したり，時として学校に政治的な圧力がかかったりする懸念がある。歴史認識問題は歴史教育におけるアキレス腱のようなものであり，教育関係者にとっては，できれば触れたくないというのも理解できる。

　しかし一番危惧すべきは，〈歴史総合〉によって問いと資料をもとに歴史的思考を働かせる技能を身につけた生徒が，自ら隣国との歴史認識問題について疑問を持ち，インターネットや書籍で調べた結果，容易に歴史修正主義的な言説に飲み込まれてしまう事態である。教師や教科書から一方的に教えられる歴史的事実に対して，自発的な関心と調査によって自ら「発見した」事項のほうが「自分たちだけが知っている，教科書は教えてくれない歴史の真実」であると信じ込みやすく，しかも記憶が定着しやすい。〈歴史総合〉の方法論に，生徒が歴史修正主義に入りこんでしまう構造的問題があるとも言えるのではないか。一部の政治家や運動家にとっては望ましい効果かもしれないが，教師や歴史家の多くにとっては望ましくないし，〈歴史総合〉が目標とする，グローバル化する世界で主体的に活躍する公民的な資質も得られないであろう。

　それでは歴史認識問題について，〈歴史総合〉の教科書ではどれくらい触れられているのであろうか。「歴史戦」の対象としてもしばしば取り上げられる「慰安婦」（従軍慰安婦）については，管見の限りにおいて，12冊の〈歴史総合〉の教科書のうち取り上げているのは半分の6冊である。これらのうち，「慰安婦」などの歴史

認識問題について正面から取り上げているのが，清水書院の『私たちの歴史総合』（歴総705）である。この教科書は見開きの左ページで資料，右ページで本文を載せ，大胆に資料に紙面を割いており，取り上げる概念やテーマも〈歴史総合〉の理念に即して整理されているのが特色である。「慰安婦」については「グローバル化と私たち」の第6節「戦後の日本とアジア諸国との関係」において，日韓請求権協定やアジア女性基金といった複数の資料を取り上げ，「アジア諸国との間で何が解決され，何が解決されなかったのだろうか？」という問いを提示している。比較的踏み込んだ内容と言えよう。しかし，残念ながらこの教科書の採択数は少なく，採択シェアの多い山川出版社の3冊の教科書は，そのすべてで「慰安婦」をまったく取り上げていない。

気になるのは，教科書で触れられていても，注などで用語に関する追記があることである。先ほどの清水書院『私たちの歴史総合』では，資料中の「従軍慰安婦」という用語に注がつけられ，「従来は，政府の談話なども含めてこのように表現されることも多かったが，実態を反映していない用語であるとの意見もある。現在，日本政府は，「慰安婦」という語を用いることが適切であるとしている」との説明が付せられている。「従軍」という語を取ることで，軍の関与をできるだけ隠そうとする政府の姿勢を反映した記述である。また，第一学習社『高等学校歴史総合』（歴総710）では，朝鮮人の強制連行について本文で扱っているが，注で，「2021年4月，日本政府は，戦時中に朝鮮半島から労働者が来た経緯はさまざまであり「強制連行」とするのは不適切とする閣議決定をしたが，実質的には強制連行にあたる事例が多かったとする研究もある」とわざわざ断っている。これも，政府の見解として強制性をできるだけ薄めようとする見解を掲載している。おそらくこうした注記をしなければ，検定意見が付いて掲載することができなかったのであろう。その一方で，政府見解とは異なる研究があることを示唆することで，

精一杯の抵抗を試みているようにも読める。このあたり，歴史認識問題に関する歴史教育の現在の困難さが浮き彫りになっているように思われる。

　以上，〈歴史総合〉がはじまってから1年が経過し，その間に見聞きしたことから感じた雑感を述べさせていただいた。大学教員にとって高校現場でどのような取り組みがなされているのかは，まだ十分に伝わっているとはいいがたく，他方でここで述べたように，大学の歴史研究者の〈歴史総合〉に対する期待が，実際の〈歴史総合〉と異なっている可能性もある。その認識の差を埋めることが，ある程度必要ではないだろうか。

# 〈歴史総合〉における「主体的な学び」
## ―ICE モデルのアプローチを使って―

坂田 匡史
東京都立小山台高等学校

## ❶ 〈歴史総合〉で何を学ぶか

　〈歴史総合〉が始まり，授業を担当し，振り返ると，〈歴史総合〉を学んだ後に探究科目が置かれてあるということを含めて，〈歴史総合〉はやはり「入り口」であるべきなのだろう。〈歴史総合〉の学習を通じて，生徒自身が歴史的なものの見方・考え方を働かせながら，諸資料に基づきながら多角的・多面的に分析することで批判的思考を身に付け，主体的に学びに向かう姿勢や態度を涵養する。このような学びを経て，探究科目へとつなげることが〈歴史総合〉の役割であろう。特に，生徒自身が「もっと学んでみたい」と思うような主体的な学びであることが「入り口」として重要だと考えている。

## ❷ 授業デザインについて

　生徒自身に「もっと学んでみたい」と思わせるような授業デザインとはいかなるものか。私はすべて「問い」，つまり発問にあろうと考えている。そのための授業デザインの考え方には問いの疑問詞と動詞の構造に着目する ICE モデルがある。

## ● ICE モデルとは ●

ICE は Ideas（考え），Connections（つながり），Extensions（応用）の頭文字をとったもので，E（応用）から逆算して授業を設計するものである。

神奈川県立湘南高等学校に派遣された時に，世界史教育について教えていただいた先輩教員に次のように問われた。

「世界史の授業や単元の授業を通じて，結局何を学ばせたいのか。」

例えば，古代インドの単元では民族や宗教であろうとか，階級であろうとか，共生とはどのようなことか，等の単元として学ぶべき本質的な問いが極めて重要であることを教わった。つまり，E（応用）の問いを考え，先輩教員の言葉を借りれば生徒に対して授業を通じて「醸し出す」ことが歴史教育なのだろうと考えている。これは多くの歴史教育に携わる諸先生方や「逆向き設計論」でも指摘されている通りである。

それでは〈歴史総合〉であればどのような問いがふさわしいか。

「入り口」としての〈歴史総合〉と捉えるのであれば，一年間の学びを貫いて向き合わせる問いは，「歴史とは何か」であろうと考えた。生徒が自分なりの歴史像をナラティブに描けるようにする。そのことによって知的好奇心を涵養し，「もっと学びたい」と感じさせることができる。そこで，授業開きの最初の授業と最後の授業で「歴史とは何か」を記述させ，意見収集のために Microsoft Forms に投稿させた。ある生徒の記述の変化に着目してもらいたい。

### ・授業開きでの「歴史とは何か」への解答

> 「私達の生きていく上での道標」となるもの。現代の政治のあり方や，学校や商売など多くのことが今までの歴史上での出来事や過去の人物の影響を受けている。その出来事などを踏まえた上で今の政治のあり方や存在を意味していると考える。

### ・最後の授業での「歴史とは何か」への解答

> 歴史とは「自分の考えの範囲や物事の捉え方を変えるもの」だと思います。また，「時代背景やその時の様々な出来事を通して，現在の世の中への影響を知ることができる（どうしてそうなったかや誰が何をしてことによって，

どう変化が起きて，それが未来にどのような影響を及ぼして来たのか）もの」
だと思います。

　1つ目の「自分の考えの範囲や物事の捉え方を変えるもの」については，
特に感じた歴史的出来事があります。それは第二次世界大戦や太平洋戦争
を含めて，世界大戦です。1年間歴史というものを学ぶ前は，第二次世界
大戦においては，ドイツがポーランドに進行した→周りの国がそれに介入
した→どんどん規模が世界に広まって行った。という認識で，ただ，ドイ
ツが起こした戦争（ドイツから始まった戦争）という捉え方をしていました。
そのため，細かい事やどういう背景があるのか知りませんでした。しかし，
1年間学んで行くうちに歴史というものは表面的な部分だけを捉えると全
く内容が理解できない，深く理解できないということが分かりました。大
きな出来事の間にある小さな出来事が，実はとっても大きな影響力をもっ
ていて，それがあることによって，大きなことへと発展，繋がっていくの
だと思いました。第二次世界大戦中の会談については特に大きな衝撃と新
しい発見がありました。初めは会談の内容や目的，参加国の代表者なんて
知らなかったし，そこまで重要では無いと思っていました。しかし，ヤル
タ会談での対独戦争処理により，ソ連が日本に攻めた理由もそこにあった
りするこということ。ポツダム宣言において，日本は無条件降伏の勧告を
受けているが，一連の会談全体を通してみると，カイロ会談，ヤルタ会談
それぞれで日本に対しての処理や何らかのことが行われており，ただ，ポ
ツダム宣言だけで日本の戦後が決まった訳ではなく，しっかりと流れがあっ
た（その方向に行くようになっていた）のでは無いかと思いました。この
ことはが細かい所まで理解することで得ることのできた発見でした。2つ
目については韓国と北朝鮮，アメリカの関係性を通して強く感じました。
最初はどうしてここにアメリカが関わってくるのか，現在の世界の様子か
らはあまり理解することができませんでした。しかし，朝鮮戦争の時にア
メリカ軍が主力とする，国連軍が朝鮮側に派遣されたことによって，アメ
リカがこの戦争に関わっていることが分かりました。また，朝鮮戦争で終
結の協定ではなく，停戦協定が結ばれたことによって，今現在でも国境線
では監視状態が続いていて，歴史というものが現在（当時からすると未来）
に大きな影響を与えていると感じました。

　以上のことから歴史とは，自分の理解の仕方や範囲を大きく変化させる
ものであり，現代の社会に影響を与えるものであると考えます。

この記述の例からも，生徒が疑問詞を使いながら，学習内容を使って論じることができるようになっていったようすが見て取れる。自分なりに「歴史とは何か」への答えをもてるように，もっと学んでみたくなる授業を計画的に展開することが重要である。しかし，「歴史とは何か」という問いがどのように ICE モデルと関係があるのか。

## ● ICE モデルのフレームワークとは ●

ICE モデルでは what，why，how 等の疑問詞と動詞を組み合わせたフレームワークがあり，特に動詞が重要である。例えば，「理解する」という動詞は歴史的事象を知っていればいいのか因果関係を含めて説明できればいいのか，生徒にとってはどの程度できればいいか不明瞭な動詞である。よって，理解するという動詞に変えて学習行動を引き出す動詞を使うのである。

（I）○○は何か（what）書きなさい。（書く）
（C）○○はなぜ（why）起こったか述べなさい。（説明する）
（E）○○はどのように（how）みなすことができるか。（評価する）

○○に帝国主義という語句を当てはめると帝国主義の定義や形成過程，歴史的な評価について問うことになり，深まりを作ることが容易である。このような動詞の例をあげると，

（I）見つける，説明する，あげる，使う，用いる，想起する
（C）説明する，関係性を示す，比べる，分析する，まとめる
（E）評価する，意味づける，吟味する，構想する，再検討する

一方で，授業開きでの「歴史とは何か」は「歴史とは何か（what）＋定義する（E)」であるが，最後の授業では「そもそも」という言葉がつき，「歴史とは何か（so what）＋定義する（E)」となる。同じ言葉で表現される問いでも ICE モデルのフレームワークで分類すると，前提条件の異なりによって変化する。なぜなら，ICE モデルの良さは I → C → E の順序性が重要なのではなく，I ⇔ C ⇔ E の「往還」にあるからだ。

帝国主義であれば第 2 次産業革命から資本の投資先を求めて植民地の重要性が増した経済的な側面のみならず，フランスや日本の場合は植

民地の獲得にどのような意味を見いだすことができるか，知識や資料の読み取り等を通じて前提条件を変えて生徒の思考を揺さぶるのである。このような多面的・多角的な検討から，あらためて問うのである。「そもそも，帝国主義とはどのようなものであったと意味づけることができるか」と。「結局，それは何であったか（so what）」は歴史学習において，本質的な問いの一つであろう。歴史学習の面白さは多面的・多角的な視点や批判的思考であろう。歴史的なものの見方・考え方を働かせるためにはどのようにすればいいか。これは資料の活用などの「条件付け」によって可能である。歴史学習において，「国家とは何か」「革命とは何か」「民主主義とは何か」「帝国主義とは何か」「自由とは何か」等と歴史的事実にあげながら多面的・多角的に問い続けることは知識の概念化を促し，歴史認識や歴史観を養う上で欠かせないものである。

## ３ 年間の流れ

　年間授業計画では１学期に「B 近代化と私たち」，２学期に「C 国際秩序の変化や大衆化と私たち」，３学期に「D グローバル化と私たち」を中心に授業を計画した。「近代化と私たち」では，中学校で学んだことを生かし，近代化に関わる概念的な理解を身に付けさせていく。特に，高等学校の一年生という発達の段階を踏まえて，「近代化と私たち」では「抽象化できること」に焦点化した。次の「大衆化と私たち」では「論点を見いだすことができること」，「グローバル化と私たち」では「歴史像を描くこと」を，育てたいコンピテンシーと考えて計画した。

　単元指導計画では，考査問題を含めた「問い」を中心として設計することが重要である。考査問題は，単元を通じて身に付けさせたい資質・能力を測るため（記録のための評価）だけではなく，問題に取り組む時間も生徒の考え抜く力を養う好機である。考査時間を「授業で学んだことを通して，さらに考えを深める時間」とすることが理想的である。考査の時間が終わった後に，生徒が「楽しかった」と感じるような時間にすべきだと考えている。考査が終わったら単元の学習が終わるのではな

く，考査問題によって「もっと学習に取り組みたい」と思える，つまり，生徒が自分なりの新たな課題と出会えるようにする。

　産業革命やアメリカ独立革命，フランス革命などの学習を通して，「そもそも革命とは何であったと定義できるか（so what ＋定義する［E］）」ということを考えさせたいのであれば，まず考査での問いを設定する。中学校では「アメリカ独立戦争」によってアメリカ合衆国は独立したことを学習するが，高等学校では「アメリカ独立革命」と学習する。このことから，次のような問いを設定する。「アメリカ独立戦争とアメリカ独立革命の呼称の違いにはどのような意味が含まれているといえるだろうか（how ＋含意する）」。また，アメリカ独立革命とフランス革命を学習内容から，その共通点や相違点を考えさせる「アメリカ独立革命とフランス革命の共通点や相違点をどのような点にあると考えるか（how ＋考察する）」。これらの問いに考査の時間という限られた時間で向き合わせるならば授業を通じて，「見方・考え方」を身に付けておく必要がある。具体的には「革命という言葉を聞いたことがあるか」「革命という言葉の意味は何か」「革命と改革の定義の違いは何か」「革命はどのような推移や特徴があるのだろうか」などを考えさせて，知識を使って概念的理解を深められるように問いを積み上げていく。生徒が革命という概念を自分なりの言葉で説明できるようにした上で，考査問題では次のような問いを設定した。

・歴史的な評価について論じる設問

> 　アメリカ独立革命は成功したといえるだろうか，あなたの考えを解答欄に 8 行以上で具体的に書け。その際，問題文に示された資料やアメリカ独立宣言の文言を参考に，批判的な検討を加えた上で表現すること。

・歴史的な事象を根拠に共通点や相違点について指摘する設問

> 　アメリカ独立革命とフランス革命，その後のラテンアメリカ諸国の独立は「大西洋革命」ともよばれる。アメリカ独立革命とフランス革

命の共通点や相違点をどのようなところだと考えるか，具体的には，独立宣言と人権宣言の文言を比較したり，それぞれの革命の経緯や中心となった社会層を比較するなどして，共通点や相違点についてあなたの考えを解答欄に5行以上で具体的に書け。

（E）のフェーズから逆算して単元指導計画を考え，考査問題を含めて設計することで意図的・計画的に学習指導を充実させることができる。「近代化と私たち」では他にも次のような考査問題を設定した。

・自ら課題を設定する能力を高める設問（ICEモデルでは洞察を促す問いそのものを考えさせる問題）

　　問題文中の記述やこれまでに学習した歴史総合の学習内容を参考に【○○であるにもかかわらず，□□なのはなぜだろう】という形の問いを作成し，どのような史料・資料（歴史地図や統計資料，公文書や日記・書簡など，時代や国あるいは地域を設定する）を調べることで根拠となりうると考えられるか，三つ程度の必要な資料を類推して具体的に書け。

・歴史像を描く設問（どの程度［how far］＋評価する［E］）

　　アヘン戦争と第2次アヘン戦争の結果，中国における近代化は始まったとみなすことができるが，日本は中国より遅れて開国したにもかかわらず日本の方が先んじて大日本帝国憲法や議会をもった近代国家へと進んでいくことになる。これには様々な要因が考えられようが，中国と日本が諸外国と取り決めた条約における取り決めに着目する場合，その不平等性にどの程度違いがあると考えることができるか。あなたの立場を次の三つの選択肢より選び，条約の内容にも触れながらその不平等性について考察せよ。
1，大きく異なっていた。
2，多少異なっていた。
3，ほとんど変わらなかった。

・歴史の変化や推移に関する設問（どの程度［how far］＋評価する［E］）

> 　フランス革命以前の王朝や旧制度の復活を目指す，ウィーン会議における原則はウィーン会議の取り決めにどの程度反映されたとみなすことができるか，次にあげる2枚の地図（18世紀半ばの地図とウィーン体制下の地図）を比較し，あなたの考えを具体的に書け。

　歴史的な事象に関して「どの程度」を問う問題は，歴史的な見方・考え方を養い，批判的思考を高めるためにも非常に効果的な問いである。また，授業や考査問題でも「あなたは」と問うことで，意見が分かれることで対話的な学びの必然性を高めることにつながる。「見方・考え方」を働かせる問いは，別解のある「豊かな問い」であることが望ましい。

## 4　実践紹介

　「近代ヨーロッパ・アメリカ世界の成立」の単元では，
①ヨーロッパの動向　②産業革命の背景　③産業革命の進展　④アメリカ独立革命　⑤フランス革命と立憲君主政　⑥共和政の成立　⑦ナポレオンの大陸制覇　⑧ウィーン体制の成立　⑨19世紀前半のヨーロッパ（英仏）　⑩19世紀前半のヨーロッパ（普墺露）　⑪ウィーン体制の崩壊　⑫クリミア戦争　⑬19世紀後半のヨーロッパ（英仏）　⑭19世紀後半のヨーロッパ（普墺露）　⑮アメリカ合衆国の発展
という構成である。
　本時では，⑫クリミア戦争を題材に扱った。導入で既習の学習内容であるギリシア独立戦争以降のロシアの南下政策の成否について，ペアワークで説明させた。

> T：ロシアの南下政策がいかなるものであったか，その成否に着目して説明してください。
> S1：ギリシア独立戦争では成功し，第1次エジプト＝トルコ戦争でも成功したけれど，第2次エジプト＝トルコ戦争では失敗した。
> S2：ギリシア独立戦争ではロシアはギリシアを支援してオスマン帝国と戦

107

> い，アドリアノープル条約によってボスフォラス・ダーダネルス両海
> 峡の自由通行権を獲得した。第 1 次エジプト＝トルコ戦争に際して，
> オスマン帝国を支援してウンキャル・スケレッシ条約では独占通行権
> を獲得したが，第 2 次エジプト＝トルコ戦争ではロンドン会議や海
> 峡協定によって南下政策は挫折した。

　既習の学習内容について確認した上で，ペリーの来航した 1853 年に
クリミア戦争が起こることを伝え，次のように問い，クリミア戦争に至
る経緯についての問いを投げかけた。

> Ｔ：南下政策が挫折したにもかかわらず，ロシアが再び南下政策を進められ
> 　　たのはなぜだろう。さらに，1848 年革命におけるロシアの動向は
> 　　どのようなものであったか，隣の人と検討してください。
> Ｓ1：そういえば，1848 年革命の時にあまりロシアのことに触れていな
> 　　いね。教科書には「ハンガリー地域での民族独立運動に対しては，ロ
> 　　シア軍の力を用いて鎮圧した」と書いてあるよ。
> Ｓ2：フランクフルト国民議会については「ロシア軍を後ろ盾にしたオース
> 　　トリアの圧力によって結局挫折した」と書いてあるし，1848 年革
> 　　命の時のロシアは革命を抑える側だったのね。

　教科書の記述から，ロシアが「ヨーロッパの憲兵」とよばれて国際的
な地位を高めたことに気づかせる。ついで皇帝ニコライ 1 世の思惑は
いかなるものか，資料を活用してグループワークを通じて考えさせる。

> Ｔ：革命後の状況を踏まえて，もし，あなたがロシアの皇帝ニコライ 1 世
> 　　の立場であれば一度は挫折した南下政策についてどのように判断でき
> 　　ると考えられるか推察してみてください。列強の状況を踏まえて話し
> 　　合って考えてみてください。
> Ｓ1：オーストリアではメッテルニヒがいないし，革命の時にはロシアが助
> 　　けて民族運動を鎮圧しているからオーストリアはロシアが何を言って
> 　　も反対できないと思う。
> Ｓ2：フランスは二月革命以降，混乱しているしロシアに何か言えるような
> 　　力もなさそう。
> Ｓ3：イギリスではチャーティスト運動がおこっている。
> Ｓ4：けれど，イギリスはロシアの南下政策には反対しているよ。

> S1：オーストリアやフランスは反対できないけれど，イギリスは反対しそう。

　各班で話し合ったことをいくつかのグループを指名して共有させた上で，次の資料（ロシアの歴史教科書の記述を参考に作成したもの）を読ませて，ニコライ1世の思惑について整理させた。

> 　ニコライ1世の考えによれば，オーストリアとプロイセンは，ロシアの援助でつい最近鎮圧されたハンガリーの革命や，必要な場合にロシア皇帝がプロイセン国王の援助に駆けつける準備のあることを，感謝の念をもち思い出すはずであった。フランスは，1848年の革命の大変動からまだ立ち直っていなかった。ロシアは，イギリスにはトルコ壊滅後にクレタ島とエジプトを分け合う決議をした。
> 　しかし，ニコライ1世はひどく見込み違いをしていた。オーストリアはどのような状況でも，バルカン半島におけるロシアの強化を許すことができなかった。プロイセンはオーストリアを支援した。フランスでは権力の座についた，ナポレオン3世にとって戦争の勝利によってその地位を確立する必要があった。イギリスもどのような犠牲を払っても，ロシアの立場を弱める努力をしていた。

　こうしてクリミア戦争が起こった背景や原因を考えさせた上で，聖地管理権問題からギリシア正教徒の保護を口実とし，戦争に至ったことを説明した。クリミア戦争の経緯や結果を整理し，近代化への遅れからロシアにおける改革が始まったことを指摘した。さらにペリー来航やプチャーチンの派遣などの日本への影響やヨーロッパにおける国際政治に与えた影響を考えさせた。授業の構造をまとめると次のようになる。

| | 問い | 学習内容・学習活動 |
|---|---|---|
| 導入 | ロシアの南下政策はどのような経緯であったと説明できるだろうか。<br>(how＋説明する（C）) | 19世紀前半のロシアの南下政策の成否について説明させる。<br>□ペアワークによって知識を外化する。 |
| 展開 | 洞察を深める問い<br>南下政策が挫折したにもかかわらず，ロシアが再び南下政策を進められたのはなぜだろう。 | |

| | 問い | 学習内容・学習活動 |
|---|---|---|
| 展開<br>(つづき) | 1848年革命におけるロシアの動向はいかなるものであったか。<br>(what＋指摘する（I）) | 「ヨーロッパの憲兵」として国際的地位を高め，南下政策を推進できる有利な状況であったことに気づかせる。<br>□多面的な見方を働かせるペアワーク。 |
| | もし，あなたがロシアの皇帝ニコライ1世の立場であれば一度は挫折した南下政策についてどのように判断できると考えられるか推察してみてください。<br>(how＋推察する（C）) | 1848年革命におけるロシア皇帝の思惑について推察させる。<br>□多角的な見方を働かせる対話的な学びとしてのグループワーク。 |
| | クリミア戦争はどのような影響をもたらしたか。<br>(how＋影響する（C）) | ロシアの国内改革やヨーロッパの国際政治への影響を整理させる。 |
| まとめ | 19世紀を通じて，ロシアの南下政策はどのような経緯であったと説明できるだろうか。<br>(how＋説明する（C）) | ノートに1820年代から19世紀半ばまでのロシアの南下政策について記述させる。 |

## 🔟 評価方法

　ICEモデルでは，動詞に着目して評価の観点や場面を設定できる。「思考力・判断力・表現力」の観点であれば，「19世紀を通じて，ロシアの南下政策はどのような経緯であったと説明できるだろうか」の問いに対して，次のようなルーブリックを作成し，生徒に事前に提示する。生徒は事前に示された評価基準に則って自己評価を行う。

| I（考え） | C（つながり） | E（応用） |
|---|---|---|
| ロシアの南下政策はどのような経緯であったか，<u>知ることができた。</u> | ロシアの南下政策はどのような経緯であったか，<u>説明できた。</u> | ロシアの南下政策はどのような経緯であったか，<u>論じることができた。</u> |

### ● 観点評価とICEモデル ●

　ICEモデルにおけるルーブリックの特質は，「○○できた」と表現することにある。例えば，「坂田くんは○○できないね」と指摘されて「よし，がんばろう」と思うだろうか。「もっと学習したい」を引き出すのであれば「口頭で述べることができた」ら，次は「文章にできるように

書いてみよう」と，次の学習行動が見えることが望ましい。付け加える
なら，ルーブリックである必要性は何か。それは「できた」「できない」
では測れないからであり，記述したものの質的な度合いを見取るからで
ある。動詞に着目した問いにより学習場面の設定を行い，その評価を動
詞で見取ることができるため，「指導と評価の一体化」を実現できる。
この場合，学習した知識を書くことができたら（I）であろう。歴史的
な経緯について説明することができたら（C），「国際的な地位の向上」
や「南下政策の推進に有利な状況となった」などの概念的な理解を踏ま
えることができるなどしたら（E）と考えていいだろう。

　上記は評価・評定を「指導に生かす評価」と「記録に残す評価」で考
えると「指導に生かす評価」となろう。一方で，評定を算出するための
「記録に残す評価」については，都立学校では「定期考査採点・分析シ
ステム」を導入しているため，これを使って観点別評価を行った。採点
システムの導入により採点業務の時間縮減だけでなく，考査問題におけ
る「知識・理解」や「思考力・判断力・表現力」の各設問の正答率の数
値を用いて，それぞれの観点の妥当性を検証することができた。観点別
評価の「主体的に学習に取り組む態度」をどのように評定につなげるか
は今後の課題や実践事例の蓄積が必要となろう。

### ● 主体的に学習に取り組む態度と ICE モデル ●

　「主体的に学習に取り組む態度」はどのような学習場面で見取ること
ができるか。授業の中では，ペアワークやグループワークにおける発言
について，「指摘する」「意見する」「熟慮する」「明示する」などの動詞
を使ってルーブリックを作成できる。ただし，やはり授業時間などの限
られた時間で「主体的に学習に取り組む態度」を見取ることは難しいと
感じている。

　「主体的に学習に取り組態度」は，①「知識及び技能を獲得したり，
思考力・判断力・表現力等を身に付けたりすることに向けた粘り強い取
組を行おうとする側面」と②「粘り強い取組を行う中で，自らの学習を
調整しようとする側面」という二つの側面の見取りが求められている。
このことから，生徒にある程度の時間的な余裕を与えた中で見ることが

必要である。こうした理由から振り返りシートやレポートなどのパフォーマンス課題から見取ることが「記録に残す評価」の妥当性を高めることにつながる。「近代化と私たち」の単元振り返りシートの記述内容からこの二つの側面について見取ると次のようになる。

・振り返りシート

> 「近代化と私たち」の学習を振り返って，「何を学んだか」「どのような見方・考え方」を身に付けることができたでしょうか。その際に，5W1Hのどの疑問詞を用いて学習に取り組みましたか。

・生徒の記述

> 中学までの歴史の授業は各出来事の内容よりもその出来事が起こった順番とか年号とかしか覚えなかったけど，今回のテストで感じたのは，順番よりそれに至る経緯の方が大事だし，年号よりその出来事がどういったものか，誰が，どこの国が関わっているか，その出来事に由来する風刺画などから何を感じられるか，このように，出来事そのものよりその背景を関連付ける必要があると思った。そういった背景とかを具体的に説明するためにも歴史の用語は必要だし，逆にその出来事から何が言えるのか説明するときは，歴史上の経緯など背景を知ることが必要だと思う。具体的な説明をするにも出来事の背景はとても役立つと思う。今までのように出来事を名前だけで憶えていると，いざそれを説明するとなると役立たないから，覚えるものを根本的に変える必要があると思った。学習の手法では，プリントを使って出来事や人名は覚えたが，背景はわかっていなかった。When，What，Where はよく使ったけど，Which，Why，How は使わなかった。特に Why，How は歴史の出来事を深く知る上で大事なのにあまり使わなかったので効率的ではなかったと思う。

このような記述のうち，「主体的に学習に取り組む態度」の見取りに ICE モデルのアプローチでルーブリックにすると，

- ・I　学んだことを書くことができた。
- ・C　学んだことと自分の経験を結び付けることができた。
- ・E　学んだことから内省して改善に繋げることができた。

このようなものが考えられる。①「知識及び技能を獲得したり，思考

力・判断力・表現力等を身に付けたりすることに向けた粘り強い取組を行おうとする側面」では，「中学までの歴史の授業は各出来事の内容よりもその出来事が起こった順番とか年号とかしか覚えなかったけど，今回のテストで感じたのは，順番よりそれに至る経緯の方が大事だし，年号よりその出来事がどういったものか，誰が，どこの国が関わっているか，その出来事に由来する風刺画などから何を感じられるか，このように，出来事そのものよりその背景を関連付ける必要があると思った。」というところが「改善」に至っているのでEのフェーズであると考えることができる。

　次に，②「粘り強い取組を行う中で，自らの学習を調整しようとする側面」では「今までのように出来事を名前だけで憶えていると，いざそれを説明するとなると役立たないから，覚えるものを根本的に変える必要があると思った。学習の手法では，プリントを使って出来事や人名は覚えたが，背景はわかっていなかった。when, what, where はよく使ったけど，which, why, how は使わなかった。特に why, how は歴史の出来事を深く知る上で大事なのにあまり使わなかったので効率的ではなかったと思う。」の記述内容から学びについて試行錯誤している点が読み取れ，Eのフェーズに至っているといえる。

　パフォーマンス課題に関しては，「近代化と私たち」では課していないが，次の「大衆化と私たち」では，各授業時間に授業のねらいに加えて「論点は何かを見いだそう（what＋見いだす [I]）」という学習活動を加えて，授業のまとめの時間（5分程度）でMicrosoft Formsに投稿させ，次時の授業の導入で振り返るという学習活動を行った。Microsoft Formsに質問や疑問を投稿させて，生徒が自ら疑問に思ったことや質問事項を一覧にしたものを提示し，それを踏まえて生徒が自ら課題を設定して，探究的な課題を設定し，A4一枚でp.114のようにまとめさせた。

　このように年間や単元の指導計画において，どこで何を見取っていくのか，生徒の実態や学校の実情に応じて工夫することが求められる。

問い：なぜ賠償金の支払いが滞ったからといって戦争に発展しかねないルール占領をフランスとベルギーは行ったのか。
流れ　フランス→ヴェルサイユ条約でドイツに賠償金請求。
1921年5月5日履行しなければ，ルール占領の最後通告を告げる。

↓

ドイツ政府は分割支払いに応じる。

↓

1923年戦勝国賠償委員会でドイツが石炭の支払いを怠ったとしてベルギーと共に軍事行動を起こす。（ルール占領）
○1870～71年の普仏戦争も関係している。理由→フランスはヴェルサイユ条約で，普仏戦争で失ったアルザス・ロレーヌの返還を求めたから。またフランスでは普仏戦争により，イギリスよりもドイツに対して敵対心を持っている国民も多いから。
○ドイツからの賠償金を元手にアメリカへの戦債の返済に当てるため。賠償金が得られなくても，ルール地方は産業の中心地であるため，生産的担保になり得る。
○ルール地方の存在価値がそれほど高い。
理由→ルール地方は当時ドイツの鉄，石炭の8割を生産しており，その土地を手に入れることでドイツの経済的な力を抑え込むことが可能だから。

生徒による探究的な課題とまとめ


## 6 問題点と課題

　課題は学習事項の見直しであろう。教科書が〈日本史A〉〈世界史A〉を踏まえているとはいえ，世界史に関する記述に比べて日本史に関する記述の方が政治的な側面や経済的な側面が詳細である。日本史学習の科目としての特質を踏まえると教員にとって十分理解できるが，生徒にとっては学習で求められる資質・能力が多少異なると感じているようであった。このことから，〈歴史総合〉として学んでいるにもかかわらず，「日本史を学習したい」「世界史で受験しよう」という科目選択の分類に至ってしまう。生徒自身の興味関心やキャリアを見据えた科目選択ができると捉えるならば好ましいようにも思えるが，科目としての〈歴史総

合〉の特質は何か，という点は議論されるべきであろう。

　〈歴史総合〉の学習内容を一年間で終わらせるには歴史を概観できる
ものが好ましい。そのため，学習内容については精選が求められる。し
かし，一年間で終わらせようとすると政治史や経済史への偏りが生じて
しまうため，文化史の観点から市民社会の特質を十分に描くことが難し
かった。多面的・多角的に「見方・考え方」を働かせるためには，文化
史の充実が必要であろう。

　〈歴史総合〉の困難さを最も感じるところは，生徒自身が課題を見い
だし，問いを表現して自ら調べて資料を根拠に分析して，解決に至る探
究的な学びの充実にある。パフォーマンス課題の作成が，評定を付ける
ためのただの宿題となっては主体的な学びとは言い難い。

## ７ 〈日本史探究〉〈世界史探究〉とのつながり

　ICE モデルのアプローチを使うことで，生徒が考え方を身に付けてい
くよさは感じられ，〈日本史探究〉〈世界史探究〉に取り組むことができ
るような基本的な資質・能力を高めることができたと考えている。特に，
考えを深めるための「○○であるにもかかわらず，□□なのはなぜか」「そ
もそも（結局）」などの洞察を促す問いの形を身に付けさせることがで
きた点は，探究科目への接続もスムーズになるのであろう。一方で，〈歴
史総合〉を「入り口」と考えている理由の一つが，日本史や世界史の特
質が混在することで歴史を嫌いにさせたら，探究科目へつながらなくな
るのではないかと懸念しているからでもある。「もっと学習したくなる」
学びの在り方が求められている。

　他教科・科目や総合的な探究の時間とのつながりでいえば，学びの手
立てをカリキュラム・マネジメントできるように教科主任会等で組織的
に議論していくことが重要であろう。一教員としては，学習指導要領で
は「見方・考え方」が各教科で貫かれていることを考えても，探究の時
間や他教科の授業を積極的に見学することで生徒理解を深めて，自己の
授業を磨いていく手助けになるのであろう。

# 〈歴史総合〉で教師はいかに内容を焦点化するか

## ―単元「工業化の進展は私たちの生活を豊かにしたんじゃなかったの?」を事例に―

野々山　新
愛知県立大府高等学校

## ■ はじめに

　本稿では,〈歴史総合〉の大項目B「近代化と私たち」にて実践した単元を検証することを通して,〈歴史総合〉の授業構成における教育内容の精選原理を考察することを目的とする。

　〈歴史総合〉では,近現代史を日本と世界とで双方向的に捉えることが求められていることから,射程とする教育内容は実に豊富である。一方で標準単位を2単位としているため,従来の通りに網羅的に教授しようとすることは困難と言わざるを得ない。いかに教育内容を精選するかは実践上の重要な論点の一つであると考えられる。この精選原理について,本稿では〈歴史総合〉を通して実現しようとする教育目標に基づいて選択的に教育内容を構成することを提案する。何が不要かではなく,何が必要なのかを考えるということである。

　研究の対象とするのは,愛知県における公立中堅高校である本校普通科で2022年度1学期に筆者が実施した「歴史総合」の一単元である。

## ■ 歴史総合の教育目標と単元構成

　2022年度から施行された学習指導要領(2018年告示)では,「何を

知っているか」から「何ができるようになったか」という説明に端的に
表れるように，従来の授業構成がコンテンツベースであったという課題
を踏まえ，コンピテンシーベースへ転換されるよう意図されている。こ
のコンピテンシーについて，歴史教育を念頭に検討した時，いわゆる歴
史的な見方・考え方を想起することができよう。このことを踏まえつつ，
筆者は歴史総合の教育目標を，歴史的な見方・考え方を働かせる学習活
動を継続することを通した民主主義的市民の育成と据えている。

　この教育目標の実現に向けては，生徒の実態を丁寧に把握し，各単元
の学習の中で，不十分である見方や考え方の修得を促していく必要があ
る。そこで重要になるのが，診断的評価や形成的評価であろう。この点
について筆者は，「『なぜ歴史を学ぶのか』学習開始前アンケート」と題
した事前調査，中項目（1）における学習者が問いを抱くプロセスの活用，
単元の学習履歴を記録することができるよう構成した単元シートの活用
という3点からアプローチすることを試みた。

　このうち，アンケートで得られた210件の回答を概観した時に，過
去を教訓として過ちを繰り返さないという回答は多く見られるものの，
「過去と現代は繋がることがあるから過去を学びこれからにつなげてい
くため（ママ）」といった過去と現在の連続性を指摘する回答は16件
（8％）と，非常に少ないことに気付かされた。そこで，過去と現在を
断絶する歴史感覚を改めるという課題設定を現段階の目標に位置付け，
現代的諸課題との連続性を持つテーマを単元として構想する方針を定め
た。この過程は，アンケート結果を診断的評価として活用したものと判
断することができよう。

　この方針に基づき，現代的諸課題の一つである経済格差について歴史
的連続性を実感しながら考察していく学習過程を想定し，これから取り
組む大項目B「近代化と私たち」における単元を貫く問いを，「工業化
の進展は私たちの生活を豊かにしたんじゃなかったの？」とした。経済
成長と豊かさを安直に結び付ける傾向にある本校生徒の価値観を揺さぶ
ることは，生徒の歴史への問題意識を醸成することにもつながり，歴史
総合を学ぶ初期段階としてもふさわしいと考えたのである。

117

単元のフレームが定まると，扱うべき歴史的事実が立ち現れてくる。学習指導要領によると，大項目B「近代化と私たち」で身に付けることが求められている知識は，① 18世紀のアジアの経済と社会，②工業化と世界市場の形成，③立憲体制と国民国家の形成，④列強の帝国主義政策とアジア諸国の変容である。これらのうち，単元を貫く問いとの親和性が高い内容は①，②，④と考えられる。この内容を射程としながら扱うべき概念用語を検討したところ，産業革命，帝国主義，自由貿易，保護貿易，社会主義の5点は授業展開時に経済的な発展と格差を表裏一体として表出させやすいのではないかと考えた。さらに，こうした両面性を実感しうる歴史的事象を想定した時，産業革命，アヘン戦争，インド大反乱，インド帝国の成立，南北戦争，アジア間貿易，殖産興業，日清戦争を取り扱うことが適切であろうと思い至った。ここで，本単元の目標を「現代的諸課題である格差が産業革命期からの連続性を有するか否か，資料や事実を踏まえながら自ら意思決定していくことを通して，歴史への問題意識を醸成する」と設定し，下に示す表のように単元構成を定めてワークシートの作成に着手していった。単元の詳細については次節にて扱う。

| 単元「工業化の進展は私たちの生活を豊かにしたんじゃなかったの？」 | 該当する中項目 | 扱うキーワード |
|---|---|---|
| 1 | 工業化の進展は私たちの生活を豊かにしたんじゃなかったの？ | (1) | 相対的貧困 |
| 2 | 産業革命は豊かさを与えたのだろうか？ | (2) | 産業革命 |
| 3 | イギリスの自由貿易は豊かさを与えたのだろうか？ | (2) | アヘン戦争，自由貿易 |
| 4 | 植民地支配に伴う工業化を豊かさといえるのだろうか？ | (3) | 南北戦争，インド大反乱，インド帝国の成立 |
| 5 | 日本の産業革命は豊かさを与えたのだろうか？ | (3) | アジア間貿易，殖産興業，日清戦争，産業革命 |
| 6 | 工業化の進展は貧困の拡大をもたらしているのだろうか？ | (3) | 社会主義 |
| 7 | パフォーマンス課題 | (4) | 平等・格差 |

　なお，本単元にて捨象される内容については結果として次の単元で，「男女の『平等』って何なの？」に沿って扱ったことは指摘しておきたい。念のため付言すると，あくまで次単元に沿う形で扱ったのであり，採用

している教科書の内容を網羅するために計画したわけではない。

## ❸ 単元「工業化の進展は私たちの生活を豊かにしたんじゃ なかったの？」

　本節では単元内の各授業について，そのねらいや概要，生徒の反応，教師による形成的評価に言及しながら検証する。

### ① 工業化の進展は私たちの生活を豊かにしたんじゃなかったの？ ●

【使用資料】　①相対的貧困の現状（石井光太『本当の貧困の話をしよう』pp.1-8），② OECD 加盟国の相対的貧困率（同①），③近代化に関わる年表（帝国書院『シンフォニア』pp.48-49）

【ねらい】　アメリカや日本は工業化を早期に果たしていったにも関わらず，相対的貧困率が高い事実に対して疑問を抱く

【概要】　「日本」を伏せた状態で提示した資料①，②を見て，どの国に関する資料であるのかをペアで対話しながら考えていく。多くの生徒は，貧困という言葉からアフリカ諸国を筆頭に発展途上国を列挙するが，教師から日本であることを告げられると驚きの声が上がる。さらにアメリカが OECD 加盟国のうちで第 2 位の相対的貧困率の高さであることが紹介されると，多くは意外であるといった反応が見られ，時事問題への関心を持つ一部の生徒からは拡大している格差の存在が指摘された。続いて格差という現代的諸課題について歴史との接続を図るために，資料③から中学校の既習内容を中心としながら工業化を果たしていった国々の概要を振り返らせる。そして，次のように問いを表現させた。

　本取り組みは，相対的貧困と工業化の進展という生徒にとっては相反的と受け止められるであろう資料に基づいて，「にも関わらず」という接続詞を伴いながら問いを表現することを求めたことが特徴である。確かに自由度は乏しいかもしれないが，1 学期という学習段階からして本校では妥当だろうと判断し，実施した。下に示す生徒の回答事例を確認すると，貧困

の問題について歴史的連続性を吟味しようとするものと評価できるのではないだろうか。

## ② 産業革命は豊かさを与えたのだろうか？ ●

【使用資料】 ①イギリス都市人口の変遷（帝国書院『タペストリー』p.182，ミッチェル『イギリス歴史統計』p.26，山川出版社『詳説世界史 B』p.244），② 19 世紀イギリスの工業と鉄道網が示された地図（帝国書院『タペストリー p.181』），③ 18・19 世紀イギリスの主要輸出入品（浜島書店『アカデミア』pp.212-213），④ 19 世紀イギリスの衛生状態に関する議員報告（歴史学研究会『世界史史料 6』pp.317-318）

【ねらい】 産業革命が与えた影響の両側面を資料から捉えることを通して，当時の人々に豊かさを与えてきたかどうか意思決定する

【概要】 導入として 19 世紀のロンドンにおける華やかな舞踏会の様子と煙が充満した町の様子を提示し，本時の問い「産業革命は豊かさを与えたのだろうか？」を示す。資料①から③にかけて産業革命による社会経済的な繁栄を確認した後，資料④で悪化する生活環境という側面を取り上げる。再度，資料①から③について負の側面はないだろうかという視点から概観する機会を設ける。これらの学習成果を踏まえながら，グループで本時の問いについて意思決定し，その理由を明らかにしつつホワイトボードに記入させる。全グループのその結果を共有し，今にも存在している労働問題や環境問題との類似性を指摘する意見を取り上げてフィードバックする。最後に，本時から学んだことや新たな疑問点を単元シートに記入する時間を設定し，授業を終えた。

## ③ イギリスの自由貿易は豊かさを与えたのだろうか？ ●

【使用資料】 ①中国とイギリスの貿易（浜島書店『アカデミア』p.256），②グラッドストンの議会演説（歴史学研究会『世界史史料 6』pp.149-150），③パーマストンの議会演説（同②），④イギリスにおける自由貿易の進展（秋田茂ら編『新しく学ぶ西洋の歴史』p.143），⑤アヘン戦争の影響（浜島書店『アカデミア』pp.256-257）

【ねらい】 「自由」貿易を「強制」させてきた経緯の妥当性について，当時の

資料とその後の影響を踏まえながら吟味する

【概要】 中学校の既習事項であるアヘン戦争について，反対意見はなかったのだろうかと問いかけることを導入とし，資料①から③を考察する。この過程で，イギリスにおけるアヘン戦争をめぐる論点の一つに自由貿易への形態転換が挙げられることを確認する。ここで本時の問い「イギリスの自由貿易は豊かさを与えたのだろうか？」を提示し，以後の影響を探究していく。資料④と⑤から，世界全体は確かに経済活動の活況に結び付いていったものの，結果として強要されることとなった中国は社会的動揺に直面したことに触れる。このことで，マクロに捉えると豊かになったといえるものの，ミクロに捉えると豊かになったとはいえないという葛藤状態を作り出していった。また，アヘン戦争の情報がオランダ風説書等を通して江戸幕府にも伝達されていたことを紹介しながら，日本の開国との類似性を問うことで，私たちにも関わっている問題であったことを確認した。最後に，グループで本時の問いについて意思決定し，その理由も明記したホワイトボードで全体に共有して授業を終えた。

> ［課題］ 結果的に経済発展がなされたのであれば多少の犠牲はやむを得ないという意見が多かった点が挙げられる。そこで次時に，過程となる植民地支配の様相を資料として扱う授業デザインとすべき，と考えさせられることとなった。授業者のこの気付きは，形成的評価が効果的になされたものと評価できるだろう。

### ④ 植民地支配に伴う工業化を豊かさといえるのだろうか？ ●

【使用資料】 ①綿糸価格とコストの推移（2018年度共通テスト試行調査問題「世界史B」），②イギリスで消費された綿花の生産地別比率と消費量の総量グラフ（同①），③中国における綿生産の様子（『British Parliamentary Papers』ミッチェル報告書（1852年）帝国書院『明解世界史A』p.174），④インドにおける輸入代替工業化（秋田茂責任編集『グローバル化の世界史』p.191）

【ねらい】 インドにおける輸入代替工業化の成功という結果について，イギリスによる植民地支配という過程を踏まえながら評価する

【概要】 前時の課題を受け，考察する要素の一つとして過程を明確に位置付けながら豊かさについて検討を続けるのが本時である。資料①を導入とし，産業革命を経て綿糸生産コストの低下が見られることを確認する。資料②

では1860年代にアメリカで生産された綿花の使用比率が急激に低下していること，同時にインドで生産された綿花の使用比率が急増していることに気付かせる。この理由を生徒に問いかけ，植民地支配に関する指摘が表出されるのを待って，本時の問い「植民地支配に伴う工業化を豊かさといえるのだろうか？」を提示する。資料③から中国では綿製品が農民自身の手によって生産されていることから，イギリスにとって市場となりにくいことを掴む。続く資料④で，アメリカにおける南北戦争による綿花飢饉をきっかけに，植民地支配下にあるインドが代替供給源とされていった過程を確認する。予習として事前に読んできていた教科書叙述から植民地支配の様子を踏まえつつ，植民地工業化というべき状況の是非についてグループで意思決定を求めた。結果を全体で共有すると，およそ半数程度で賛否が分かれた。このことから，「多少の犠牲はやむを得ない」という見方が大半であった前時の課題が一定程度は解決されたものと考えてよいだろう。

［精選原理］　ここで特筆しておきたいのは，南北戦争の扱いについてである。従来まではアメリカ史を学ぶことを目的に構成された単元で南北戦争を学ぶことが多かったと考えられる。しかし本時では，綿紡績業の変容を考察する過程に位置付けられており，南部と北部の対立の要因等については触れていないのである。このことは，南北戦争の背景や結果が歴史総合という科目に不要であるという主張では決してない。あくまで，本単元にとって必要な内容を検討した時に，南北戦争が綿花の流通に与えた影響を取り上げるに至ったということである。異なる単元を展開したのであれば，南北戦争に関わる他の取り上げ方があって然るべきだろう。こうした教師の営みが歴史総合では求められるのだろうと感じている。

## ⑤ 日本の産業革命は豊かさを与えたのだろうか？ ●

【使用資料】　①19世紀のマンチェスターと大阪の外観（阿部武司ら『東洋のマンチェスターから大大阪へ―経済でたどる近代大阪のあゆみ』p.59，帝国書院『シンフォニア』p.48），②アジア間貿易の概要（秋田茂「19世紀アジアの経済発展とボンベイ・大阪の紡績業」（帝国書院『世界史のしおり』2014年度2学期号，pp.2-5)），③日本の綿糸生産高・輸出入高と

製糸生産高の推移（とうほう『日本史のライブラリー』p.239），④豊田佐吉記念館 HP 紹介文，⑤横山源之助「下級労働社会の一大矛盾」（中川清『明治東京下層生活誌』pp.281-292）

【ねらい】　都市の発達の一方で労働問題も顕在化した日本の殖産興業や産業革命について，「国」というスケールだけでなく，「個人」というスケールでも評価する

【概要】　都市名を伏せながら資料①を提示し，「世界の工場」とも呼ばれる国の工業都市と，「東洋のマンチェスター」と呼ばれた都市という情報を与えつつ，予想を立てさせることを導入とした。この後者が大阪であることを伝えると，生徒からは八幡製鉄所を想起してか，福岡だと思ったとの声が上がる。資料①の両都市がいずれも紡績業で発展したことを確認しながら，資料②でアジア間貿易が大阪の発展に対して果たしてきた役割をまとめていく。ここで本時の問い「日本の産業革命は豊かさを与えたのだろうか？」を提示し，続く資料から検証に取りかかる。資料③で日本の紡績業の成長を日清戦争や産業革命と関連させながら確認し，中学の既習内容として重視されていたであろう生糸だけでなく，綿糸生産高の成長が著しいことを掴む。その影響について，資料④では日本全体で捉えた時の好影響を，資料⑤では労働者の視点で捉えた時の悪影響をそれぞれ読み解く。最後に，ここまでの資料を総括しながら改めて本時の問いに対してグループごとに意思決定を行い，全体で共有した。すると，生徒からは現在においても労働問題は存在していることから，格差の問題がこの頃から課題となっていることを問題視して，否定的に捉える意見が多く出され，その割合は半数程度を占めたのだ。この時点で，授業者である筆者は診断的評価から設定した本単元のねらいである，現代的諸課題の歴史的連続性を捉える視点が生徒に芽生えているだろうと，形成的な評価を下すことができた。

## ⑥ 工業化の進展は貧困の拡大をもたらしているのだろうか？ ●

【使用資料】　①諸階級の家庭生活の様子（福井憲彦監訳『世界の教科書シリーズ㉚ フランスの歴史』p.36），②諸階級の家計の概要（同①），③社会主義思想に関する説明（大阪大学歴史教育研究会編『市民のための世界史』p.249），④経済格差に対するローマ教皇の主張（同① p.52）

【ねらい】　格差の拡大をもたらしてきた歴史的経緯と，格差を是正しようとしてきた歴史的経緯の双方を見つめながら，工業化の進展と貧困の拡大の関係について評価する

【概要】 階級を伏せた状態の資料①，②を提示し，適切な組み合わせとなるようグループで対話する活動を導入とした。生徒は直感的に生活場面の華やかさや，手取り収入の高低に応じて分類をしていく。この活動を通して，その収入格差を目の当たりにするのだが，ここまでの学びの成果もあってか予想の範疇に収まっているようだ。そこで，全出費に対する食費の割合，すなわちエンゲル係数を計算させた。するとブルジョワ階級の25％に対し，小規模経営者階級では40％，労働者階級では77％にも及んでいることに気付き，経済格差の実相から少なからぬ課題意識を抱いている様子となった。ここで本時の問い「工業化の進展は貧困の拡大をもたらしているのだろうか？」を提示し，現時点での認識を問うた。ここまで一貫して経済発展の一方で格差が拡大するといった授業展開が続いていたこともあり，多くは「もたらしている」という認識を示す。そこで，資料③，④からは経済格差を是正しようとしてきた過程について確認をし，決して経済格差を放任するだけではなかったことを掴んでいく。この成果を踏まえながら改めてグループで本時の問いを考察し，意見をまとめさせた。さらに，表出された意見を全体で共有し，ここまでの学習で感じたことや単元全体に関する認識の変容を単元シートに記入させ，次時にパフォーマンス課題を課すことを予告した。

［学習指導要領との整合性］ 本時は，時代として19世紀末や20世紀初頭が設定されていることから，大項目B「近代化と私たち」の範囲外ではないだろうかと教材作成時に葛藤を覚えていた。しかし，近代化，国際秩序の変化や大衆化，グローバル化は元より明確な時代区分を示すものではなく，それぞれが歴史を捉える視点の一つであり，当然ながら事象としても重なり合う。これを時期区分で範囲内外と判断すること自体はあまり意味をなさない。もちろん，だからといって学習内容の重心が学習指導要領の想定と外れる状況を許容するものではないが，本実践事例のように一定の弾力性は認められるであろうと考えている。

⑦ パフォーマンス課題 ●
【使用資料】 ①から⑥までのワークシート
【ねらい】 産業革命から現在に至るまで進展してきている工業化は，果たし

て私たちの生活を豊かにしているのだろうかという本単元の問いに対し，一連の学習成果を踏まえて「格差」の拡大という問題と，一方で「平等」を模索する動きに着目しながら，自身の考えを表現する

【概要】　前時の予告時に，下表の通りに複数の評価軸を有した基準のまとまり，いわゆるルーブリックを提示した。

|  | 切実性 | 時間軸 | 資史料の活用 |
|---|---|---|---|
| A | 「格差」「平等」という課題がわたしたちに関わるというだけでなく，未来の社会構築に向けて切実なものとして受け止め，解決策も含めて探究しようとしている | 過去に立脚した説明に加え，過去・現在・未来という時間軸を線で捉えることで，望ましい社会形成に向けた課題と展望を抱いている | 提示された資史料や事実を根拠に論理的な説明をしつつ，扱っている資史料の限界性を踏まえてさらなる資史料や事実を追求しようとしている |
| B | 「格差」「平等」という課題を，わたしたちにも関わるものとして扱った考察ができている | 現在と過去の記述を使い分けており，過去に立脚した説明ができている | 説明における根拠として，提示された資史料や事実を活用した表現活動をしている |
| C | 「格差」「平等」という課題に対し，考察することを試みている | 問いに対する自身の考えを説明しようと試みている | 問いに対する自身の意見を論理的に説明しようと試みている |

　この三つの評価軸を設定した理由について，「切実性」は第2節で示した筆者の歴史総合の授業目標である民主主義的市民の育成に向けて重要であると考えているためである。レリバンス[i]とも表現されるが，なぜこの内容を学ぶ必然性があるのかが生徒自身にとって，さらには生徒が生きる社会にとって明確に意味付けられることは，授業目標の達成に不可欠だと考えているのである。次に「時間軸」については本単元の目標である，過去と現在を断絶してしまう歴史感覚を改めることを明示したものであり，「資史料の活用」は歴史総合で育む歴史的な見方・考え方の基盤であると考えているためである。

　授業の開始早々にレポート用紙を配布し，完成するまで取り組むよう指示した。また，授業時間内では時間が不足する場合は持ち帰って作成してもよいこととした。これは，制限時間内に書き上げる力を評価しているわけではないためである。具体的な評価法は次節にて言及する。

## ❹ 本単元における観点別評価の試み

　ここでは，2022年度当初より1学期中間考査の後にかけて行った観点別評価の概要を明らかにするとともに，実践結果について分析を試みる。このことを通して，先行事例の乏しい観点別評価の事例を提供したい。

## ① 評価の枠組み ●

| 観点 | 知識・技能 | 思考・判断・表現 | 主体的に学習に取り組む態度 |
|------|-----------|-----------------|---------------------------|
| 全体の割合 | 40%程度 | 40%程度 | 20%程度 |
| 学習改善につなげる評価 | ・ワークシート中の資料に付した読み解きの様子 | ・各授業の主たる問いに対する表現の深まり | ・評定につなげる評価の結果を踏まえて次単元に反映 |
| 評定につなげる評価 | ・定期考査の問題集活用部分<br>・パフォーマンス課題の「資史料の活用」 | ・定期考査の初見資料活用部分<br>・パフォーマンス課題の「切実性」，「時間軸」 | ・単元シートに現れる振り返り<br>・単元シートに現れる新たな疑問の萌芽 |

　本校では評定について教務上の規定がある。規定を公にすることはできないが，これに基づきながら本実践における評価の枠組みを決定し，年度当初に生徒へ開示して共有をした。上に示すのは，生徒に開示した内容を基に評価の性格を分類した表である。

　この枠組みに沿って，定期考査やパフォーマンス課題，単元シートの評価を行っていった。学習改善につなげる評価とは，形成的評価と置き換えてもらって差し支えない。この評価活動について，筆者は授業時間外にほとんど時間を割いていない。授業時のクラス全体の反応や，指標となる生徒の活動，授業後の休み時間における生徒との短い対話の中で活動の難易や授業内容への関心の有無を感覚的に把握し，次時以降のワークシートに適宜反映させていったというのが実態である。評価と聞くと全生徒を公平に見なければならないという印象も強いところではあるが，現実的には難しい。むしろそうした評価のあり方は，評価することが目的化されやすく，教育目標を達成しようとする上ではややもすると逆効果にすらなりかねないと考えられる。一方で，こうした形成的評価は，無理なく毎授業で行うことができ，次時や次単元，または次年度以降で反映させながら教育目標の達成に近付けていくことができる。

## ② 定期考査の問題例 ●

　本単元は，基本的に中学校における既習事項を基盤として授業構想を組み立てており，講義型の授業時間は設定していない。念のため付言すると，決して知識を軽視しているのではなく，学習活動の中で扱うキーワードに関する知識や概念を生徒自ら獲得することができるよう構成し

ているし，その獲得状況が芳しくない状況を看取すれば机間指導におい
て学習支援を行っている。こうした授業形態において指導と評価の一体
化を意識すると，やはり歴史的な見方・考え方を働かせる定期考査が求
められる。ここでは定期考査における実践例を示す。

　まず，「知識・技能」についてである。次の事例をご覧いただきたい。

問5．日本の産業革命は、軽工業を中心に発達していったの。そのことを示す右のグ
ラフの空欄Aに入る輸出品目を答えてちょうだい。

問6．日本の産業革命では、「紡績業は原料の綿花を輸入に依存していたが、空欄A
の原料は国内でまかなえたため、紡績業ではなく製糸業が外貨獲得産業となってい
た」とゼミナールに書いてあったね。このことを説明するために、さっきのグラフで十分
といえるかどうかについて述べた考察として、最も適切なものを選んでね。

　ア．十分である。なぜなら、グラフで空欄Aと綿花の輸出状況がわかるからである。

　イ．十分である。なぜなら、グラフで空欄Aと綿糸の輸出状況がわかるからである。

　ウ．不十分である。なぜなら、グラフでは空欄Aの原料と綿花の輸入状況がわからないからである。

　エ．不十分である。なぜなら、グラフでは空欄Aの原料と綿糸の輸入状況がわからないからである。

　問5では，中学校の既習事項であり，かつ本単元においても繊維製
品が中心となっていたことを踏まえ，「生糸」を問うた。正答率は73％
であった。次に問6では，補助教材の問題集で「思考・判断・表現」
の問題として掲載されていた部分を活用している。たとえこの問題集の
問題が「思考・判断・表現」として適切であったとしても，そのまま暗
記してきてしまってはその観点を評価することにはならない。そこで，
その内容を問題文に明かしてしまい，資料との接続を図ることで技能を
評価しようとしたのである。本問の正答はウで，正答率は77.6％であっ
た。これらのように，「知識・技能」は主に技能を重視しながら30点
分作成した。続いて「思考・判断・表現」の事例を以下に示す。

問1　次の風刺画を見てみてね。

この風刺画は、産業革命によって生まれた、**資本家と
労働者の格差が大きい**社会を表しているとされるん
だ。でもね、赤山君はこの資料をどう読み解けばその
ように解釈できるのかわからずに困惑している。着目す
る箇所とその特徴などを丁寧に指摘しながら、**解釈の
手順**をアドバイスしてあげよう！

（アメリカ議会図書館所蔵）

本問の特徴は，単元で扱った主題に関わる単一の正解のない問いを示し，授業時とは異なる資史料から思考し，表現を求めている点にある。この資料から資本家と労働者の格差を解釈するためには，①上部の資本家が満たされているという特徴，②下部の労働者が苦しんでいるという特徴に着目した上で，③上下の非対称性から経済的な格差の存在を指摘することが求められる。従って，採点は①（3点），②（4点），③（3点）の合算を基準として，それぞれの要素の不十分さや文章全体の適切性などに応じて減点することで提示する。定期考査でパフォーマンス課題を課す際に，採点基準要素を下線で明示しつつ，その有無を合算する評価方法を便宜的に「簡易的ルーブリック」と表現したい[iii]。なお，返却時には意図を説明し，不合理な点があれば申し出るように伝えて双方向的に納得性を高めて確定した。ここで基準とした要素は，本単元で一貫して扱ってきた思考プロセスであることから，確かに初見の資料だが，十分に評価問題として機能するだろう。採点の結果は以下の通りである。

| 点数 | 10 | 9 | 8 | 7 | 6 | 5 | 4 | 3 | 2 | 1 | 0 |
|---|---|---|---|---|---|---|---|---|---|---|---|
| 人数 | 118 | 4 | 17 | 70 | 10 | 10 | 3 | 3 | 4 | 0 | 2 |

　この結果について，2点補足しておきたい。まず，満点の多さについてであるが，1学期中間考査が行われたのが5月中旬ということから，授業時間数は7回に留まっていた。さらにこのうち3回分は大項目A「歴史の扉」を題材としており，考査範囲の対象としなかった。とすれば，実質的にこの短期間での評価活動で問えるものには限りがあることになる。ここまでの指導内容と評価を一体化できるよう意識した結果，問題としては平易なものに留まったものと考えている。もう一つは，「7点」の多さである。この事例の多くは，評価基準のうちの③（配点3点）の欠如であった。このことから，生徒の実態として，資料に着目して読み解いた特徴を表現することはできるものの，複数の特徴を比較することで解釈する点については改善の余地があるだろうと形成的に評価するに至った。このように，定期考査は評定に用いる評価であると同時に，学習改善につなげる評価の役割も担っている。

### ③ パフォーマンス課題とルーブリック●

　前節で示したパフォーマンス課題を評定につなげる評価とするために，段階評価か点数化の選択肢があるが，本実践では点数化に取り組んだ。そのためには説明責任を果たしうる精緻な評価基準が必要だと考え，次の通りに基準表を作成した。

| | 切実性 | | 時間軸 | | 資史料の活用 | |
|---|---|---|---|---|---|---|
| **A** | 「格差」「平等」という課題がわたしたちに関わるというだけでなく，未来の社会構築に向けて切実なものとして受け止め，解決策も含めて探究しようとしている | 15〜14 格差・平等の両視点を往還しながら，時代横断的に本課題を考察することで現代の成果と課題を明らかにし，それを解決する未来像を自身の言葉で定義しながら具体的な提言に踏み込むことができている。<br><br>13〜12 格差・平等の両視点から歴史的過程を考察することが私たちの社会の課題と密接に関わっていることを踏まえつつ，抽象論に留まらない解決策を提案できている。 | 過去に立脚した説明に加え，過去・現在・未来という時間軸を線で捉えることで，望ましい社会形成に向けた課題と展望を抱いている | 15〜14 記述対象の時代が明確で，過去と現在の価値規準の差異を踏まえた課題をいかに未来へつなげるべきかについて，現実的かつ本課題に即応的な望ましい社会像を示しながら展望している。<br><br>13〜12 記述対象の時代が明確である上に，過去の価値規準と現在の価値規準の差異から課題を考察し，その内容を踏まえていかに克服するべきか展望を抱いている。 | 提示された資史料や事実を根拠に論理的な説明をしつつ，扱っている資史料の限界性を踏まえてさらなる資史料を考察し，その内容を追究しようとしている | 20〜18 一貫して論理的な説明であり，根拠となる資史料や事実も的確である。また，資史料のバイアス，不足などにも言及する視点をも有している。<br><br>17〜15 豊富な資史料や事実を根拠として，論理的な説明がなされている。また，資史料や事実を用いた論駁が見られるなど，一面的でない資料活用ができている。 |
| **B** | 「格差」「平等」という課題を，わたしたちにも関わるものとして扱った考察ができている | 11〜10 格差を是正しようとする動きにも留意しながら，なお格差が残存している歴史に着目するなど，現代の諸課題を歴史的に捉えた表現ができている。<br><br>9〜7 格差を論点とし，現代にも存在する諸課題の一つとして問題意識を有した表現活動ができている。 | 現在と過去の記述を使い分けており，過去に立脚した説明ができている | 11〜10 年代を明記するなど，記述対象時代が明確である上に，過去の価値規準を踏まえた説明ができている。<br><br>9〜7 年代を明記するなど，記述している対象の時代を明らかにしながら説明ができている。ただ，現在の規準で過去を判断する傾向が見られる。 | 説明における根拠として，提示された資史料や事実を活用した表現活動をしている | 14〜12 論理的に自身の意見が説明されており，その根拠として資史料や事実を効果的に用いることができている。<br><br>11〜8 多少の論理の飛躍があるものの，自身の意見が説明されている。ただ，根拠とする資史料や事実は限定的であり，課題が見られる。 |
| **C** | 「格差」「平等」という課題に対して，考察することを試みている | 6〜4 自身の意見が説明されているが，論点である格差に言及する言及が表面的な表現に留まっている。<br><br>3〜0 記述していないか，論点である格差についての問題意識が不明瞭で，他者が理解しようとする時に困難が生じる。 | 問いに対する自身の考えを説明しようと試みている | 6〜4 自身の意見が説明されているが，現在と過去の記述の分類が曖昧であり，時間軸が不明瞭となっている。<br><br>3〜0 記述していないか，説明されている対象の時間が不明瞭で，他者が理解しようとする時に困難が生じる。 | 問いに対する自身の意見を論理的に説明しようと試みている | 7〜4 自身の意見が説明されているが，論理の飛躍が認められ，根拠となる資史料や事実が示されていない，または示すのみで説明の根拠として機能していない。<br><br>3〜0 説明が極めて短い文章であるか，論理に一貫性がなく，他者が理解しようとする時に困難が生じる。 |

　事前に生徒に示したルーブリック（p.125）をより具体的に階層化し，生徒の成果物がどこに位置付けられるかを個別に判断していった。切実性と時間軸を「思考・判断・表現」の評定に用いる評価として30点分とし，資史料の活用を「知識・技能」の評定に用いる評価として20点分とした。この評価の結果は下表の通りであり，平均値は22.4点であった。

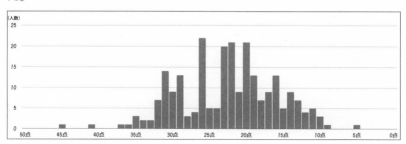

この取り組みの最大の課題は，評価にかかる時間的負荷である。生徒一人あたり4分を要し，240人の採点を担当者二人で協議しながら行ったので，振り返ればやはり現実的ではなかったと言わざるを得ない。ただし，定期考査では考査に至るまでの指導内容を射程として評価に取り組む一方で，このパフォーマンス課題のルーブリックは1年間の学習を通してA段階に近付けるように想定して設定したものである。そのため，最終的な目標に対する達成度を評価することを重視するならば，むしろ適切な評価となっていたように感じている。長期的には，歴史総合の総括的評価の中心は従来までの定期考査という評価方法から，パフォーマンス課題へと変容し，定期考査の作問や採点にかかっていた時間を充てることが望ましいのではないかと感じている。各学期で通知表を作成するために評定を決定するという習慣からの脱却に期待したい。

### ④ 単元シート ●

　一連の単元の学びを生徒自身が容易に振り返ることができるように，1枚ポートフォリオとも呼ばれる単元シートを作成した。シート内に記載する情報は，①単元全体の問い，②単元学習前の仮説，③単元学習後の結論，④各授業の記録，⑤これまでの学習に関する他の観点からの疑問，⑥この単元を学習した感想の6要素である。この単元シートから「主体的に学習に取り組む態度」について評定につなげる評価をしたい。

　国立教育政策研究所の『学習評価の在り方ハンドブック』によると，評価は粘り強い取り組みを行おうとする側面と自らの学習を調整しようとする側面の二軸で捉える必要があるとのことである。そこで，前者を単元シートの記入状況から，後者を②から③に至る変容及び⑤と⑥に表出される新たな問いの創生の有無から分類し，A，B，Cの三段階に分類した。その結果，Aは18％，Bは69％，Cは14％となった。以下に示すのは，A評価とした事例の抜粋である。

◎ここまでの学習に関わる、他の観点に基づく疑問
・工業化＝豊かさをもたらす、みたいなイメージって少なからず根づいてると思うけど、公害とかそれに格差とか、嫌なことたくさん起きてるのにそこまでして進めないといけないのかな？そんなに便利さって必要？
・個人だと殺人は大罪なのに国同士の対立だと勝った方が正義みたいなのってどうして？

## ⑤ おわりに

　本稿の成果は，①〈歴史総合〉の授業構成における教育内容の精選原理として，単元で実現しようとする教育目標に基づいて選択的に構成する手法を提示したこと，②構想段階から評価に至る〈歴史総合〉の一単元の事例を提示したこと，③〈歴史総合〉における観点別評価の事例を提示したことの３点である。一方で課題としては，①研究対象が限られていること，②担当教師間の営為に言及がないこと，③考察時における生徒の対話情報や成果物の質的データが乏しいことを挙げておきたい。

　〈歴史総合〉の学びを経た生徒は，次年度から探究科目を履修していく生徒も多いだろう。〈歴史総合〉から探究科目への接続は十分に意識したい。中でも，標準単位が４単位から３単位になったことから，単元目標に沿った教育内容の精選原理は維持する必要があるだろう。この提言は，B科目の経験を放棄すべきというものではない。その経験を最大限に生かしつつ，単元化できるよう再編成してもらいたいのだ。だからこそ豊富な経験を持つベテラン教師が果たす役割は大きいと思われる。また〈歴史総合〉は，「○○と私たち」とあるように，常に現代的諸課題と連関した科目構成であるが,探究科目はそうではない。従って,探究科目で「私たち以外」や「私たち以前」という他者を考察することによって，現代を相対化する視点が得られるはずである。〈歴史総合〉から探究科目に至る一連の学びを通して，他者に対する寛容的態度を有した民主主義的市民の育成を目指したいものである。

【注 記】
　ⅰ）レリバンスについては，二井正浩編著『レリバンスの視点からの歴史教育改革論─日・米・英・独の事例研究─』（風間書房，2022年）に詳しい。
　ⅱ）「学習改善につなげる評価」や「評定につなげる評価」については，国立教育政策研究所教育課程研究センター『「指導と評価の一体化」のための学習評価に関する参考資料 高等学校 地理歴史』（東洋館出版社，2021年）p.44に詳しい。
　ⅲ）この評価方法は，倉橋忠「「社会科の作文」の評価に関する実践的考察」（『社会科教育研究』132号，2017年，pp.14-26）を参考としている。
　ⅳ）1枚ポートフォリオについては，堀哲夫『教育評価の本質を問う 一枚ポートフォリオ評価OPPA』（東洋館出版社，2013年）に詳しい。

# 「楽力向上」を目指した〈歴史総合〉の実践

溝上　貴稔
長崎県立大村高等学校

## ❶ はじめに

　私が現在勤務する長崎県立大村高等学校には「両道不岐」という校是があり，同校の卒業生でもある私にとって，教員生活を送る上での座右の銘となっている。「文武両道」と言葉は似ているが，ニュアンスは異なる。生徒が学校生活を送る上で柱となっている「授業」と課外活動である「部活動」は本来分けられるものではなく，それぞれに共通する「本質」があり，「ものごとの『本質』を追究する姿勢こそが重要である」ということを示していると私は解釈している。

　そのことを踏まえ，〈歴史総合〉の授業開きでは，「歴史クラブへようこそ！」というタイトルでプレゼンを行った【資料1】。授業も部活動も本質が同じであるならば，課外活動と授業を反転させて部活動のように授業を位置付け，一年間，生徒を主体とした楽しい授業を実践したいという思いを込めた。しかし，実際はそう簡単にはいかない。私の思いとは裏腹に，退屈そうに，なかば嫌々ながら授業に参加している生徒の姿を目の当たりにし，心が萎えることもしばしばであった。そして最も頭を悩ませたのは，新課程とあわせて2022年度から導入された観点別評価にどう対応するか，という問題であった。以下，悪戦苦闘しながら進めた実践の日々を振り返ってみたい。

【資料1】〈歴史総合〉の授業開き

## ❷ 〈歴史総合〉の授業計画

　〈歴史総合〉を実践するにあたって，まずは教科書選定の段階から路頭に迷うことになった。地歴公民科内で議論を重ねた結果，最終的には市内の中学校のほとんどが東京書籍の教科書を採用していることを踏まえ，東京書籍の『新選歴史総合』を採用することにした[ii]。この教科書には見開き2ページごとにQ（問い）とキーワードが提示してあり，発展的な学習課題や豊富な資料，コラムが用意されているため，授業の展開においても大いに役立つと判断した。また，副教材としては準拠ノートおよび浜島書店『アカデミア世界史』を採用した。後者について，通常は〈世界史B〉で使用するものであるが，次年度の探究科目にも利用できると判断し，1年生の段階から購入してもらうことにした。

　実践の前にクリアすべきもう一つの課題として，評価基準の設定があった。観点別評価が導入され，さらに本校では定期テスト5割，それ以外で5割の計100点満点で点数化して評価を行うことになった。当然，授業担当者によって実践内容が異なれば，その分，何をどのように評価していくか，担当者の目線合わせが重要になる。そういった諸問題に対応するため，まずは〈歴史総合〉を受講する1年2組から7組までの6クラスすべてを私が一人で受け持つこととし，評価の方法を構築して次年度以降に引き継ぐことを目指した。

　学習指導要領（2018年告示）では〈歴史総合〉について，近現代の

大きな歴史的変化を「近代化」「国際秩序の変化や大衆化」「グローバル化」と表し、「A 歴史の扉」「B 近代化と私たち」「C 国際秩序の変化や大衆化と私たち」「D グローバル化と私たち」の四つの大項目を設定している。社会の形成者となる生徒が、現代的な諸課題の形成に関わる近現代の歴史を主体的に考察,構想することが狙いである。<sup>iii)</sup>しかし、高校に入学したばかりの生徒にとって，「近代化とは何か」「大衆とはどういう存在なのか」「グローバル化とはどういうことなのか」といった問いはあまりにも大きすぎる。最終的にそういった問いに向き合うことができるようになるためには、歴史に関する興味・関心や豊富な知識，及び思考力が必要なはずだが、それを獲得するための単位数も乏しければ，教科書の記述の分量自体も非常に少ない。どのような知識を元にし、どのような段階を経て学んでいくことが望ましいのか分からず、まさに五里霧中・暗中模索の日々であった。

## ❸ 授業の実践内容

### ● 導入の実践　質問づくり ●

　学習指導要領によれば、〈歴史総合〉の最終的な到達目標として、「生徒が持続可能な社会の実現を視野に入れ、主題を設定し、歴史的な経緯を踏まえた現代的な諸課題の理解とともに、諸資料を活用して探究する活動を通し、その展望などについて考察、構想し、それを表現できるようにする」とある。<sup>iv)</sup>ここに至る過程として、先に挙げたA～Dの大項目を経ることが求められているが、現行の学習指導要領が告示された2018年7月の時点では、新型コロナウィルスの発生もなければロシアによるウクライナ侵攻も行われていなかった。特に後者は、近現代の歴史を「過去の遺産」として学び、それをもとにして未来を創造していくなどという、悠長な考え方を一蹴してしまうような衝撃的な出来事であり、ともすれば第三次世界大戦に発展するかもしれないという、切迫した危機感を生じさせた。ロシアのウクライナ侵攻はなぜ行われ、戦争を一刻も早く終わらせるにはどうすればよいのか。第三次世界大戦への拡

大を抑えるために，我々は今，何をすべきなのか。切実な問いが次々に浮かぶ一方で，たかだか週2単位の〈歴史総合〉の授業を受けたところで，一国の権力者が発動したこの愚かな行為を止める術など手に入るわけがないではないかという，諦めにも似た空虚な感情にも駆られた。

　だからといって，「テストに出るから」「単位を取らなければ進級できないから」「入試に必要だから」というような短絡的な理由付けをして授業を進めたとしても生徒が納得するはずもないし，思考が深まるどころか，かえって学ぶ意欲を奪うことにもなりかねない。そんな虚無感や葛藤を払拭するため，授業は「質問づくり」から始めることにした。

　「質問づくり」の手法は，これまでの現代社会や日本史の授業の中でも取り入れ，何度か実践した経験があり，また，担任として学級開きに用いたこともある。質問の焦点は，「戦争は，なくすことができる」とした。この活動は，質問の答えを考えたりする必要性がなく，生徒が習得している知識上の格差が全く問題にならないため，安心・安全な学びの場を作り出すことができる。また，教師自身も「教える」という立場を放棄し，生徒と同じ土俵に立つことができるという大きな利点がある。

　授業はワークシート【資料2】（p.136）に示した通り，四つのステップを踏んで進めた。最終的にはグループ内で質問ベスト3を選び，黒板に掲示してクラス全体で共有した。必ずしも学習指導要領の要求に沿うものとは言い切れないが，少なくとも教師も生徒も，歴史の学びの当事者であるという意識は共有できたはずだ。そして何より，生徒が本質的に知りたいこととは，実は答えがない，もしくはいくつもの解が存在するということを理解してもらえたはずだ。ただし，この段階ではほとんどの生徒たちは戦争を一緒くたにとらえており，これまで起こった戦争にもさまざまな性質の違いがあることについては理解が及んでいない。そこで授業者である私が各クラスで出た質問に優先順位をつけ，第一次世界大戦以前の戦争の中で焦点として考えて欲しい質問をピックアップして改めて生徒に提示し，次の大項目「B　近代化と私たち」につなげた。

【資料2】　質問づくりのワークシートと生徒の感想

・より深いことを知りたいと思う気持ちを知ることができた。これからの人生，社会の時間の中でも生かして，日々問題を探し，それの解決に向けて，いろんな知識を身につけていきたいと思いました。

・他もそうですが，いつも何かしら疑問をもって生活をしているのに，それを見過ごして他のことを考えているんだな，と感じました。歴史総合の授業では，疑問に思ったことを見過ごさず解決に向けて学び，その力を他のことにも活かしたいな，と思いました。

・疑問をうかべることでその疑問に対する疑問がうまれたりしていきました。そうすることで新しい発見や，真相を知ることができました。大まかな質問でも友だちと共有することでどんどん深い内容になっていって面白かったです。

・自分では想像していないような質問を班の人は持っていた。一人一人が違った意見を持つ事で，相手を尊重できると思った。

・戦争なんかしても良い事なんてない。ただ苦しむ人が増えるだけなのに，なぜそこを見ようとしないのかとても疑問に思うし，ただただ腹が立つ。多様性を認めようという考えが広まる中，たとえ理解できないと思うことでもしようとする努力は必要だと思う。改めて，もっとしっかり考えていきたいと思った。

136　歴史総合の授業実践と評価

　・戦争について深く考えたことがなかったのでこういう戦争や平和について
　　考える機会を増やすことで今後の世界平和の実現につながっていくの
　　ではないかと思いました。これからもたくさんの人の意見を取り入れな
　　がら話し合いを進めていきたいと思います。

## ● 具体的な学びの実践 ●

　さて，ここからが本格的な〈歴史総合〉の学びのスタートである。し
かし，いきなり大きな壁に直面した。

　教科書の第2章第1節は「近代化への問い」から始まり，そこには「交
通と貿易」「産業と人口」「権利意識と政治参加や国民の義務」「労働と
家族」「学校教育」「移民」といったテーマに沿ってコラムが掲載されて
いる。何も学んでない段階から主題学習が提示されているのである。

　続く第2節は「結び付く世界と日本の開国」という項目となってい
るものの，記述は18世紀の東アジアから始まっている。開国以前のこ
ととして，清を中心とした国際秩序について理解すること，「華夷秩序」
「冊封」といった概念をつかむことを要求しているのだが，教科書を読
んでも，多くの生徒がその内容を理解することができなかった。生徒が
教科書を読んでも分からないならば，教師が丁寧に教えていく必要があ
るのであろうが，それ自体に非常に困難が伴った。これまでの歴史の授
業であれば，いつ，どこで，だれが，どのようなことを行い，その結果
どういうことになったのか，また，なぜそのようなことになったのかと
いうことを考察していく中で，「やがて〜のような国際秩序が成立した」
という概念をつかむという過程を経ていたはずである。しかし〈歴史総
合〉の教科書は，その過程についての記載はほとんど無いに等しい。歴
史的な経緯を飛ばして，いきなり「18世紀の東アジアの国際秩序」を
概念としてつかまなければならない訳で，私も生徒も大いに困惑した。
その困惑ぶりは，生徒のコメントからもよく伝わってくる。

　・華夷秩序がまだよく分からない。
　・出来事のバックストーリー？が気になったのでググります。

- ・なぜ貿易相手を決められていたのか。国際関係とは何か。
- ・なぜ鎖国という策をとったのか。平等に貿易することはできなかったのか？
- ・東アジアではこのように制限し合って，平和に貿易を行っていたが，その他の地域ではどのように貿易を行っていたのか，そもそも平和だったのか。

　私と生徒が直面したこの困惑は，〈歴史総合〉という科目が持つ特性そのものに起因するのであろう。この科目の設定には，知識の獲得を主目的とした従来の授業スタイルからの脱却を図ろうとする意図が存在しているし，歴史事象について，「世界史」「日本史」というように分断的に学ぶのではなく，「グローバル社会を生きる私たち」に共通する歴史として過去をとらえ直し，その中から問いを生み出すことを求めている。テストに出そうな，教科書に書いてあるゴシックの文字をただ暗記しようとする，従来型の学習態度では到底太刀打ちできない。

　19世紀後半以降のキーワードの一つとして「国民国家」や「ナショナリズム」が挙げられる。生徒にとっては「国」や「日本」「国民」「日本人」というのはあまりにも自明の言葉であり，わざわざ説明を要するものではないはずだが，「国民国家」「ナショナリズム」となると，途端に難しく感じてしまう。「日本」という国が，あるいは「日本人」という存在が，どのような歴史的経緯で生まれたものなのかを知れば「国民国家」という概念をつかむことは可能であろうが，教科書にはその過程についての記載は乏しい。何をどこまで掘り下げていくのか，その線引きには非常に苦労した。ちなみに学習指導要領では，現代的諸課題を考えるに際して，あらかじめ「自由・制限」「平等・格差」「開発・保全」「統合・分化」「対立・協調」といったキーワードを設定している。一つの歴史的事象に対し，多面的，多角的に学ぶことによって，現代につながる諸課題に取り組む態度を涵養しようとする仕掛けが施されていることに，授業を実践しながらようやく気付くことができた。

　授業を実践する中で，もう一つ大きな壁に突き当たった。それは，生徒が書き込んだワークシートをどう処理すればよいのか，という問題で

ある。メインクエスチョン（以下MQと記す）を設定し，それに対する自分なりの答えをまとめたり，その授業を通して浮かんだ疑問や考えを生徒が書いたりするということは，授業者がその内容を一つ一つ確認する必要があるということでもある。教師が授業時間の最初から最後まで説明一辺倒で進めていき，テストでその内容を理解しているか否かを評価するというやり方ではないため，ワークシートを回収し，その一枚一枚に対してコメントを付す時間を授業外に新たに捻出しなければならなくなった。私が授業を受け持った2組から7組の在籍者数は合計すると215名になり，誰がどのプリントを提出したのかをチェックするだけでもかなりの労力を必要とした。授業がある程度軌道に乗ってくると，ワークシート1枚に対して2時間で進めるというペースが確立され（授業時間の調整のためにYouTubeやNHKなどで配信された動画を見せることもしばしばあった），回収したプリントを常にスキャンし，データとして保存しておくようにすることで，チェックに要する時間と労力の効率化をはかることができるようになった。しかし，ルーブリックを作成し，それにもとづいて観点別評価を行うまでには至っていない【資料3】（p.140）。

　また，教科書通りの順番で進めていくと，とてもではないが2単位では授業時間数が足りないという問題にも直面し，単元構成の再構築が必要となった。私自身，世界史に対する専門的な知識が乏しいため，授業の予習そのものにも非常に時間がかかり，土日に部活動の遠征などが入ると時間を確保することができず，ワークシートの作成そのものも次第に手に負えなくもなっていった。

　【資料4】（p.141）は，授業で配布したワークシートに提示したMQを列挙したものである。これらMQは，大枠としては教科書に掲載されている問いをベースにし，単元によってはそのまま用いた。一方で，自分なりに単元を再構成していく中で，小単元を合わせた形で大きな問いに組み替えたものもある。

　筆者は前任校で，「地理歴史科における各科目間の連携を通した思考力の育成についての研究〜アクティブ・ラーニングを活用した学習活動

**【資料3】 授業の進め方と生徒が提出したワークシートの事例**

①黒板に板書されたメインクエスチョン（以下MQ）を確認する→ワークシートを受け取る

②STEP1の○×クイズに答える（個人）→第三者と答えを確認し合う（立ち歩き可）→教師の補足説明を聞きながら○×クイズの答え合わせをする

③STEP2の用語について，教科書や資料集，パソコンなどを用いて確認する（周囲との相談あり）→教師の補足説明を聞く

④STEP3の問いに答える（資料読解あり）→教師の補足説明を聞く

⑤STEP4でMQに対する答えを書き込む→素朴な疑問・質問・愚問・感想コーナーへの記入及びリフレクションを行う

⑥プリントを提出する→コメントを付されたプリントを受け取り，ファイルに綴じる

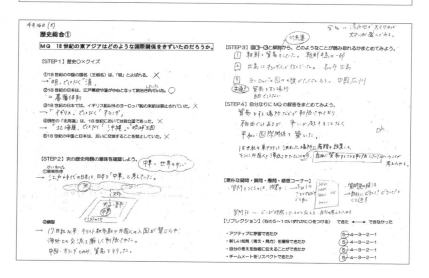

**【資料4】ワークシートに提示したMQ（メインクエスチョン）の一覧**

①18世紀の東アジアはどのような国際関係をきずいたのだろうか。

②18世紀の世界は，どのように結びついていたのだろうか。

③産業革命とは何か。

④産業革命後，人類はどのような困難に直面していくのだろうか。

⑤18世紀末にアメリカとフランスで起こった革命は何を目指していたのか。

⑥なぜ，清（中国）は不平等条約を結んだのだろうか。

⑦当時のアメリカの要求に対する幕府の対応をあなたはどう評価するか。また，なぜその評価になるのか。

⑧明治初期，日本は東アジアにおいて，どのような国際関係を築こうとしたのか？

⑨明治初期，日本は東アジアにおいて，どのような国際関係を築いたのか？

⑩19世紀に欧米を中心として誕生した「国民国家」とは何か。

⑪日本ではどのようにして「国民国家」が形成されたのか。

⑫19世紀末以降，なぜ世界各地で植民地獲得競争が繰り広げられたのか。

⑬日露戦争とはどのような戦争だったのか。

⑭帝国主義政策を批判する人々は，どのような行動をとったか。

⑮第一次世界大戦はそれまでの戦争のあり方をどのように変えたのか。

⑯第一次世界大戦後，世界はどのようにして戦争の再発を防ごうとしたのか。

⑰ロシア革命とソヴィエト連邦の成立は，世界にどのような影響を与えたのか。

⑱第一次世界大戦後のアメリカの繁栄は，世界にどのような影響を与えたのか。

⑲世界恐慌は各国にどのような影響を与えたのだろうか。

⑳世界恐慌の発生から第二次世界大戦の終戦に至るまで，（アメリカ・ソ連・日本・ドイツ）はどのような道のりを歩んだのか。

㉑広島・平和記念公園内の原爆死没者慰霊碑に刻まれた「過ち」とは何か。

㉒私たちは，どうすれば「幸せ」に生きることができるのか。

の展開」という研究主題で研究活動を行った経験があり，その活動の中[vi]
で最も磨かれた技能が「単元を貫く問い」「その一時間の授業の基軸と
なる問い」の設定であった。設定した問いが妥当であったか否かは，生
徒が提出するワークシートの内容によって絶えず自己評価した。評価と
は決して生徒のためだけにあるのではなく，授業者自身，もしくは授業
に参加する全ての人々のためにある。そういった意味で，MQ に対する
解答（STEP4）をルーブリックにもとづいて点数化することについて，
私はかなり消極的である。生徒が提示した解答に対しては，概ね「ok /
nice / good」の 3 種類を書くのみで，特に模範解答も示していない。
一方で，一生懸命解答を書いてはいるものの，MQ に対応していない，
もしくは少しピントがずれている解答というものも少なからず存在す
る。その点については，できる限りコメントを付すように心掛けた。ま
た，質問に関しては，「確かに。なるほど。いい質問ですね。」など同調
を示すコメントや，「私も分からないので是非調べてみて」などのコメ
ントを記入することが多かった。このように，教師が生徒に対して答え
を教えるのではなく，MQ に対してよりよい答えを追究しようとする姿
勢そのものを涵養していくことに注力してきたつもりである。

　さて，【資料 4】の MQ の中で，⑧と⑨の文言はほとんど同じだが，
実は狙いが違う。⑧については，かつて〈日本史 B〉の授業の中で設定
した問いである。[vii]この授業では，18 世紀半ばに中国を中心とする文明
観と，ヨーロッパを中心とする文明観の二つが並存する中で，日本がど
のような文明観にもとづいて近代化を進めようとしたのかということに
ついて予想を立て，その後の歴史を学んでいくという手法をとった。そ
うすることで，当事者の視点に降り立って，そこを出発点として事象を
とらえ，どうすればよいのか考えていくことが歴史を学ぶ意義なのだと
いうことを伝えたかった。生徒は，「文明開化」や「富国強兵」，「臥薪
嘗胆」などの用語は知っていたとしても，なぜそのようなスローガンが
当時話題になっていたのか，現在はまるで平和国家の象徴であるような
日本が，当時はなぜ積極的に戦争を行っていたのかということについて
は，存外考えていない。〈歴史総合〉では，⑧で予想を立てたことが実

際どうだったのかということについて，⑨で教科書を読みながらまとめてもらい，それを KP シートにまとめて相互に発表してもらうことにした【資料5】。〈日本史 B〉での実践は高校3年生が対象であったが，今回は対象が1年生である。文章の読解力も歴史的思考力も3年生とは大きな差があるため，正直難しいだろうと思っていたが，授業の狙いが明確であれば，充分に実践可能だということを確認することができた。もちろん，教科書の読解やまとめがうまくできなかった生徒も少なからず存在したが，何事も最初からうまくはいかないし，こういった経験を積む中で，少しずつ自身の成長を実感できばそれでよいはずだ。

【生徒のリフレクション】

・読解力をもっと高めてうまく読み取ることが大切だと思いました。また 5W1H も忘れないようにする。
・プレゼンはすごく難しかった。うまくまとめれるようにがんばりたい。
・KP 法は大事なことをわかりやすくまとめたものであるだけだから，しっかり自分の口で背景とかを説明するのが大切だと思った。人の言葉で噛み砕いて説明してくれるので，とてもわかりやすかった。

【資料 5-1】 ワークシート⑧（予想）

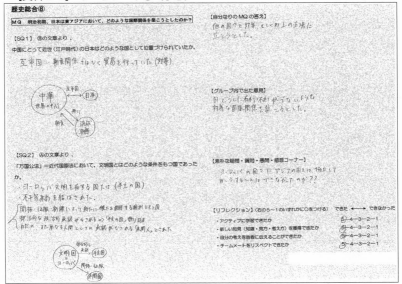

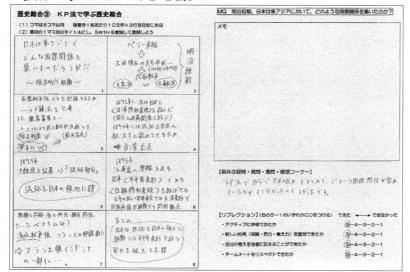

## 4 結びにかえて

　紙幅が尽きようとしている。最後に，観点別評価について触れておきたい。まず，定期テストについて，知識・技能6割，思考・判断・表現4割の割合で出題した。授業の中で準拠ノートを活用する機会はなく，テスト範囲に応じたページを指定したのみで，内容によってはまったく説明をしていない事項も数多く存在した。どのようにテスト対策をすればいいか分からず，生徒もかなり困惑したはずである。そこで，初めての定期テストとなった1学期の期末テストは，教科書のみを持ち込み可とした。短期的に暗記した歴史用語のアウトプットの場としてテストをとらえるのではなく，問いに応じて柔軟に情報を選び取り，思考し，表現する力を養うための時間としてテストを活用する，という狙いがあった。結果は，学年全体の平均点が80点を上回ることになり，作問者の予想に反して高得点者が非常に多かった。テスト中にリフレクションを行ってもらった結果が以下のとおりである（回答者193名）。

【1 学期期末考査リフレクション】（数値は 5 段階評価での平均値）

| しっかりと対策してテストに臨んだ | 4.2 |
|---|---|
| 考査中，自分なりにベストを尽くした | 4.7 |
| 考査中，自身の授業での取り組み（ワークシート記入やペアワーク）が役に立った | 4.5 |

【考査を受けて感じたこと】

・難しいところがあり，教科書を見ていたりするとかなり時間が削られた。教科書アリでも，解き終わるのはギリギリだった。

・教科書がありだったことは驚きましたが，いつもよりモチベーションが上がり，よく勉強に取り組めました。

・授業の時に考えたことやワークにのっている重要語句がたくさん出題されていたなと感じました。ワークを何度かといたり，教科書を読みこんでいたのでスラスラとける問題もあったのでよかったです。

・考査を受けて，図や表を見て答える問題が多くて，そういう問題に少し苦労したけど，自分なりに頑張れた。あと，記号問題が多く，大学入試も記号が多いと思うから，今後しっかり対応できるようにしたい。そのためにはしっかり文章や表を読み取る力を身につけていくべきだと実感した。

　1 学期の考査の平均点が予想以上に高かったということもあり，2 学期については教科書の持ち込みを不可とした。テスト範囲が広くなり，授業内容が難しくなったことも影響し，平均点は 1 学期のほぼ半分になった。リフレクションの結果は以下のとおりである（回答者 174 名）。

【2 学期期末考査リフレクション】（数値は 5 段階評価での平均値）

| しっかりと対策してテストに臨んだ | 3.4 |
|---|---|
| 考査中，自分なりにベストを尽くした | 4.5 |
| 考査中，授業での○×クイズへの取り組みや MQ 作成が役に立った | 3.7 |
| 歴史総合の学習を通じて，読解力や思考力が身についてきたと感じるようになった | 3.7 |

　1 学期末考査と比較すると明らかに解答欄に空欄が多く，全体的に手応えがなかったためか，テスト対策に対する評価，授業中の取り組みに対する評価が著しく下がっている。また，新たに評価項目として設けた

読解力や思考力についての質問に関しても，作問者が期待するほどの結果ではなかった。一方で，採点をしてみて特に印象的だったのが，単純な語句記述に正解できない生徒が多かったということである。歴史用語の軽視ともとれるこの傾向は，実は2年生の〈日本史B〉でも顕著に窺える。日常的な会話の中でも，生徒の中に語彙力がかなり不足していることを実感する場面が増えてきているため，「知識がなければ思考はできない。だからまずは知識を注入すべきである」という考えを持つ教師も多い。そのことについてどう向き合えばよいのであろうか。学習指導要領の解説には，「知識及び技能」と「思考力，判断力，表現力等」の関係について次のように述べている部分がある。

　　学習指導要領では，資質・能力の三つの柱に沿って「ア　知識及び技能」と「イ　思考力，判断力，表現力等」に関わる事項が示されているが，これは学習の順序を表すものではない。学習の過程では「知識及び技能」と「思考力，判断力，表現力等」を身に付ける学習が一体となって展開され，深い理解に至ることが重要である[viii]。

　1学期の期末考査の結果や2学期の期末考査の結果を分析すると，知識の獲得が乏しく，学習指導要領が求める「深い理解」にまでは生徒の学習レベルが及んでいないということが明確になった。そこで1，2学期の結果を踏まえ，3学期に行った学年末テストは，再び教科書のみ持ち込み可とした。生徒の取り組みは若干改善されたものの，問題の難易度を1学期より高く設定したため，平均点は56.3点にとどまった。リフレクションの評価項目は2学期と同じであるが，読解力や思考力に関しては，自己評価においてかなり向上が見られた（回答者192名）。

【3学期期末考査リフレクション】（数値は5段階評価での平均値）

| しっかりと対策してテストに臨んだ | 3.6 |
|---|---|
| 考査中，自分なりにベストを尽くした | 4.5 |
| 考査中，授業での○×クイズへの取り組みやMQ作成が役に立った | 3.9 |
| 歴史総合の学習を通じて，読解力や思考力が身についてきたと感じるようになった | 4.1 |

　一方，定期考査以外の50点分の評価については，ワークシートを回収し，それを点数化して算出した。小テストで15点分を計上することになっているが，実質的にはSTEP1の○×クイズをそれに充てた。その他，MQの解答は思考力・判断力・表現力を身につけたかどうかの判断基準とし，また，【素朴な疑問・質問・愚問・感想コーナー】への記入の有無やリフレクションは主体的に学習に取り組む態度があるか否かを判断する指標とした。さらに，そこに記入された内容は，その後に配布したワークシートのMQや○×クイズにも反映させたりもし，授業改善に役立てた。前項でも述べたとおり，評価とは決して生徒のためだけにあるのではなく，教師も含め，授業に参加する全ての人々のためにあるのであり，生徒と私自身が協働することによって〈歴史総合〉という新科目を何とか立ち上げることができたと考えている。

　以上，些末な実践内容についてまとめてみた。〈歴史総合〉での学びが〈世界史探究〉〈日本史探究〉にどうつながっているかについては，今後，科目担当者と協議しながら改めて検証してみたい。

【注記】
　ⅰ）授業開きはKP法（紙芝居プレゼンテーション法）で行った。
　ⅱ）東京書籍の教科書には，『新選歴史総合』と『詳解歴史総合』の二つが存在する。
　ⅲ）『高等学校学習指導要領（2018年告示）解説　地理歴史編』p.124
　ⅳ）『高等学校学習指導要領（2018年告示）解説　地理歴史編』p.129
　ⅴ）ダン・ロススタイン，ルース・サンタナ著，吉田新一郎訳『たった一つを変えるだけ：クラスも教師も自立する「質問づくり」』新評論，2015年
　ⅵ）研究活動の総括については，長崎県高等学校・特別支援学校教育研究会地歴・公民部会『平成27年度研究集録』に掲載してある。
　ⅶ）この授業の実践については，『現場ですぐに使える　アクティブラーニング実践』（産業能率大学出版部，2015年）に掲載されている。
　ⅷ）『高等学校学習指導要領（2018年告示）解説　地理歴史編』pp.129～130

# つくられる「私たち」
## ―歌うことから「私たち」を問い直す―

矢景 裕子
神戸大学附属中等教育学校

## ❶ 授業全体の構想

### ①「私たちの物語」としての〈歴史総合〉 ●

　本校〈歴史総合〉においては，「近代とは何か／国民国家とは何か」を根拠をもって考察することを通して，今ここに当たり前のようにいる「私たち」が，決して当たり前の存在ではないことを理解し，その上でグローバル社会の中でどのように「私たち」を意識していくかを主体的に構想することを主要テーマとしている。年間を通して近現代の歴史について学び，考察する中で，「私たち」とは誰か，なぜこのようであるのか，これからどこへ向かうのかを絶えず問い続けるのが，本校の〈歴史総合〉である。

　本稿で取り上げる授業は筆者によって構想されたものであるが，〈歴史総合〉全体をつらぬくテーマや学びのプロセスは，これまで研究開発に関わった多くの教員による努力と研鑽の集大成である。本稿では，「チーム神戸大附属」の授業開発の現時点での成果を紹介するとともに，2022年度に授業を担当した筆者の実践について報告を行う。

### ② 年間授業計画 ●

　本校では，9年間にわたる文科省の研究開発指定の中で，「主題的単元史学習」の開発を行ってきた。1年間の授業内容を主題（テーマ）ご

とに分け，それぞれに「単元をつらぬく問い」が設定され，生徒は授業を通じてその答えを出すヒントを得る。単元の最後には「調査・発表」として生徒が自らテーマに関する調査を行い，その結果をクラスで発表する。

　2022年度の指導計画では，学習指導要領の4つの大項目（A〜D）を，5つの単元に分けた（**資料1**）。単元1では前近代を主に扱った。単元をつらぬく問いを「異なる地域との接触は，世界をどう変えたか」と設定し，ユーラシアの交易網に新大陸が接続されたことにより，全球的かつ分業的なネットワークが成立したことを理解できるように授業を構成した。単元2では「国民国家はどのように誕生し，世界をどう変えたか」を問いとして，環大西洋革命から1848年革命までのヨーロッパの歴史を中心に，国民国家の誕生とその波及を中心に，近代の特徴を掴む単元として設定した。単元3は本稿で扱うが，「東アジアにおいて，近代はどのように訪れ，何を変え，どのような違いを生んだか」を問いとし，東アジアにおける近代の受容と変容を学ぶと同時に，単元の調査発表として日露戦争後の日本が取るべき道についてディベートを行い，次の単元へとつながる問題意識を持つようにした。単元4では2つの世界大戦と日本について生徒自ら問いを設定し，単元3での学びを活かしながら，20世紀前半の日本が選んだ道について多角的な視点で問いの答えを発表し，互いの意見を批評し合って議論を深めた。単元5ではグローバル化する社会の中で，「私たち」を定義する民族や国民の概念はどのように変化するのか（またはしないのか）を思考し，現代的諸課題から

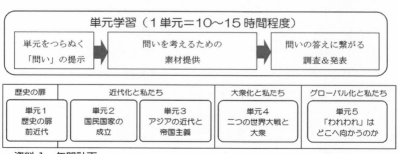

資料1　年間計画

過去と未来を見通す視座の育成をはかった。

　本校における〈歴史総合〉は，教科書を網羅的に扱わない。〈歴史総合〉を学習する上での最大の目標は，歴史の知識を獲得することではなく，歴史の「考え方」を身に付けることである。日本を含む世界の歴史事象から思考するための素材をピックアップし，資料を批判的に読んで検討したり，資料から読み取れる具体的な歴史事象を複数比較したりつなげたりする活動を通して，歴史的思考力を深める。また，それについて生徒同士で対話することを通して，多角的・多面的に考察し，具体的事象と概念の間を結び付ける力を育んでゆく。こうして，概念をもとに具体的事象を批評・解釈できるようになることを目標とする。

　もちろん一定の歴史的知識は必要であるが，知識の獲得は手段であって目標ではない。限られた授業時間の中でどの歴史事象を取り上げるかは選定が難しいところであるが，まずは「ともに歴史を語る上での共通理解として，知らねば対話が成立しないこと」まで絞り込み，その後，身近な地域の歴史事象や，有名なできごとを加えていくことで，取り扱う事象の量に振り回されないように努めている（とはいえ，あれもこれも教えたい歴史教師としての気持ちを抑えることは相当難しいのだが）。

## ❷ 単元の構想：アジアの近代と帝国主義

　本校の〈歴史総合〉では常に単元ごとのまとまりを意識して授業づくりが行われており，各授業のねらいは最終的に単元全体のねらいを達成することを目標に設定されている。まずは単元全体の説明から入りたい。

　単元3「アジアの近代と帝国主義」（**資料2**）は，概ね学習指導要領における大項目B「近代化と私たち」の，「(3) 国民国家と明治維新」および「(4) 近代化と現代的な諸課題」に相当し，西洋型近代の訪れが東アジア国際秩序に与えた影響について取り扱う。生徒は単元1において前近代のアジアがどのような国際秩序のもとに成り立っていたのかを学習しており，単元2において「近代とは何か」「国民国家とはどのような性質を持つまとまりか」を自分の言葉で説明している。単元3

単元を貫く問い：東アジアにおいて、近代はどのように訪れ、何を変え、各国間にどのような違いを生んだだろうか。

| 時 | | 各時の主題 | 各時のねらい | 取り扱う資料・歴史事象 | 評価の観点 |
|---|---|---|---|---|---|
| 1 | 導入 | 外国から見た東アジアと明治日本 | 19世紀末の東アジアについて、世界の動きから問いを持つ。 | 琉球帰属問題、アーネストサトウ『外交官の見た明治維新』、国民国家の概念と現実 | Ⅲ |
| 2 | 素材提供 | アヘン戦争と東アジアの動揺 | アヘン戦争が東アジアの国際秩序に与えた影響を理解する。 | アヘン戦争、洋務運動、甲申事変、日本の開国 | Ⅰ |
| 3 | 素材提供 | 東アジアの中の日清戦争 | 近代東アジア世界の変化を、日清戦争と朝鮮の独立から考察する。 | 日清戦争、冊法体制と近代外交、朝貢貿易と自由貿易 | Ⅱ |
| 4 | 素材提供 | 世界史の中の日露戦争 | 日露戦争を通じて、世界の動きを理解する。 | グレートゲーム、鉄道敷設、列強の帝国主義、日露戦争、「アジアの連帯」 | Ⅰ |
| 5 本時 | 素材提供 | 「われわれ日本人」の形成 | 近代日本において、国民の「われわれ意識」がどのように作られたか考察する。 | 王政復古、神武創業、創られた伝統、学制、唱歌 | Ⅱ |
| 6 | 素材提供 | 東洋のマンチェスター | 大阪の変化を通して、日本の産業革命について理解する。 | 西成鉄道、大阪の地図の変化、大阪紡績会社、八幡製鉄所 | Ⅰ |
| 7 | 素材提供 | ボンベイ航路 | アジア間交易における日本の関わりを考える。 | ボンベイ航路、日本郵船、移民、神戸（南京町／モスク）、アジア間交易 | Ⅱ |
| 8-11 | 調査発表 | 小日本主義か、大日本主義か | 論題「日本は小日本主義を取るべきである」についてディベートを行い、近代日本がとるべき道について考える。 | 唱歌「蛍の光」4番、小日本主義、大日本主義、石橋湛山「一切を棄つるの道」 | Ⅱ |
| 12 | 振り返り | アジアの近代と帝国主義 | 単元の学習活動を振り返り、東アジアにおいて、近代はどのように訪れ、何を変え、各国間にどのような違いを生んだか表現する。 | | ⅡⅢ |

【評価の観点】

| Ⅰ 知識・技能 | Ⅱ 思考・判断・表現 | Ⅲ 主体的に学習に取り組む態度 |
|---|---|---|
| 近代の世界と日本の歴史的展開について、歴史的な状況に着目しながら世界と日本を広く相互的な視野から捉え、一体的に理解している。 近代の世界と日本の歴史的展開に関する情報を、調査活動や諸資料から効果的に読み取っている。 | 近代の世界と日本の歴史的展開について、諸資料や概念知識を活用しながら、歴史的事象の意味や意義、特色や相互の関連を多面的・多角的に考察し、歴史的事象を長期的視点から捉えて公正に判断し、効果的に説明している。 | 近代の世界と日本の歴史的展開について、歴史的に形成された諸課題を主体的に追求し、解決しようとしている。 |

資料2 「アジアの近代と帝国主義」単元計画

は，この 2 つの単元における学びをふまえた上で，西洋型近代の訪れに直面したアジアが，どのように反応し，対処しようとしたのかを，日本を含むアジア諸国家を比較しながら考察する。

　なお評価については，1 回の授業につき 1 つの観点に着目して見取るようにしている。もちろん 1 回ごとの授業においても生徒はさまざまな能力を用いるのだが，あえて観点を 1 つに絞ることで，授業のねらいを明確にしたり，多くの観点で評価できる活動を織り込もうとして授業が「あれもこれも」と過積載になることを防いだりすることができる。調査・発表（単元 3 においてはディベート）はグループで行うが，最後の「振り返り」は個人で行う。単元全体の取り組みを自己評価するとともに，単元をつらぬく問いへの答えを論述する。これは本単元の学習における特に重要な評価材料となる。

## ③ 授業計画

### ① 授業づくりの背景：「均質な日本人」という固定観念 ●

　単元 2 の初めのころ，フランス革命を題材に国民国家が形成されていく過程についての学習が終わったタイミングで，生徒が「私たち国民」という意識を作り上げる諸要素をどのように意識しているのか，身近な学校生活を事例にアンケートを取った（**資料 3**）。

　回答例 1 のように「想像の共同体」的性質に気付く生徒や，回答例 2 のように均質な義務と権利に気付きつつある生徒がいる一方，回答例 3 のように「日本人」を，そのくくりも性質も自明のものとして疑わない回答も一定数存在した。ここに，生徒たちの固定観念を崩すことの困難さがある。

　ひとつの均質な民族がひとつの国を作る，というのが近代国民国家のセオリーであるが，その「民族」もまた恣意的な存在である。民族があるから国家があるのではなく，ある任意の集団で国家を作ろうとしたときに，その集団を「ひとつの均質な特徴を持つ民族であることにする」諸政策が実行される例は歴史上きわめて多い。実際のところは，民族が

質問：あなたがこれまでに体験した，「日本人という国民」を作る上で最も効果的と思われる学校の行事や制度を一つ挙げ，具体的に説明しなさい（授業以外）。また，それを挙げた理由を，国民とはどのような性質を持つ存在であるかに言及しつつ説明しなさい。

（調査日：2022/6/9，総回答数118人）

（回答例1）震災等で亡くなった人を追悼する黙とうは適していると思う。ほとんどの人が国民という関係でしかつながっていないのにも関わらず，黙とうをするため，国民としての一体感や，国民である自覚が出ると思う。

（回答例2）クラス委員という制度。クラス委員を決めるとき，誰もが何かしらの役職につかなければならない。それぞれの割り当てられた仕事をすることで学級という「共同社会」に初めて参加できる。国民とは課せられた義務を全うして初めて権利が保障される。クラス委員はこのような意識を作るのに最も適している。

（回答例3）小学校の集団登下校。日本人は集団の中で上下関係を築けるような性質であり，それをお互いに高め合っている。小規模な社会を経験するには十分な環境である。

資料3　生徒アンケート

国民国家を作るというよりは，国民国家が民族を作ろうとするのである。この部分を十分に理解しなければ，「民族という変更不可能な集団が今も昔も変わらず存在する（もちろん，「日本人」もその例に漏れない）」という観念を持ったまま，〈歴史総合〉の学習を進めることになる。この観念はなかなか強力で，本来であれば歴史を考えるための「基礎」として早いうちに解きほぐすべきであるが，「フランス人」が作られていったものであると頭では理解できても，「（私たち）日本人」も同様であると敷衍して考えるのは感覚的にもかなり難しい。

　そこで，単元3において，生徒にとって身近な事例である日本の学校教育を題材に，改めて「国民はいかに『私たち』としての意識を獲得するか／させられるか」を考察する時間を入れることにした。

### ② 授業で扱う資料：「創られた伝統」をヒントに ●

　本授業では，「歌うこと」，特に日本の学制における唱歌を中心に取り上げた。さらにその背景として，歌われる内容についても考察するため

に，「創られた伝統」にも触れることにした。民族には個別のアイデンティティが必要なので，国民（＝均質な民族）としての「伝統」「らしさ」が語られ，時には創られる。しかしその「伝統」「らしさ」がひとびとの日常の生活や意識と距離がある場合，「伝統」「らしさ」を内面化するのは難しい。そこで，郷土意識や，男性としての／女性としての意識などの近代化以前にひとびとが持っていた世界観と混じるように，国民としての「伝統」「らしさ」を織り込み，さらにはそれを身体化していく。このような役割を果たしたのが，唱歌である。

　資料として唱歌を選んだのは，本校のよく歌う学校としての特徴を意識したものでもある。指導者に恵まれたこともあり，本校では合唱が盛んである。生徒たちにとって合唱することは極めて身近なことで，全校挙げての合唱祭では生徒の合唱に対する並々ならぬ情熱を感じる。そのような本校の生徒であるからこそ，「学校で歌うこと」の意味を，近代社会の特徴をふまえて考察できるようになってほしいとのねらいがある。

### ❸ 授業の展開 ●

　本時の主題は「『われわれ日本人』の形成」である。近代日本人の国民意識の形成を，唱歌を通じて考察することを通してそのまとまり方の恣意性や多層性に気付くことをねらいとした（**資料４～資料６**参照）。

| 時 | 学習の流れ | 生徒の活動 | 指導上の留意点・評価 |
|---|---|---|---|
| 0 | 主題の確認 | ○単元をつらぬく問いを確認する。 | ○国民意識に焦点を当てることを強調する。 |
| | 「伝統」とは何か | ○「日本の伝統」「日本らしさ」のイメージを共有する。 | |
| 5 | 太平洋を挟んだ二つの動乱 | ○アメリカと日本の 19 世紀後半の共通項に気づく。 | |
| 10 | 王政復古の大号令 | ○王政復古の宣言を読み，どのような国を目指そうとしているか読み取る。 | ○「神武創業」をよりどころのひとつにしていることに気づかせる。 |
| 20 | 唱歌と日本 | ○資料からどのように国民意識を作ろうとしているか読み取る。<br>○クラスで共有する。 | ○生徒の発表から共通項を読み取り、クラス全体で確認する。 |
| 45 | まとめ | ○ほかに、どのような国民意識の形成方法があるか考える。 | （評価資料）：ワークシート<br>○近代国家の国民意識の形成を、具体的事例と結びつけることができる。 |

資料４　授業の展開

　授業開始時のウォーミングアップとして，「日本の伝統」や「日本らしさ」と言われて思いつくものをペアワークで挙げて共有した。生徒がめいめいに「着物」「時間を守る」「富士山」などのキーワードを挙げたところで，「では，いったいいつからそれは日本の『伝統』や『らしさ』になったのだろう」と問いかけた。

　次に，考察を行う前段階として，19世紀後半の国民意識形成について，世界と日本の事例を挙げながら講義を行った。南北戦争後のアメリカで，南部と北部の間に発生した亀裂を修復するために，さかんに「独立革命の精神」への回帰が謳われた（文字通り歌も作られた）ことと比較しながら，明治維新における新政府が「王政復古」で「神武創業」に戻るという主張をしていることに気付くことで，近代国家形成には，自由や平等などの近代概念のみならず，伝統の利用または創始による「われわれ意識」の形成が重要であることを説明した。

　本時の中心となる，唱歌読み取りについては，クラスを4人1組の10班に分け，「唱歌を通してどのように国民意識を形成しようとしているか」を考察した。資料①「蛍の光」では，歌詞に地名が盛り込まれていることから，日本の領域を意識させようとしていることに気付いた生徒が多かった。資料②「うつくしき」は，元のスコットランド民謡との歌詞との対比から，登場人物の関係性が「恋人どうし」から「母と息子」に変わっていることに着目して，「国家に尽くす息子を育て，送り出す母」が女性の理想的な姿であることを，歌を通して内面化しようとしていると分析した。資料③「鉄道唱歌」からは，同じリズムで各地について歌い上げることで日本全体の一体感を出そうとしているのではないか，との意見のほかに，北海道や台湾に対しては，資源の獲得地としての側面が強調されていることを指摘する意見が出た。資料④は本校の前身である附属住吉小学校の校歌であり，正確には学校唱歌ではないが，「大御代」という歌詞が入っていることに注目する班が多かった。

　各班の発表をふまえた上で，その共通点について考察し，国民意識は「男性／女性としての」「郷土としての」われわれ意識などと多層的に結びついて内面化していく点を指摘し，まとめとした。

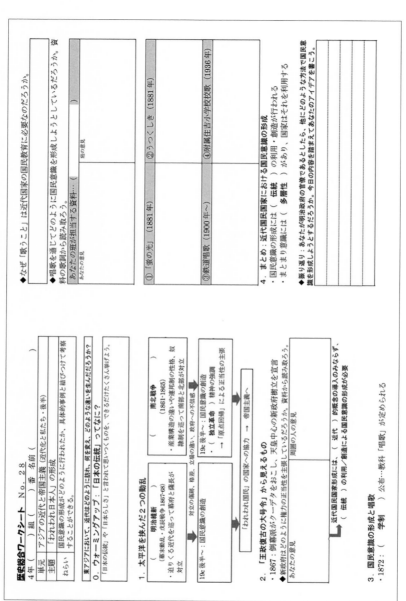

資料5　授業ワークシート
※実際はA4サイズ，括弧内ゴシック体は空欄。

資料①「蛍の光」

| 番 | 歌詞 | 歌詞の意味 |
|---|---|---|
| 1 | 蛍の光 窓の雪 書（ふみ）読む月日 重ねつつ いつの間にか年も すぎの戸を 開けてぞ今朝は 別れゆく | 蛍の光や窓の雪明かりを灯火代わりに本を読み、学問をするうちに年月が過ぎてしまった。そうしているうちに、ついに明け方、学友と別れていく。 |
| 2 | 止まるも行くも 限りとて 互みに思う 千万（ちよろず）の 心の端（はし）を 一言に 幸くとあらねと 祈る なり | 故郷にとどまる者も去りゆく者も、今日を限りだと思って、たがいに思い合う無数の想いを、気持ちの一言に、どうかご無事でと祈りあうのだ。 |
| 3 | 筑紫（つくし）の極み 陸（みち）の奥 海山遠く 隔つとも その真心は 隔てなく 一つに尽くせ 国の為 | 九州の果てでも、東北の果てでも、海や山が、たとえ私たちを遠く隔てていても、私たちの真心は隔てられるものがなく、一つに尽くせ 国の為に。 |
| 4 | 千島の奥も 沖縄も 八洲（やしま）の内の 守りなり 至らん国に 勲（いさお）しく 努めよ我が兄（せ） 恙（つつが）なく | 千島列島の奥も、沖縄も、日本列島の守るべき場所である。それぞれの持ち場で、勇敢に、あなたのつとめを無事に果たしてほしい。 |

※4番は時代によって変化あり

資料②「うつくしき」

| 番 | 歌詞 | 元のスコットランド民謡の歌詞 |
|---|---|---|
| 1 | うつくしき わが子やいづこ うつくしき わが足の子は 忘れたる こと忘れなき あなたちて 別れゆきにけり | ・ああ、教えて、あなたの高原の若者はどこへ行った？・私の恋人は勇敢に銃と共に、気高き行為の行われる土地へと。そして、ああ、私は彼の行方、無事なる帰還を望む |
| 2 | うつくしき わがすやいづこ うつくしき わが中の子は 忘れたる こと忘れて 忘れるちて 別れゆきにけり | ・ああ、教えて、あなたの高原の若者はどこに住んでいた？・一緒に楽しきスコットランドに住んでいた。そこには恋らしい風情が咲いている、そして私の心の中で、私の恋人が住んでいないことを悔やんでいる。 |
| 3 | うつくしき わがすやいづこ うつくしき わが末の子は 忘れたる こと忘れに 別れるちて 別れゆきにけり | ・ああ、教えて、あなたの高原の若者が殺されたらどうするのか？・いいえ、真の愛が彼を導き、無事に帰らせるだろう、もし私の高原の若者が殺されたなら、私の心は壊れるだろう。 |

資料③「鉄道唱歌」（全5集334番？）※加えて台湾鉄道唱歌90番（1910～）、満鉄編など

| 集・番 | 沿線/地域 | 歌詞 |
|---|---|---|
| 1集8番 | 鎌倉 | ここに開きし頼朝が 幕府のあとは何かたぞ 松風さむく日は暮れて こえ丸石積は苔あおし |
| 1集10番 | 横須賀 | 汽車より逃子をなげうつつ はや横須賀に着きにけり 見よやトップに集まりし 我が軍艦の大きさを |
| 1集14番 | 富士 | はるかに見えし富士の嶺は はや我が前にきたりけり 雪の様 雲の海 いつも月さむき姿にて |
| 1集22番 | 掛津 | 親しみ掛けて友の家から 旅立ち出でぬ 身は露の 蝴蝶（※こちょう）は主（あるじ）なき 袖の草葉の原にこそなけれ |
| 北海道1番 | 北海道 | 千島の林 万里の野 わが帝国の自然にと 世にるさせるる北海道 |
| 台湾3番 | 台湾 | 山に金銀 海に魚 稲に砂糖 果実類 地に福は二度みのる 台湾島は我の蔵 |
| 台湾79番 | 恒春半島（台湾最南部） | 磯（※いそ）に細波立（さざなみ）うごめける 島（※しま）の若干住の子ども達（？）が われ払らい（※さるまい）と 集い来て 補陀蕃薯（※ほさとう）の 花ぞ咲く |

資料④「『神戸大学附属住吉小学校』校歌」

| 番 | 歌詞 |
|---|---|
| 1 | 大空高く 晴れわたり みどりさやけき 六甲の うるおうの山の あと遠き 学びの園の 若鮎よ こころすなおに 健やかに そだちゆかなむ 大和撫子 |
| 2 | 渓水清く 行き過ぎ 母恋やさけき 石畳の海（※石大阪寮） 岩垣にさえきにおう おしえの道の 若鮎よ めぐみの日かげ 大御代に さきいだちなむ 大和撫子 |

資料6　授業で用いた資料

## 4 評価および課題

### ① 評価 ●

　本時の振り返りとして、「あなたが明治政府の官僚であるとしたら、他にどのような方法で国民意識を形成しようとするだろうか。今日の内容をふまえてあなたのアイデアを書こう」という課題を出し、これを評価材料とした。評価基準および評価例については**資料7**の通りである。

| 評価資料：ワークシート | |
|---|---|
| 近代国家形成には、「伝統」の創始や郷土などとのつながりによる重層的な国民意識の形成が重要であることについて、具体的事例と結びつけて考察することができる。（観点Ⅱ） | |
| 評価A | 評価B |
| 近代国民国家の国民意識の形成を、「国民」や「国民国家」および「伝統」の性質、多層性を理解した上で、具体的事例と結びつけて論じられる。 | 近代国民国家の国民意識の形成を、具体的事例と結びつけて論じられる。 |
| 評価Aの例 | 評価Bの例 |
| 各地で行われている祭りについて、天皇の歴史やその栄光を讃える要素を盛り込むように指示する。郷土の中で受け継がれてきた祭りの中に、天皇制の伝統を意識させる要素を入れることで、郷土意識と国民意識がリンクさせることがねらいである。 | 天皇を中心とする国民意識を形成するため、天皇を讃える祭りを行うように、各地の自治体に指示する。 |

**資料7　評価基準と解答例**

　アイデアを書く課題なので、実際に行われたことかどうかは評価に関係せず、授業で扱った「創られた伝統」や「国民意識の多層性」を活用して論述できているかを問う。十分に活用できていればA、そうでなければB評価とする。具体的事例を調べさせる課題を出すこともあるが、このように生徒の自由な発想が生きるタイプの課題の方が、考え方を身に付けたかどうかが把握しやすいし、何より解答を読むのが楽しい。

　**資料7**には一例のみ挙げたが、他にも「修学旅行や遠足で、近隣の名所旧跡に加えて、天皇にゆかりのある場所や、『日本の歴史』に関わる場所を訪れるようにする」など、学校教育に関連づけた記述も目立った。評価Aとなる解答が全体の約7割に至り、授業のねらいはある程度達成されている様子が見られた。

### ② 課題と今後の展望 ●

　最後に、本授業の課題と、今後の展望について述べたい。

　大きな反省点として、この授業は完全に「あれもこれも」の盛り込み

すぎの内容となってしまった。「自明で変更不可能な私たち日本人」という観念を何とか批判的に思考させたいという授業者の思いが強すぎて，1時間で扱える内容を遥かに超えるコンテンツを詰め込むことになった。そのため，肝心の唱歌の読み取りに十分な時間を取ることができず，生徒にとって消化不良を起こす構成になったことは，大いに反省し，改善すべき点である。扱う唱歌を1つに限定してクラス全体でじっくり資料に向き合う時間を取ることとし，「創られた伝統」に関しては，単元2の南北戦争の部分で扱うように次年度のカリキュラムを更新する。また，民族や国民などのまとまりに対して批判的な検討を加えることに関して，単元をまたいで，さまざまな場面でくりかえし扱うように年間の授業計画を見直す必要がある。

　一方，今回の授業づくりの中で，「歌うこと」と国民意識の関連についてもっと授業で深めてみたいという思いを持った。今回の授業では資料過多で十分に扱えなかったが，資料を探して多くの校歌にあたる中で，校歌には「学校―郷土―国家」をつなぐ仕掛けを持つ歌詞が極めて多いことが分かった。また，歌うことは学校の中のみならず，軍歌から流行歌に至るまで多くの場面で「私たち日本人」が歌うのであるが，その歌詞を分析することも，当時の世相や心情を理解するための資料として分析のし甲斐がありそうであった。こうしてまた「あれもこれも扱いたい」歴史教師の悪癖に陥っていくのだが，探究科目での実施も含めて，国民国家の時代を生きる「私たち」が歌うことの意味を，生徒とともに考えてみたい。

◆ 参考文献

・エリック・ホブズホウム『創られた伝統』，紀伊國屋書店，1992年
・貴堂嘉之「南北戦争・再建期の記憶とアメリカ・ナショナリズム研究：『ハーパーズ・ウィークリー』とトマス・ナスト政治諷刺画リスト（1）1859-1870」（『千葉大学人文研究29』，2000年
・佐藤慶治「明治期の唱歌教育と国民形成：ジェンダーの創出に視点を置いて」『総合文化学論輯』，2015年

# 世界史・日本史分担型〈歴史総合〉初年度
## —日本史分野担当の取り組み—

山崎 大輔
巣鴨中学校・高等学校

## １ 歴史総合初年度を迎えるにあたって

### ● 〈歴史総合〉の受け止め方 ●

　〈歴史総合〉の設定について，発表当初より戸惑いはあったものの，自身含め校長を始めとする学校側もおおむね肯定的に捉えていた。教育基本法に示される「伝統と文化を尊重し，それらをはぐくんできた我が国と郷土を愛するとともに，他国を尊重し，国際社会の平和と発展に寄与する態度を養」い（第一章　教育の目的及び理念　第２条５項），学校教育法に示される「豊かな人間性，創造性及び健やかな身体を養い，国家及び社会の形成者として必要な資質を養う」（第６章　高等学校　第51条１項），「個性の確立に努めるとともに，社会について，広く深い理解と健全な批判力を養い，社会の発展に寄与する態度を養う」（同３項）という目的に向かうとともに，私学として本校は国家の柱石たりえるエリートの育成を併せて標榜している。これらの教育的目標に向け貢献することが社会科・地歴公民科教員の使命であり，矜持をもって取り組んでいかなければならない。一方，今日では大学進学を目標にする生徒が本校に入学するため，カリキュラムは高校２年生から文系・理系に分かれ，選択した生徒のみが地歴科目から履修する。特に理系生徒の場合，大学受験の負担を考えて日本史の選択を避ける場合も多い。ま

た，本校も例外ではなく公立中学校同様，中学時代に近現代史・現代史に割ける時間は十分とは言えず，結果，先人たちがいかにして現代を生きる生徒達の生活の礎を築いたかを理解することなく，大学・社会へ巣立ってしまう危惧があった。

そのような現状の中，文系・理系に分かれる前の高校1年次で，等しく近現代・現代について学ぶことは，社会科のみならず多くの教員が意義深いと考えるに至った。開講前から〈歴史総合〉そのものの役割を肯定的に捉え，できる限り充実させていこうという社会科の使命感と，他教科からの期待感が共通意識として実を結び，実際に〈歴史総合〉で「3単位」が設定されたことは，そのあらわれである。

● 検討すべきこと ●

歴史総合初年度に向けて準備を進める上で，何度も検討を重ねることになったものが，主に次の①〜③であった。

①教える内容の精査

②大学入学共通テスト（以下，共通テスト）の出題形式と難易度の予想

③日本史探究，世界史探究とのつながり，互換性，重複の把握

多くの学校が同様の問題に直面し限られた情報，時間の中で検討を行ったことであろう。本校の検討過程および，初年度の取り組みを振り返り，紹介することで他校の一助となれば幸いである。

2022年度が始まる直前まで，一人の教員が総合的に〈歴史総合〉の授業を行うか，世界史分野と日本史分野を分担して〈歴史総合〉を担当するか議論された。結果，おぼろげながら見えてきた〈世界史探究〉〈日本史探究〉の内容がこれまでの〈世界史B〉〈日本史B〉とほぼ同程度，同内容であると想定し，「歴史総合→世界史探究」「歴史総合→日本史探究」のつながりを勘案した結果，後者の「世界史分野と日本史分野を分担して専門的に担当する」方法で初年度を進めていくことになった。

● 〈歴史総合〉の位置づけ ●

本校には現在，次の①〜④のような特徴をもつ生徒が入学・在籍する傾向が見られる。

①ほぼ100％の生徒が大学へ進学する。

②多くの生徒が国公立大学への進学を希望する。

③7割の生徒が高校2年次に理系を選択する。

④理系選択のうちの多くが医学部を志望する。

　以上の特徴をもつことから，文系生徒について特に共通テストへの対応策を，カリキュラム編成，授業内容の構築に最大限反映させなければならない。また検討当時の2021年度は，共通テスト「歴史総合」が具体的にどのような出題になるのか,〈世界史探究〉〈日本史探究〉の内容，共通テスト「世界史探究」「日本史探究」の出題内容も不透明であった。試行錯誤を繰り返しており，まだ共通テスト「歴史総合」が行われていない現在もそれが続いている。

　2020年1月に行われたいわゆる「最後の」センター試験の世界史・日本史では，資料からの「読み取り」問題が多く出題されていた。そして翌年の「最初の」共通テストでもセンター試験同様の傾向が踏襲されていた。2025年度入試に始まる共通テスト「歴史総合」も，資料からの「読み取り」を重視する傾向の中に位置づけられていることは，以下の記述からもあきらかである。

「高等学校学習指導要領（2018年告示）第2章／第2節　地理歴史」
・調査や諸資料から様々な情報を適切かつ効果的に調べまとめる技能を
　身に付けるようにする（第1款　目標）
・諸資料から歴史に関する様々な情報を適切かつ効果的に調べまとめる
　技能を身に付けるようにする（第2款　各科目／第3　歴史総合／1目
　標（1））

　その他にも「資料を活用」「資料から情報を読み取ったりまとめたりする技能」「諸資料を活用し，課題を追究したり解決したりする活動」など，資料の読み取りを重視する記述は枚挙にいとまがない。

　「日本史探究」については，「諸資料から我が国の歴史に関する様々な情報を適切かつ効果的に調べまとめる技能を身に付けるようにする」（第

4　日本史探究 / 1 目標（1））とあり，〈歴史総合〉と同様の目標を掲げていることもわかっていた。

　また 2021 年 3 月に示された「サンプル問題」が全ての問題で史料，図版，グラフなど「諸資料」を利用した設問となっていたことを受け，本校では諸資料を活用し，思考力，判断力の育成を授業方針として固め，大学入試にスムーズにつなげていくという取り組みへと舵を切ることになった。

## ❷ カリキュラム編成

　2022 年 4 月入学の高校 1 年生のカリキュラムでは，課外 1 時間を加えた計 3 時間を〈歴史総合〉にあてた。

　本校は中高一貫の男子校であるが，1 〜 2 クラスの高校募集がある。高校から入学した生徒（本校では高入生と呼ばれる）は 1 年次のみ内部進学の生徒（本校では中入生と呼ばれる）とは別クラス編成とし，高校 2 年次での統合に向け独自のカリキュラムを進めている。殊に高入生の社会科の学習状況はそれぞれの出身中学によって異なり，近現代史をどの程度，どのように学習してきたか毎年さまざまである。

　共通テストを見据えた上で〈世界史探究〉〈日本史探究〉との接続を勘案し，世界史専門の教員が〈歴史総合〉の中でも世界史寄りの分野を，日本史専門の教員が〈歴史総合〉の中でも日本史寄りの分野を担当することも決まった。

　教科書は大学入試を念頭に置くため（無難に）山川出版社の以下①②のいずれかを採用すべく検討を進めた。

① 『歴史総合 近代から現代へ』（歴総 707・山川出版社）

② 『現代の歴史総合 みる・読みとく・考える』（歴総 708・山川出版社）

　①は知識量が多く，従来の『詳説世界史 B』『詳説日本史 B』を教科書として用いてきた教員にとって扱いやすいという特徴がある。しかし，史資料から読み取る力，論述力などの育成を重視する授業方針から，最終的に②を選択することになった。世界史分野，日本史分野を授業時間，

①

②

　教員ともに分けて行うため，生徒の学習が煩雑ならぬように，②の教科書準拠教材である『現代の歴史総合 みる・読みとく・考える ノート』（山川出版社）を副教材として併せて取り入れた。

　出版社からの聞き取りと，教科書の内容を吟味したうえで，3時間ある授業時数を世界史分野2時間，日本史分野1時間とし，各分野の分担を**表1**のように事前に割り振った。

　2022年11月に大学入試センターから令和7（2025）年度に向けて公表された「歴史総合・日本史探究」の「試作問題」は，第1問が歴史総合（25点），第2問〜第6問が日本史探究（総合・古代・中世・近世・近現代　各15点）であった。多用されている資料の読み取り能力に加えて，従来通りの知識も必要とされる問題で，共通テスト「日本史B」の作成方針を引き継いでいることがわかった。2か月後に行われた共通テストも同様の傾向が色濃く現われており，諸資料の読み取りに相当の時間を要する問題となっていた。

## 3 授業実践と雑感

　2022年度の高校1年生は7クラス編成で，世界史分野は3名の教員が各クラス2時間の授業を担当，日本史分野は2名の教員が各クラス1時間の授業を担当した。

　年号，歴史的事項（用語）よりも歴史の大きな流れや多角的な視点を重視する方針で教科書，準拠ノートがつくられているため，その分流れ

| 第Ⅰ部 近代化と私たち | 世界史担当 | 日本史担当 |
|---|---|---|
| **第1章 結びつく世界と日本の開国** | | |
| 1 18世紀の東アジアにおける社会と経済 | | |
| 　1 18世紀の中国経済 | ○ | |
| 　2 18世紀の日本社会 | | ○ |
| 　3 18世紀の日本経済とその変容 | | ○ |
| 2 貿易が結んだ世界と日本 | | |
| 　1 アジア域内貿易とヨーロッパ | ○ | |
| 　2 18世紀のアジア貿易と日本 | | ○ |
| 3 産業革命 | | |
| 　1 技術革新 | ○ | |
| 　2 社会の変化 | ○ | |
| 　3 他国への産業革命の普及 | ○ | |
| 　4 交通と情報の革命 | ○ | |
| 4 中国の開港と日本の開国 | | |
| 　1 アヘン戦争 | ○ | |
| 　2 日本の開国 | | ○ |
| 　3 世界経済のなかの東アジア | ○ | |
| **第2章 国民国家と明治維新** | | |
| 1 市民革命 | | |
| 　1 アメリカ独立革命 | ○ | |
| 　2 フランス革命 | ○ | |
| 　3 ナポレオンの帝国 | ○ | |
| 　4 市民革命の世界的衝撃 | ○ | |
| 2 国民国家とナショナリズム | | |
| 　1 国家統一と改革 | ○ | |
| 　2 国民、国家、ナショナリズム | ○ | |
| 　3 独立後のアメリカ | ○ | |
| 　4 オスマン帝国とカージャール朝の動向 | ○ | |
| 3 明治維新 | | |
| 　1 幕末の政治変動 | | ○ |
| 　2 新政府による変革 | | ○ |
| 　3 立憲国家の成立 | | ○ |
| 　4 文明開化と国民統合 | | ○ |
| 4 日本の産業革命 | | |
| 　1 19世紀後半の国際環境と在来産業 | | ○ |
| 　2 近代産業の基盤形成 | | ○ |
| 　3 産業革命の展開 | | ○ |
| 5 帝国主義 | | |
| 　1 帝国主義 | ○ | |
| 　2 侵食される西アジア・中央アジア | ○ | |
| 　3 南・東南アジアの植民地化と社会の変容 | ○ | |
| 6 変容する東アジアの国際秩序 | | |
| 　1 条約と国境 | | ○ |
| 　2 朝鮮の近代化と日清の対抗 | | ○ |
| 　3 条約改正と日清戦争 | | ○ |
| 7 日露戦争と東アジアの変動 | | |
| 　1 模索する清 | | ○ |
| 　2 日露戦争 | | ○ |
| 　3 辛亥革命 | | ○ |
| **第Ⅱ部 国際秩序の変化や大衆化と私たち** | | |
| **第3章 総力戦と社会運動** | | |
| 1 第一次世界大戦 | | |
| 　1 第一次世界大戦の勃発と展開 | ○ | |
| 　2 日本にとっての第一次世界大戦 | | ○ |
| 　3 アメリカの参戦 | ○ | |
| 　4 秘密外交の動揺とドイツの敗北 | ○ | |
| 　5 第一次世界大戦の影響 | ○ | |
| 2 ソヴィエト連邦の成立とアメリカ合衆国の台頭 | | |
| 　1 ロシア革命 | ○ | |
| 　2 諸外国の反応 | ○ | |
| 　3 スターリン支配へ | ○ | |
| 　4 アメリカの国際的地位の上昇 | ○ | |
| 　5 アメリカの繁栄とその陰 | ○ | |

※一部、進度により割り振りを変更した1年間の結果。
※表右の①〜⑤の数字は、それぞれ下記の範囲を指す。
①1学期中間考査
②1学期期末考査
③2学期中間考査
④2学期期末考査
⑤3学期学年末考査

表1

| 　 | 世界史担当 | 日本史担当 |
|---|---|---|
| 3 ヴェルサイユ体制とワシントン体制 | | |
| 　1 ヴェルサイユ体制の成立 | ○ | |
| 　2 ワシントン会議と軍縮の動き | ○ | |
| 　3 日本の協調外交 | | ○ |
| 　4 アメリカの国際主義と孤立主義 | ○ | |
| 4 世界経済の変容と日本 | | |
| 　1 第一次世界大戦直前の日本経済 | | ○ |
| 　2 第一次世界大戦と世界経済の変容 | | ○ |
| 　3 大戦景気と日本経済 | | ○ |
| 　4 第一次世界大戦後の経済再建 | | ○ |
| 　5 1920年代の日本経済 | | ○ |
| 5 アジアのナショナリズム | | |
| 　1 朝鮮・中国のナショナリズム | ○ | |
| 　2 インドのナショナリズム | ○ | |
| 　3 西アジア諸地域のナショナリズム | ○ | |
| 6 大衆の政治参加 | | |
| 　1 欧米諸国における参政権の拡大 | ○ | |
| 　2 日本の大衆政治運動と男性普通選挙 | | ○ |
| 　3 日本の社会運動 | | ○ |
| 7 消費社会と大衆文化 | | |
| 　1 大衆社会とマスメディア | | ○ |
| 　2 日本の都市化と大衆文化 | | ○ |
| 　3 日本のマスメディア | | ○ |
| **第4章 経済危機と第二次世界大戦** | | |
| 1 世界恐慌の時代 | | |
| 　1 大恐慌とその波及 | ○ | |
| 　2 ニューディールの展開 | ○ | |
| 　3 孤立主義と国際情勢 | ○ | |
| 　4 昭和恐慌の発生 | | ○ |
| 　5 恐慌からの脱出 | | ○ |
| 2 ファシズムの伸長と共産主義 | | |
| 　1 ファシズムの出現 | ○ | |
| 　2 ヴェルサイユ体制の成立体制の崩壊 | ○ | |
| 　3 ソ連とコミンテルン | ○ | |
| 　4 スペイン内戦と枢軸国の結束 | ○ | |
| 　5 ドイツの侵略と独ソの連携 | ○ | |
| 3 日中戦争への道 | | |
| 　1 南京国民政府の成立 | ○ | |
| 　2 満州事変と日本軍部の台頭 | | ○ |
| 　3 日中戦争 | | ○ |
| 4 第二次世界大戦の展開 | | |
| 　1 第二次世界大戦の勃発 | ○ | |
| 　2 第二次世界大戦と日本・アメリカ | | ○ |
| 　3 太平洋戦争の始まりと連合国の結成 | | ○ |
| 　4 第二次世界大戦の終結 | | ○ |
| 5 第二次世界大戦下の社会 | | |
| 　1 計画経済の台頭と戦時統制 | | ○ |
| 　2 戦時下の動員・統制と民衆の生活 | | ○ |
| 　3 第二次世界大戦の惨劇 | | ○ |
| 　4 第二次世界大戦がもたらしたもの | | ○ |
| 6 国際連合と国際経済体制 | | |
| 　1 国際連合の形成 | | ○ |
| 　2 国際経済体制の形成 | | ○ |
| 　3 日本の安全保障政策への影響 | | ○ |
| 7 占領と戦後改革 | | |
| 　1 占領の始まりと戦後改革 | | ○ |
| 　2 日本国憲法の制定 | | ○ |
| 　3 占領下の日本 | | ○ |
| 8 冷戦の始まりと東アジア諸国の動向 | | |
| 　1 3国関係の変容 | | ○ |
| 　2 世界の二極化 | ○ | |
| 　3 冷戦から熱戦へ | ○ | |
| 9 日本の独立と日米安全保障条約 | | |
| 　1 冷戦と占領政策の展開 | | ○ |
| 　2 講和への道 | | ○ |
| 　3 独立後の日本とアメリカ統治下の沖縄 | | ○ |

①②③④⑤（右欄の考査範囲区分）

が掴みづらいこともあり，各章の始めに使われている年表を参照したり，年表や関係者，相関図などのプリントを配るようにして補足しながら授業を進めていった。補足なしでは，「何か色々あって，薩長が勝って明治新政府をつくった」というような浅薄な記憶・理解しか残らなかったと考える。

**【日本史担当の分担】**※（　）内は費やした時間数

第Ⅰ部　近代化と私たち
＜１学期中間考査まで全５時間＞
第１章　結びつく世界と日本の開国
　1-2　18世紀の日本社会
　1-3　18世紀の日本経済とその変容　｝（１時間）
　2-2　18世紀のアジア貿易と日本（１時間）
　4-2　日本の開国（１時間）
第２章　国民国家と明治維新
　　　　※教科書指導書では実践例として下記「3-1から3-3」を１時間
　　　　　で終わらせる計画案が紹介されていた。
　3-1　幕末の政治変動（１時間）・・・実践例として後述
　3-2　新政府による変革（１時間）
＜１学期期末考査まで全８時間＞
　3-3　立憲国家の成立（１時間）
　3-4　文明開化と国民統合（１時間）
　4-1　19世紀後半の国際環境と在来産業（１時間）
　4-2　近代産業の基盤形成（１時間）
　4-3　産業革命の展開（１時間）
　6-1　条約と国境（１時間）
　6-2　朝鮮の近代化と日清の対抗（１時間）
　6-3　条約改正と日清戦争（１時間）
＜以下は第Ⅰ部の内容だが２学期に扱った＞
　7-1　模索する清

7-2　日露戦争

7-3　辛亥革命

● **実践例と雑感　「3-1　幕末の政治変動」** ●

単元　第2章　国民国家と明治維新／3　明治維新

　　　3-1　幕末の政治変動 本時

　　　※1学期中間考査まで全5時間。そのうちの4時間目であった。

　　　3-2　新政府による変革

　第2章の始まりは,「1市民革命」「2国民国家とナショナリズム」であるが, この2項は世界史分野での取り扱いとしており, 進度の関係で未習の状態で「3明治維新」を学習することになった。しかし日本史分野の前時は「第1章 4-2 日本の開国」で, 国内の時系列的つながりをもって学習するにはむしろ都合がよかった。

### <目標>
・幕末の政治変動の中で, 江戸幕府による独裁が動揺した理由を理解する。
・戊辰戦争まで過程を, さまざまな立場, 人間・勢力関係を理解し, 多角的な視点で捉えられるようにする。

### <導入>
・前時「第1章 4-2 日本の開国」の復習を以下の発問にて行った。
　①ペリー来航から和親条約・修好通商条約締結までの流れはどうであったか。
　②どのような点で日本にとって不平等な条約であったか。
　③貿易の実際（教科書資料［資料1］による振り返り）はどのようであったか。
・未習範囲の説明：クリミア戦争や第2次アヘン戦争など, 当時の日本を取り巻く世界の情勢を説明し, 日本がとるべき近代化への道筋を

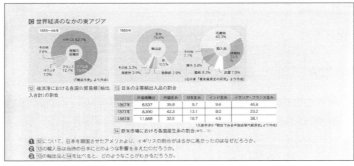

**C 世界経済のなかの東アジア**

1865～66年

イギリス 62.7%
発展の 諸商品
その他 2.6%
オランダ 7.0%
フランス 12.7%
アメリカ

（「横浜市史」より作成）

1865年

輸出品
生糸 79.4%

その他 3.3%
茶 10.5%
蚕種紙 2.9%
蚕卵紙 3.9%

輸入品
毛織物 40.3%

その他 7.1%
綿織物 33.5%
綿糸 5.8%
艦船 6.3%
武器 7.0%

（『日本史』「幕末東京史の研究」より作成）

12 横浜港における各国の貿易額（輸出入合計）の割合

13 日本の主要輸出入品の割合

| | 市場規模（百万） | 中国生糸 % | 日本生糸 % | インド生糸 % | イタリア・フランス生糸 % |
|---|---|---|---|---|---|
| 1867年 | 6,537 | 35.9 | 9.7 | 9.6 | 45.8 |
| 1877年 | 8,390 | 42.3 | 13.1 | 8.0 | 29.2 |
| 1887年 | 11,868 | 32.5 | 18.7 | 4.5 | 38.1 |

14 欧米市場における各国蚕生糸の割合（単位：％）

（久保亨ほか『統計でみる中国近現代経済史』より作成）

❶ 12について、日本を開国させたアメリカより、イギリスの割合がはるかに高かったのはなぜだろうか。
❷ 13の輸入品は当時の日本にどのような影響を与えたのだろうか。
❸ 13の輸出品と14を比べると、どのようなことがわかるだろうか。

**資料1**

明治天皇

山内容堂（前土佐藩主）

岩倉具視（朝廷の公卿、クーデタの首謀者）

1 「王政復古」（島田墨仙）
1867（慶応3）年12月9日、王政復古のクーデタ（王政復古の大号令）で新政府が樹立された直後、京都御所内の小御所で開かれた会議を描いている。（憲政記念館蔵）

**資料2**

**A 3 天皇と将軍**（「右大将下鶴御郷上京行列之図」）

1863（文久3）年、徳川家茂は将軍として約230年ぶりに江戸から京都へ上洛した。孝明天皇の妹（和宮）を夫人に迎えた礼と国論の統合がその目的だった。（和歌山市立博物館蔵）

❶ なぜこのできごとが絵に描かれるほど注目されたのだろうか。また、絵の右上で徳川家茂のことを「（源）頼朝」と記しているのはなぜだろうか。
❷ 徳川家茂の上洛は、政治のどのような変化を示すのだろうか。

**資料3**

※資料1～3は授業で使用している教科書からの引用

意識させる。

【発問】小御所会議の絵（**資料2**）から山内容堂と岩倉具視が天皇の
御前で何を議論しているのか予想させる。

【発問に対する生徒の答え】　山内，岩倉どちらが権力を握るかもめて
いる。／明治天皇の前で岩倉が山内を糾弾している。

## ＜展開＞

### 1．明治維新の背景

①【発問】開国以後，幕府の支配はなぜ動揺したのだろうか。（教科書
「テーマへのアプローチ」より）

②安政の大獄（関係者・勢力）について，桜田門外の変も含め理解を深
める。

③和宮臣籍降下→図「天皇と将軍」（**資料3**）をもとに考えさせる。（以
下の教科書の発問を利用）

【発問】なぜこのできごと（家茂の上洛）が絵に描かれるほど注目さ
れたのだろうか。また，絵の右上で徳川家茂のことを「源頼朝」と
記しているのはなぜだろうか。

【発問】徳川家茂の上洛は，政治のどのような変化を示すのだろうか。
→「公武合体」について，坂下門外の変も含め理解を深める。

④尊王攘夷運動→教科書掲載の図「尊王攘夷運動」「イギリス公使館へ
の襲撃」をもとに考えさせる。（教科書の発問を利用）

【発問】四国艦隊への敗北を，奇兵隊はどのように受けとめたのだろ
うか。（奇兵隊の説明が必要）

【発問】なぜ下線部のように，「攘夷」と「内憂」が結びつくのだろう
か。

### 2．天皇権威の高まり

攘夷運動の挫折と薩摩藩・長州藩が薩長同盟を経て，倒幕運動へ向か
う流れを理解する。

①薩摩藩：文久の改革，生麦事件，薩英戦争

②長州藩：外国船砲撃，四国艦隊下関砲撃事件（教科書掲載の図）

## 3. 結果

・大政奉還→王政復古の大号令→戊辰戦争までの流れを，幕府・薩長同盟・朝廷の立場，関係者の思惑など多角的な視点で理解する。

・導入で扱った小御所会議の絵を振り返り，山内容堂と岩倉具視の関係，主張を理解する。

### ＜まとめ＞

　これまでの内容を振り返り，単なる勢力争いの構図を理解・暗記するのではなく，幕府と新政府が何を目指し，その後新政府による政治・政策によってどのように結実されていくのかに興味関心を持てるようにする。

### 【授業者の留意事項など】

　西郷隆盛（「西南戦争」は本文含む３箇所記載），大久保利通（紀尾井坂の変は記載），木戸孝允，坂本龍馬などは教科書に全く記載がなく，個人を用いず「集団（藩・勢力・派閥など）」で説明し尽くされている。そのため，教科書を追っていくだけでは，歴史上の人物の顔が見えず，かえって事実の積み重ねに終始し，深まりがなく表層的になり，印象に残らない授業になってしまう。興味関心が喚起されない授業に陥らぬよう，主要な人物を補う必要があった。

※「明治維新」の単元で登場する歴史上の人物は以下
　本文中：孝明天皇，井伊直弼，徳川慶喜，明治天皇
　図版の説明文中：山内容堂，岩倉具視，和宮，徳川家茂，毛利敬親，
　　　　　　　　　勝海舟

　これは世界史分野も含む他の単元にも共通しており，教員による補完が不可欠であるとともに，本校のように複数の担当による授業となる場合，一層留意する必要があった。定期テストは教科書以上の用語は出題しなかったが，クラス間における定着度の差が顕著であった。

━━━━━━━━　◇　━━━━━━━━

〜余談：ChatGPT の可能性〜

　時間数に余裕が生じたクラスで，「ChatGPT」をプロジェクターで投影し授業内の発問に対する AI の解答を示した。

【発問 A】開国以後，江戸幕府の支配はなぜ動揺したのだろうか。

> ChatGPT：開国以後，江戸幕府の支配が動揺した理由にはいくつかの要因があります。
> 1. 外圧の増大：開国政策によって，日本は外国からの貿易や文化交流を始めました。しかし，これによって外圧が増大し，江戸幕府は外交上の問題や貿易の管理などで苦労しました。
> 2. 財政難：開国政策によって，江戸時代の封建制度が変化し，商業や工業が発展しました。しかし，これによって土地や資源の支配が変化し，幕府の財政は悪化しました。また，天保の改革や貨幣改鋳などの政策も失敗し，財政難を深刻化させました。
> 3. 社会的不安定：開国政策によって，貧困層や地方領主などの社会的弱者が経済的に苦しみ，不満を抱えるようになりました。また，異国船打払令や安政の大獄などの政策が，社会不安を引き起こす結果になりました。
> 4. 尊王思想の広がり：開国政策によって，西洋の思想や文化が日本に入ってきました。これによって，幕府に対する批判や尊王思想の広がりが生まれ，幕府の支配力が弱まる結果になりました。
>
> これらの要因が重なり合い，幕府の支配は動揺し，最終的に明治維新へとつながっていきました。

【発問 B】四国艦隊への敗北を，奇兵隊はどのように受けとめたのだろうか。

> ChatGPT：四国艦隊への敗北を奇兵隊がどのように受け止めたのかについては，具体的な史料や文献がないため，詳細な情報は提供できません。しかし，奇兵隊のような戦闘組織は，戦闘での成功や敗北に対してさまざまな方法で受け止めることが一般的です。

奇兵隊は，幕末期の日本に存在した一部の志士や志願兵から成る特殊部隊であり，主に攘夷運動（外国勢力の排除運動）に参加していました。彼らは小規模で機動力のある部隊であり，敵に奇襲やゲリラ戦術を用いることで勝利を収めることが多かったとされています。

もし四国艦隊に対して奇兵隊が敗北した場合，彼らはおそらく敗北を受け止めるために以下のような行動をとった可能性があります。

1. 敗北の原因を分析する：奇兵隊は敗北の原因を詳細に分析し，その教訓を次の戦闘に生かすことでしょう。戦術的なミスや敵の優位性など，敗北の要因を明らかにすることは，将来の戦闘において改善点を見つけるために重要です。
2. 再編成と訓練：敗北後，奇兵隊は再編成され，新たな戦力を補充することでしょう。また，訓練や戦術の改善に取り組むこともあります。新たな作戦や戦術を研究し，弱点を克服するために努力することで，将来の戦闘での成功を目指すことでしょう。
3. 士気の維持と統率力の向上：敗北は部隊の士気に影響を与える可能性がありますが，奇兵隊の指導者は敗北を乗り越えるために士気の維持に努めるでしょう。また，指導力や統率力の向上にも取り組み，部隊全体の協力と一体感を高めることが重要です。

＜雑感＞

　【発問A】に対する回答から，「それらしく」文章を作ることに関しては非常にレベルが高いことがわかった。一方【発問B】に対する回答からは，「読み取り」やデータとしてストックのない情報からは適切な回答ができず，それらしい文章であることに変わりはないが，全く質問に答えていない。この比較から生徒達も，知識と理解がないと当然，発問に対する答えを持つことはできず，発問する，課題を出す側からすればAIによるものであったり，全く知識のない状態で回答したものはすぐに判別が付くことがわかったようだ。AIを見せる，使うことそのものがお叱りを受けそうな気もしたが，ICT担当である私自身の勉強のためと，歴史から学び自分なりの考えを持つことはAIにはできないと生徒達に実感してほしかった。

## ４ 定期テストと評価

　表１に示した範囲で，定期考査を年5回実施した。構成は世界史分野70点，日本史分野30点分をそれぞれの担当が作問し，100点満点，50分間の試験とした。問題は世界史・日本史を1冊にまとめ，解答用紙はそれぞれ用意し，採点は作問者が各自行った。日本史分野は教科書掲載の史資料から読み取る問題や，初見の史資料から同様の問題を作成し，加えて30字程度の短い論述を出題したが，論述は教科書や準拠ノートに設定のある問いから作問した。期末・学年末の成績評価で平常点は加味していない。

## ５ まとめ

　冒頭で論じた教育基本法の「伝統と文化を尊重し，それらをはぐくんできた我が国と郷土を愛するとともに，他国を尊重し，国際社会の平和と発展に寄与する態度を養」うには，我が国はもちろん他国においてもその礎となった人々に対する具体的な理解が不可欠である。興味関心をきっかけとした深い理解は，学校教育法に示される「豊かな人間性，創造性及び健やかな身体を養い，国家及び社会の形成者として必要な資質を養」い，「個性の確立に努めるとともに，社会について，広く深い理解と健全な批判力を養い，社会の発展に寄与する態度を養う」ことにもつながっていくものと考える。社会の発展やそのきっかけとなった歴史的な出来事の中には，そこに確かに生きた人々が存在し，そのような正に「社会の発展に寄与」した先人たちの姿から学ぶことが，「豊かな人間」を育むと深く信じているからである。

# 入試科目としての〈歴史総合〉に思うこと

駿台予備学校日本史科　塚原哲也

## はじめに

　私は大学入試を専門に扱う予備校に勤務しており，〈歴史総合〉についての一番の関心は，大学入試においてどのように扱われるのか，どのような内容で出題されるのかにある。そこで，この視点から〈歴史総合〉を考えてみたい。

## *1* 〈歴史総合〉は入試科目となるのか

　各大学が 2025 年度入試（一般選抜）における選択科目として〈歴史総合〉をどのように扱う予定なのかを確認しておく。

　まず，大学入学共通テスト（以下，共通テストと略す）での扱いである。

　「地理歴史」「公民」では，「地理総合，歴史総合，公共」（うち 2 つ選択），「地理総合，地理探究」，「歴史総合，世界史探究」，「歴史総合，日本史探究」，「公共，政治・経済」，「公共，倫理」という 6 科目が設定されている。国公立大では文系・理系を問わず，6 科目のなかからの選択，「地理総合，歴史総合，公共」を除く 5 科目のなかからの選択という 2 つのパターンがある。東京大・京都大など旧帝大や医学部は後者を採用していることが多いが，いずれにせよ，受験生は共通テストを受験するのであれば〈歴史総合〉が選択対象のなかに含まれる。

　次に，各大学の文系学部における個別試験（一般選抜）での扱い

である。

　国公立大の2次試験（前期）で「地理・歴史」を出題する大学は少ないが，〈歴史総合〉を出題範囲に含めるかどうかは大学により違いがある。九州大（文）や北海道大（文），大阪大（文・外国語），名古屋大，一橋大（商・経済・法・社会），東京外国語大などが〈歴史総合〉を含める一方，東京大，京都大，筑波大，新潟大（人文）などは含めない。

　私立大だと，慶応義塾大（文・経済・法），上智大，学習院大，明治大，立教大，関西学院大，関西大，立命館大などが〈歴史総合〉を出題範囲に含める一方，早稲田大，慶應義塾大（商），青山学院大，同志社大などは含めない（ただし青山学院大は共通テスト利用の場合は〈歴史総合〉を含む）。

　このように〈歴史総合〉を入試科目として扱わないのは私立大の一部だけに限られる。

## *2*　〈歴史総合〉はどのような形式で出題されるのか

　大学入試センターは共通テストの問題作成方針や試作問題をすでに発表している。

　まず，問題作成方針について確認しておきたい。

「令和7年度大学入学共通テスト問題作成方針」（https://www.dnc.ac.jp/kyotsu/shiken_jouhou/r7/）は，基本的な考え方として，次の3点をあげている。

　①深い理解を伴った知識の質を問う問題や，知識・技能を活用し思考力・判断力・表現力等を発揮して解くことが求められる問題を重視する

　②学習の過程を重視して問題の構成や場面設定等を工夫し，探究的に学んだり協働的に課題に取り組んだりする過程を問題作成に効果的に取り入れる（以前の問題作成方針にある表現を使うならば，「どの

ように学ぶか」を踏まえた問題の場面設定）

③知識・技能や思考力・判断力・表現力等を適切に評価できる問題と
なるよう，構成や内容，分量，表現等に配慮する

　これらのうち，①と②は基本的に「令和5年度大学入学者選抜
に係る大学入学共通テスト問題作成方針」（https://www.dnc.
ac.jp/kyotsu/kako_shiken_jouhou/r5/）を引き継いでいる。
もっとも，②については令和5年度版にあった「高等学校におけ
る「主体的・対話的で深い学び」の実現に向けた授業改善のメッセー
ジ性も考慮」という表現がなくなったが，それ以外の表現がほぼ同
じであり，方向性を継承していると考えてよい。

## **3** 共通テスト試作問題の〈歴史総合〉を検討する

　試作問題の検討に移りたい。その際，テストとしての質ではなく，
どのような知識があれば解けてしまうのか，どのように思考・判断
すれば解けるのかを確認したい。問題は「試作問題及び試作問題の
概要等」（https://www.dnc.ac.jp/kyotsu/shiken_jouhou/
r7/r7_kentoujoukyou/r7mondai.html）で確認していただきた
い。

　共通テストでは「歴史総合，日本史探究」に含まれる「歴史総合」
（以下，日本史セット版と略す）と「歴史総合，世界史探究」に含
まれる「歴史総合」（以下，世界史セット版と略す）は問題が異なり，
ともに小問は9問ずつで，100点満点中25点を占める。

　まず，日本史セット版から検討していく。

　環太平洋地域を対象として「人やモノの移動とその影響」をテー
マとしてとりあげ，素材は「日本史探究」の分野以外つまり世界史
分野からも採用されている。たとえば問3である。

　19世紀半ばにおける中国の代表的な貿易港や，アメリカでの大
陸横断鉄道の建設などが素材として使われている。世界史分野の知

パネル1

◇交通革命とは何か
・主に1850年代から1870年代にかけて進行した、世界の陸上・海上の交通体系の一大変革を指す。
・船舶・鉄道など交通手段の技術革新と、新しい交通路の開発とによって、移動の時間・距離の大幅な短縮と定期的・安定的な移動・輸送の確立とが実現した。
◇海路における交通革命の主役＝蒸気船
（強み）快速で、帆船と違って風向や海流などの自然条件に左右されにくい。
（弱み）燃料の ア の補給ができる寄港地が必要。
◇交通革命と太平洋
・18世紀以来、北太平洋には、欧米の船が海域の調査や物産の獲得、外交・通商の交渉などを目的として進出していた。しかし、19世紀半ばまで、蒸気船を用いて太平洋を横断する定期的な交通は確立していなかった。
・アメリカ合衆国は、中国貿易の拡大を目指して太平洋への進出を図った。後の図Ⅰを見ると、代表的な貿易港である イ まで、アメリカ合衆国から蒸気船で最短距離で行くには、必ず日本周辺を経由することが分かる。アメリカ合衆国が、航路の安全を確保し、かつ蒸気船が往復の航海で必要とする ア を入手するためには、日本と関係を結ぶ必要があった。

図1 当時考えられていた太平洋横断航路

ウラジヴォストーク

→1867年、日米間の太平洋横断定期航路が開設される。
まとめ：世界周回ルートの成立で、1870年代には世界の一体化が大きく進展。

問3 上原さんの班は下線部◯に興味を持ち、当時アメリカ合衆国政府を代表した軍人の報告者にある資料3を見つけた。文章中の空欄 イ に入る語のあ・いと、パネル1及び資料3から類推できる事柄X・Yとの組合せとして正しいものを、後の①〜④のうちから一つ選べ。 3

資料3

アメリカ合衆国とメキシコとの戦争終結の条約によって、カリフォルニア地方は合衆国に譲渡された。同地方が太平洋に面する地の利から、人々の関心は自然と商業分野の拡大に向けられた。（中略）もし、東アジアと西ヨーロッパとの間の最短の道が（この蒸気船時代に）アメリカ合衆国を横切るならば、わが大陸が、少なくともある程度は世界の交通路となるに違いないことは十分明白であった。

イ に入る語句
あ 上海　い 広州

パネル1及び資料3から類推できる事柄
X アメリカ合衆国は、自国がヨーロッパから東アジアへの交通路になることを確信している。
Y アメリカ合衆国の見通しが実現するためには、大陸横断鉄道の建設と太平洋横断航路の開設との両方が必要である。

① あ—X
② あ—Y
③ い—X
④ い—Y

A 19世紀のアジア諸国と欧米諸国との接触について、生徒と先生が話をしている。

先生：19世紀はアジア諸国と欧米諸国との接触が進んだ時期であり、アジア諸国の人々と欧米諸国の人々との間で、相互に反発が生じることがありました。例えば日本の開港場の一つであった横浜の近郊では、薩摩藩の行列と馬に乗ったイギリス人の一行との間に、図1に描かれているような出来事が発生しています。それでは、この出来事に関連する他の資料を図書館で探してみましょう。

識である。しかし、この小問は地図と資料の読み取りで正解を導くことができる。当時における中国の代表的な貿易港がどこかが分からずとも、地図中に黒丸（●）で記された中国の貿易港が上海であると判断できればよく（この判断が日本史選択者の多くには難しいのだが）、資料3のなかの「アメリカ合衆国を横切る」が大陸を横断することであり、そこから大陸横断鉄道の建設が必要だと推論できれば、類推で解ける。

また、問5では選択肢のなかに、スエズ運河という世界史分野の用語が用いられている。スエズ運河がいつ、どこに建設されたのか、知識としてもっていれば誤答を防ぐことができるが、これは中学校の歴史教科書に記載がある。つまり、中学校レベルの知識で対応できる問題である。

このように、ほとんどの小問は日本史分野と中学校レベルの世界史分野の知識、そして設問文・資料の読み取りによって正解を導く

ことができる。もちろん日本史分野の知識といっても，時期を適切に意識できているか，時期ごとの特徴を理解できているかが問われるのは，現行の共通テストと同じである。

問9 上原さんの班と佐藤さんの班は、環太平洋地域における人やモノの移動とその影響についての発表を踏まえ、これまでの授業で取り上げられた観点に基づいて、さらに探究するための課題を考えた。課題あ・いと、それぞれについて探究するために最も適当と考えられる資料W〜Zとの組合せとして正しいものを、後の①〜④のうちから一つ選べ。 9

さらに探究するための課題
あ　自由と制限の観点から、第二次世界大戦後における太平洋をまたいだ経済の結び付きと社会への影響について探究したい。
い　統合と分化の観点から、海外に移住した沖縄県出身者と移住先の社会との関係について探究したい。

探究するために最も適当と考えられる資料
W　アメリカ合衆国における、日本からの自動車輸入台数の推移を示した統計と、それを批判的に報じたアメリカ合衆国の新聞の記事
X　アジア太平洋経済協力会議（APEC）の参加国の一覧と、その各国の1人当たりGDPを示した統計
Y　沖縄県出身者が海外に移住する際に利用した主な交通手段と、移住に掛かった費用についてのデータ
Z　移民が移住先の国籍を取得する条件と、実際に移住先で国籍を取得した沖縄県出身者の概数

① あ—W　い—Y
② あ—W　い—Z
③ あ—X　い—Y
④ あ—X　い—Z

もう一つ注目したいのが問9である。

課題を探究するために必要な資料を判断させる問題である。具体的な知識が問われているのではない。探究するための作法・技能を身に付けているかどうかが試されている。課題あ・いは「社会」に視点があたっており，「社会」について考えるには何に注目すればよいかを判断することが求められている問題である。

続いて，世界史セット版についてである。

世界の諸地域における「人々の接触と他者意識」をテーマとしてとりあげ，素材は「世界史探究」の分野以外つまり日本史分野からも採用されている。たとえば問1である。

生麦事件や薩英戦争が素材として使われている。日本史分野の知識である。しかし，会話文と年表に記されたデータの読み取りとにより正解を導くことができる。図あ・いの選択は，会話文での「先

A 19世紀のアジア諸国と欧米諸国との接触について、生徒と先生が話をしている。

先 生：19世紀はアジア諸国と欧米諸国との接触が進んだ時期であり、アジア諸国の人々と欧米諸国の人々との間で、相互に反発が生じることがありました。例えば日本の開港場の一つであった横浜の近郊では、薩摩藩の行列と馬に乗ったイギリス人の一行との間に、図に描かれているような出来事が発生しています。それでは、この出来事に関連する他の資料を図書館で探してみましょう。

問1 文章中の図として適当なものあ・いと、後の年表中のa〜cの時期のうち、図に描かれている出来事が起こった時期との組合せとして正しいものを、後の①〜⑥のうちから一つ選べ。　1

図として適当なもの
あ

（東京都江戸東京博物館所蔵）

い

日本の対外関係に関する年表

| 1825年 | 異国船を撃退するよう命じる法令が出された。 |
| | ↓ |
| | a |
| | 上記法令を撤回し、異国船への燃料や食料の支給を認めた。 |
| | b |
| | イギリス艦隊が鹿児島湾に来て、薩摩藩と交戦した。 |
| | c |
| 1871年 | 清との間に対等な条約が締結された。 |

① あ ― a　　② あ ― b　　③ あ ― c
④ い ― a　　⑤ い ― b　　⑥ い ― c

問5 下線部©に関連して、ナショナリズムの現れ方として考えられることあ・いと、その事例として最も適当な歴史的出来事X〜Zとの組合せとして正しいものを、後の①〜⑥のうちから一つ選べ。　6

ナショナリズムの現れ方として考えられること
あ 国内で支配的位置にある多数派の民族が、少数派の民族を同化しようとすること。
い 外国による植民地支配から脱して、自治や独立を勝ち取ろうとすること。

歴史的出来事
X ロシアとの戦争が迫る情勢の中で、幸徳秋水が非戦論を唱えた。
Y 明治期の日本政府が、北海道旧土人保護法を制定した。
Z ガンディーの指導で、非暴力・不服従運動が行われた。

① あ ― X　　い ― Y
② あ ― X　　い ― Z
③ あ ― Y　　い ― X
④ あ ― Y　　い ― Z
⑤ あ ― Z　　い ― X
⑥ あ ― Z　　い ― Y

生」のせりふのなかに「馬に乗った」とある点を手がかりとすれば判断できる。年表のなかのa〜cについては、事件が薩摩藩とイギリスの間で生じた紛争であることを手がかりとすれば推論できるし、年表に列挙されている事項は中学校レベルの日本史知識である。

　問5でも、幸徳秋水の非戦論や北海道旧土人保護法といった日本史分野の知識が素材とされている。

　しかし、非戦論が少数民族問題や植民地支配の問題に関連づかないと判断できれば、あとは北海道旧土人保護法が北海道の先住民族アイヌに関する法律であることを知っていれば正解できる。北海道旧土人保護法は中学校レベルの日本史知識である。

　このように、ほとんどの小問は世界史分野と中学校レベルの日本史分野の知識、そして設問文（会話文など）・資料の読み取りによって正解を導くことができる。もちろん、知識については国・時期ごとの特徴や出来事どうしの前後関係をしっかり理解していることも

コラム・入試科目としての〈歴史総合〉に思うこと　179

求められている。日本史セット版と同じ趣旨である。

　以上をまとめると，〈歴史総合〉の問題では日本史セット版，世界史セット版ともに，（日本史探究や世界史探究に加えて）中学校レベルの用語知識を習得・理解できているか，また，それらの知識を使いながら設問文（会話文を含む）や資料から適切に情報を引き出すことができるかが試されていると判断できる。つまり，用語とその説明に関わるような知識は中学校レベルに抑え，資料（教科書記述を含む）を読み取る技能を身に付けること，そのなかで知識を（再）構成することを重視するのが入試科目としての〈歴史総合〉の趣旨であるというメッセージだと言える。

　とはいえ，問題点もある。特記すべきは分量である。「歴史総合，日本史探究」「歴史総合，世界史探究」ともに，2023 年度共通テスト本試験の「日本史 B」「世界史 B」に比べてページ数が増え，受験生が処理しなければならない情報量が増加している。制限時間内に解き終えるためには，会話文や資料を深く読むのではなく，設問に答えるのに必要な箇所だけを摘み読みする要領の良さが求められてくる。テストの形式面が，解くためのテクニックを生み出すことに作問者は自覚的になっていただきたい。

## *4*　国公立大 2 次や私立大での出題はどうなるのか

　国公立大 2 次や私立大の個別試験（一般選抜）での出題はどうなるのだろうか。

　2025 年度共通テストでは旧課程で学んだ既卒生に対する経過措置がとられ，「日本史 B」「世界史 B」を選択できることが発表されている。また，国公立大 2 次や私立大の個別試験で「歴史総合，日本史探究」「歴史総合，世界史探究」を出題範囲に設定している場合，特別な経過措置をとらないものの，旧課程履修者が不利にならないように配慮した内容で出題することを，たいていの大学が公

表している。

　問題は翌年の 2026 年度入試である。大学によっては高校教科書の記載に即して細々とした知識を問うケースがある。こうした大学が〈歴史総合〉の教科書に即して入試問題を作成した場合，教科書に記載されている用語やその説明を網羅的に問う可能性がある。そうなると〈歴史総合〉は，現代的な諸課題を歴史化することから逸れ，日本史・世界史をまたぐ網羅主義的な知識の暗記に陥る。暗記を求められる知識量が現行より膨大に増えるだけである。

## おわりに

　〈歴史総合〉は，中学校の歴史で勉強した用語知識をベースとして歴史の見方・考え方を学ぶ，いいかえれば，知識を（再）構成する方法を資料をもとに学ぶ科目だというのが，試作問題のメッセージである。一方，大学入試を通じて高校教育を変えようというのが今回の改革の一つの方向性である。その意味で，各大学で出題に従事する方々の責任は重い。出題にあたっては，教科書記述の内容ではなく試作問題のメッセージをふまえていただきたい。「網羅しなくても解ける」問題を出題していただきたい。それが難しいというのであれば，〈歴史総合〉を範囲に含まない出題を望みたい。

　もちろん，教科書会社の責任も大きい。教科書記述の内容は入試を規定する。もり込む用語を精選・抑制した教科書を作成してほしいが，一部を除き，現状はそうなってはいない。

　現場，そして歴史を選択する受験生を疲弊させないでほしい。それが受験業界で仕事をする者としての切実な願いである。

# 「令和7年度大学入学共通テストの試作問題等」から言えること

独立行政法人大学入試センター
試験問題調査官（世界史担当）　穂積 暁
ほづみ さとる

## はじめに

　すでに知られている通り，令和7年度に行われる大学入学共通テストは，新課程のもとで学習した最初の高校生が受験することになる。このため，令和7年度の共通テストは，新課程に対応した初めての共通テストとなる。

　そこでは，新たな学習指導要領の下で学習した受験生に対する対応として，いくつかの変更がなされることとなっている。「情報Ⅰ」の新設や国語において大問が新たに一つ追加されるなどが挙げられるが，地歴公民においても大きな変更が行われる。それが，受験科目名の一新である。こと歴史科目に限定して話を進めるが，これまで世界史A，世界史B，日本史A，日本史Bとあった4つの科目が廃止され，「歴史総合＋世界史探究」「歴史総合＋日本史探究」の2科目が新たに設置されることとなった。なお，これらの他に，「歴史総合，地理総合，公共」という必履修科目から構成される試験科目がある。ちなみに，この試験科目は，3つ（歴史総合，地理総合，公共，各50点）から2つを選択受験することとなっている。

　この「海のものとも山のものとも知れない」新設2科目（必履修科目の組合せも含めると3科目となるが）が，実際どのような形で出題されるのかを事前に示したのが，令和3年11月に公表された「問題作成の方向性及び試作問題等について」である。すでに，「歴史総合」については，出題のイメージとして令和3年3月にサンプル問題を公表していたところであるが，そちらは，配点や

**令和7年度大学入学共通テスト**
**試作問題『地理総合，歴史総合，公共』** [100点*]

＊『地理総合，歴史総合，公共』は，「地理総合」，「歴史総合」及び「公共」の3つ
を出題範囲とし，そのうち2つを選択解答する（配点は各50点）。

時間配分などを考慮していない，あくまで「サンプル」に過ぎなかっ
たものだが，令和4年11月に公表した試作問題は，100点満点
で示し，それぞれの設問の配点なども明記している。その内容につ
いて，いくつかは後述するが，紙面の関係上すべてを説明すること
はできない。詳細は，（独）大学入試センターのHPから直接確認
できるので，ぜひ一度目を通していただきたい。(https://www.
dnc.ac.jp/kyotsu/shiken_jouhou/r7/r7_kentoujoukyou/
r7mondai.html)


## *1* 共通テストの施行

　令和3年度にセンター試験から代わって，共通テストが施行さ
れた。このような変更が行われることとなったそもそもの要請は，
三位一体の高大接続改革にあるということである。高校教育改革，
大学教育改革，そして大学入学者選抜改革，この3つを一体的に
改革しようとする高大接続改革の一環で，共通テストが行われ，そ
して高等学校の学習指導要領が改訂された。このことが意味するこ
とは何か。それは，共通テストの導入も，そして学習指導要領の改

訂も，その目標や方向性は同一であるということである。知られている通り，高大接続改革とは，「グローバル化の進展や人工知能技術をはじめとする技術革新などに伴い，社会構造も急速に，かつ大きく変革しており，予見の困難な時代の中で新たな価値を創造していく力を育てることが必要です。このためには，『学力の３要素』（1. 知識・技能，2. 思考力・判断力・表現力，3. 主体性を持って多様な人々と協働して学ぶ態度）を育成・評価することが重要であり，義務教育段階から一貫した理念の下，『学力の３要素』を高校教育で確実に育成し，大学教育で更なる伸長を図るため，それをつなぐ大学入学者選抜においても，多面的・総合的に評価するという一体的な改革（文部科学省ホームページより）」というものであり，新しい学習指導要領の下で確実に育成した「学力の３要素」を，多面的・総合的に評価しなければならない，という改革の趣旨に基づいて，紆余曲折があったものの，共通テストが導入されたのである。しかしながら，共通テストが導入された初年度から令和６年度までは，新しい学習指導要領ではなく，平成21年に告示された学習指導要領の下で学習を積み重ねてきた高校生が主な対象であった。それが，令和７年度からは，新学習指導要領の下で学習を積み重ねてきた高校生が受験するということになる。そのため，高校での学びを通して身に付けた資質・能力を，より適切に評価できることになると考えている。

　つまり，これまで行われてきた共通テストは令和７年度において新課程に対応したものとなるが，しかし，全く新しい選抜試験に生まれ変わるのではない。やや強引な言い方になるが，むしろ，共通テストが目指してきた方向性に，ようやく高校教育が追いついたとすらいえるのではないだろうか。よって，令和７年度の共通テストが求める「問いたい資質・能力」は，それまでの共通テストが求めていたものと大きく変わることはないと思われる。11月に公表した「令和７年度大学入学者選抜に係る大学入学共通テストの

問題作成方針に関する検討の方向性について」においても，以下のように示されている。なお，下線は執筆者による。

「1．試験の継続性及び高大接続改革の趣旨を踏まえ，これまでの大学入学共通テストの問題作成方針の考え方を引き続き重視し，かつ，その趣旨がより明確になるようにする。その上で，新しい高等学校学習指導要領（平成30年3月告示，令和4年度高等学校入学者から年次進行で適用。以下「新学習指導要領」という。）と，これまでの大学入学共通テストの実施状況を踏まえた方針とする。

　2．大学入学志願者を対象に，高等学校の段階における基礎的な学習の達成の程度を判定し，大学教育を受けるために必要な能力について把握するという目的の下，各大学が実施する試験等との組合せにより，大学教育を受けるためにふさわしい能力・意欲・適性等を多面的・総合的に評価・判定することに資するよう，以下を基本的な考え方とする。」として，基本的な考え方として，（1）〜（3）までを挙げている。

　（1）において，「大学入学志願者が高等学校教育の成果として身に付けた，知識・技能や思考力・判断力・表現力等を問う問題作成」として，そのあとに，「大学で修するために共通して必要となる，高等学校の段階において身に付けた基礎的な力を問う問題を作成する。特に，新学習指導要領において，「主体的・対話的で深い学び」を通して育成することとされている，深い理解を伴った知識の質を問う問題や，知識や技能を活用し思考力・判断力・表現力等を発揮して解くことが求められる問題を重視する。その際，言語能力，情報活用能力，問題発見・解決能力等を，教科横断的に育成することとされていることについても留意する。」としている（（2）以下は省略）。

　歴史分野についても，これまでに示してきた問題作題方針（以下の図は，「令和6年度の出題教科・科目の問題作成の方針」）があるが，

> （歴史（世界史A，世界史B，日本史A，日本史B））
>
> ○　歴史に関わる事象を多面的・多角的に考察する過程を重視する。用語などを含めた個別の事実等に関する知識のみならず，歴史的事象の意味や意義，特色や相互の関連等について，総合的に考察する力を求める。問題の作成に当たっては，事象に関する深い理解に基づいて，例えば，教科書等で扱われていない初見の資料であっても，そこから得られる情報と授業で学んだ知識を関連付ける問題，仮説を立て，資料に基づいて根拠を示したり，検証したりする問題や，歴史の展開を考察したり，時代や地域を超えて特定のテーマについて考察したりする問題などを含めて検討する。

令和7年度の歴史分野に関する問題作成の方針は，前述したように，「試験の継続性及び高大接続改革の趣旨を踏まえ，これまでの大学入学共通テストの問題作成方針の考え方を引き続き重視し，かつ，その趣旨がより明確になるようにする。その上で，新しい高等学校学習指導要領（平成30年3月告示，令和4年度高等学校入学者から年次進行で適用。以下「新学習指導要領」という。）と，これまでの大学入学共通テストの実施状況を踏まえた方針とする。」という全体の方針に基づき，これまでの問題作成方針を踏まえて，新学習指導要領に示されている「歴史総合」「日本史探究」及び「世界史探究」で育成することとされている資質・能力を一層重視したものとなるよう検討することになる。

## 2 試作問題から言えること

次に示した問題は，「試作問題」のうち「歴史総合，世界史探究」の第1問Bの問5で，歴史総合からの出題である。

> 問5　下線部ⓒに関連して，ナショナリズムの現れ方として考えられること**あ・い**と，その事例として最も適当な歴史的出来事**X～Z**との組合せとして正しいものを，後の**①～⑥**のうちから一つ選べ。　　6
>
> **ナショナリズムの現れ方として考えられること**
>
> **あ**　国内で支配的位置にある多数派の民族が，少数派の民族を同化しようとすること。
>
> **い**　外国による植民地支配から脱して，自治や独立を勝ち取ろうとすること。

　ナショナリズムの現れ方についての抽象化された概念と，それに合致する歴史具体的な事例について，会話文から類推されるナショナリズムの概念を基にして，具体的な歴史的事象をナショナリズムの現れとして評価できるかを問うた問題で，「深い理解を伴った知識の質を問う問題」に類するものと考えている。

　次は，「歴史総合，世界史探究」から第2問の問4で，世界史探究からの出題である。この第2問は，世界史探究の授業において，世界史上の都市を取り上げて班別学習を行い，各班で興味を持った都市について探究したのち，それぞれの班で発表した場面を取り上げた出題で，問1から問3までのそれぞれの問いを踏まえた総括的な設問である。問1〜問3で扱われた都市の特徴を基にした分類を踏まえ，日露戦争前のロシアによって作成された大連の都市計画に関連した図4と説明を基に，他の都市の特徴との共通性や差異性に着目して，大連の位置付けを考察できるかを問うたもので，それぞれの歴史的な知識について，その記憶を単純に再現するだけでなく，それぞれを比較させ，その相違点や共通性を考えることを求めている。

---

**問4** 各班の発表後，先生が，日露戦争前にロシアが作成した大連の都市計画を表した**図4**とその**説明**を示した。それを基にして，生徒の渡辺さんと菊池さんが，**図4**の大連の特徴について**図1〜図3**と比較し，分類を試みた。**図4**の大連をどのように分類するかについて述べた文として最も適当なものを，後の①〜④のうちから一つ選べ。 ⎵13⎵

# *Column*

「令和7年度大学入学共通テストの試作問題等」から言えること

図4

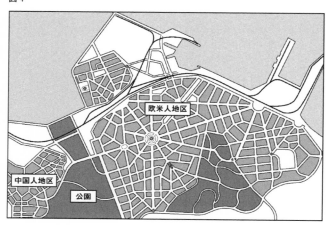

説　明

> 　大連は，パリの都市計画を模範にして，大きな広場から放射状に大通りが
> 延びるよう設計された。広場のある中心部には欧米人の居住区が，公園を挟
> んで中国人の居住区が，それぞれ設けられる予定だった。

**渡辺さんによる分類**

あ　イスタンブル　　　　　い　北京，ケープタウン

**菊池さんによる分類**

う　イスタンブル，北京　　え　ケープタウン

① 　渡辺さんは，住民ごとに居住地域が区分されていたかどうかで分類してい
　るので，大連は**あ**に入る。

② 　渡辺さんは，住民ごとに居住地域が区分されていたかどうかで分類してい
　るので，大連は**い**に入る。

③ 　菊池さんは，王朝の首都と列強の国外拠点とに分類しているので，大連は
　**う**に入る。

④ 　菊池さんは，王朝の首都と列強の国外拠点とに分類しているので，大連は
　いずれにも該当しない。

続いて示すのは，同じく「歴史総合・世界史探究」の第４問Ａの問３である。ここでは，ローマ帝国の地中海支配が終焉を迎えた時期に対する考え方を二通り提示し，それぞれの考え方の根拠として最も適当なものを正しく組み合わせる問題であった。

---

**問 3** 下線部⑥について議論する場合，異なる見方**あ・い**と，それぞれの根拠となり得る出来事として最も適当な文**W～Z**との組合せとして正しいものを，後の①～④のうちから一つ選べ。 21

**異なる見方**

**あ** ローマ帝国による地中海地域の統一は，ゲルマン人の大移動で終焉を迎えた。

**い** ローマ帝国による地中海地域の統一は，イスラームの勢力拡大で終焉を迎えた。

**それぞれの根拠となり得る出来事**

**W** タキトゥスが，『ゲルマニア』を著した。

**X** オドアケルが，西ローマ皇帝を廃位した。

**Y** イスラーム勢力が，西ゴート王国を滅ぼした。

**Z** イスラーム勢力が，ニハーヴァンドの戦いで勝利した。

---

　ローマ帝国による地中海地域の統一の終焉に見られる古代と中世という時代の画期について概念的に理解しているかを問うとともに，地中海地域の統一の終焉に関する二つの主張について，それぞれ具体的な歴史事象を根拠として関連付けることができるかを求めたものだが，このような，異なる考え方とそれぞれの根拠を正しく組み合わせる形式の問題は，この「試作問題」が初めてではない。すでに，これまでの共通テストで出題している（令和４年度第１日程「世界史Ｂ」）。共通テストが現行の学習指導要領を踏まえた出題であっても，新しい学習指導要領を踏まえた出題であっても，求める資質・能力に大きな違いがないことを意味している。

　なお，このことは，新しい学習指導要領において示された新科目

で育成することとされている資質・能力をないがしろにするものではない。作題方針の方向性にも，「新学習指導要領に示されている「歴史総合」，「日本史探究」及び「世界史探究」で育成することとされている資質・能力を一層重視したもの」とある。試作問題では，探究活動そのもののプロセスを踏まえた問題（「歴史総合，世界史探究」の第5問Cの問7）を示している。

　ここでは，第5問の大問リード文に中問A～Cに共通する主題を空欄にして提示し，その主題を類推した上で，その主題を更に深めるために適当な事例を考察する，第5問全体を総括的に整理した設問を示す。

---

**第5問**　世界史探究の授業で，「　　ア　　」という主題を設定し，資料を基に生徒が追究して，その内容をレポートにまとめた。次の文章A～Cを読み，後の問い（**問1～7**）に答えよ。（資料には，省略したり，改めたりしたところがある。）（配点　22）

**A**　牧さんの班は，中世ヨーロッパで起こった，ある農民反乱に関する二つの年代記を基に，主題を踏まえて考察を行った。次の文章は，その考察をまとめた**レポート**である。

**問7**　三つの**レポート**の内容を参考に，**第5問冒頭の空欄　　ア　　に入る主題**として適当なもの**あ・い**と，その主題をさらに追究するための世界史上の出来事として最も適当なもの**X～Z**との組合せとして正しいものを，後の**①～⑥**のうちから一つ選べ。　**33**

　　　**ア**　に入る主題
　　**あ**　世界史上において，反乱や動乱，運動などに関わった人々は，どのような社会を望んだのだろうか
　　**い**　世界史上において，君主や統治者は，どのような意図で，様々な改革を行ったのだろうか

　　　**主題をさらに追究するための世界史上の出来事**
　　**X**　フランスとオーストリアが，従来の外交政策を転換した外交革命
　　**Y**　秦の始皇帝が行った，度量衡の統一

---

| Z | 「独立万歳」を叫ぶ民衆のデモが，朝鮮全土に広がった運動 |
|---|---|

　それぞれの中問に示された複数の資料から必要な情報を読み取り，その内容をまとめることができるかを問うとともに，それらを基に，資料が扱った時代の特徴に関する概念的理解を踏まえて，主題の追究にむけて構想できるかを問うたものであり，第５問のAからCに示されたそれぞれのレポートを読み取り，そこから探究活動の主題を想定することを求めている。ここからは，「歴史総合」や「世界史探究」においてその実践が求められている探究活動を場面として設定し，そうした活動のプロセスの中で必要とされる資質・能力が問われている。

　一方通行的な知識詰込み型の授業からの脱却を模索し，新科目の趣旨を踏まえながら，子供たちとともに学びの場を築き上げようとする全国の教員の努力を無駄にすることなく，そして，そうした学びを通して身に付けた資質・能力を適切に評価できるものとして，共通テストが担う役割は重い。今後も，多くの場面で頂いたご意見を踏まえながら，令和７年度の「本番」にむけて，よりよいものとなるよう尽力したい。

# 具体において異なるテーマを抽象化によって共通点を導き出すプロセスを学ぶ

神部　健
三浦学苑高等学校

## 1 本校について

本校は神奈川県の三浦半島中央部に位置する横須賀市に所在し，

2023年度で創立94年を迎える全日制共学の高等学校である。普通科と工業技術科を設置し，約1300名の生徒が在籍している。学科内のコースは多彩であり，普通科にはIBコース，特進コース，進学コース，総合コースの計4コースが置かれ，工業技術科にはものづくりコースとデザインコースがある。これだけ多くの学科とコースを有するため，それぞれのニーズが異なり，学力に幅がある。

## ❷ 本校における〈歴史総合〉をはじめとする新科目の位置付けについて

私たちは，大まかには次の目標をもとに授業や評価の方針を置いた。

**2022年度　地理歴史科指導方針**

| 学校教育目標 | 「個性と自主性を持った国際人の育成」 | |
|---|---|---|
| 教科の目標<br>（教科で育成する資質・能力） | 社会や世界の事象に興味を持ち、現代の諸課題を主体的に解決する力を養い、幸せを創れる人間を育てる。 | |
| 教科として重点を置く<br>育てたい10の学習者像 | □自己肯定感の持てる人<br>□自律できる人<br>■主体的に行動できる人<br>□学び続ける人<br>■教養のある人 | □礼儀正しい人<br>□リーダーシップがある人<br>■変化に対応できる人<br>■コミュニケーションできる人<br>□思いやりのある人 |
| 知識<br>技能 | ・基礎知識を定着させて実社会に対応できる概念や理論を獲得する。<br>・映像や諸資料から必要な情報を収集してまとめる力を養う。 | |
| 思考力<br>判断力<br>表現力 | ・現代の諸課題について獲得した知識や概念、理論を活用して考察する力を養う。<br>・考察したことを、諸資料を用いて発表したり、議論したりする力を養う。 | |
| 学びに向かう力<br>人間性 | ・現代の諸課題について、よりよい社会を実現するために、自らの考えを発言できる。<br>・自らと異なる他者の意見を受け入れて合意形成ができる。 | |

　〈歴史総合〉（１年）・〈公共〉（２年）・〈地理総合〉（３年）を総合科目と位置付け，その内容をもとに思考力・判断力・表現力を３年間かけて段階的に身に付けることに主眼を置き，その上で知識を獲得する。最終的に自らまたは仲間と協働して深めた学習内容を言語化し，他者へ明確に伝えられる状態を目指すこととした。

　２年次から始まる〈日本史探究〉については，総合科目で身に付けた力をもとに，自ら知識を獲得し，得た知識を束ねて概念化することで，他に応用，転用できるアイディアを生み出すことを目標と位置付けた。

　本来，３年間の全授業プランを綿密に立ててからスタートを切ることができると良いが，教科書が一部の科目しか出来上がらなかったため，全体的方向性は立てても詳細は３年間かけ積み上げ式で作成することを最初に決めたことで，私たちの気はいくぶん楽になった。

## ❸ 教科指導方針の作成について

　新課程への準備は 2020 年から教科会議で実質的な議論が進められた。先行して新課程検討委員会が作成した方向性をもとに，実施に向けて具体的なプランを議論，作成し始めた。

　当時の教科会議では，多くの混乱があったと振り返ることができる。とにかく多くの言葉と抽象概念に翻弄されていた。そのため，一つひとつの理解と腹落ちに時間を要した。特に教科指導方針は，概念的な部分から具体的内容に向けて検討を行う手段をとったため，結論にたどり着けず時折議論が空中戦の様相を呈した。こうしたプロセスを経ることで，目的意識の共有ができたのである。

## ❹ 科目プランの作成について

　科目プランとはいわゆるシラバスであり，この作成はとても頭を悩ませた。手始めに行った教科書の選定は，旧課程でも慣れ親しんでいた出版社のものにすんなりと決まった。決定後，取り扱う範囲の検討に入ったものの，まずはそのボリューム感に驚いた。標準単位数でカリキュラム編成をする方向であったため，1 年間ですべての範囲を扱うことは困難だと考えた。これまで〈現代社会〉や〈政治・経済〉における 2 単

| 2022年度　科目プラン | | | | | |
|---|---|---|---|---|---|
| 教科 | 科目 | 科・コース | 学年 | 単位 | 作成責任者 |
| 地歴公民科 | 歴史総合 | 総合・工業 | 1 | 2 | 神部・井上 |

| 教科目標 | 育てたい10の学習者像【教科の重点事項】 |
|---|---|
| 社会や世界の事象に興味を持ち、現代の諸課題を主体的に解決する力を養い、幸せを創れる人間を育てる | ■主体的に行動する生徒　　■学び続ける生徒<br>■変化に対応できる生徒　　■教養のある生徒 |

| | 科目の目標 | この科目でできるようになること（具体的な生徒の姿） |
|---|---|---|
| 知識<br>技能 | 歴史の概説が理解できる<br>歴史の問題点を指摘できる | ・　説明できる<br>・　知識をインプット・アウトプットできる<br>・　調べることができる |
| 思考力<br>判断力<br>表現力 | 歴史上の問題点を考えることができる<br>知識をまとめ発表することができる<br>現代の諸問題を考えることができる | ・　いくつかの知識をつなげて結論を出す<br>・　問に対する考えを自ら出し発信する<br>・　訴求力を身につけることができる |
| 学びに<br>向かう<br>力<br>人間性 | 日本国民としての自覚を持ち、歴史に対する愛情を持つことができる。<br>課題を主体的に追及する解決しようとする態度を身につけることができる<br>他国の文化を尊重することの大切さについての自覚を持つことができる | ・　諸問題について意見を持つことができる<br>・　他の意見を受け入れることができる<br>・　課題探究から新たな問を生み出すことができる<br>　　課題に対するミッションとビジョンを明確に<br>　　生み出すことができる |

位の厳しさを経験していたが，やはり教科書実物を手に取ると驚きは隠せなかった。

　範囲設定については，いくつかプランを検討したが，最終的には明治維新を皮切りに第一次世界大戦，第二次世界大戦，国際連合設立までを取り扱いの絶対圏とした。この前後は，2学年に設置した〈日本史探究〉や〈公共〉，選択授業の〈政治・経済〉でフォローすると決めた。しかし，授業を開始してみると計画通りには進まず頭を抱えることも多々あった。そのため，当初に示した科目プランは幾度か修正しながら進行せざるを得なかった。

| 学期ごとの授業計画と評価 | | | | | |
|---|---|---|---|---|---|
| 単元 | 内容（学習の方法含む） | 評価物 | 知技 | 思判表 | 主 |
| 明治維新 | 「日本はどのようにして国民が政治に参加する国になったのだろうか？」 | 単元の振り返りレポート | | ○ | ○ |
| | | 定期試験 | ○ | ○ | |
| 帝国主義 | 「帝国主義の出現は，世界をどのように変えたのだろうか？」 | 単元の振り返りレポート | | ○ | |
| | | 定期試験 | ○ | ○ | |
| 変容する東アジアの国際秩序 | 「日清戦争はどのようにしておこり，その後の東アジアにどのような影響を与えたのだろうか？」 | 単元の振り返りレポート | | ○ | |
| | | 定期試験 | ○ | ○ | |
| 日露戦争と東アジアの変動 | 「列強の対立が激しくなるなか，東アジアはどのように変わったのだろうか？」 | 単元の振り返りレポート | | ○ | |
| | | 定期試験 | ○ | | |
| 第一次世界大戦の展開 | 「第一次世界大戦は，その後の世界にどのような影響を与えたのだろうか？」 | 単元の振り返りレポート | | ○ | |
| | | 定期試験 | ○ | ○ | |
| ソヴィエト連邦の成立とアメリカ合衆国の台頭 | 「第一次世界大戦後の世界において，ソ連とアメリカはどのような影響力をもったのだろうか？」 | 単元の振り返りレポート | | ○ | |
| | | 定期試験 | ○ | ○ | |
| ヴェルサイユ体制とワシントン体制 | 「第一次世界大戦後，新たにどのような国際体制が築かれたのだろうか？」 | 単元の振り返りレポート | | ○ | |
| | | 定期試験 | ○ | ○ | |
| アジアのナショナリズム | 「第一次世界大戦後，アジアのナショナリズムはなぜ高まったのだろうか？」 | 単元の振り返りレポート | | ○ | |
| | | 定期試験 | ○ | ○ | |
| 世界恐慌の時代 | 「世界恐慌はなぜ波及し，それに各国はどのように対応したのだろうか？」 | 単元の振り返りレポート | | ○ | ○ |
| | | 定期試験 | ○ | ○ | |
| ファシズムの伸長と共産主義 | 「なぜファシズムは勢力を伸長し，ヴェルサイユ体制が崩壊したのだろうか？」 | 単元の振り返りレポート | | ○ | ○ |
| | | 定期試験 | ○ | ○ | |
| 第二次世界大戦の展開 | 「第二次世界大戦はどのようにして多くの国々を巻き込み，長期化したのだろう？」 | 単元の振り返りレポート | | ○ | ○ |
| | | 定期試験 | ○ | ○ | |
| 国際連合と国際経済体制 | 「新たな国際体制はどのように形成されたのだろうか？」 | 単元の振り返りレポート | | ○ | ○ |
| | | 定期試験 | ○ | ○ | |

左（1学期：明治維新／帝国主義／変容する東アジアの国際秩序／日露戦争と東アジアの変動，2学期：第一次世界大戦の展開／ソヴィエト連邦の成立とアメリカ合衆国の台頭／ヴェルサイユ体制とワシントン体制／アジアのナショナリズム，3学期：世界恐慌の時代／ファシズムの伸長と共産主義／第二次世界大戦の展開／国際連合と国際経済体制）

## ⑤ 評価方針の作成について

### ① 始めにぶつかった壁はイメージと言葉であった ●

　評価方針作成は，多くの時間を要し授業担当者間で合意に至るまでも多くの議論が交わされた。その中で，多くの気付きを得ることができた。

　方針作成を始めて，いつしか私たちは評価という言葉にいわゆる成績をつける，数値で実力を表すことをイメージしていることに気付く。イメージの差異で議論が噛み合わず合意形成に向けて苦労した。今まで定期試験の結果に客観性を求め，それを重視した総括的評価を行ってきたため，形成的評価の意味合いや価値について簡単には腹落ちさせられなかった。

　そして，私たちを悩ませたのが言葉だ。一例として挙げるならば「総括的評価と形成的評価」「評価基準と評価規準」などである。少し立ち止まって考えれば理解できる内容であるが，言葉の整理や理解よりも先立つのは，現状維持バイアスであった。評価方針について議論しているはずなのに，気付かぬうちに評価方法を変更しなくて良い理由を並べる。今から振り返ると変化することに対する抵抗感と不安が滲み出ていたといえる。このような状況でありながらも，授業開始が刻々と迫る現実から目を背けることはできず，議論は収束すべき着地点へと向かった。

### ② 誰かにわかりやすく正解を教えてもらいたくなった主体性評価 ●

　評価方針作成に当たって頭を悩ませたことは，バイアスの他にも「主体的に学習に取り組む態度」の評価方法であった。特に「学びに向かう力・人間性」という部分に引っ掛かりがあった。

　「学びに向かう力とは何か？」「人間性をどのように数値化するのか？」ということが大きく取り沙汰された。最初は，冗談ながらも主体性は「挙手した回数」や「自ら教材を開いた」などが評価になるのかなどと言葉が飛んだ。そして，「思考力・判断力・表現力」も含め，目に見えない力をどのように数値化するのか，すべては知識があれば解決できるだろうなどと乱暴な物言いもあった。

　この議論を通じて気付いたことは，何を言ったとしても物事を真面目

に考え，真正面からぶつかり合おうとする自分たちの姿があることであった。つまり「正解」は何かと真剣に考え，導き出せずにもがいていたのである。このことで，自分たちが誠実に新科目に向かい合おうとしている証拠であったと振り返ることができる。冷静に考えれば，すべてはここから始まる。個別の理論やその研究結果は存在しても，実践事例も実践から得た法則も存在しないことに気付かず，目の前の課題に翻弄されて，自ら判断し仮説を立て，その検証することを恐れていたといえる。検証作業には失敗はなく，単にフィードバックがあると考え一歩踏み出せれば，日頃生徒たちに求めている姿を体現できていたのだと感ずる。まさにこの議論の過程こそ反面教師そのものであった。

　このようなことがありつつも結果的には，しっかりと目の前の課題に向かい，自らの考えを導き出し，それに対して根拠を明確にしながら訴えかけることができれば，主体的に学びに向かうことができていると判断するものと決定した。その結果，思考力・判断力・表現力を発揮して課題に取り組み，その力に磨きをかけようと工夫することそのものが学びに向かう力であると自然に腹落ち感を得た。

### ③ 必要となることは「納得解」や「最適解」を導き出すこと ●

　主体性評価の検討から得た気付きは，「納得解」や「最適解」の重要性であった。日頃生徒たちへ「正解ばかりを求めないように」というものの，私たちは正解を手にしたいと強く願い，誰かに指摘されることを恐れていた。

　近年多方面で「VUCA」という言葉を意識することが多い。これは数年続いたコロナ対応が最もわかりやすい。そもそもコロナウイルスが報道された時は，わからないことだらけで，状況も対応も指示命令もまさに混沌であった。前に正しいと語られたことが，しばらくすると通用しない。正しい対処だけをしているのでは，乗り越えられず，次々と別問題に波及し経済的，社会的，人間関係的な機能が麻痺する可能性が高まった。刻々と変化する状況に合わせて最適な結論を求め，仮にリスクがあったとしても自らが納得する理屈のもとに決断することが求められた。

　基本的な知識，理論がどの程度身に付いているのかを評価するのであ

れば，複数の正解を積み重ねることができたかで見とることができるかも知れない。しかし，事実や目の前の現実をもとにして，未知の事柄を推し量る必要がある時は，正解は何かなどと頭を悩ませている暇はない。だからこそ「納得解」や「最適解」を求め，導き出す力を養うことが必要であり，それを担うのが〈歴史総合〉であり，総合科目であると考えた。つまり，解へのプロセスを評価項目とすることは必然であった。

## ⑥ 私の日々の授業実践について

### ① 授業開き ●

授業開きの際に一番伝えたことは，次の三つであった。

①なぜ〈歴史総合〉を学ぶのか？それは通年の問いや単元の問いに自らが考えた最適で納得できる解を導き出すためであるということ。

②授業で扱う内容を通して思考力・判断力・表現力に磨きをかけ，それを他の場面でも転用できるポータブルスキルを手に入れるということ。

| 通年の問い |
| --- |
| 過去は未来にどのように影響しているのだろう？ |

**IV-1世界恐慌の時代**
単元の目標
何を学ぶか？
　複数の出来事や仕組みを考えながら理解を深める方法。
どのように学ぶか？
　Solo＆Duet＆Trio＆Quartettoで学ぶ。
何ができるようになるか？
　学んだ内容や感じたことを自身の言葉を使って表現する。

③多くの同級生が集まった教室で学んでいるその利点を最大限に活かして，他者と共に解を導き，合意する経験を積むということ。

とにかく知識を多く獲得することよりも，自らが手に入れたいと考えた知識を手にするための知恵をより多く得て欲しいということが私としての願いであった。

### ② 黙っていることへの辛抱 ●

私はいわゆる「教えたがり」である。一から十まですべて話さなければ気が済まない。しかし，それでは授業が進まないことも知っているた

め我慢しても，時に生徒を心地の良い世界に誘いそうになる。

「さぁ，それでは考えてみましょう！」と言った傍らから，あれは，これはと全体に向けて思いつく注意事項を口にしている。よくよく考えれば，生徒はゆっくり自分の思考を深めるいとまもなく，もしかしたら誘導しているようにも捉えられる。考えるようにと指示したからには，質問でもない限り決めた時間内は生徒それぞれの時間である。

私がするべきことは，それぞれの行動の観察もさることながら，場に起こっているプロセスを見ることであり，どのように思考し，他者と合意に至っているのかを見ることであると，複数の学びとトレーニングを通じ理解するに至った。その結果，私が授業内で担う役割は全体進行をするファシリテートであり，学習活動に対するフィードバックであり，その場に起こった客観的事実を伝えることであると考えるようになった。それは生徒の学びを深め，多くの気付きを得るための支援であった。

### ③ ビジネスフレームワークを活用する ●

どうせ授業を受けるならば，科目以外のスキルを磨いて欲しいと考え，簡単なビジネスフレームワークを用いた。最も馴染みがあるのは「5W1H」だと考え，「第一次世界大戦を5W1Hでまとめてみよう！」

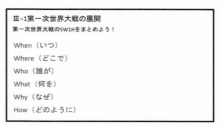

などと個人ワークをさせ，それをペアで確認し合い自信をつけたところで，3人以上の仲間とグループを組んでシェアさせた。このようなワークは，心地よく思考するスイッチが入るようで，決して居眠りなどは起こらず，仲間との相乗効果で，取り組まない生徒，取り組めない生徒も見当たらなかった。

他にも「GROWモデル」を活用して「日清戦争をGROWモデルで考えてみると！」とワークを行った。G（Goal）とはゴールの意味を指し「望ましい成果」ということである。

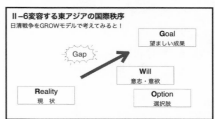

それに対してR（Reality）は現状であり，ゴールと現状の緊張構造の間にO（Options）望ましい成果を手に入れるための選択肢があり，W（Will）成果を手にするための意思や意欲があらわれるとのフレームワークである。もちろん，戦争に望ましい成果などあってはならないが，何らかの手にしたい成果（結果）があったのは事実であり，それが現状との間に起こる緊張構造によってどのような悲惨な選択肢を生み出し，そ

## 2022年度1学年「歴史総合」略式指導案

1　日時　　6月6日（月）第5校時　　　授業者　　　　神部　健

2　学級　　普通科1年9組　　31名

3　単元名　　6.変容する東アジアの国際秩序

4　この単元の授業時間数　　3時間（本時は2時間目）

5　単元の指導・指導計画

| 単元の学習内容 | 知識技能 | 思考力判断力表現力 | 学びに向かう力 |
|---|---|---|---|
| 条約と国境<br>朝鮮の近代化と日清の対抗<br>条約改正と日清戦争 | 日清戦争を中心としてその前後の歴史的な流れや背景について理解させる。 | 日清戦争を通して帝国主義化を目指す日本の肯定的な意図を探り、言語化によっていくつかの考えを統合して、最適な表現をさせる。 | 「日清戦争はどのようにしておこり、その後の東アジアにどのような影響を与えたのだろうか？」という問いに対して、根拠を明確にしながら自らが納得した解を導き出させる。 |

6　本時の目標　　フレームワークを通じて学習内容や思考をまとめる力を養う。

7　本時の展開

| 指導内容（指導の流れ） | 学習活動（予想される生徒の反応） | 指導上の留意点と観点別評価 |
|---|---|---|
| ●号令・出席確認 | | |
| ●単元目標・本時の流れ確認 | 目標と流れを理解する。 | 「何ができるようになるか（できるようにするか）？」を理解させ、力の入れどころを把握させる。 |
| ●前時の復習と宿題の分かち合い | ペアワークを通じて復習をする。 | ペアワークの利点を活かし、気づきを大切にさせる。 |
| ●動画視聴による復習 | 動画を視聴する。 | 〈知識・技能〉 |
| ●動画内容の整理 | 教師のレクチャーを通じて整理する。 | |
| ●GROWモデルによる日清戦争探究 | ペアワークでGROWモデルを完成させ、その気づきをまとめさせる。 | 肯定的な意図について十分理解させる。〈思考判断表現〉 |
| ●本時の気づきの分かち合い | 本時の学習内容と気づきを振り返らせる。 | 〈学びに向かう力〉 |
| ●号令 | | |

れを実現させる論調があったのかが浮き彫りになった。

　きれいに整理して板書することで理解させることも一つの手立てであるが，時間は要してもこのようなフレームを使って解を導き出すことも，生徒たちにとって一つの経験となった。

## ④ グラウンドルールの提示 ●

ワークショップ形式の授業を行
うためには，心理的安全性が重要
となる。目下生徒たちは多くの知
識や経験，スキルを身に付けよう
と努力を重ねている訳であり，一
つひとつの成功を重ねて自信を積
み上げようとしている。その生徒

> **1学年「歴史総合」グラウンドルール**
> ～安心安全の場づくりのために～
> ①平等な立場で参加しよう。
> ②オーナーシップを持って参加しよう。
> 　（オーナーシップ＝自分が主役という気持ち）
> ③積極的に参加しよう。
> ④相手の発言・意見を受け入れよう。
> ⑤自分が考えたこと，感じたことは伝えよう。
> ⑥相手の発言・意見を評価するのをやめよう。
> ⑦相手とのやり取りの内容を口外することはやめよう。

たちに心理的安全性が保障されることは，他者と協働して学びを深める
上でとても重要なことである。そのためにも，グラウンドルールを提示
し，皆で守ることが必要不可欠である。

ハーバド大学教授であるエイミー・エドモンドソン博士が述べている
通り，集団の中では無知，無能，邪魔をしているという不安が起こりや
すい。これに加えて，誰にもアンコンシャス・バイアスが働いているた
め，さらに主体性や積極性が損なわれることが多い。

これらを乗り越えることで，他者と協働し意見を重ね，主体的で対話
的な深い学びを実現することができる。しかし，多くの生徒たちは不安
を抱えることがあっても，それを乗り越えるための学問的なアプローチ
があることを知らない。だからこそ，授業を通じてそのアプローチを学
ぶことで，さらに授業の意味合いが増すと考えた。

## ⑤ ICT の活用 ●

本校では3年前から生徒にタブレットを持たせ，ICT の利活用を行っ
ている。ネット検索や動画視聴はもちろん，スライドに自身の思考をま
とめ表現させている。また，授業支援クラウドの使用によって，共同編
集を行ったり，生徒間のアウトプットの共有を行ったりしている。

会話を通じて自らの考えを表明することが苦手な生徒にとって ICT 機
器の活用は，表現の幅を広げたと考える。話すことが苦手でも，書くこ
とはでき，それを共有することで物理的な距離があっても，隣にいるか
のようにコミュニケーションができる。そのため，実質的な授業参加度
が高まったと考える。

201

特に〈歴史総合〉の授業では，従来の板書に置き換わるスライドを配布しそこへ自身で気付いたことを記し，最適なカスタマイズをしていくことで学びを深めている。また，スライドを周囲とシェアした際は，相手が作成した良質なスライドを提供してもらうことで，多くのパターンを得ることができることも重宝している。ICTの利活用は，いままでかかっていた時間や距離を縮め，その分の時間を別なものに使うことができる広がりを生み出した。

### ⑥ 生徒自ら教材を発掘する ●

ICT機器の活用によって目の前の課題に対してのアプローチ法が格段に広がった。多くのメディアを教材として活用することができるようになった。今までは，私が最適だと考えるコンテンツだけを生徒たちへ提供してきた。しかし生徒自身にとって最適な教材を自ら発見するという取り組みを行うようになった。

私が教室で行う授業は年に1回だけその単元を扱う。逆を言えば1回しかできないのである。その点，動画や文書は言葉だけではなく，図版や映像などの資料も含めて一つのストーリーとして表現されており，最大の利点は好きな時に何度も見ることができることである。それらは，私たち教師にはできない力を持っており，ある意味では教師よりも秀でたものを備えているとも考えられる。

しかし，生徒たちは学ぶ材料が与えられることに慣れてしまっているのか，自ら最適なものを選ぶ行動を起こすことが少ない。だからこそ授業に関連させながら，自分に必要なコンテンツを選択し，活用する力を身に付けさせるためにも，教材探しをして共有する場面を設けている。

## 7 授業実践「具体において異なるテーマを抽象化によって共通点を導き出すプロセスを学ぶ」

### ① 授業案作成の背景と意図 ●

以前から授業を進める上で，抽象と具体を往来させながらテーマを考えることをどのようにすれば伝えられるのだろうかと課題感を持ってい

た。生徒は具体的な用語や事象について覚えることへ力を注ぐことは一生懸命するが，異なるテーマを比較したり，統合したりすることで共通点を見つけることは消極的な様子に見えていた。しかし，このようなことに積極的であれば，より多くのことに理解度が高まるのではないかと感じる。そこで，あらかたの扱うべき範囲が終わったところで，全体的な復習の意味も込めて，「日本は二度の大戦を通じて何を手に入れたのか？」という問いでワークに取り組ませた。このワークを通じて「異なるテーマを統合することで共通する価値を導き出すことができるようになる。」ことを意図して生徒たちは取り組んだ。

また，問いについては，立場と結果が正反対のものであることから，格好の素材であると考え選択した。相反するものの中にも共通する価値や成果があるということにも目を向けて欲しいという考えもあった。そして，難しさを感じるワークだからこそ，仲間と知恵を出し合い乗り切って欲しいと考え共同学習を取り入れた。他にも，フレームワークについても知って欲しいと考え，「PEST分析」のフレームを使用し，

---

**本時の問い**

日本は二度の大戦を通じて何を手に入れたのか？

---

**1.本時の目標（2時限）**

何を学ぶか？
具体において異なるテーマを抽象化によって共通点を導き出すプロセスを学ぶ。

どのように学ぶか？
フレームワークとThink-Pair-Share（共同学習）で学ぶ。

何ができるようになるか？
異なるテーマを統合することで共通する価値を導き出すことができるようになる。

---

**2.本時の学習の進め方（2時限）**

1時限
- （1）授業の進め方について知る（10分）
- （2）4人グループをつくる（1分）
- （3）4テーマの担当を決める（4分）
- （4）一人で考えてまとめる（20分）
- （5）他グループの同じ担当の人とペアで深める（15分）

2時限
- （6）グループで担当内容を発表・シェアし一言集約する。（20分）
- （7）4テーマの一言集約を一言集約する（20分）
- （8）全体を振り返り気づきをまとめる（10分）

---

**2.本時の学習の進め方（2時限）**

（1）授業の進め方について知る

■次の内容を大切に進めましょう！
□本時の目標（ゴールイメージ）達成を目指しましょう。
□授業の進め方の全体像を気にかけて進めましょう。
□グラウンドルールを尊重しましょう。
□チームメイトと場を信じましょう。

---

**2.本時の学習の進め方（2時限）**

（7）4テーマの一言集約を一言集約する
□一言集約した内容を抽象化することで異なるテーマを統合する。

---

**2.本時の学習の進め方（2時限）**

（7）4テーマの一言集約を一言集約する
□考える上でのヒント！

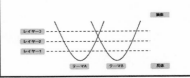

それぞれの学びを整理させた。

　想いがあふれ盛りだくさんになってしまった部分があったが，このエキサイティングなワークを通じた授業をすることに腹をくくり実施した。

### ② 授業の実施（1時限目）　●

　あらかたの範囲が終わっていたとはいえ，2単位の授業であるため時間を豊富に使うことはできない。そのため，少々タイトではあるが，2時限分で計画を立てた。

　この授業では，全体像の把握が重要で，いまどの枠組みに立っているのか目的地と現在地を見失うことなく進める必要があると考えたため，授業の進め方を端的に伝え，あとで生徒が確認できるよう説明用のスライドも合わせて配布した。説明を始めるとまたもや教えたがりの自分が邪魔しようとしていたが，全体進行優先と自分に言い聞かせグルーピングを指示した。

　グルーピングとテーマの分担を短時間で済ませたあと，さっそく自分のテーマについて時間をとって考えさせ，それを挙げさせた。その際，真面目な生徒が事細かに書きたくなり，時間内に終わらないことを予想していたため，時間内に「W.W.1」と「W.W.2」について入力するように指示した。また，事後に取捨選択も可能なことを呼びかけ，できる限りたくさん挙げるようにも伝えた。生徒が取り組む様子を見ていると，出来事はいろいろ浮かぶようであるが，それを言葉にすることに手こずっていた。

　何とか時間内に入力したものを他グループの同じテーマの生徒と共有して，特徴的な視点や気付き，面白いものは積極的に相手から提供してもらうように伝えた。短い時間の中でも，できるだけ多く事柄を得られるようにすることができた。やはり，選択肢は少ないよりも豊富であることが良く，短時間で多くの情報をキャッチするスキルも身に付くのではないかと感じた。また，仲間と共有することで，自分が選び書き抜いたものに対して自信を持つことができ，安心してワークに取り組むことができる環境がセットされていった。ここで1時限目を終えたが，数

日後に2時限目を行うため，空白の時間によって1時限目の思考が途切れることで，ある意味の振り出しに戻ってしまうのではないかと心配した。そこで共有後のブラッシュアップを宿題とした。

### ③ 授業の実施（2時限目）

心配した2時限目のスタートを迎えたが，ほとんどの生徒がスタートラインに立つことができていたようでホッとした。本時がこのワーク最大の取り組みであるため，私も力がこもったが，冷静に自分を見つめ「力が入るべきは私ではなく，生徒である」と自身に言い聞かせ，場を信じてサポートすることに努めた。アドバイスは生徒が求めている場合は浸透率も高く意味深いものとなるが，多くの場合そのようにないことを思い出した。そこで，私の目で確認した事実を生徒へフィードバックして，自ら気付きを得ながらワークに取り組ませた。また，生徒にとって「一言集約」という言葉よりも「表札をつける」という言葉がしっくりきていたようであった。最初は抽象化するということに対して，まるで解像度が低い画像のようにぼやけていた様子であったが，メンバーと言葉を交わすことで少しずつコツをつかんで鮮明化できる生徒も増え始めた。一度のワークですべての生徒が等しく理解することは困難である。そんな中でも，しだいに具体と抽象の往来は日常生活の中でも，自然に行っている行為であるが，意図的にやろうとすると難しく感じるものだと気付く生徒もいた。このような中で，それぞれのグループで特徴的な表札が並んでいった。

クライマックスである4テーマ

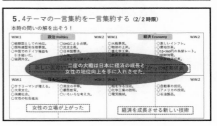

の表札を集約して一つの表札を掲げる場面では，それぞれのグループが
たっぷり時間をかけて，いくつかのプランから一つに絞ろうと頭をひ
ねっていた。やはり4つのテーマすべてを言葉に入れようと考えるグ
ループが多かった。しかし，それでは4つの表札が並んでいるのと変
わりがない。それをフィードバックすると，「ハァ」っとため息をひと
つついて，もう一度考えている姿が印象的であった。まさにこの作業が，
納得解や最適解の追求であり，チーム一丸というものであった。部活動
の指導でチームワークの機能を感じ
ることはあったが，授業を通してこ
こまで実感できるとは驚きを隠すこ
とができなかった。最後はそれぞれ
の気付きや学びを簡単にまとめ授業
を終えた。

| 6．全体を振り返り気づきをまとめる (2/2時限) | |
|---|---|
| 丁寧に振り返って気づきをまとめよう！ | |
| 今回の授業を通じて気づいたこと何か？ | PESTに分けて見ることで一つのことをいろいろな方向から見つめることができることがわかった。戦争は良くないけれど，何かを成長させることもあることがあると気づいて怖くなった。 |
| 今回の授業を通じての新たな疑問は何か？ | 戦争は性別とどのような関係があるのか？ |
| 今回の授業を一言で説明するとどんなことが言えるか？ | もしかしたら人はの不幸と経済は比例しているのかもしれない？もしかしたら人は不幸と戦争を望んでいるのかもしれない？ |

## ❽ 定期試験について

　本校は3学期制で，定期試験については全5回の設定がある。日頃
のレポート提出による形成的評価も行うため，試験は各学期1回ずつ
行うことにした。

　試験は100点満点で作成し，知識を問う問題を60点，思考・判断・
表現力を問い，評価する問題を30点，主体性を評価する問題を10点
と設定した。主体性を評価する問題は，問いに対する記述とする問題を
用意し，ルーブリックを用いて数値化した。

　当初，定期試験でどのように主体性を評価し数値化するのかという議
論がなされた。当然ペーパーテストで主体性を評価すると聞けば，教科
のメンバーに驚きが起こり，疑問も多数浮かび，場合によっては混乱も
生じることも予見された。しかし，主体性を評価することが絶対条件で
ある以上，評価物の数をある程度担保することは不可欠であった。その
ため，これについては紆余曲折あった。メンバー間での意見の食い違い
から，2学期の試験では主体性評価を取りやめた。しかし，学期が終わっ

たあと，振り返りを実施する中でやはり評価物の数を一定数用意し，取り組み回数を増やすことが必要だと意見がまとまり，3学期には試験問題としての出題を再度行った。

特に3学期は，事前に問いとルーブリックを生徒へ提示し，試験勉強の一環として考えさせた。受験時の不正行為を誘発するのではないかとの意見もあったが，授業内で十分事前に意図を伝え，指導を行ったため心配事は起こらず試験を終えることができた。また，1学期と比べ文章表現の力も高まっていることを感じとることができ，これについてはとても嬉しく感じ，ここまでの手間や苦労が癒やされた。

一方で試験の採点には，今まで以上に時間を要するようになった。手間をかけることは良くとも，割くべきことに十分な時間をかけることができなくなったり，負担感が高まり形骸化したものになったりしてはならない。そのためにも，勇気を持って試験の捉え方を教師が問い直さなければならないと考える。今後メンバーと共にバイアスを克服できるのかはとても重要な課題である。

## 9 おわりに

高等学校の歴史に関する科目や枠組みが変わるのは約30年ぶりである。新しいことを始めるのは，とてもエネルギーを使うことである。しかし，真新しいキャンバスに，一つずつ想いを込めて筆を加えていくことは，エキサイティングである。枠組みが変わるからこそ新たなアプローチができ，さらに意義が深いものになっていく。現役生活中こんな重要な転換点に立ち会えたことは，とても喜ばしいことだと感じている。これからも多くの汗を流すことになるはずだが，全国の歴史教育にかかわる高等学校の先生方と切磋琢磨できることが一層ワクワクさせている。ぜひ，多くの方々と多様な実践について意見交換をしたいと希望しつつ，私自身もさらに研鑽と実践を積み重ねていきたい。

# 〈歴史総合〉から身に付ける学習者のエージェンシー
## ―第一次世界大戦の事例を中心に―

吉川 牧人
静岡サレジオ高等学校

## ■ 教育改革と Education2030 から見た〈歴史総合〉の「学力」

### ① 日本の教育改革 ●

　2020 年の新型コロナウイルスによる臨時休業に伴って，GIGA スクール構想など一人一台端末などの ICT を活用した新しい教育改革が話題となった。しかしそれ以前にも日本ではさまざまな教育改革が行われてきている。1990 年代から始まった知識注入型の教育の限界に対応するために導入された学習者が中心となる学び（アクティブラーニング等）の導入。OECD（経済協力開発機構）が 2000 年以降に学力比較調査（PISA 調査）を始め，社会の変化に対応して「何を教えるか」からコンピテンシー（何ができるか）を育成するための学びの概念の転換。特に OECD の学びの概念の転換は，中心となる 3 つのキーコンピテンシー（どのような状況であっても複雑な要求に適切に対応していく能力）が学力比較調査（PISA 調査）の出題傾向に対応する部分があることから，各国のカリキュラムに影響することになった。この OECD が 2015 年から訴え始めたのが Education2030 である。OECD がどのような資質・能力を目指しているのかをわかりやすくまとめたものにラーニングコンパス（学びの羅針盤）2030 というものがある（図 1）。児童・生徒が他者と

協働し，対立を回避しながら合意形成をし，より良い社会（ウェルビーイング）を実現する力を付けていく，ということを目指した。

**図1　ラーニングコンパス**[i]

　このような概念がそれまでの日本になかったのかというとそうでもない。従来の社会科の授業でも以前からアクティブラーニングなどの活動を通して他者と協働する学びを行ってきているし，社会課題に対して自分がどのように関わっていくのかを考える取り組みも行われてきた。つまり異なるのは明確な答えのない時代にICTを活用しながらどのように主体的・協働的に学びを続けていくのかという点である。このような観点は2016年に提言された『「歴史総合」に期待されるもの』の中の「能動的な学習を通じて生涯にわたり歴史を学び続ける力の獲得を促すものでなければならない」（平成28年（2016年）5月16日日本学術会議史学委員会高校歴史教育に関する分科会）という言葉にあるように，〈歴史総合〉にもつながっている。

### ② Education2030 ●

　OECDでは，2015年からEducation2030プロジェクトを進めてきた。このプロジェクトには2015年に30を超える国の産官学の人材が集まり，2030年に望まれる社会のビジョンやその主体として求められる生徒像や資質・能力が話し合われた。この背景にあるのが2015年9月にニューヨーク国連本部において開催された「国連持続可能な開発サミット」である。150を超える加盟国首脳の参加のもと，その成果文書として，「我々の世界を変革する：持続可能な開発のための2030アジェンダ」が採択された。これにより，国連に加盟するすべての国は，全会一致で採択したアジェンダをもとに，2015年から2030年までに，貧困や飢餓，エネルギー，気候変動，平和的社会など，持続可能な開発

のための諸目標を達成すべく力を尽くすこととなる。このような世界的なビジョンの転換から，2030年の主体となる児童・生徒がどのような資質・能力を持つべきなのか，ということの世界的な議論が求められた。

　OECDラーニングコンパス2030では求められる資質・能力について次のように説明している。2015年の世界では，グローバル化・デジタル化・AI（人工知能）の発達と大きく環境が変化した。しかし世界中の教育カリキュラムは，受動的な学びが中心であり，依然として形を変えていない。多くの学校は職につくことが目的の教育を施している。これは工業社会の学習モデルである。知識の定着や正確な再生が求められ，大学合格や就職実績によって児童・生徒の幸福が実現すると信じて疑わない。しかし現在求められていることは，児童・生徒が望む未来に向かって学び続けることや，学校が社会に開かれ，社会と共に児童・生徒を育んでいくことである。つまりOECDが求める2030年の生徒像とは，自ら考え，主体的に行動し，責任を持って社会を変革する力を持つこと。これを学習者のエージェンシー（Student agency）と呼んでいる。この学習者のエージェンシーとは複雑で不確実な世界を歩んでいく力であり，読み書きそろばんとデジタルやデータを使いこなすリテラシー，そして他者と協働する力，創造する力，変革を起こす力，である。つまり教育の目標は，生徒に成長し続けるマインドを育成することでより良い生き方を実現することなのである。

### ③ ラーニングコンパス（学びの羅針盤）●

　Education2030プロジェクトでは次の2点の問いを立てている。

---

① 現代の生徒が成長して，世界を切り拓いていくためには，どのような知識や，スキル，態度及び価値が必要か。

② 学校や授業の仕組みが，これらの知識や，スキル，態度及び価値を効果的に育成していくことができるようにするためには，どのようにしたらよいか。

---

　これらの問いの一つの答えとして例示されたのがラーニングコンパスである。これは教師による決まりきった指導や指示に生徒が盲目的に従

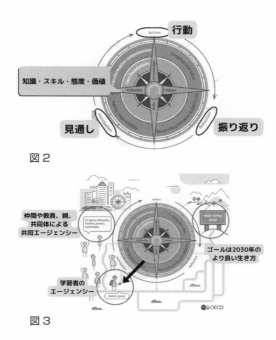

図2

図3

うのではなく,「未知なる環境の中を自力で歩みを進め,意味のある,
また責任意識を伴う方法で,進むべき方向を見出す必要性を強調する」[ii]
ものである。**図2**のラーニング・コンパスの中心には,「知識
(Knowledge),スキル（Skills),態度（Attitudes)と価値（Values)」
の針があり,これは「より良い未来の創造に向けた変革を起こすコンピ
テンシー」を表わす。そして「見通し（Anticipation)」,「行動（Action)」,
「振り返り（Reflection)」のAARサイクルによって未来の方向性を指し
示していく。**図3**のラーニングコンパスの左下には学習者のエージェ
ンシーを習得するべくコンパスを手にしながら将来への進路を模索する
児童・生徒が描かれている。彼らは孤立しているわけではない。仲間や
教員,親,共同体による共同エージェンシー（Co-agency)の中で成長
していく。そしてゴールは2030年のウェルビーイング。ウェルビーイ
ングとは経済的・物質的な豊かさだけを表すだけではなく,よく生きる
ためのより広範囲なビジョンである。

#### ④ 〈歴史総合〉と学習者のエージェンシー ●

　学習指導要領の中で〈歴史総合〉の目標として以下のような文言がある。

> ・社会的事象の歴史的な見方・考え方を働かせ，課題を追究したり解決したりする活動を通して，広い視野に立ち，グローバル化する国際社会に主体的に生きる平和で民主的な国家及び社会の有為な形成者に必要な公民としての資質・能力を次のとおり育成することを目指す。
> ・近現代の歴史の変化に関わる諸事象について，よりよい社会の実現を視野に課題を主体的に追究，解決しようとする態度を養うとともに，多面的・多角的な考察や深い理解を通して涵養される日本国民としての自覚，我が国の歴史に対する愛情，他国や他国の文化を尊重することの大切さについての自覚などを深める。
>
> （高等学校学習指導要領（2018年告示）p.56）

　〈歴史総合〉の目標は，OECDのEducation2030で定めた学習者のエージェンシーと極めて親和性がある。このような点を踏まえて毎回の〈歴史総合〉の授業の重要な柱として，ウェルビーイングへと至る学び続けるマインドの育成を意識し授業を行っている。


## ❷ 〈歴史総合〉の授業開きで生徒に話すこと

　〈歴史総合〉の授業開きの際に最初に話すことは，歴史上に現れるパラダイムシフトについてである。最初の問いは「令和と平成で変わったことは何か？」。平成後半の時代しか知らない生徒たちであるが，次々と答えが出てくる。「親の世代はSNSがなかった」「YouTubeがなかった」「消費税が安かった」等々。次に一つの表を提示する。平成元（1989）年の世界時価総額ランキング[iii]。世界のトップ50の企業に，日本企業が並んでいる表である。1位は日本電信電話（NTT）。そしてトップ20社のうち，14社が日本企業。その中心が銀行などの金融関係である。し

かもトップ50社のうち32社が日本企業であった。ところが令和4（2022）年の時価総額ランキングは激変する。生徒たちからため息が漏れる。Apple，Google，Microsoftのような IT 企業が上位を占め，トップ20社の中に日本企業はない。50社の中にもトヨタ自動車が31位で1社あるのみ（2023年のデータではトップ50社の中にとうとう日本企業の名前は無くなった）。次に生徒に示すデータは，30年前の1位であった日本電信電話の時価総額（約1600億ドル）と現在の1位のAppleの時価総額（約3兆ドル）の比較である。再び生徒に問う。「これは何を表しているのか？」。答えは30年間で世界は18倍以上経済成長したということ。それでは「なぜ日本企業だけが成長できていないのか？」。生徒たちの答えの定番は「少子高齢化」。しかし同じように少子高齢化しているドイツや韓国は経済成長をしている。再び問う。「なぜ日本だけが成長していないのか？」。そして次に見せる写真はiPhoneの写真。2007年にiPhoneが登場して世界が変わった。これ以降，2010年にiPad，日本語版のYouTubeが2007年，Facebook・Twitterが2008年に登場する。LINEが登場したのが2013年，日本語版のInstagramが2014年，国際版のTikTokが2016年である。生徒たちは2007年に世界が変わったことを実感する。このように常識が一変することをパラダイムシフトと呼ぶことを説明する。また歴史で教わった大航海時代やルネサンスなどの従来のパラダイムシフトは50年や100年かけて変わったが，現在のパラダイムシフトはわずか数年単位で変わっていくことを伝える。そして2020年以降，私たち自身が新型コロナウイルスの流行の中でパラダイムシフトの真只中にいることを理解するのである。続く「新型コロナウイルスで何が変わったのか？」という問いに対して，学校の臨時休業，飲食店の営業自粛，マスク生活，海外に渡航できなくなるのみならず県境をまたげなかったこと，オンラインミーティングや映像配信による授業など多くの劇的な変化が襲いかかったことを生徒たちは声を大にしてあげていく。

　日本経済が成長できなかった理由の一つはテクノロジーを活用し，効率化することにチャレンジできなかったことであろう。この歴史上の出

来事に対して私たちは今後どのように理解していくのか，そしてこのパラダイムシフトの真只中にある私たちのいく先はどこにあるのかを考える。この一つの問いをきっかけに〈歴史総合〉の授業が始まっていく。〈歴史総合〉の学習指導要領の目標の一つである「よりよい社会の実現を視野に課題を主体的に追究，解決しようとする態度を養う」ことの始まりである。また不確実な世界の中で未来のウェルビーイングに向かっていく学習者のエージェンシーを身に付ける学びのスタートである。

## ❸ 歴史総合の授業の枠組み

　取り組んだ生徒は普通科の高校１年生である（前任校である静岡県立掛川西高校）。
ⅰ）使用する教科書・副教材
　帝国書院　『明解歴史総合』（歴総 706）
　帝国書院　『明解歴史総合ノート』：準拠ノート
　浜島書店　『新詳歴史総合』
ⅱ）年間の流れ
　１時間（50 分）で教科書２ページずつ進めていく。
ⅲ）授業スタイル（１時間の授業の構成）
　授業は隣同士の二人組でペアを作って行う。
　＜ペア＞・授業の最初に前回の授業の復習をペアで行う
　＜教員＞・今回の授業のテーマと目標の確認
　＜各自＞・教科書にある史料の読み解き
　＜ペア＞・授業の本文を読む（ペアで該当ページを交代で読み聞かせ）
　＜教員の発問＞
　・グループ（四人程度）で思考，ホワイトボードに記述。発表
　＜教員の解説＞
　・動画や画像を用いてプロジェクターを投影したスクリーンで解説
　＜ペア＞・授業の最後に交代で１時間の要約をペアに説明

iv）評価

- 毎回の授業後振り返りシートに記入→図4
- 章が終わるとルーブリックで自己評価をする→図5
- 定期テスト（知識・技能を問う問題と思考を問う問題を半分ずつ出題）
- 年に数回，テーマに沿った制作物で発表や提出
  - 例：歴史上の人物がSNSで発信した画像を作ろう

    知育菓子®で歴史上の舞台を表現しよう

    歴史動画を作成しよう

図4

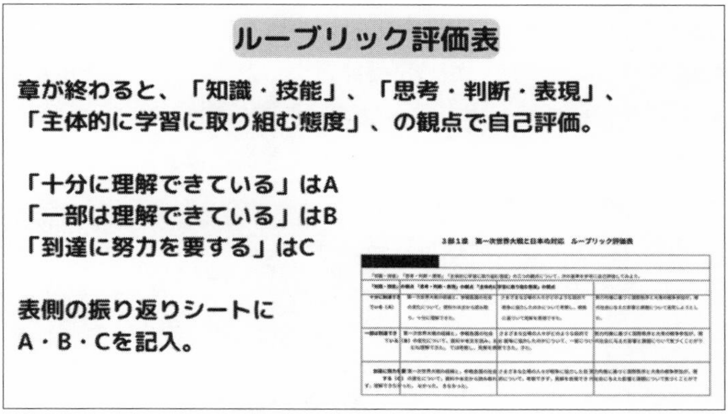

図5

## ❹ 実践紹介

### ① 歴史 SNS を作ろう ●

・目標：歴史に興味を持とう。
・教材：帝国書院『明解歴史総合』。画像作成のツールとしてデザインツールの Canva を使用した。

ナポレオンのツイート

　生徒たちが歴史の学びを嫌がる一つの大きな理由が人物名や事件名の暗記にある。このような苦手意識をなくすために，生徒に身近な SNS を使ったワークショップを行った。テーマは「歴史総合で登場した人物や事件をモチーフに，歴史上の偉人が現代にいたらどのような発信をしたのか」。生徒たちはナポ

坂本龍馬と西郷隆盛のLINE

クレオパトラの美容法

レオンがロシア遠征で Twitter にツイートしたものや，坂本龍馬と西郷隆盛が LINE で会話するもの，そしてクレオパトラが美容方法を Instagram で発信したものなどを想像して制作した。

　この事例のポイントは，知識・技能といったコンテンツを重視する学力観から，コンピテンシー・ベースの学力観に変わったところにある。歴史的事象や事実という知識習得が最優先されたコンテンツ・ベースの学習から，知識の習得だけではなく，主体的にさまざまな知見を組み合わせて対応できる人間の全体的な力を育成することが求められている。単なる歴史的な知識の暗記ではなく，主体的

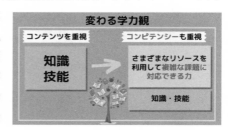

変わる学力観

コンテンツを重視

知識
技能

コンピテンシーも重視

さまざまなリソースを利用して複雑な課題に対応できる力

知識・技能

に歴史の面白さ，重要な要素を見つけ出し，知識を組み合わせて創造的にアウトプットするスタートとしてこの取り組みの意味が生まれると思う。

### ② 第一次世界大戦を多角的に理解しよう ●

・目標：ダイバーシティーな歴史理解

・教材：帝国書院『明解歴史総合』，OXFORD KS3HISTORY『Tecnology,War and Independence』，東京書籍『新編新しい社会 歴史』（中社）

　この授業のねらいとしては，実際に戦場となったヨーロッパの国々が第一次世界大戦をどのように捉え，教えているのかをオックスフォードの教科書を副教材に使いながら日本の教科書（中学・高校）と比較をしていくことにある。海外の教科書は問いがたくさん与えられていたり，それに伴う資料や史料が豊富に使われている。このようなさまざまな教材を使うことによって思考力，判断力，表現力を身に付け，歴史を多角的に考察する力を育成する。また学習指導要領（2018年告示）で求められている「デジタル化した資料の活用」を，ICTを活用した史料読解，共同編集，グループでの分析，プレゼンをすることで行う。英語の翻訳はGoogle翻訳やDeepLなどの翻訳ツールを使用することを許可した。この授業は英語をきちんと翻訳することが目的ではなく，文章を理解し分析することが目的のためである。翻訳したものをGoogleドキュメントに共同編集で記載した。共同編集機能を活用することで，グループ全員で同時にシートを完成させることができる。また他の班の様子を見ることができるので，全体的な完成度があがった。

・授業展開

＜個人で調べ学習（1時間目）＞

1　事前にGoogle classroomで資料（英語教材）を配布。授業当日には印刷した資料も配布した。

2　Googleアプリ（iPhone）やGoogleレンズ（Android）を使用。

英語教材をグループ数で区切り，翻訳をグループごとに分担した。

＜グループで共有・編集（1時間目）＞

1　グループごとに翻訳したものをGoogleドキュメントに共同編集する。

2　グループ内で相談しながら修正。他のグループの訳も参考にしながら内容を深める。

3　ドキュメントが完成。各自で翻訳の全文を読み，グループ内で感想を共有する。

＜発表（2時間目）＞

翻訳し，まとめた内容をグループの代表者が，全体に発表する。

＜振り返り（2時間目）＞

授業の感想の中で英語をGoogle翻訳で翻訳する便利さを指摘する感想が多くあった。翻訳自体が便利というだけでなく，スマホで写真を撮るだけで，英語の文章や翻訳された日本語がテキスト化される，という点に便利さを感じたようである。翻訳したものをGoogleドキュメントで共同編集する際も，一度テキスト化された翻訳を貼り付け，そこからグループで相談しながら「正しい翻訳に打ち直す」という作業をしたことが非常にスピーディーに授業が進んだ要因となった。イギリスの教科書で書かれたイギリス視点の第一次世界大戦，日本人の目線の日本の教科書を読み比べた経験はとても生徒に大きな影響を与えた。多くの生徒が，「このような多角的な視点の探究をまたしたい」と答えた。生徒の一人は次のような感想を記した。「和製世界史ではなく，世界的な視点での世界史を学びたい」。他には「日本の教科書には黒字のところがあり，覚える場所が指定されている。今回のイギリスの教科書にはそのようなところはなかった」というものもあった。「学校の授業では意識せずに和製世界史を教えている」という視点は，私たち教員側に抜け落ちてしまっているのではないかとドキリとさせる鋭い指摘であった。

**③ 知育菓子®を使って歴史の舞台を表現しよう ●**
iv)

SECIモデルという概念がある。一橋大学大学院教授の野中郁次郎氏らが提唱した，暗黙知（個人が持つ知識や経験）を，形式知（はっきり

と示された知識）に変換した上でグループ全体で共有し，明示された知識を組み合わせることで新たな知識を生み出すフレームワークのことである。SECIモデルには4つのプロセスがある（図6）。共同化→表出化→連結化→内面化である。これを〈歴史総合〉の授業作りに応用することができると考えた。

そしてこのプロセスに知育菓子®を用いて歴史理解の深化をするチャレンジを行った。知育菓子®とは，クラシエフーズの登録商標である。粉に水を加えたり混ぜたりといった遊びの中で子どもの知育効果を期待できる菓子のことをさす。

・目標：知育菓子®を使って第一次世界大戦やその前後の歴史の舞台や人物を立体的に制作し，三次元で歴史を見る視点を養う。また知育菓子®の匂いや味など五感を使って歴史を深く学ぶ機会とする。最後に活動を動画にまとめて，自分たちが学んだ歴史的な事象などや面白さ，作成の意図などをわかりやすくアウトプットできるようにする。

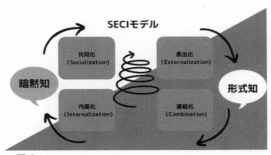

図6

| 共同化 | 個人が理解した知識を言葉以外で仲間に共有する（暗黙知を移転させる）。理解したものを見せるなど。 |
|---|---|
| 表出化 | 個人の理解した知識を言葉や図解などで仲間に共有する。報告やマニュアル化など。 |
| 連結化 | これまでのプロセスで共有された知識を組み合わせて，新しい知識を創出する。 |
| 内面化 | 新しく共有された形式知を，個人の中で咀嚼し暗黙知へと転換する。 |

・教材：帝国書院『明解歴史総合』。
Canva（デザインツール。画像や動画
編集で使用）。知育菓子®（「ねりキャ
ンワールド」「おえかきグミランド」）

・指導案：

| | | 学習活動 | 指導上の留意点 |
|---|---|---|---|
| 1時限目 導入 | | 問「第一世界大戦の歴史的な事象やその前後の出来事で興味を持った出来事は何か」 | |
| 展開Ⅰ | | 個人活動 興味を持った出来事を選ぶ。 | SECIモデルの「暗黙知」の形成。 |
| 展開Ⅱ | | グループ活動Ⅰ 個人で選んだ歴史的事象をグループ内で共有。テーマ選択の理由や面白さを伝える。 | SECIモデルの「共有化」。 |
| 展開Ⅲ | | グループ活動Ⅱ 共有した歴史的な出来事をグループ内で一つ選び，Canvaを使って画像を制作。グループ内でCanvaの共同編集を利用。 | 使用する知育菓子®の特徴を理解しながらどのように表現するかを考える。 |
| 展開Ⅳ | | グループ活動Ⅲ 画像をもとに役割分担をする。 ・パーツ制作・写真や動画を撮る ・動画のストーリー制作・動画編集 | グループ内の全ての生徒が活躍できるようになるべく平等に役割を分担する。 |
| 2時限目 導入 | | 知育菓子®（ねりキャンワールドとおえかきグミランド）の制作方法を説明する。 | クラシエフーズのYouTube動画を利用する。 |
| 展開Ⅰ | | グループ活動Ⅰ 画像で表現した歴史上の舞台を知育菓子®で立体的に表現する。 | SECIモデルの「表出化」および「連結化」。 |
| 展開Ⅱ | | グループ活動Ⅱ 作業風景の画像や動画を撮影する。 制作した立体物の画像や動画を撮影する。 | 生徒は役割分担に応じてそれぞれの仕事を同時展開で行っていく。 |
| 展開Ⅲ | | 個人活動 制作した作品をグループで分割して食べる。 | 事前にアレルギーについて確認をしておく。 |
| 3時限目 導入 | | Canvaを使った動画の編集方法を簡単に説明する。 | 編集に凝りすぎて未完成にならないように促す。 |
| 展開Ⅰ | | グループ活動Ⅰ Canvaの共同編集機能を使い，全員で分担しながら動画を編集する。 完成した動画をMP4ファイルに書き出して提出。 | 表現したかった歴史の舞台をテロップなどでわかりやすいように補強するように伝える。 |
| 展開Ⅱ | | 全体活動 各グループの動画を発表。 グループ内で感想を共有。 | 教室内のプロジェクターで制作した動画を投影する。 |
| まとめ | | 振り返り 振り返りシートに記入し，感想をGoogleフォームで提出 | 個人とグループで振り返りを行う。ルーブリックで自己評価を行う。 |

　この授業は3時限で構成され，基本グループで進めていく。1時限目は表現したい歴史の舞台を決めてCanvaを使って画像を作成する（個人で画像を作成し，グループで共有。グループ内で代表1つを決定）。この場面はSECIモデルでいう「共同化」や「表出化」に相当する。2時限目では舞台を知育菓子®で立体的に表現する。SECIモデルの「表出化」「連結化」にあたり，作成段階や完成した作品を画像や動画で記録する。3時限目では写真や動画を素材として第一次世界大戦やその前後の歴史的事象の動画を作成し，グループごとに発表した。そして個々とグループで振り返りを行い，新たな知見を共有した。SECIモデルの「内面化」に相当する。

　この授業のねらいとしては，普段は平面的な画像や想像で理解している歴史的な事象や人物を，知育菓子®を使用して立体的に表現することで創造性を養うことにある。視覚や聴覚だけでなく，手の感触や食べることによる味覚や嗅覚など五感に訴える歴史理解を行うことができた。

150名程度の生徒の授業後のアンケート結果は以下の通りだった。

| 知育菓子®で歴史の舞台を表解する事は楽しかったか？ | 100％ |
|---|---|
| 主体的・協働的な活動だったか？ | 100％ |
| このような授業をまたやりたいか？ | 98.8％ |

　アンケートではこの授業を楽しむことができたことがわかる。しかし知育菓子®を作成することが楽しいだけで終わって欲しくはない。そこに他者に自分が学んだ知識や感動を共有し，協働的，創造的な学びにつながってほしいと思う。一方で知育菓子®の教育活用の可能性を感じた。

## ⑤　〈日本史探究〉〈世界史探究〉へのつながり

　今回報告した実践事例は以下のようなことが共通したポイントになっている。

> ・主体的に歴史の面白さを見つける。
> ・多面的な歴史理解をする。
> ・協働的に学んだ成果を創造的にアウトプットする。

　ちなみに学習指導要領における〈世界史探究〉の目標は以下の通りである。

> 社会事象の歴史的な見方・考え方を働かせ，課題を追究したり解決したりする活動を通して，広い視野に立ち，グローバル化する国際社会に主体的に生きる平和で民主的な国家及び社会の有為な形成者に必要な公民としての資質・能力を育成する。

　そして〈世界史探究〉は〈世界史B〉に比べて，
　・諸地域の歴史的特質への問い
　・諸地域の交流・再編への問い
　・諸地域の結合・変容への問い
の部分が付け加えられた。

これらの「問い」の部分は，資料を活用して情報を読み取ったり，まとめたり，複数の資料を比較したり関連付けたりすることによって，諸地域の歴史的な特質に関わって抱いた興味関心を見出すことを誘う。また資料を活用し，歴史の学び方を習得することや，歴史的な経緯を踏まえた地球世界の課題の探究が求められている。このような問いを立て，情報を整理分析し，他者と協働しながら行う学びは，探究学習にもつながる。これこそ探究的な学習における生徒の学習の姿であり，Education2030における学習者のエージェンシーにもつながる大切なポイントである。今回初めてチャレンジした1年間の〈歴史総合〉の授業において，資料を読み解く力，問いを立てる力，多面的に歴史を考察する力，そしてパラダイムシフトの真只中にあり不確実で先の見えない社会を切り開くマインドを養うことに取り組んだ。今後は〈歴史総合〉からつながる，〈世界史探究〉〈日本史探究〉の授業に向けてダイバーシティー（多様性）を受容するマインドの養成，そしてさまざまな角度から見る多角的な視点を育成するという，〈歴史総合〉から〈日本史探究〉〈世界史探究〉へと至る継続的な学びを実現していきたい。

◆ 参考文献

高校歴史教育研究会編『資料と問いから考える歴史総合』浜島書店，2022年

宮﨑亮太・皆川雅樹編『失敗と越境の歴史教育』清水書院，2022年

白井俊『OECD Education2030プロジェクトが描く教育の未来』ミネルヴァ書房，2022年

鈴木寛他『Audacious Education Purposes 大胆不敵な教育改革』日本文教出版，2022年

高橋悟・石井晴子「問題基盤型学習（PBL）によって生成される学びの包括的モデルの構築—組織的知識創造理論（SECIモデル）を手がかりとして—」『開発論集』，2014年

【注 記】

ⅰ）https://www.oecd.org/education/2030-project/teaching-and-learning/learning/ より引用

ⅱ）「OECD ラーニング・コンパス（学びの羅針盤）2030」より引用

ⅲ）STARTUP DB の記事（https://startup-db.com/magazine/category/research/marketcap-global-2022）を参照

ⅳ）高橋悟・石井晴子「問題基盤型学習（PBL）によって生成される学びの包括的モデルの構築—組織的知識創造理論（SECIモデル）を手がかりとして—」『開発論集』2014年。

# 生徒が主体になって思考力・表現力を身につける授業デザイン

多々良 穰<br>東北学院榴ケ岡高等学校

　昨年度（2022年度）はコロナ禍のため，勤務校では秋口になるまでグループワーク（以下GW）が許可されず，短時間のペアワーク（以下PW）に限定されていた。よって，当初デザインしていた授業よりも解説が多い形式を取らざるを得ない状況だった。しかもなるべく多くの範囲を学習する進度を優先したため，深い学びを実践できなかったことをお断りしておく。

## 🔳 育てたい生徒の姿や力，想定している「学力」のイメージ

●文章を読解する力　≒　「知識・技能」「主体的な学習態度」

　自ら文章を読み，その内容を整理することができる。そのため，授業の始めに全員各自が教科書を黙読し，内容を把握してペアに1～2分で自分の担当箇所を説明し合う。

●批判的思考力　≒　「思考・判断・表現」

　教科書を読んで疑問点を抽出し，「探究出発シート」にメモする。疑問点は「なぜ」「どのように」「本当なのか」など，教科書本文にはない「行間」を意識する批判的思考力を持ち，〈歴史総合〉に限らず物事を「探究」する習慣を身に付ける。

●資料を読み取る力　≒　「知識・技能」

絵や図などの資料だけでなく，文字史料の内容やそれを作成した目的や意図を読み取ることができる。特に絵や図は文よりも思考力や想像力が必要となるので，アイスブレイクの材料とすることもある。

●歴史的思考力　≒　「思考・判断・表現」

歴史的出来事がどのように起こり，その結果どのように社会が変化したのかを考える。そのことにより，歴史のストーリーを自分なりに描くことが可能となり，史実と照らし合わせることもできるようになる。

●自分ごとや現代社会に置き換える力　≒　「思考・判断・表現」

過去を学ぶことで，今の社会ではどうなるのか，あるいは現代にどのような影響を与えているのかを説明できる。そのことによりただの過去ではなく自分ごととして考えることができる。

●コミュニケーション能力　≒　「主体的な学習態度」

PW や GW を通じて，自分の意見を伝えたり他者の意見を受け容れたりして相互に理解し，多様な視点や考え方を身に付けることができる。そのことにより協調性が高まり，普段の生活にも活かせるようになる。

## 2 授業をするうえで大切にしていること

〈歴史総合〉か否かに関わらず，毎年次の三つのことを授業開きに生徒に伝えている。

### ● 個別最適化学習 ●

同じ教室にいる人たちは，教科書を読むスピード，理解する内容量，文章にする表現力などそれぞれ違う。同じ時間枠で同じことをやるのに無理があるので，自分で余った時間を見つけてどんどん調べたり，授業で扱わない図・表・資料に積極的に目を通したりするようにする。自分の作業や課題が終わっても，それで終わりではない。

### ● 教室は対話の場 ●

人はそれぞれペースが違うなら，自習と変わらないのではないかと考えるかもしれない。でも，それでは「教室」にいる意味がない。「教室」でしかできないことは，友達同士の「学び合い」である。「学び合い」

で欠かせないのが「対話」で，単なる「会話」ではなく，自分がどう考えるかをお互いに意見交換し，相互の考え方の違いを理解し吸収し合うことが重要だ。だから，唯一の正解がない内容を互いに学び合おうとする気持ちにこそ「対話」が生まれる。

● **授業で得をするのは生徒** ●

　学習するのに最も適した形は，「聴く」「書く」ではなく「教える」ことである。授業で一番得をするのは生徒であるべきだから，一番教える時間が長いのは生徒でなければならない。「一番得しているのは先生ではなく自分」となるように努めることを求めている。教師は極力教えることを控え，生徒の学びを支援することに徹したい。


## ❸ 授業の進め方（毎時間の授業の構成）

①「今日のテーマ」：授業の始めに KP 法で共有する
　　　　　　　　　※ KP 法とは要点を書いた紙を貼って説明する手法である。
②教科書をガッツリ読む：「今日のテーマ」に即したところに赤線，
　　　　　　　　　　　　疑問に感じるところに青線を引く
③疑問点を抽出する：疑問点は「探究出発シート」に記入する
④相互説明する（ＰＷ）：担当箇所を説明し合い，疑問点も共有する
　　　　　　　　　　　　わからないところを「メタ認知」すること
　　　　　　　　　　　　も目的
⑤ポイント解説：説明がないと難しい箇所を教師が簡単に解説する
⑥質問コーナー：解決できない疑問点を生徒が教師に質問する
　　　　　※質問が少ないため，生徒が質問を紙に書いて提出するようにした
⑦考察の時間：教師が提示する問いを考え，解答を生徒同士が説明する
・図表等の読み取り（2題）と論述問題（1〜2題）
⑧「今日のゴール」：指定された語を用いて，問いの解答を書く
　　　　　　　※多くの場合，Google Classroom にて「ゴールシート」を提出する
⑨「探究シート」：毎回ではなく小単元ごとに提出する
・自分で学んだことや新たな発見について，具体的な史実から抽象化

して文章で表現する（後述する）

・小単元ごとに，できたこととできなかったことの振り返りを行い，次の単元からの学びに活かすようにする（後述する）

## 4 〈歴史総合〉の年間の流れ（単元・小単元）

〈歴史総合〉の年間既習状況を以下の表にまとめたので，参考にして

| 章 | 授業のテーマ（今日のゴール） |
|---|---|
| 歴史の扉 | 旅にはどのような問題が生じるのだろうか<br>歴史資料はどのように活用すべきだろうか |
| 近代化と私たち | 近代化とは何だろうか？　その問題点とは何だろうか？<br>18世紀の東アジアではどのような国際秩序が形成されたのだろうか<br>18世紀の世界と日本は，どのように結びついていたのか<br>18世紀から始まる技術革新の波は世界をどのように変えたのだろうか<br>清の開港と日本の開国により，清と日本はどのように変わったのか<br>（探究活動）近代化が今の私たちの生活に与えた影響は何だろうか |
| | 市民革命は社会をどのように変えたのだろうか<br>国民国家はどのように世界に広がったのか<br>明治維新でどのような国家を建設しようとしたのか<br>日本はどのようにして国民が政治に参加する国になったのか<br>日本の産業革命で人々は幸せになれたのだろうか<br>帝国主義は世界をどのように変えたのだろうか<br>日清戦争は東アジアにどのような影響を与えたのだろうか<br>日露戦争後，東アジア（日・中・韓）はどのように変わったのか<br>（探究活動）近代化と現代的な諸課題 |
| 大衆化と私たち | 大衆化とは何だろうか？　その問題点とは何だろうか？<br>第一次世界大戦は従来の戦争とどう違うのだろうか<br>米ソはなぜ中心勢力に成長したのか<br>第一次世界大戦後，どのような国際体制が築かれたのか<br>第一次世界大戦後，アジアではどのような民族運動が生じたのか<br>当時の社会・文化を大きく変化させたのはどんな動きだろうか<br>（探究活動）大衆化と現代的な諸課題 |
| | 世界恐慌に対し，英・米・日はどのように対応したのだろうか<br>なぜファシズムの勢力は伸長したのだろうか<br>日本はどのような状況のもと，日中戦争に向かったのか<br>第二次世界大戦はどのようにして始まったのだろうか<br>太平洋戦争の原因は何だったのだろうか<br>第二次世界大戦は人類にとってどのようなものだったのか<br>東西陣営の分断はどのように進んだのだろうか<br>戦後の日本の立場はどのように変化したのだろうか<br>（探究活動）大衆化と現代的な諸課題<br>（探究活動）どの時点で何をすれば第二次世界大戦は防げたのだろうか |
| グローバル化と私たち | グローバル化とは何だろうか？　その問題点とは何だろうか？<br>どのように代理戦争がおこり，冷戦は進んでいったのか<br>私たちはどのように核兵器を廃絶していく努力ができるだろうか<br>私たちはどのようにパレスチナ問題に関わっていけるだろうか<br>私たちは高度情報社会で今後どのように生きていくべきだろうか<br>（探究活動）グローバル化と現代的な諸課題<br>一年間の振り返り |

いただきたい。「今日のゴール」は授業 1 時間分の設定だが，学習パター
ンに慣れてくる 6 月ころまでは，1.5 〜 2 時間分の場合もあった。

　そのうち筆者が本稿で扱った「国際秩序の変化や大衆化と私たち」に
ついては，第一次世界大戦とその後の平和協調，そしてファシズムの形
成と第二次世界大戦，さらには第二次世界大戦後の平和という流れを追
いながら国際秩序の変化を理解し，どのように大衆化が起こり歴史につ
ながったのかを理解することが重要だと考えた。特に「大衆化とは何だ
ろうか」という問いは容易に答えられないため，大量生産と大量消費，
教育の普及，マス・メディアの発達などにより習慣・考え方・行動様式
が一定の傾向を持つ人々を指すことを生徒が理解するように進めた。

　また，総力戦によって国民を総動員したことと大衆化の関係を考える
ようにした。戦争に協力した国民がその代償として普通選挙や福祉制度
を求め，それが世の中を動かす原動力となった点にも気付いたようだ。
だが大衆化には長所と短所があることを理解できるように，「大衆化と
現代的な諸課題」で探究型授業を二度実施し，大衆が民主主義を獲得し
た面と戦争に向かう力を創出した面を生徒自身が発見したようであっ
た。

## 5 〈歴史総合〉の実践紹介

○授業で行う手法と教材
- ・KP 法（**写真 1** を参照）
- ・パワーポイントの投影
- ・入学時に生徒が購入した Chromebook
- ・自作プリント（事前に Google Classroom で配信し，希望者には紙
  のプリントも配付する）
  ※図録や資料集は使わずに必要に応じてプリントとして配付

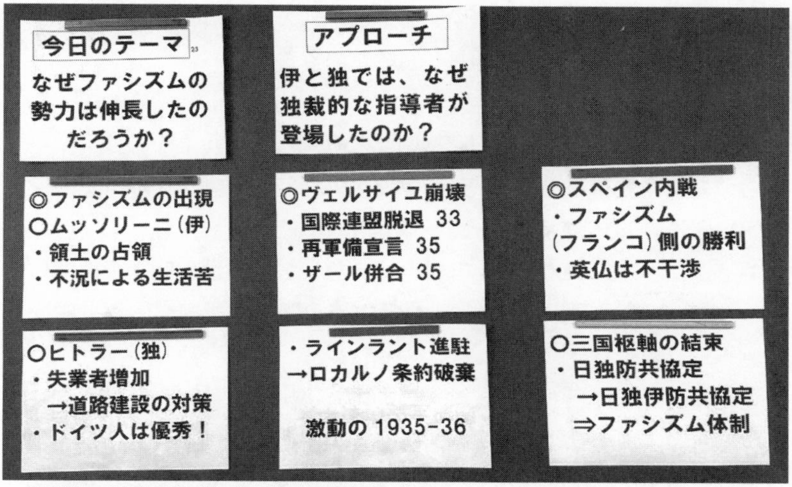

写真1：授業で黒板に掲示したKPシート

○授業実践例

### ① 通常の授業 ＝「ファシズム」の授業を例に ●

［授業の流れ］　50分授業でP→A→B→C→D→Gを完結

P. Icebreaker：関心の喚起と対話の準備（3分）

A. 探究の入口

　　○ Critical Reading：重要点や疑問点の掘り出し（10分）

　　　　→　疑問点を「探究出発シート」に記入して可視化

　　○相互説明：ペア同士で教科書の担当箇所の説明（3分）

B. 知識の習得：解説を聴いて知識を共有し，できるだけ疑問も解決。

　　　　　　　　わからない箇所は随時質問OK！（12分）

C. 技能の習得：資料の読み取りをし，ペアで相互説明（6分）

D. 知識の活用：「テーマへのアプローチ」の解答を作成（8分）

G.「今日のゴール」の解答を作り，個別で解答例を確認（8分）

■「今日のテーマ」

　なぜファシズムの勢力は伸長したのだろうか？

■ Icebreaker（P）

　大衆はナチ党にどんな感情を抱いたと考えられるか？

　二つの絵（教科書掲載の資料「ナチ党のポスター」「フォルクスワーゲンの広告」）を見て考えよう。

　　解答例：当時のドイツ人たちは，ナチ党に大衆生活の向上を期待したのだろう。（きっと多くの生徒の皆さんが抱く印象とは違うのでは？）

■教科書の Critical Reading とペアで相互説明（A）

　相互説明は細かいところまで机間巡視できないが，総じて熱心に説明している様子がうかがえた。重要点を整理するのが苦手な生徒は，2分を越えて話している様子だった。疑問点を抽出して「探究出発シート」に書く作業は，平均して2〜3個の質問が書かれていた。


■ポイント解説（教師からパワポを使って要点を説明）（B）

◎ファシズムの出現
○イタリア
　ムッソリーニ：ファシスト党を結成（1919）
　ローマ進軍（1922）
　フィウメ併合（1924）→　一党独裁
［背景］
・領土：「未回収のイタリア」は回復したものの，フィウメをユーゴに占領された。
・不況：第一次世界大戦の結果，物資が不足して労働者の賃金が安く，農民も生活が苦しかった。
○ドイツ
　ヒトラー：ナチ党を率いて内閣を樹立　→　全権委任法（1933）
　ヒンデンブルク大統領が死去後，ヒトラーが総統に就任（1934）
　ユダヤ人迫害　※失業者対策や社会福祉制度などは話さず

[背景]

　不況：インフレや世界恐慌で失業者増加

☆小問：ユダヤ人の迫害はどんな意味を持つのか？

　第一次世界大戦の敗戦，多額の賠償金支払い，極度のインフレ，世界恐慌の大打撃などで，ドイツ人は自国に誇りを持てず厳しい生活だったが，共通の敵を作り弾圧することで，大衆がドイツ人は優秀だという気持ちを持つように仕向けた。

◎ヴェルサイユ体制の崩壊

・国際連盟脱退（1933）

　　→　再軍備宣言，ザール併合（1935），ラインラント進駐（1936）

　　　　　　　　　　　　※ザールやラインラントを地図で確認し合う

　　＝　ロカルノ条約破棄（ヴェルサイユ体制崩壊）

◎スペイン内戦と枢軸国の結束

　人民戦線内閣：反ファシズム　⇔　フランコ（軍人）

　　ソ連と国際義勇軍は人民戦線内閣（反ファシズム）を支援

　　独・伊はフランコの反乱軍を支援，英・仏は不干渉政策

　　　⇒　ドイツの無差別爆撃，反乱軍（ファシズム側）の勝利

　ファシズム三国：日独防共協定（1936）

　　→　日独伊防共協定（1937）⇒　三国枢軸が成立

■技能の習得（C）

・日独伊防共協定は国際関係にどんな影響を与えたか？協定の内容（教科書掲載の文字史料）を読んで考えよう。

　生徒の解答例：

　コミンテルンに対して共産主義の拡大を防ぐため三国が歩調を合わせたが，これが後に軍事同盟に発展してファシズム勢力が結集するようになった。つまり，第二次世界大戦の「ファシズム⇔反ファシズム」の国際関係がスペイン内戦ででき上がったともいえる。

　これらの読み取りに対する問いは比較的単純な質問だったため，短時間でまとめることができ，ペアへの説明もかなりスムーズだった。

　　　　　　※ナチ党の議席数推移表を出題することも考えたが，進度を優先して2022年度は回避した（定期考査では初見の問題として出題した）。

・画家はスペイン内戦をどのように見たのだろうか？ピカソが描いた「ゲルニカ」（筆者が用意した写真）を見て考えよう。

　　生徒の解答例：

　　ピカソがスペインの小村ゲルニカへの無差別爆撃に強く抗議。

　　怒り，悲しみ，悔しさ，愚かさ等言葉では表現できない感情が交錯。


■「テーマへのアプローチ」（箇条書きも可）（D）

　伊と独では，なぜ独裁的な指導者が登場したのだろうか？

　　解答例：

　　「イタリア：イタリア人が多く住むフィウメを奪回してほしい！

　　　　　　　　大衆の生活を楽にしてほしい！暴力でも何でも......」

　　「ドイツ：景気を良くし，大衆の生活に潤いがほしい！

　　　　　　　（1932年の段階で29.9%の失業率！）

　　　　　　　道路建設など公共事業はいい政策だ！

　　　　　　　ユダヤ人を迫害するのはドイツ人が優秀だからだ！

　　　　　　　ヴェルサイユ条約の賠償金はなくなった！」


■「今日のゴール」（正確な文章を書き，Google Classroom で提出）（G）

　なぜファシズムの勢力は伸長したのだろうか？

　　生徒の解答例：

　　「イタリアは第一次世界大戦の戦勝国だったが，物資が不足して不況に陥った。その不況から武力を使って新たな政治を始め，フィウメをユーゴスラヴィアから奪回したのがムッソリーニである。大衆の生活が経済的に回復し，領土問題を解決した彼は，多くの大衆に受け入れられた。」

　　「ドイツは世界恐慌のあおりを受け，失業率は30%に迫った。しかし，議会の第一党になったナチ党率いるヒトラーは，巧みな宣伝で大衆を味方につけ，道路建設など公共事業をおこして失業者を減らし，ユダヤ人迫害によってドイツ人が優秀だと思わせた。ヴェルサイユ条約の賠償金をなくしたことも，大きな支持を得た。ヒトラーは大衆心理を利用するのがうまかった。」

（生徒の解答例は，授業用ブログで公開して復習に利用する）

　「今日のゴール」は毎回時間がかかり，生徒によっては授業時間内に終わらない者もいる。その場合はチャイムが鳴っても引き続き作業を継続する（筆者の授業はチャイムが鳴っても挨拶をせず，終わった者から他の生徒を手伝ったり，休憩に入ったりするようにしている）。

### ② 単元ごとの探究型授業 ●

　「大衆化と私たち」の単元を終えた後，2時間にわたって探究型授業を行った。

### ● 1 時間目

「探究シート」を利用したGW

　シートで出した問いと実際の生徒による解答例は，次の通りである。

（1）どの時点で何をすれば，第二次世界大戦を防げたと考えられるか。

　「ドイツが再軍備宣言を出した時，ヴェルサイユ条約（ロカルノ条約）に抵触する恐れがあることを指摘して，ヒトラーの軍備拡大を防ぐべきだった。」

　「英仏がミュンヘン会談でドイツに宥和政策を行わなければ，あるいはその後にチェコスロヴァキアを解体したときに厳しく追及していれば，ドイツがポーランドに領土の要求をしなかったと思う。」

（2）学んだことや新たな発見について，具体的な史実から抽象化して自分の言葉で表現してみよう。

　「第二次世界大戦は未曾有の犠牲者を生み出し，インフラの破壊も相当な被害だった。この20世紀最大の汚点に至ったのは，紛れもなく武力で自国の利益を追求するファシズムだったので，武力による問題解決は絶対避けるべきだ。」

　「歴史は繰り返すことがわかった。第一次大戦後に平和協調が追求されたが，結局ファシズムが横行して第二次大戦が起こり，戦争はダメだと反省しても，結局ウクライナ侵攻を見ても戦争はなくならない。人間は学ぶことができるというが，愚かな生き物だと思う。」

233

（1）・（2）への解答はグループで共有し，多様な視点があることを実感してこの章で学んだことを深く理解することを目的とした。

　第二次世界大戦を防ぐために，現在にどうつながるかという面からさまざまな意見が出ていた。また，それを意見交換することで感心したり不可能だと言ってみたりして，多くの考え方に接していた。普段の生活からは想像できないような意外な解答を出した友人に対し，評価していた場面も見受けられた。

（3）前期と比べてできるようになったことを書いてみよう。
　　「教科書を読んで自分なりに整理し，図などを使ってペアにわかりやすく説明することができるようになったと思う。」
　　「余った時間で教科書の図やグラフを眺め，授業で出されていない問いの答えを考える時間が少しだけ増えた。」
　　「主体的に学習しようとは言うけれど，やはりやらされていることは多いと思う。でも，与えられた問いや作業を通じ，自分でいろいろと考えることができるようになった。」

（4）次の章でできるようになりたいことを書いてみよう。
　　「「今日のゴール」では，keyword を使って組み立てたが，それがなくても自分で歴史の流れが説明できるようになりたい。」
　　「過去のことを「自分ごと」として考えるのは難しいけれど，どういう意図でどんな行動を起こしたかを考えることを多くしたい。」
　　「歴史を通して何がどう変わったのかを考え，それが現在の問題とどのようにつながっているのか友達と話し合ってみたい。」
　　「GW はこれまでの PW よりも多くの人の考えを聴けるので，とても厚みがある学習ができたように思う。もっと違った視点から物事を考える機会を増やしたい。」

（3）・（4）は個人で考え，「振り返り」によって次章の学習に役立てることが目的であった。

　次章の「グローバル化と私たち」では，授業の要所で「振り返り」を確認したこともあり，できなかったことをできるようにしたいと，より積極的に授業に参加していた生徒が多かった。

● 2 時間目

「国際秩序の変化や大衆化と現代的な諸課題」について，

(1) ［対立・協調］［統合・分化］［平等・格差］［自由・制限］のうち
一つのテーマを選び，各資料（三つずつ）を用いて説明しよう。

　　紙面の関係上，授業で使用した資料をここに提示することはできな
いが，各テーマで三つのグラフや史料を配布した。

(2) 説明したテーマについて，現代においてどんな課題が生じ，どの
ように解決できるかを話し合ってみよう。

　　　ジグソー法を用いて探究活動を深めるようにした。四人グループ
でエキスパート活動をし，その後ジグソー法でそれぞれが説明して
意見を述べた後，各自が「章末探究シート」を Google Classroom
で提出した。

［対立・協調］を選んだ生徒の解答例

　「課題：領土問題で日本と韓国が対立しているが，協調すべきだと多くの
人が感じている。

　対策：現在日本は韓国に対して国際裁判所への出廷を要求しているが，
韓国はそれに応じていない。結審するにはある程度の強制力を用いて，
韓国の出廷を促す必要がある。韓国の若い世代では韓国の対日思想に疑
念を持つ人々も出てきており，世論を利用して二国間の協調を促すよう
にしたい。」

［統合・分化］を選んだ生徒の解答例

　「課題：都市部と地方部で人口に大きな差があり分化が進んでいく。しか
し，国として格差を少なくすべく統合の方向にもっていくべきだ。

　対策：娯楽・医療・企業・教育などが都市に集中しているため，政府が
公的資金を投入してこれらの機会を増やすことが必要だろう。また地方
の人口を増やすには，地方ならではの自然と触れ合えるキャンプ等の施
設を整備したり，オンラインで仕事が可能ならば移住を進めたりするこ
とで，日本全体が統合されていくと考える。」

［平等・格差］を選んだ生徒の解答例

　「課題：男性と女性の権利が平等でない。

対策：男性と女性に差が出ないように選挙権などを同じ年齢にする。男性と女性にそれぞれ偏っている仕事を男女ともにするため，男女の社会的地位を見直し，「男は外で仕事，女は家で家事」のような考えを改める必要がある。そのためにアファーマティブアクションを推進したり，学校教育でそうした考え方を扱ったりするべきだ。」

［自由・制限］を選んだ生徒の解答例

「課題：新型コロナの影響で，行動制限がかけられているため自由に行動できていないが，ある程度の自由を保証しなければならない。

対策：新型コロナでの行動制限を緩和させることが大きな制限からの脱却につながる。そのため，ワクチン接種の推奨だけでなく国民全体で緩和するための対策を話し合い，その上で政府が国民の意見を参考に行動に移すことが対策の一つだと思う。」


## ⑥ 〈歴史総合〉の「評価」方法

定期考査70％
　「知識・技能」35点分，「思考・判断・表現」35点分で作問
　「主体的な学習態度」を評価する作問はせず
平常点30％
　「知識・技能」10点分：小テスト
　「思考・判断・表現」10点分：「ゴールシート」「単元探究シート」
　「主体的な学習態度」10点分：「探究出発シート」，PW・GW活動
　　　　　　　　　※GWはほぼできなかったため，後期に入ってから加えた

　他の先生方もお書きになっていると思うが，「評価のための評価」になってはならず，生徒の学習活動を客観的に評価し，どういう点を高く評価できたかを彼らが十分受け止められるようにすべきである。少なくとも「三観点で評価しなければいけなくなったからどう割り振ろうか」といった会話が教師間でなくなるよう，何のための評価なのかを議論する機会を作らなければならないだろう。

## 7 現段階の問題点と今後の課題

### ● 有効な「対話」が実現できていない ●

先に述べたように，「対話」は相互の考えの違いを理解し合うことが大切だが，生徒たちは「会話」すればコミュニケーションしたと思っている節がある。筆者の授業で授業前半に行われる相互説明が「対話」の出発点であり，小問や「アプローチ」の各解答において同じものと違うものを確かめ合い，その違いが適切なのか考えて理解を深めることが真の「対話」である。そういう意味の「対話」が成立すれば，「個別→協働→個別」の探究が実現できると筆者は考えている。

### ● 授業における考察時間が十分ではない ●

進度を気にするあまり，そして特に後期になってから1コマ授業で完結させようとしたため，授業時間内で生徒が考察する時間を十分確保できず，「解答は授業ブログでね」というパターンも出てきたように感じる。やはり一番大事なのは，授業中に生徒が主体的に考えることである。解説時間を減らしたり，教科書を読むことを事前学習（予習）にしたりするなど，抜本的に授業デザインを見直すべきかもしれない。

### ● 考察に値する問いになっていない可能性がある ●

解説に交えて出す小問や「技能の習得」で扱う資料が，適当とは言えない可能性もあるだろう。今回の事例も全体の時間配分を考えて難易度を下げた感は否めず，本当に生徒が主体性をもって考察するような問いを精選する必要がある。また，文章から内容を読み取ることはできても，生徒が図や絵・写真から読み取ることができない状況もアンケート結果から明らかになっており，補足資料を提示することも必要だろう。

### ● 「今日のゴール」の共有が不十分 ●

先に述べたように，筆者の授業は「今日のテーマ」と「今日のゴール」を始めに提示して目標を共有して進めるようにしている。だから，「今日のゴール」は授業時間内に書き終え，その解答例を復習として授業内で共有しなければならない。教師側から提示してもいいだろうし，グループ内で共有してもいい。いずれにしても，他の解答例がどんなものか知

ることで多角的な視点が生まれるのだから，共有時間は重要である。やはり「授業ブログを確認しておいてね」では不十分である。

● 「振り返り」が不十分 ●

理想は毎時間「振り返り」を行うことだが，実際に時間が確保できず，十分振り返りをして自分をメタ認知し，次の学習に活かすことができなかった。せめて小単元ごとに「振り返りシート」を定型化し，授業中に全体で振り返りを共有するなど改善を試みたい。

● 評価の三観点のバランスが悪い ●

先に紹介したように，2022 年度は「知識・技能」と「思考・判断・表現」が各 40％，「主体的な学習態度」が 10％だった。これは地歴公民科全体で「主体的な学習態度」をどう評価するか難しいと判断し，初年度はこの割合で行うことを決定したのだが，筆者のような学習活動重視の授業の場合，もっと割合を高くした方が正確に生徒の評価に結びつくと考えている。よって，今後は平常点 30％を 40％にし，その内訳を「知識・技能」と「思考・判断・表現」が各 10 点，「主体的な学習態度」を 20 点とし，それぞれ 40％，40％，20％とすることも検討したい。

● 2023 年度（今年度）からの取り組み ●

授業ブログで各自解答例を確認するのではなく，授業中に教室全体でそれぞれの解答例や考え方を共有するために，GW で Jamboard を利用することがある。読者諸賢もお分かりのように，Jamboard はグループごとに端末で解答や考えを書きこみ，それをスライドに投影することでその場で情報を共有できるツールである。この方法を導入することで，リアルタイムで相互の情報交換や共有が可能になり，生徒たちにも好評である。紙に書いた解答をこちらが整理してフィードバックする手間が省けるなど，筆者の仕事時間も短縮できる利点もある。


## ❽ 他科目・他教科とのつながり

・世界史探究

〈歴史総合〉では，各授業で探究活動につながる出発点として疑問を

抽出し，それを単元ごとのGWによる探究活動につなげるよう試みた。その延長線上にあるのが〈世界史探究〉である。こちらから問いを発するだけでなく，生徒自身が疑問を持って問いを表現しやすいように，その材料となる知識・情報を提供する視点で解説をするようにしたい。例えば建造物の写真を題材に他文化との比較を行い，それぞれの文化の特質を考える授業を実施する予定である（多々良2023）。「探究活動＝GW」ではないものの他者と対話しやすいのがGWなので，その形式を多用して意見交換し，異なる視点や思考を相互に学べるよう授業を設定したい。

・地理総合

〈地理総合〉の担当者と情報共有することで，類似した分野を学習している際にお互い「地理総合で出てきたけれど」「歴史総合でやっているけれど」などと話し合って，両科目を横断することを試みている。例えば「アジアではどんな民族運動が生じたのか」という授業では，ちょうど〈地理総合〉でインドの綿花栽培について学習していたので，〈歴史総合〉の授業で「インドの代表的な農産物は？」「どのような環境で栽培しやすいのか？」といった質問を投げかけ，地理と歴史との関連を考える機会とした。

・論理・表現I（英語）

今回の執筆範囲ではないが，「近代化と私たち」のアメリカ独立革命などで英語の授業で扱われている箇所があれば，その部分を要約して〈歴史総合〉の授業の導入とすることがある。単に英語との融合だけでなく，それぞれの授業を独立させずに総合的に学ぶよう生徒に話している。

◆ 参考文献・拙ブログ

これまで述べてきた授業について，ご参照いただければ幸いである。

・多々良 穣「考える時間を創り出すKP法による世界史授業」『アクティブラーニングに導くKP法実践』川嶋直・皆川雅樹編，pp.134-139，みくに出版，2016年
・多々良 穣「考古資料を用いた新科目世界史探究と高大連携教育」『金沢大学考古学紀要』第44号，pp.77-92，金沢大学古代文明・文化資源学研究所，2023年
・「マヤ夫の世界史授業 revised（令和）」（授業用ブログ）
　https://worldhistorybymayao.blog.fc2.com/

# 「対話」の〈歴史総合〉

寺坂 悠平
長崎県立対馬高等学校

## ■ はじめに

　小学生の頃から夢見てきた教員という職に就き，10年目を迎えた。他校の先生方や知人に「世界史を担当している」という話をすると，専門分野を尋ねられることが度々あるが，私自身，高校時代のB科目は日本史を履修し，大学時代はアジア史研究室に所属しながらも極度の不勉強であったために，胸を張って紹介できる世界史の専門分野がない。また，正採用まで5年の年月を要し，誰かに紹介できるような授業を実践したり，体系化された教科指導のノウハウを身に付けたりしているとは到底言えない。現状を包み隠さずに言うと，日々の授業づくりも，偉大な先輩方の実践や高大連携歴史教育研究会の教材共有サイト[i]を参考にして教材を作成しており，オリジナリティはほとんどない。ただ，特別支援学校や総合学科高校，そして現在勤めている離島の高校と，多様な環境に身をおく中でさまざまな生徒たちと出会い，生徒たちから多くを学ばせてもらった。以下は，現在勤めている対馬高校での実践の要旨である。

　私の拙い報告が，現在教員採用試験に向けて懸命に努力されている講師や学生の方々，たくさんの業務を抱えながらも夜中まで教材研究に取り組まれている先生方など，一人でも多くの方の参考や励みになれば幸

いである。

## ❷ "共生" のために

　現在勤めている長崎県立対馬高等学校は，九州本土から約132km，朝鮮半島から49.5kmに位置する離島の高校である。対馬は古くから大陸文化を受容する最前線であり，特に朝鮮半島との人的交流は盛んに行われてきた。このような地域の特色から，2003年に，韓国語と韓国文化を専門的に学ぶことができる国際文化交流コースが創設された。2019年には国際文化交流科となり，全国各地から離島留学生を受け入れている。一方，従来から設置されている普通科・商業科には島内生が在籍しており，希望進路は国内4年制大学や専門学校，一般就職など多岐にわたる。

　このように，本校の生徒たちは，生まれも習熟度も将来への展望も多種多様である。多様性に満ちた勤務校で，教員として生徒たちにどのような力を身に付けてほしいかと考えたとき，それは「寛容性」と「多面的な視野」であった。離島留学生と島内生，もしくは離島留学生同士は，全く異なる環境で育ち，全く異なる文化を受容してきた。それゆえに価値観の相違やカルチャーショックが生じ，衝突することが少なくはない。また，島外へ進学・就職する島内出身者の多くは，初めて本土で生活するが，中には対人関係でストレスを感じ，島へ帰ってくる者もいる。さらに，韓国へ進学する国際文化交流科の生徒たちは，韓国で多文化に触れることになる。このように，学校生活や卒業後の人生において，生徒たちには常に異文化や多様な価値観との接触の機会が訪れ，"共生"する力が求められる。多様性に満ちたこの現代社会で，異なるルーツや価値観を有する者同士が共生していくためには，お互いの違いを受容する"寛容性"と，なぜそのような違いが生じるのかを考えるための"多面的な視野"が必要不可欠である。以上のような力を身に付けてもらうことを目指して教育活動に取り組んでいる。

## ❸ "teach" から "coordinate" へ

　が，自分自身が高校生だった頃は，知識教授型，いわゆる "チョーク＆トーク" の授業が主流であった。大学は文学部に所属しており，社会科教育を専門的に学ぶ機会はなく，「授業＝ "チョーク＆トーク"」のイメージが根付いたまま社会へ出た。

　そして，実際に教壇に立ってからは案の定 "チョーク＆トーク" の毎日であった。教科書の基礎的事項を教え込み，収集した歴史にまつわるエピソードを話し，時には授業から脱線した雑談を展開し，生徒たちの笑いをとり…。いつしかこのような授業形態に満足するようになっていた。しかし，ある卒業生が，私が出張で不在のときに，私の机上にメモを残していた。そのメモには「先生の授業おもしろかったです！歴史の内容はすべて忘れましたが！」と記されていた。自分自身の知識やトーク，教育観の薄っぺらさに気付いていながら，何かを変えるための努力をしてこなかった付けが回ってきた。その卒業生は部活動で主将を務め，上位大会に進出し，日常の学習態度も他の模範となるものだった。その教え子から，自分が目を背け続けてきた薄っぺらさを突きつけられた。これを機に，自分自身の意識と授業手法を変える努力を始めた。

　授業の流れの詳細については後述するが，現在は「対話」をベースにした授業を目指している。一般論として，最近の子どもに関しては，ねばり強さの無さやコミュニケーション能力・自尊感情の低さを指摘する声を耳にする。これらの真偽はさておき，確かに現場で似たような感覚を抱くことがある。このような傾向をもつ生徒たちに教師主導の "チョーク＆トーク" では，一人残らず生徒が学習に参加することは難しい。こうした状況を変えるためには「対話」が必要だと考えた。

　ここにおける対話とは，①他者とのコミュニケーション，②生徒が一人で課題や教材と向き合い自分なりの考えをもつ対話，③課題に対する自分の考えを生徒同士で相互交流したり，共通問題を協力して探究したりする「協同」により，お互いを価値あるものとして認め合い，異質な考えをすり合わせる活動としての対話,以上3点を指す。現在は "チョー

ク＆トーク"で歴史用語を"teach（教える）"するのではなく，「対話」を"coordinate（調整する）"する授業を目指している。

## 4 〈歴史総合〉の実践紹介

### ① 教材研究について ●

　では，実際にどのような〈歴史総合〉の授業を行ったか記していくが，先述のとおり，私の授業の多くは諸先輩方や高大連携歴史教育研究会の教材共有サイトの模倣である。分掌・部活動と並列して教材をゼロからつくりあげていく余裕も能力も私にはない。教材研究の中で特に頭を悩ませたのが史資料の収集である。〈歴史総合〉では大項目 B ～ D の中項目（1）において，生徒が自ら「問い」を表現することが求められている。「問いを表現する」ことについて，学習指導要領解説（2018 年告示）では次のように記述されている。（波線は筆者）

　　○○化に伴い社会や生活が変化したことを示す資料から，情報を読み取ったりまとめたり，複数の資料を比較したり関連付けたりすることにより，生徒が興味・関心をもったこと，疑問に思ったこと，追究したいことなどを見いだす学習活動を意味している。

　この文言からわかるとおり，〈歴史総合〉における史資料の重要性は大きい。史資料や問いの収集に際しては以下の著書や Web サイトを参考にしている（**資料 1**）。

**資料 1　教材研究の際，参考にしている著書や Web サイト**

・原田智仁『高校社会「歴史総合」の授業を創る』明治図書出版，
　2019 年
・前川修一，梨子田喬，皆川雅樹『歴史教育「再」入門 歴史総合・
　日本史探究・世界史探究への"挑戦"』清水書院，2019 年
・島村圭一，永松靖典『問いでつくる歴史総合・日本史探究・世界史

探究 歴史的思考力を鍛える授業実践』東京法令出版，2021 年
・高校歴史教育研究会『資料と問いから考える歴史総合 深い学びへ
　の授業モデル』浜島書店，2022 年
・小川幸司，成田龍一『シリーズ歴史総合を学ぶ 1　世界史の考え方』
　2022 年
・小川幸司『世界史との対話（上）（中）（下）―70 時間の歴史批評』
　地歴社，2011 ～ 2012 年
・大阪大学歴史教育研究会『市民のための世界史』大阪大学出版会，
　2014 年
・桃木至朗『市民のための歴史学―テーマ・考え方・歴史像―』大阪
　大学出版会，2022 年
・二井正浩『レリバンスの視点からの歴史教育改革論―日・米・英・
　独の事例研究―』風間書房，2022 年
・宮﨑亮太，皆川雅樹『失敗と越境の歴史教育―これまでの授業実践
　を歴史総合にどうつなげるか』清水書院，2022 年
・綿引弘『100 時間の世界史―資料と扱い方』地歴社，1992 年
・歴史学研究会『世界史史料』岩波書店
・教材共有サイト 2.0―高大連携歴史教育研究会　https://kodai-
　kyozai2.org/
・山川＆二宮 ICT ライブラリ　http://ywl.jp/

## ② 授業の組立てと流れ ●

　授業は大きく 2 パターンで行った。まず一つ目は，①講義や教科書，
プリントを活用して知識を得る（習得）→②得た知識をつなぎあわせ，
課題について考え，概念的理解を深める（考察）→③知識や概念的理解
を活用して，単元初めにたてた「問い」についてあらためて考える（解
釈）という流れである。従来の「習得→活用」というオーソドックスな
流れを踏襲したものであり，〈歴史総合〉が始まった 4 月当初はこの形
態で授業を行った。ただ，この形態では①に力を入れる生徒が多く，「知
識は講義で教わるもの」という学習観がどうしても拭えなかった。①で

躓いた生徒の一部は，「知識がなければ考えられない」という意識をもち，②③の段階に辿り着くことすらできなかった。

　この反省から②考察→①習得→③解釈というもう一つのパターンの授業の導入も試みた。概念的理解を深めたうえで，具体的な歴史的事象を学ぶという流れにすれば，知識がない生徒が取り残されることはないのではないかと考えた。

　なお，②考察においてはペア・グループ活動や「知識構成型ジグソー法iii)」を取り入れている。また，このような活動の時間を確保するために，授業の導入におけるメイン課題の確認や授業の流れについては「KP法iv)」で説明を行っている。

### ③ 授業の実践例① ●

### 大項目C　単元「国際秩序の変化や大衆化への問い」

　2022年度は，教科書は山川出版社の『現代の歴史総合 みる・読みとく・考える』を使用した。ここでは大項目C「国際秩序の変化や大衆化と私たち」の中項目（1）（2）における実践の一部を紹介する。単元の指導計画は次の**資料2**のとおり。

| 時 | 小単元名 | メイン課題 |
|---|---|---|
| 1・2 | 国際秩序の変化や大衆化への問い | 「大衆化」とは何か |
| 3 | 第一次世界大戦の展開 | 「正義」のための戦争はありえる？ |
| 4 | ソヴィエト連邦の成立とアメリカ合衆国の台頭 | 「平和」は誰のためのもの？ |
| 5 | ヴェルサイユ体制とワシントン体制 | 「大戦」は終わったの？ |
| 6 | アジアのナショナリズム | 「強者」と「弱者」の違いって何？ |
| 7 | 大衆の政治参加 | 「私たち」って誰のこと？ |
| 8 | 消費社会と大衆文化 | 「豊かさ」って何？ |

資料2　「国際秩序の変化や大衆化と私たち」（1）（2）の指導計画

　大項目Cの中項目（1）「国際秩序の変化や大衆化への問い」について，学習指導要領解説では次のように記されている。

　国際関係の緊密化，アメリカ合衆国とソヴィエト連邦の台頭，植民地の独立，大衆の政治的・経済的・社会的地位の変化，生活様式の変化などの資料を複数組み合わせて関連付けたり，それらのうち一つの内容で

あっても視点の異なる複数の資料を比較したりするなど，豊富な資料を教材として，生徒がそれらの情報を読み取ったりまとめたりすることにより，国際秩序の変化や大衆化に伴う生活や社会の変容についての考察を深め，自分自身の問いを表現できるようにすることが必要である。

　このとおり，多様な資料から「国際秩序の変化」「大衆化」に関する問いを，生徒自身に表現させることを求められている。4月当初の授業アンケートにおいて生徒の関心が強かったテーマが「マイノリティ」や「ジェンダー」であったため，今回は「大衆化」をテーマとして焦点化した。まずは問いを表現する以前に，「大衆化」とは何なのかを理解するため，先述の②考察→①習得→③解釈のパターンで1時間目を実施した（資料3・4）。なお，教材と資料については山川＆二宮ICTライブラリのものを参考にした。

　授業の導入では共通ワークシート（資料4）中の年表を用いて，単元の見通しをもたせた。そのうえで，KP法で本時の流れとメイン課題を提示し，学習前における予想を考えさせた。その後は知識構成型ジグソー法でメイン課題への結論を考えていく流れとしている。この間，授業者は以下の点を留意している。

・エキスパート・ジグソー活動では，司会・書記・タイムキーパーなどの役割を決めさせない。自由な発言の機会を確保させる。
・エキスパート活動中に机間巡視を行い，決定的な読み違いがあった場合のみ，その生徒を対象に助言を行う。全体に対して発声して対話を止めることはしない。
・机間巡視後は，廊下へ出て，生徒の質問を受け付ける。なお，質問内容は，辞書等で調べてもわからない語句の意味のみに絞り，資料の読解やメイン課題への解決に直結する質問は受け付けない。
・クロストーク中の他グループの発表は，聞き手である生徒にメモさせる。授業者は板書しない。

　前述のとおり，あくまで対話を"coordinate"するイメージであるため，

| | 学習内容 | 教師の指導・支援 | 生徒の活動 |
|---|---|---|---|
| 導入 | ●既習知識の確認 | ●プリント内の年表を活用し，本単元に関わる中学校での学習内容を発問する | ●中学校で学習した内容を確認する |
| | ●メイン課題と本時の流れの確認 | ●KP法でメイン課題と本時の流れを確認する<br>【確認事項】<br>・本時の内容が「大衆化」の理解であること<br>・知識構成型ジグソー法でメイン課題について考えていくこと | ●授業の見通しを把握する |
| | メイン課題：「大衆化」とはどのような変化のことか。 | | |
| 展開 | ●学習前の予想 | ●共通ワークシートを配付し，現時点での予想を記入させる | ●学習前の予想を個人で記入する |
| | ●エキスパート活動 | ●以下を指示する<br>【指示内容】<br>・生徒の座席6列に対し，2列ごとにエキスパート資料（♧・♡・♤）を配付<br>・個人で資料を読み込む<br>・同じ資料をもつ者同士（3・4名）で資料について意見を交換する<br>・どうしてもわからない語句があれば，グループの代表者が授業者に質問しに行く<br>【資料の内容】<br>♧：第一次世界大戦のもたらした変化<br>♡：大衆の政治的地位の変化<br>♤：生活様式の変化 | ●割り当てられたエキスパート資料について考察する（個人→グループ） |
| | ●ジグソー活動 | ●以下を指示する<br>【指示内容】<br>異なる資料をもつ者同士でグループに分かれ，自分のエキスパート資料について説明し合うことを指示する<br>【グループ分け】<br>エキスパート活動中にトランプを配付する<br>→同じ数字の者同士でグループを組む | ●グループに分かれ，それぞれのエキスパート資料について説明する。説明後はグループとしてのメイン課題への見解をまとめる |
| | ●クロストーク | ●以下を指示する<br>【指示内容】<br>・グループの代表者が問いへの仮説を発表する<br>・その間，他グループはメモをとる | ●代表者がグループの仮説を発表する |
| まとめ | ●結論の記述 | ●メイン課題への結論を記入させる | ●メイン課題への結論を記入する |

資料3　授業の流れ—国際秩序の変化や大衆化への問い

① 本時のメイン課題

② 学習前の予想

③ エキスパート活動
（個人→グループ）

④ ジグソー活動

⑤ クロストーク

⑥ 学習後の結論

資料4　共通ワークシート

教員からの発言は極力最小限にとどめている。授業で使用した共通ワークシートは，「予想」→「エキスパート活動（個人→グループ）」→「ジグソー活動」→「クロストーク」→「結論」という流れを一枚のプリントに収め，授業内での学習者の思考の変化をメタ認知できるようにしている。エキスパート資料は「第一次世界大戦のもたらした変化」「大衆の政治的地位の変化」「生活様式の変化」の3種類を配付した。

　活動を通じて，ある生徒は，メイン課題に対して**資料5**のように記している。

　この生徒はクロストークにおいて，「市民革命や国民国家の形成過程では，女性や黒人などが"市民"や"国民"の枠組みから除外されていたが」という前置きをしたうえで上記の結論を発表していた。大項目B

学習前の予想
「国民」が集団となったこと。

結論
　大戦での女性の活躍により，女性が社会進出し，男女間における格差が縮小した。また，技術の発達による情報収集手段の多岐化により，得られる情報も増え，簡単に共有できるようになった。性差の解消やマスメディアの発達により，国民全体に一体感が生まれ，一つの意志をもつ大きな集団となり，政治における発言権も強くなっていった。このような政治・文化面において国民主体の動きが強まっていったことを大衆化であると考える。

資料5　メイン課題への生徒の予想と結論

「近代化と私たち」の既習内容を踏まえ，18・19世紀と20世紀の相違点について言及しており，「社会的事象の歴史的な見方・考え方」が働いていると言ってよいだろう。

　ただ，大衆化に関する情報は収集できているが，事象と事象を羅列しているだけのものも散見された。歴史的事象や情報を論理的に関連付けるために知識を構造化させる働きかけが必要である。

　大衆化について概念的理解を深めたうえで，次の時間は「問いを表現する」授業を行った。

　「関東大震災後の朝鮮人にまつわるデマ」「女性の身売り」「KKK（クー＝クラックス＝クラン）の活動」「三・一独立運動と日本の憲兵」など，大衆化の中で弾圧されたり，弱い立場におかれたりした人々に関する資料を用意し，「大衆化」と矛盾する実態が記された資料から問いをつくらせた。しかし，これだけでは「鮮人とは何か」「KKKとは何か」など資料内に現れる単語に焦点を当てた問いをたてる生徒が頻出した。これらの問いは，生徒たちから発出された純粋な疑問であるため無下にはできないが，いずれも「知識」で回答できる問いであり，単元を貫く問いとしては適切ではない。また，「KKKの動機は何か」や「女子学生が発砲されているのはなぜか」といった資料にしばられた問いも見られた。

いずれの問いも現代的諸課題の解決に直結するものではない。〈歴史総合〉の大項目B〜Dには「私たち」という語句が使用されており、各項目の学習と生徒の間に自己関与性、いわゆるレリバンスを積極的に構築させ、「自分事」として歴史学習に取り組ませようとする意図を見ることができる。この「私たち」という視点を欠いた問いが多かったため、

① 「大衆化」との矛盾をついた問いを表現する（「○○なのに△△なのはなぜか」等）

②現代の私たちにも通ずる疑問点をつく

③つくり出した質問を「閉じた質問（Yes，Noで答えられる、あるいは短答できる問い）」「開いた質問（Yes，Noで答えられず、説明が必要なもの）」に分類・転換（「閉じた質問」は「開いた質問」に、「開いた質問」は「閉じた質問」に転換）する

以上3点を指示し、最初に出した疑問点を生かしながら、再度問いを表現させた。その結果、次のような問いが見られた。

> ・大衆化によって国民の声は届きやすくなったのに、女性の立場が弱いのはなぜか。
> ・なぜ肌の色や生まれによる差別は生まれるのか。
> ・情報はどのように広まるのか。また、その過程でマイノリティや弱者が生まれるのはなぜか。

上記のように現代の諸課題につながりそうな問いが生まれた。ただ、これらは授業者からの仕掛けによって生まれたものであり、生徒同士の対話の中で生じたものではない。現代の諸課題に対する認識が乏しいと感じたため、授業の中で「歴史」と「私たち」を結び付けていく意識を涵養していく必要があると感じた。

ここでたてた問いは、単元シート（**資料6**）に記入させ、単元を通して問いへの結論を考えていく流れにした。

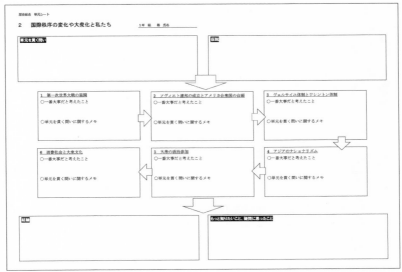

資料6　単元シート

## ④ 授業の実践例②

### 大項目C　単元「第一次世界大戦の展開」

　同単元の3時間目には第一次世界大戦の授業を行った。授業の流れおよびワークシートは**資料7・8**（p.252・p.253）のとおり。

　この時間は，①習得→②考察→③解釈の流れで展開したが，①習得を講義なしのペア活動中心で行った。地図・風刺画を用いて当時のヨーロッパ情勢についてまとめさせたところ，三国同盟・三国協商・バルカン情勢の緊迫など，必要最低限の知識は自分たちで習得していた。ただ，その背景となるゲルマン人・スラヴ人などの民族構成のみ，授業者による補足を行った。戦場・軍需工場の写真や戦時中の広告の資料から「総力戦」「女性の社会進出」などの情報も抽出できており，講義なしでも知識の会得は可能であると感じた（もちろん，小中学校時代の下積みもあるだろう）。

　メイン課題については「『正義』のための戦争はありえるの？」と抽象的なテーマに設定し，模範解答は設けないオープンエンドの課題とした。多くの生徒が国民の立場から「正義」「平和」について論じ，戦争

| | 学習内容 | 教師の指導・支援 | 生徒の活動 |
|---|---|---|---|
| 導入 | ●メイン課題と本時の流れの確認 | ●ウクライナをめぐるゼレンスキーとプーチンの言行を提示する<br>●KP法でメイン課題と本時の流れを確認する<br>【確認事項】<br>・本時の内容が「第一次世界大戦」の理解および「正義」についての考察であること<br>・ペア・グループ活動でメイン課題について考えていくこと | ●ウクライナ問題をめぐるゼレンスキーとプーチンの主張を読み取る |
| 展開 | メイン課題：「正義」のための戦争はありえるの？ | | |
| | ●学習前の予想 | ●共通ワークシートを配付し，現時点での予想を記入させる | ●学習前の予想を個人で記入する |
| | Q1：大戦前の国際情勢はどのようなものだったか。また，なぜ対立が生まれたか | | |
| | ●大戦前の国際情勢 | ●「三国同盟・三国協商」「バルカン半島情勢」に関する資料を参考に，Q1についてワークシートにまとめるよう指示<br>●ヨーロッパの民族構成について全体に補足 | ●ペア活動<br>資料を基に，大戦前の国際情勢についてワークシートにまとめる |
| | Q2：第一次世界大戦は従来の戦争とどのような点が異なるか。 | | |
| | ●大戦の特徴 | ●「総力戦」「新兵器・新戦術」に関する資料を参考に，Q2についてワークシートにまとめるように指示 | ●資料を基に，大戦の特徴についてワークシートにまとめる |
| | ●メイン課題に関する考察 | ●「独の宣伝用広告」「米大統領ウィルソンの演説」を参考に，独・米の戦争目的を考察するよう指示<br><br>●「フランス領西アフリカの住民」に関する資料を参考に，民衆の行動について考察するよう指示 | ●資料を基に，独・米の戦争目的を考察し，ワークシートにまとめる<br>●資料を基に，民衆と国家の戦争認識の食い違いについて考察する |
| まとめ | ●結論の記入 | ●メイン課題への結論を記入させる | ●メイン課題への結論を記入する |

資料7　授業の流れ－第一次世界大戦の展開

を否定的に捉えていたが，一部生徒は政府側の立場に立ち，必要以上の犠牲者を出さないための戦争を部分的に肯定していた。お互いの意見を交わすことで双方の視点を理解し，「こういった視点の違いが今日のウクライナ問題を引き起こしているということに気付いた」と感想を述べ

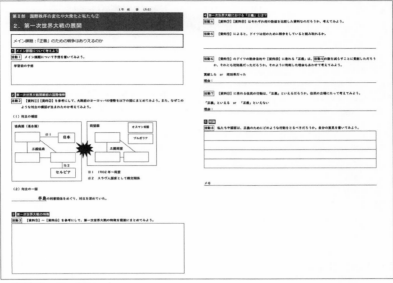

**資料8　ワークシート**

る生徒もいた。この時間に関しては，導入で現代の問題にも触れたから
か，第一次世界大戦を現代の問題と関連付けて考えることができた生徒
が多かった。

　以上が大項目Cにおける実践の一部である。実践については体系化
もされておらず未熟であるが，従来の"チョーク＆トーク"から"対話"
ベースの授業へ転換を図ることができたと感じている。

## 5 評価方法について

　評価は**資料9**（p.254）のように実施したが，まだまだ試行錯誤の段
階であり，不十分であると自覚している。旧評価方法（考査の点数（＋
平常点）≒評価（評定））のイメージが依然として拭えず，観点別評価
をどのように成績に反映させるべきかに執心している節がある。観点別
評価は，評定をつけることが目的でなく，指導と評価を一体化して形成
的評価によって指導していくことが肝要である。考査だけで知識の定着

度を測り，メイン課題へのアンサーだけで思考力を測るのであれば，授業を通して「何ができるようになったか」を生徒も教員も認識することはできない。日常的・段階的に評価の機会を設け，生徒の学習と教員の授業の改善に生かされるような評価を目指していきたい。

| 評価の観点 | 評価方法 |
|---|---|
| 知識・技能 | ●定期考査【知識問題】<br>●レポート |
| 思考・判断・表現 | ●ワークシート【メイン課題の考察】<br>●定期考査【考察問題】<br>●単元シート |
| 主体的に学習に取り組む態度 | ●ワークシート【仮説・グループ活動の記録】<br>●単元シート |

資料9　評価の観点と評価方法

# ⑥ おわりに

　以上が〈歴史総合〉に関する実践報告である。〈歴史総合〉の授業を行う中で，年度当初は生徒たちの中に戸惑う姿もみられたが，徐々に歴史を学びながら現代の社会問題や私たちの生き方について考える生徒が増えた実感がある。とは言え，課題は山積みである。私の力不足により，日々の授業づくりや他業務の消化に追われ，中項目（4）の取扱いや評価方法の見直し，探究科目との接続などについては十分に取り組めていない。今後の課題としたい。

　繰り返しになるが，私には優れたオリジナル教材をゼロからつくり出す余裕も能力もカリスマ性もない。にもかかわらず，本著や各種フォーラム・研究会において実践報告の機会をくださった皆川雅樹先生や管理職・県指導主事の先生方に心から感謝申し上げたい。また，偉大な先生方の先行実践や，日々ご助言をくださる先生方，そして，未熟な私と一緒に懸命に学ぼうとしてくれる生徒たちのおかげで私の授業は成り立っている。このことを肝に銘じながら，これからも子どもたちの成長や多様性が"共生"できる社会の形成に微力ながら貢献できれば幸いである。

【注記】

i ) 教材共有サイト 2.0―高大連携歴史教育研究会　https://kodai-kyozai2.org/

ii ) 佐藤雅彰・佐藤学『中学校における対話と協同―「学びの共同体」の実践』, ぎょうせい, 2011 年

iii ) 知識構成型ジグソー法については, 東京大学 CoREF『協調学習 授業デザイン ハンドブック 第 3 版―知識構成型ジグソー法を用いた授業づくり―』(http://ni-coref.or.jp/archives/17626) 参照。

iv ) KP 法については, 川島直『KP 法―シンプルに伝える紙芝居プレゼンテーション―』(みくに出版, 2013 年), 川島直・皆川雅樹編著『アクティブラーニングに導く KP 法実践―教室で活用できる紙芝居プレゼンテーション法―』(みくに出版, 2016 年) 参照。

v ) 二井正浩『レリバンスの視点からの歴史教育改革論―日・米・英・独の事例研究』風間書房, 2022 年

vi ) ダン・ロススタイン, ルース・サンタナ, 吉田新一郎訳『たった一つを変えるだけ：クラスも教師も自立する「質問づくり」』(新評論, 2015 年) を参考。

vii ) 単元シートについては, 堀哲夫『新訂 一枚ポートフォリオ評価 OPPA 一枚の用紙の可能性』(東洋館出版社, 2019 年) を参考。

# 平和な未来を目指して
## ―つながりを学ぶ〈歴史総合〉―

土居 亜貴子
兵庫県立御影高等学校

## 1 はじめに

　「1939年9月，ドイツ軍はポーランドに侵攻した。これを受けてイギリスとフランスはドイツに宣戦し，ここにヨーロッパを戦場として第二次世界大戦が始まった。」〈歴史総合〉の教科書の記述である。「2022年2月，ロシアはウクライナに侵攻した。」生徒たちがニュースなどで何度も耳にした言葉である。

　「あなたは，なぜ歴史を学ぶのか」と生徒たちに尋ねると，「過去の出来事から学び，同じ過ちを繰り返さないようにするため」という答えが返ってきた。数年前に尋ねても同じような答えが返ってきていただろう。それでも，初めて〈歴史総合〉の授業をした2022年4月は，危機感を持ち，歴史を学ぶことに前向きな生徒が以前よりも多いように感じた。

　私の勤務校である兵庫県立御影高等学校（以下，本校とする）では，ほぼ全員が四年制大学に進学する。そのため，大学受験において〈歴史総合〉がどのように位置付けられるのかが明確ではないままに授業が始まるということは不安だった。しかも，観点別評価が正式に始まる。従来の世界史／日本史A・Bの授業とは発想を変えなくてはならない。どうすれば良いのか。わからないことばかりだった。国際情勢が大きく変化するなかで，新科目〈歴史総合〉を教えるということに身が引き締ま

る思いだった。

　一方で，これまでとは違った形の歴史の授業を担当できることが楽しみでもあった。本校の先生方のみならず，他校や大学の先生方と情報交換できる機会を大切にし，ワクワクしながら授業準備を進めた。

## ❷ 授業の概要と年間計画

　本校では，2022年度の入学生から第1学年で〈歴史総合〉と〈公共〉を2単位ずつ，第2学年で〈地理総合〉を履修する。また，選択に応じて〈世界史探究〉と〈日本史探究〉は第2学年から，〈地理探究〉は第3学年で履修することができる。

　〈歴史総合〉が初めて開講された2022年度は，教科書として『現代の歴史総合　みる・読みとく・考える』山川出版社を使用し，副教材として『現代の歴史総合　みる・読みとく・考える　ノート』山川出版社と『明解歴史総合図説シンフォニア』帝国書院を採用した。

　第1学年は8クラスあり，金谷蕗教諭と4クラスずつ担当することになった。金谷教諭も私も日本史を担当することが多く世界史分野への不安があったため，参考になる本を紹介し合ったりしながら授業準備を進めた。

　年度当初に立てた年間計画は，1学期に「A　歴史の扉」と「B　近代化と私たち」，2学期に「C　国際秩序の変化や大衆化と私たち」，3学期に「D　グローバル化と私たち」というものであった。担当者間でこまめに状況報告をし，教科書の重点的に扱う部分や取り扱う資料などを共有することによって，2022年度はおおむね予定通りに実施することができた。本稿では，主に2学期の授業実践について報告する。

## ❸ 実際の授業展開

　「持続可能な歴史総合の授業」を合言葉に，教科書に重点を置いて授業を進めていった。オリジナルの授業プリントを作成したが，取り扱う

資料や問いなどは，教科書に掲載されているものがほとんどだった。授業時間数の都合上，すべての内容を網羅することはできないので，どの資料をどのように活用するか，どの問いに重きを置いて展開するかといったことは，担当者間でこまめに打ち合わせをしていた。また，「知識があるから思考できるのか。思考することで知識が定着するのか。」ということについての対話も繰り返した。

【資料1】は，1年間に使用した授業プリントのタイトル一覧であり，1～5が1学期中間考査，6～11が1学期期末考査，12～20が2学期中間考査，21～28が2学期期末考査，29～34が学年末考査の範囲である。

初めての実践となった2022年度の授業を終え，年度末に担当者で振り返りをした際に真っ先に挙げられた課題は，年間計画において「グローバル化と私たち」の授業時数が不足していたことだった。現在とのつな

| | | | |
|---|---|---|---|
| 1 | 歴史の扉 | 18 | 世界恐慌の時代 |
| 2 | 産業革命 | 19 | ファシズムの伸長と共産主義 |
| 3 | 市民革命①・② | 20 | 日中戦争への道 |
| 4 | | 21 | 第二次世界大戦の展開①・② |
| 5 | 国民国家とナショナリズム | 22 | |
| 6 | 明治維新①・② | 23 | 国際連合と国際経済体制 |
| 7 | | 24 | 占領と戦後改革 |
| 8 | 日本の産業革命 | 25 | 冷戦の始まりと東アジア諸国の動向 |
| 9 | 帝国主義 | 26 | 日本の独立と日米安全保障条約 |
| 10 | 変容する東アジアの国際秩序 | 27 | 冷戦下の地域紛争と脱植民地化①・② |
| 11 | 日露戦争と東アジアの変動 | 28 | |
| 12 | 第一次世界大戦の展開 | 29 | 東西両陣営の動向と1960年代の社会／軍拡競争から緊張緩和へ／地域連携の形成と展開①・② |
| 13 | ソヴィエト連邦の成立とアメリカ合衆国の台頭 | 30 | |
| 14 | ヴェルサイユ体制とワシントン体制 | 31 | アジアのなかの戦後日本 |
| 15 | 世界経済の変容と日本 | 32 | 冷戦の終結とソ連の崩壊 |
| 16 | アジアのナショナリズム | 33 | 地域紛争と国際社会①・② |
| 17 | 大衆の政治参加／消費社会と大衆文化 | 34 | |

【資料1】授業プリントのタイトル一覧

がりが深いこの単元に，より丁寧に取り組むためには，「近代化と私たち」をもう少し精選する必要があると考えた。具体的には，【資料1】の6〜11（明治維新〜日清・日露戦争）に時間をかけすぎてしまったことを反省した。授業担当者の2人とも日本史を専門としており，慣れたテーマだったことが原因である。詳しく知っているところほど説明したくなり，授業進度が遅くなってしまう。気を付けているつもりだったのだが上手く進められなかった。

## ● iPad の活用 ●

2022年度の入学生は，全員がiPadを持っている。〈歴史総合〉の授業では，ClassiNOTE[ii]を使用し，お互いの考えを速やかに共有することができて便利だった。また，資料集は，従来通りの冊子に加えてクラウド版も購入しており，授業中にiPadを使う生徒の姿は当たり前のものになっていた。

私自身がiPadを使い始めたのは2022年度に入ってからであり，操作がわからず試行錯誤の連続だった。初めてタイマーを使った際には音の止め方がわからず，一番前に座っていた生徒に助けてもらった。それでも，プリントや資料を自分のiPadで提示しながら説明したり，ClassiNOTEで生徒同士の意見を共有したりすることができるというのは非常に便利であり，生徒たちがペアワークなどの活動をする時間をより多く確保できるようになったと感じている。

## ● 一枚ポートフォリオ評価の導入 ●

手探り状態で過ごした1学期を振り返り，2学期に向けて特に改善したいと考えたことの一つが，生徒たちの思考の変化（深まり）や，問いを立てる力をどのように評価するのか，ということだった。そこで，2学期からは一枚ポートフォリオ[iii]（以下，OPPとする。）を導入してみることにした。考査の時期で区切り，2学期中に2枚のOPPを作成した。

2学期の最初に配布したのは，【資料2】のワークシートである。単元の学習前に，Aの部分に「今の時点での知っていること」，Bの部分に「現段階で考えられる問い」について記入する。単元の学習が終わった段階で，Cに「（学習後の）今の時点で知っていること」，Dの部分

に「（学習後の）現段階で考えられる問い」，Eに「学習の振り返り」，
Fに「感想」を記入するというものである。また，【資料2】の裏面が【資
料3】であり，毎時間の記録を残せるようにした。

　単元のはじまりの段階で，生徒たちの【学習前】の知識を確認できた
ことは大きな収穫であり，これを元にして授業内容を変更していった。
「サラエボ事件」「三国協商と三国同盟」「日英同盟を理由に日本が参戦」
「ウィルソン大統領」「国際連盟」といった基本事項は既に知っていた。
しかし，大戦景気についての誤った説明など，正しく理解できていない
事項がある生徒も見られた。また，言葉は知っていても内容まで理解し
ているかはわからないということも判明した。ペアワークの際に，「前
回のワークシートに，多くの人が『バルカン半島はヨーロッパの火薬
庫』って書いてくれてたよね。じゃ，バルカン半島ってどこ？教科書の
地図で指さして隣の人に示してみて。」と言うと，「えっ！わからん！」
という声があちらこちらであがっていた。

　【資料2】への生徒の記述（AからF）を【資料4】として紹介する。
なお，生徒の記述内容をなるべく残しながら，一部省略したり誤字脱字
を修正したりしている。

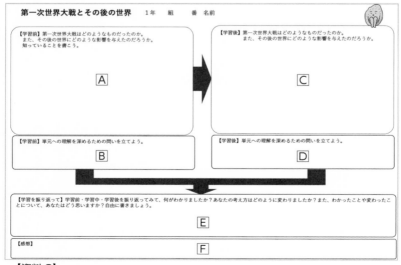

【資料2】

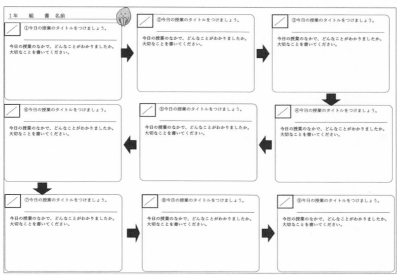

【資料3】

【資料4】

aさん

| A | 三国同盟 VS 三国協商 and 日本　サラエボ事件　三国協商側勝利 ベルサイユ条約　ドイツのやばい借金　国際連盟発足 |
|---|---|
| B | 第一次世界大戦のなか，それぞれの国はどういう状況だったのか。またそれは世界大戦後どのように影響したのだろうか。 |
| C | ・初めての総力戦…女性労働者の地位向上，普通選挙実現に近づく ・経済的な大ダメージ…国際協力が促される（アメリカが主体）　恐慌 ・ウィルソン大統領の「民族自決」→中国（戦勝国）・朝鮮・インドなどの独立運動 ・日本の政治に対する関心…上昇，民衆の力で政治が動く ・社会主義の誕生…政治の在り方をゆらがせる |
| D | なぜ，第一次世界大戦は世界の政治や経済，国際関係を変えたのか？ |
| E | 学習前は，「～の国と～の国が争ってどちらが勝った。その時に～条約が締結された。」といった，ただただ物事を覚えるだけだったが，学習を通してすべての出来事にはその出来事が起こるべき理由があると分かり，より物事の関連性をつかめたと思う。物事を理解し，納得することが歴史では重要だと思うようになりました。 |

| F | 今回やった範囲は，今につながる出来事がたくさんあったので，どうして今こうしたきまりがあるのか，などを知ることができて良かった。戦争は起こってはいけないことだけれど，戦争によって経済や技術が進歩して今に至ると考えると複雑な気持ちになる。 |
|---|---|

bさん

| A | 日英同盟　三国同盟（ドイツ，イタリア，オーストリア）<br>三国協商（イギリス，フランス，ロシア）←日本 |
|---|---|
| B | どうやって，同盟国と協商国の国どうしは集まったのか。 |
| C | ・各国が総力戦で戦ったため，被害がとても大きかった。<br>・総力戦になり，女性も国内で武器を作ったりしたため，各国で女性の社会進出が目立った。<br>・途中から参戦したアメリカは，連合国側の勝利に貢献し，世界的地位を上げた。<br>・日本は戦後恐慌になった。 |
| D | なぜアメリカは第一次世界大戦に途中から参加してきたのか。 |
| E | 今までは，大戦がどうやって始まったかとか，大戦中はどんな様子だったか，しか覚えていなかったけれども，今回授業を受けて大戦前と大戦後の違いや影響についてくわしく知ることができた。今の日本に近い文化や政治がどうやってできて，どうやって進化してきたのかを知ることができてよかった。 |
| F | 中学生のときは，本当に歴史が苦手で理解できなかったけれども，今回の第一次世界大戦の授業を経て，すごく身についていて嬉しかったです。【学習前】は，教科書を見てもこの量なのに，【学習後】に自分の頭からこの情報量がでてきて嬉しかったです。 |

cさん

| A | 化学兵器を使った戦争　女性は兵器を作ったり，植民地の人も前線にかりだされたり，ひとつの国（植民地含む）が全員で戦う総力戦　民族自決 |
|---|---|
| B | なぜ世界は戦争の道を選択したのか。 |
| C | 第一次世界大戦は世界中に大きな影響を与えた戦争だった（良くも悪くも…）化学兵器がたくさん用いられ，戦場に行った男性以外に兵器をつくる女性も活躍し，戦後女性が社会進出できるようになったり，選挙権を得たりと大きく変わった。そして，戦場がヨーロッパだったことから，ヨーロッパ諸国が衰え，アメリカが国際的な地位を大きくあげることにつながった。ウィルソンが14か条を出したり，アジア |

| | |
|---|---|
| | の国々が独立したりと，これまでの上下関係が小さくもなった。しかし，この戦争で利益が大きかった国とそうでない国ができてしまい，今後の不安の種もできてしまった |
| D | この戦争がなかったら今の世界はどうなっていたのか。（女性は社会進出できていたかな？独立できる国はどれくらいあった？）<br>この戦争の何が違えば，第二次世界大戦は起きなかったのか。 |
| E | 私は第一次世界大戦は第二次世界大戦の元になった悪の火種だとずっと思っていました。戦争が悪だという考えは全く変わってはいません。けれど，この戦争があったから，女性は社会進出できたし，植民地から解放された国もあると考えると少し複雑でした。もちろん，戦後恐慌，世界恐慌という最悪な影響もありました。そこをふまえると，簡単にこうしておけばよかった，というのは分からないものだなと思いました。 |
| F | 戦争というと第二次世界大戦が思いつきやすいのですが，勉強していくうちに，第一のほうも秘密条約など，知れば知るほどおもしろいなと感じました。もっとくわしく勉強したいと思いました。 |

　aさんがEで述べているのと同様に，これまでは歴史の勉強といえば単語の暗記だと認識していたが，つながりを意識できるようになったことで興味関心が高まったという振り返りをしている生徒が多かった。

　bさんのように，Aでは単語を並べるだけだったが，Cでは単語を適切に用いて記述できるようになり，生徒自身が自分の理解の深まりに気付くことができた例もある。

　また，cさんのように，歴史上の出来事を善か悪かの二項対立で評価するという考え方が揺さぶられたという生徒は他にもいた。学習後も戦争のない世界を実現させたいという願いは変わらないが，戦争をきっかけにして民衆の権利が拡大したといった変化にも目を向けられるようになり，単純に善悪で判断できることではないのだという気付きを得ている。この変化が，問い（BとD）にも影響を与えている。歴史を学ぶうえで，「もしも」を想定することには配慮が必要だが，「今を生きる私」との関わりを意識するようになっている。

　毎時間の振り返りである【資料3】については，授業中に記入するための時間を確保できないことが多かったという反省点がある。本来であ

れば，毎時間の思考過程を振り返って記録し，単元を通しての変化を見取ることができるものなのだが，「ごめーん！チャイムが鳴ってしまったから，各自で書いておいて〜」という状況になってしまい，後日まとめて記入する生徒が多く，うまく活用することができなかった。

中間考査後最初の授業では，【資料2】と同じ様式だが，タイトルを「第二次世界大戦と現代」とし，学習前後に「第二次世界大戦はどのようなものだったのか。また，現代の日本や世界にどのような影響を及ぼしているのだろうか。」と問いかけているOPPを配布した。こちらについての生徒の記述を【資料5】として紹介する。なお，A〜Fは【資料2】に対応している。

【資料5】

dさん

| A | ドイツがポーランドに侵攻したことをきっかけに，イギリスとフランスがドイツに宣戦したことで始まった。大戦後，日本は植民地を失い，アメリカの支配下におかれ，世界では平和への欲求，核兵器の廃絶が進められるようになった。 |
|---|---|
| B | 第二次世界大戦によって国際体制はどのように変化したのだろうか。 |
| C | ドイツがポーランドに侵攻し，これを受けてイギリス，フランスがドイツに宣戦したことをきっかけに始まった。世界中はファシズムと反ファシズムに分かれて対立した。第一次世界大戦とは違い原子爆弾や無差別爆撃などで多くの人が命を落とした。大戦後，日本はアメリカに単独支配，ドイツは複数支配された。その違いによって，冷戦期に日本は復興をとげたが，ドイツは西ドイツと東ドイツに分かれて対立することになった。また，国際連盟から国際連合へと移り変わり，大戦が起きてしまった反省から，武力制裁などを新しく加えることになった。 |
| D | 戦争を起こすような国家にしないために大切なことは何だろうか。 |
| E | 日本とドイツでは戦後のようすがかなり違っている理由がよく分かっておらず，指導者の有無だけだと思っていたのだが，単独での支配か，複数での支配かという違いが関わっていることがわかった。そのような少しの違いで冷戦の際の国内のようすが変わってきたのだとわかった。 |

| F | 第二次世界大戦が起きた背景や内容を理解することが，今後私たちが戦争を起こすことを防ぐことにつながっていくのではないかと思った。また，国際連合を完璧な機関だと思うのではなく，組織や仕組みについて疑問をもち，変化させていくことも必要なのではないかと思った。 |

e さん

| A | 独ソ不可侵条約　ファシズム　ヒトラーとスターリン　ユダヤ人の大量虐殺　連合国と枢軸国　ポーランドにドイツが侵攻 |
| B | 一度平和に向かった世界が，なぜもう一度世界大戦を起こしたのか。 |
| C | 恐慌によって生まれたファシズムの出現によってヴェルサイユ体制は崩壊した。ファシズムとコミンテルンは激しく対立していた。しかし，イギリスやフランスの宥和政策により，状況が動いた。日本は満洲の権益をめぐって国民政府と対立し，満洲事変をおこした。国内は軍部の力が強くなった。孤立した日・独・伊対連合国の戦争へと発展した。この構図は，国際連合という形で今も名残がある。 |
| D | 外交努力の限界を本当にあきらめても良かったのだろうか。 |
| E | この学習をしている間も，ウクライナでの戦争の情報は更新され，ロシアが徹底して攻めているように感じた。また，この状況が学習していた第二次世界大戦の局面とつながる所があり，歴史が繰り返されつつある実感がわきました。 |
| F | 学習の中で，「おい，またかよ！」という場面があり，「反省してくれよ…」と思う機会がたくさんありました。またしても世界が戦争という道に進んでしまったことは事実ですが，次は自分たちの力で防ぎ，平和を目指さねばならないと改めて感じました。 |

　生徒たちは，高校入学までに原子爆弾の被害をはじめとする2度の世界大戦の悲惨さを学んできている。そして，〈歴史総合〉の授業で，外交関係や開戦までの経緯などへの理解を深めた今，ドイツによるポーランドに侵攻とロシアによるウクライナ侵攻を重ね合わせて危機感を抱き，平和のために学ばなければいけないと感じているという記述が見られた。複雑なヨーロッパ外交に興味を持ち，外交による平和実現の可能性を考えたいという生徒は，e さん以外にも見られた。

● 生徒の問いを生かす ●

　OPP は単元のはじめに配布するが，【資料2】のA・Bに生徒たちが

記入した時点でプリントを一度回収し，授業担当者間で内容を共有してきた。その際に「なぜ，第二次世界大戦は防げなかったのだろうか？」という問いに注目し，次回以降の授業で他の生徒たちと一緒に考えてみることにした。歴史に「もしも」はないのだが，思考することには価値があると考えたのだ。

　「ヴェルサイユ体制とワシントン体制」の授業のまとめとして，「第一次世界大戦後の国際体制に，足りなかったものは何だろう？『もし，○○○だったら，再び世界大戦がおこることはなかったかもしれない。』○○○にあてはまる内容を考えてみよう」というワークを取り入れた。個人で考える時間を取った後にペアで共有した。生徒の答えを【資料6】として紹介する。ドイツへの制裁について述べている生徒が多い印象だった。

---

・ヴェルサイユ条約でドイツへの巨額の賠償金や負担をかけすぎなかったら
・ワシントン会議の海軍軍備制限条約などで軍縮をもっと強く行っていたら
・国際連盟の影響力がもっと大きかったら
・当時の国際連盟が現在のかたちだったら
・「良心」をもってドイツから賠償金をもらいすぎず，よく考えて助け合えたら

---

【資料6】

　その後，2学期の中間考査の最後に「あなたは，第三次世界大戦を防ぐために最も大切なことは何だと考えますか。第一次世界大戦後の世界情勢の具体例を挙げて，理由を明確にして述べよ。」という問いかけをすると，次の【資料7】のような意見が述べられていた。【資料6】に比べて，「尊重し合う」「話し合う」といったあいまいな解決策を述べる生徒が増えた一方，ロシアのウクライナ侵攻を例に挙げて国際連合にも限界があることを指摘する生徒もいた。

　しかし，これらの生徒一人一人の意見に丁寧に向き合うことがまだできていない。今後の課題である。正解が一つではない問いについて思考することは，生徒自身が問いを立てる力を育むことにつながる重要な活動である。どのように関われば，一人一人の思考が深まっていくのだろ

・第三次世界大戦を防ぐためには，お互いの国を尊重しあうことが大切だと思う。尊重し合っているなら，相手の国を苦しめようなんて思わないから。

・第一次世界大戦後は，敗戦国はもちろん戦勝国でさえ不況になったりしていたので，戦争をしても得をしないということを肝にめいじることが重要。

・技術革命により作られた武器により多くの人が死んでしまったので，武器を作らないことが大戦を防ぐために大切なことだと思います。

・全人類が平等に教育を受けること。第一次世界大戦は参戦国数・参戦者数・死傷者数それぞれ膨大となり，多くの被害が出た。戦争の残酷さを全人類が受け止める必要がある。

・世界中での物資の共有が大切だと思います。理由は，物資がないからその物資がある国を侵略しようと考えるから。足りないものを他の国に補ってもらって，他の国にないものを自国が補う関係になれば戦争は起きないと思う。

・第一次世界大戦後，世界ではヴェルサイユ体制をもとに不戦への流れとなっていたが，原則が不平等で不徹底だったため，自分は，すべての国が平等に国際法の支配を受け入れることが大切だと考える。

・WWⅠ，WWⅡを通して2度国際組織がつくられたが，国際連盟はもちろん国際連合に関してもロシアとウクライナの戦争を止められていないので，常に各国の軍事の監視をしたり，世界最大の軍を所持したりするなどして戦争をする気にもさせないような強力な国際組織が必要だと思います。

・第一次世界大戦中のイギリスの多重外交のせいで現在まで続くパレスチナ問題になっていることから，第三次世界大戦を防ぐために各国が条約や約束事の内容を明らかにし，第三者に判断してもらうことが大切だ。

【資料7】

うか。ICTの活用も含めて，考えていきたい。

● **風刺画の活用** ●

　風刺画は教科書にも多く掲載されており，それを読み解く活動には意欲的に取り組む生徒が多い。授業で風刺画を扱うのは，新たな知識を得て理解を深める目的と，既に持っている知識を活用する思考力を高める

目的との二つの場合がある。

　一つめの目的に合致しているのが【資料8】である。「ファシズムの伸長と共産主義」の授業のはじめに【資料8】を提示し，この風刺画の説明ができるようになることを本時の目標とした。風刺画の上には「ミュンヘン会談（1938年）」と書かれている。ほとんどの生徒は，左端に座っているヒトラーはわかるが，他の人物はわからない。壁の地図も，どこなのかわからないというところから始まった。

　ファシズムの出現とヴェルサイユ体制の崩壊，ソ連とコミンテルン，スペイン内戦と枢軸国の結束に続いて，ドイツの侵略と独ソの連携を説明した。そして，もう一度ミュンヘン会談の風刺画を見て，その意味を考える時間をとると，地図はチェコスロヴァキアを示しており，後から入ってきたのがスターリンであるということがわかるようになった。

「どうしたんだ，俺の席がないじゃないか」（イギリスの風刺画）

iv)
【資料8】教科書 p.121 に掲載

　風刺画活用の二つめの目的のために用いたのが【資料9】である。既に持っている知識を活用して思考力を高めることを目指し，2学期中間考査後の「第二次世界大戦の展開」の導入として，ペアワークで【資料9】の読み解きを行った。生徒たちはすぐに足元の地図に注目し，中学校での既習内容である独ソ不可侵条約の締結とドイツによるポーランド侵攻を示していることを理解した。左手に注目して，その先の独ソ戦を暗示していること気が付いた生徒もいた。風刺画についての自分の考えを嬉しそうに説明する姿が，教室のあちらこちらで見られた。

「疑わしい友人」(『PUNCH』イギリス，1939年9月27日)

【資料9】　教科書p.127に掲載 v)

# 4　〈公共〉や〈地理総合〉とのつながり

　2022年度，私は〈公共〉と〈歴史総合〉の両方を担当していた。授業準備を進めるうちに，共通する内容が多くあることを実感し，それらをつなげていこうとしたのだが，十分に整理することができなかったという反省がある。

　公共では，1学期に「近代政治の原理と民主主義」や「大日本帝国憲法」といった近代化に関連することを学習する。フランス革命期に，女性は国民として扱われなかったという資料は，歴史総合の授業でも公共の授業でも紹介した。2学期の「市場経済のしくみ」や「資本主義の歴史」を学んでいた時期に，歴史総合でも「日本のケインズ高橋是清」に注目した。3学期は，戦後日本の経済史は主に公共で，国際経済史は歴史総合で学習するという方針で進めていった。

　学習指導要領で示されているように，〈歴史総合〉では「社会的事象の歴史的な見方・考え方を働かせ」ることが大切であり，〈公共〉では「人間と社会の在り方についての見方・考え方を働かせ」て学ぶ必要がある。必要に応じて科目横断をしながらも，それぞれの科目で育成すべき資質・能力をごちゃまぜにしてはいけない。わかってはいるのだが，初年度は，うまく整理することができなかった。

2023 年度は，1 年時に〈歴史総合〉と〈公共〉を学んだ生徒たちを対象にした〈地理総合〉の授業を担当している。「グローバル化する世界」や「歴史的背景と人々の生活」といった単元は，特に〈歴史総合〉や〈公共〉とのつながりが強い。

〈歴史総合〉も〈公共〉も〈地理総合〉も，広い視野に立ち，グローバル化する国際社会に主体的に生きる平和で民主的な国家及び社会の有為な形成者に必要な公民としての資質・能力を育成することを目指すというのは同じである。どうすれば，相乗効果を発揮できるようになるのか。今後も試行錯誤しながら検討していきたい。

## 5 おわりに

従来の〈日本史 B〉の授業に比べると，生徒たちは授業中に個人やペアで考え，自分自身や資料，ペアの人と対話をする時間や，自らの学びを振り返る時間が増えた。歴史上の出来事が，今の世界で起こっていることにつながっているということを学び，戦争のない平和な未来を実現するためにはどうすれば良いのかということを考え，表現する機会を得た。

授業担当者である私は，日本史のみならず世界史についての理解も必要になるため，教材研究に必要な時間が増えた。観点別評価を意識した授業プリントや定期考査の問題作成や採点にもより一層時間がかかるようになった。「この問題で，本当に思考力を問えているのだろうか」という葛藤は常に抱えている。ワークシートはこまめに回収し，PDF 化して保存してから生徒に返却している。そのワークシートを見直し，授業中の生徒たちの様子を思い浮かべ，どのように主体性を評価すれば良いのか思い悩む。〈歴史総合〉が始まったことによって負担感は増している。

それでも，一人で悩み苦しんでいるわけではなかった。一緒に担当した金谷教諭と，「どこまで授業進みましたか？泥沼にはまって全然予定通りに進まなくて…」「生徒がこんな興味深い問いをつくっていたんで

すよ！」といった会話を毎日のように交わして，励まし合い，そして楽しみながら試行錯誤を繰り返した。他校の先生と話す機会があると，「歴史総合，どんな風に授業されてますか？どの辺まで進みましたか？」「主体性って，どう評価されていますか？」という話題で盛り上がることができた。

　そして，このような原稿を書く機会を得た。新科目〈歴史総合〉のおかげで，毎日ワクワクしながら働くことができ，人とのつながりが広がっていることに感謝している。

　今後も，〈歴史総合〉〈地理総合〉〈公共〉の学びをつなげていくことはもちろん，〈総合的な探究の時間〉との関連性を深め，他教科とも連携できるようにしていきたい。そのために，好奇心を持って学び続け，勇気を出して一歩を踏み出し，協働できる仲間を探し続けたい。

◆ 参考文献
・『現代の歴史総合　みる・読みとく・考える』山川出版社，2022年
・高等学校学習指導要領（2018年告示）
・堀哲夫『新訂一枚ポートフォリオ評価 OPPA 一枚の用紙の可能性』東洋館出版社，2019年

【注 記】
　　ⅰ）『現代の歴史総合　みる・読みとく・考える』山川出版社，2022年，p.127
　　ⅱ）ベネッセコーポレーションが提供している授業支援ツール。生徒のアウトプットや協働学習をリアルタイムで先生・生徒間で確認できる。
　　ⅲ）堀哲夫『新訂一枚ポートフォリオ評価 OPPA 一枚の用紙の可能性』東洋館出版社，2019年
　　ⅳ）『現代の歴史総合　みる・読みとく・考える』（山川出版社 2022年）
　　ⅴ）『現代の歴史総合　みる・読みとく・考える』（山川出版社 2022年）
　　ⅵ）オランプ＝ドゥ＝グージュ「女性および女性市民の権利宣言」1791年9月『現代の歴史総合　みる・読みとく・考える　教師用指導書』山川出版社，p.72

# 〈歴史総合〉と評価
# ～「ラーニング・プログレッション」の定義と事例に着目して～

北海道教育大学釧路校　**玉井慎也**

## 1　「歴史総合の評価」を実行する教師の悩み

　「反省的実践家」は，「評価」を学習達成度の報告の基礎となる情報ツールとしてだけでなく，更なる教育・学習の改善の方向性や具体的な教育内容・方法の意思決定をするための情報ツールとしても活用する（Sharp, 2019：pp.129-130）。

　すべての評価行為は，学習者が何を学ぶべきか，そしてどのように取り組むべきかについてのメッセージを与えている。したがって，学習評価のアクターである教師や管理職は，評価方法の質を保証し，すべてのステイクホルダーにとって公正・公平な評価になるよう目指すことが重要である。とはいえ，教育評価を巡る言説と行為の「言行一致」は難しい，というのが正直なところではないだろうか。

　特に，進路決定を左右する学校内の定期試験や学校外の資格・選抜試験など「教室の外側からの評価」においては，透明性の確保と証拠に基づく説明責任が求められる。こうした「総括的評価」「学習の評価」に関連する歴史教師の悩みを「歴史総合の評価」の1つ目の課題と定めよう。

　他方，「教室の内側からの評価」においても，透明性の確保と証拠に基づく説明責任が求められる時代になった（玉井・藤本，2020）。すなわち，学習者の現状の到達度を証拠として今後の学習内容・方法を知らせる診断テスト（教室内のパフォーマンス・テストも含む）の重要性が

以前にも増している。しかし，診断テストを実施し，その診断結果に基づく学習方針を定めるためには，「歴史を素朴に知っている・理解している状態」から「歴史をより良く知っている・理解している状態」へと進歩する過程を水準化した「認知学習モデル」が必要となる。こうした「診断的評価」「形成的評価」「学習のための評価」に関連する歴史教師の悩みを「歴史総合の評価」の2つ目の課題と定めよう。

　以上，「歴史総合の評価」を巡る2つの課題に対して，本稿では「ラーニング・プログレッション（Learning Progression：以下 LP と略記）」にフォーカスを当て，解決のビジョンを示したい。ただし，紙幅の関係で具体的に論じることはできなさそうなので，解決に向けた手続きや視点，代表事例を示しながら，読者の先生方が「反省的実践家」として LP を研究できるようにしたい。

## 2　フォーカス・ポイント：学習の軌跡・進歩を表す LP モデル

　まずは，LP の定義を探ってみよう。LP は，学習科学研究の中で生まれた学術用語である。例えば，イングランドの「『教育における革新と変化：指導と学習の質』プログラム」（Hughes, 1996）やアメリカの「『人はいかに学ぶか』プロジェクト」（National Research Council, 2000）など，1990 年代ごろから鍵概念として使用されている。これらのプロジェクトに関連する書籍やサイトにアクセスすると，複数の定義を確認することができる。

　最も代表的な定義は，ケンブリッジ大学出版から刊行され，日本語訳も北大路書房から刊行された『学習科学ハンドブック［第2版］第1巻』に載っている。ここでは LP を「適切な教授法に従って，児童生徒の中心的な概念や説明をする能力やそれらの理解が，そして児童生徒の関連学問領域の実践が，時間をかけて成長しより洗練されていくのかについて，実証的に根拠のある検証可能な仮説」と定義している（ペリグリーノ，2018：p.206）。

　また，北欧諸国やカナダを中心とする国際教育評価ネットワーク

(International Educational Assessment Network：以下，IEAN と略記）は，
LP を「学習者の知識やスキル，資質や性格（粘り強さ・寛容性など），
価値観や信念の『道筋（route）』と最終目的地に向けた発展・調整のた
めの『道標（signpost)』」と定義している（IEAN, 2020：p.2)。他にも，
ケンブリッジ大学出版が刊行する教育評価研究紀要「Research
Matters」に掲載された LP 概念の歴史的・理論的な研究（Gallacher &
Johnson, 2019) など，「レビュー論文」を探ってみるのも良いかもし
れない。

　では，以上で見てきた定義の要所を再度確認しておこう。

　第 1 に，LP の対象である。何年にもわたるカリキュラムを通して変
容を促さなければならない教科特有の資質・能力に重点を当てており，
特定の「概念」に焦点化した上で，学校種・学年・年齢を跨いで複数回
調査がなされ，その度に修正し続ける傾向がある。こうした学びの軌跡・
進歩の仮説を検証するために開発される認知学習モデルが「LP モデル」
である。

　第 2 に，LP モデルの活用目的である。特定の分野が教育目標に掲げ
ている資質・能力（特に「概念」）の習得状況について，多様なスター
ト地点に立つ学習者の複雑な学びの軌跡・進歩を実証的に診断する目的
だけでなく，その後に必要な学習について適切かつ根拠を持って方向づ
け・足場かけする目的からも活用される。そのため，「学習のための評価」
ツールの一種として位置付けられている（IEAN, 2020：p.3)。

## 3　イングランド歴史教育における LP モデルの開発・検証

　続いて，LP モデルの開発・検証事例を探ってみよう。『学習科学ハン
ドブック［第 2 版］第 3 巻』には，歴史教育研究における LP モデルの
開発・検証事例として，手続的概念の一種である「歴史叙述」や「歴史
的エンパシー」の漸進的な理解モデルが載っている（カレテロ＆リー，
2017)。このように，「農奴」「民主主義」といった歴史のコンテンツに
関わる本質的概念ではなく，「歴史叙述」「歴史的エンパシー」といった

歴史のプロセスに関わる手続的概念の LP 研究の潮流を築いたのがイングランドである。[i][ii]

　手続的概念の LP モデルは,「歴史叙述」「歴史的エンパシー」の他,「因果的説明」「歴史的証拠」など数多く存在し，イングランドだけでなく他地域で開発・検証されているものもある。例えば，以下の**表**は多様な地域で開発・検証が進められている「歴史的証拠」という手続的概念の LP モデルである（玉井，2021）。

　数学や理科や国語などの他教科でも「証拠」は大切にされるが，歴史における「証拠」とはどのような意味で，なぜ重要なのか。子どもたちは日常的に「証拠」をどのように利用しがちで，逆に歴史学者は学術的に「証拠」をどのように利用しているか。これらの問いに，**表**の LP モデルは答えてくれる。

　表上部の縦軸を見ると，子どもたちが辿る「道筋」が 6 段階で示されている。一般的な傾向として，子どもたちは「レベル 1：過去の写真」→「レベル 2：情報」→「レベル 3：証言」→「レベル 4：切り貼り」→「レベル 5：分離された証拠」→「レベル 6：文脈の中にある証拠」というように「歴史的証拠」概念を洗練化していく。

　各レベルには典型的な子どもの姿が示されており，例えば，「過去をあたかも現在のように扱っている」様子が観察されれば「レベル 1」,「過去を固定されたものとして扱っている」様子が観察されれば「レベル 2」,「過去はその時代に生きていた人々によって，良くも悪くも私たちに報告するものだと認識している」様子が観察されれば「レベル 3」というように判断する。このように，教室の多様な子どもたちが現在どの「歴史的証拠」概念を有しているか，評価基準（水準）となる LP モデルがあると診断できる。

　また，表下部の横軸を見ると，子どもたちの誤概念を洗練化する「道標」が示されている。「歴史的証拠」概念の洗練化に向けて,「推論」「相互参照」「証拠の有用性」「証拠の評価」「文脈の中の証拠」という評価規準（観点）から指導を重ねていくことが足場かけとなる。

| 道筋 | 7歳から14歳までの子どもたちが辿る「歴史的証拠（historical evidence）」の洗練化 |
|---|---|
| レベル 1 | **過去の写真**（Pictures of the past）<br>● 過去をあたかも現在のように扱っている<br>● 証拠が過去へ直接アクセスできるかのように扱っている<br>● 過去についての記述の根拠については疑問を抱いていない<br>● 過去の物語を単一の物語として認識している |
| レベル 2 | **情報**（Information）<br>● 過去を固定されたものとして扱っている<br>● 過去を権威によって知らされているものとして扱っている<br>● 潜在的に証拠を情報として扱っている<br>● 証拠と照合するための記述が与えられると、情報を照合したり、情報源を数えたりして問題を解いている<br>● 提供された情報が正しいのか正しくないのかという疑問は抱くが、そのような疑問を解決するためには、本や日記などに訴える以上の方法論はないと認識している<br>● 本などの情報源は、正しいか正しくないかのはっきりとした情報を提供しているものだと認識している |
| レベル 3 | **証言**（Testimony）<br>● 過去はその時代に生きていた人々によって、良くも悪くも私たちに報告するものだと認識している<br>● 過去についてどのように知るかという問いを賢明なものとして見なし、歴史にはこれらの記述を検証するための方法論があるということを理解し始める<br>● 潜在的な証拠の矛盾に、どちらの報告が最善であるかを決定することによって適切に解決すると認識している<br>● バイアス、誇張、伝言といった「情報の損失」に関わる考えが、真実を伝えることと嘘を伝えることの間の単純な二分法を補足すると認識している<br>● 報告者を直接的な目撃者であるかのように扱っている |
| レベル 4 | **切り貼り**（Cut and paste）<br>● 報告者が、何が起こったのかを正直に、または正直に語っていなくても、過去を調べることができると認識している<br>● 私たちは異なる報告書から真実の記述を選び出し、それらを組み合わせることで過去を再構成することができると認識している<br>● バイアスや嘘を報告者が知る立場にあったかどうかが重要な点になると認識している |
| レベル 5 | **分離された証拠**（Evidence in isolation）<br>● 過去についての記述は証拠の断片から推測することができると認識している<br>● 明確な答えがあるように設計されていない情報源にも質問をすることができるので、証拠は証言とは異なる質問をすることになると認識している<br>● 何も報告されていない証拠の情報源はかなりあると認識している<br>● たとえ証言が残っていなくても、歴史家は歴史的事実を解明できる可能性があると認識している<br>● 証拠の中にはバイアスや嘘を伴わずに虚偽のものがあるという可能性について認識している<br>● 証拠の信頼性は、情報源の固定された性質ではなく、どのような証拠に重きを置くか、その証拠にどのような質問をするかに左右されると認識している |
| レベル 6 | **文脈の中にある証拠**（Evidence in context）<br>● 証拠は、それが歴史的な文脈の中で理解されている場合にのみ、うまく利用することができると認識している<br>● 証拠の利用を決定する際には、歴史的な検証作業が蓄積された事実として暫定的に受け入れる必要があることを認識している<br>● 一度に全てを疑うことはできないと認識している<br>● 文脈は場所や時間によって異なるため、多様にある時代感覚が重要になってくることを認識している |

| 道標 | 誤概念を持っている姿 | 熟達した理解を持っている姿 |
|---|---|---|
| **～推論～**<br>歴史を記述する際には、複数の資料を証拠として解釈していく必要がある。 | ・証拠を「過去の一連の窓」「発掘されるべき事実の集合体」と見なしている。 | ・証拠は過去に関する固定的な事実の集合ではないことを理解している。<br>・証拠からは史料の内容を超えた推論が導出されることを理解している。 |
| **～相互参照～**<br>単一の証拠に基づいて主張することがないように、他の一次資料や二次資料と照合する必要がある。 | ・過去についての主張は、単一の証拠に基づいているため、揺らぐ可能性があり、根拠のないものが多いと見なしている。 | ・歴史を複雑な網と捉え、補完的なものや矛盾するものまで、幅広い情報源から構築されるべきだと理解している。<br>・複数の情報源から導出される推論の確実性についてコメントしている。 |
| **～証拠の有用性～**<br>証拠の用途の複数性や特定の調査や質問に応じて変化する有用性を考慮する必要がある。 | ・証拠は有用なものであると単純に見ていたり、書かれていることだけに基づいて見ていたりしている。 | ・証拠の有用性が固定的ではないことを理解している。<br>・証拠には複数の用途があり、その有用性は質問に依存することを理解している。 |
| **～証拠の評価～**<br>資料を読む前にその作者の目的や読者の想定がもたらす影響を考慮する必要がある。 | ・証拠の出所を問うていない。 | ・資料には著者の見解が反映されていることを理解している。<br>・著者や読者の存在、作成された目的が資料に与える影響を説明している。 |
| **～文脈の中にある証拠～**<br>当時の状況や代表的な見解が資料作成に与えた影響を考慮する必要がある。 | ・現代的な考え方に基づいて証拠や推論を理解し、当時の文脈を無視している。 | ・証拠は独自の観点から理解されるため、簡単に理解できるものではなく、複雑で混乱するものであると認識している。<br>・証拠を現代的思想からではなく、歴史的な用語を使って解釈している。<br>・文脈が資料の意味に与える多大な影響を理解している。 |

表：「歴史的証拠」概念のLPモデル
（参照：玉井，2021）

## 4　おわりに：〈歴史総合〉における LP モデルの開発・検証

　以上で見た外国における LP の定義と事例を参照することで，「歴史総合の評価」の一方略として LP モデルという評価ツールを開発・検証する理論的根拠が確立する。

　〈歴史総合〉という科目は，小・中学校までの社会科（歴史的分野），高校での〈日本史探究〉〈世界史探究〉や大学での歴史研究に接続する位置付けにある。すなわち，〈歴史総合〉を学ぶ生徒は，日常生活で，そして小・中学校での教室ですでに素朴な手続的概念を所有していると仮定しよう。また，〈歴史総合〉で洗練した手続的概念は，その後の学校内外における歴史探究活動でさらに洗練化する可能性もあるし，素朴な理解へと鈍化する可能性もあると仮定しよう。

　そして，本稿で紹介した「歴史的証拠」のような手続的概念に関する既製（イングランド産）の LP モデルを活用し，生徒の学びを診断・足場かけしてみよう。ここまで実施できれば，LP モデルを診断的・形成的評価のツールとして位置付けたことになる。

　ただし，既製品は使い勝手の悪さやレベルの不具合があるかもしれない。その時は，読者の先生方の目の前にいる生徒に合わせた LP モデルを長期的に開発・検証し，カスタマイズしてみよう。中学校現場における実践だが，すでに LP モデルのカスタマイズが日本の教室で実施された事例もある（小栗ら，2021；玉井，2022）。

　以上，LP モデルの理論的根拠が確立したとはいえ，子どもたちの手続的概念に対する理解を表出させる「授業」や「テスト」という場（観察可能なタスク）がなければ，LP モデルを活用した「指導と評価の一体化」は実現できない。その意味で，高校の〈歴史総合〉における LP 研究は，小・中・高・大の歴史教育の中間地点に位置する重要な局面において，学校現場で日々生徒たちと向き合っている反省的実践家としての高校歴史教師にこそできる教材研究・子ども研究であり，教室の中で学術的知見が生まれるデザイン研究であると言えよう。

# Focus

◆ 引用文献

・ 小栗優貴・玉井慎也・高松尚平・草原和博「「歴史的意義」の再構築を促す中学校歴史単元の開発・実践」『教育学研究』（2020）1，pp.401-410.

・ カレテロ，M. & リー，P.［深谷優子訳］「歴史概念を学ぶ」『学習科学ハンドブック［第2版］第3巻』北大路書房，（2017）pp.53-68.

・ 玉井慎也「初等段階における「証拠」概念のLearning Progressionを活用した歴史単元構成原理」『教育学研究紀要』（2021）67，pp.415-420.

・ 玉井慎也「歴史的な見方・考え方のメタ認知を促す「学習としての評価」ツールの開発」『中学教育』（2022）51，pp.1-10.

・ 玉井慎也・藤本将人「評価概念の細分化時代における社会科評価研究のあり方の考察」『宮崎大学教育学部附属教育協働開発センター研究紀要』（2020）28，pp.95-110.

・ 玉井慎也・高松尚平・渡邉竜平「社会系科目の「見方・考え方」を束ねる学際的な枠組みの提案」『社会系教科教育学研究』（2021）33，pp.61-70.

・ ペリグリーノ，J.［益川弘如訳］「教育におけるアセスメントの設計と利用についての学習科学的視点」『学習科学ハンドブック［第2版］第1巻』北大路書房（2018），pp.199-216.

・ Ercikan, K. & Seixas, P. New Directions In Assessing Historical Thinking. Routledge. (2015).

・ Gallacher, T. and Johnson, M. Learning progressions. Research Matters, 28, A Cambridge Assessment publication, (2019). pp.10-16.

・ Hughes, M. Progression in learning. Philadelphia: Multilingual Matters. (1996).

・ International Educational Assessment Network. Rethinking Learner Progression for the Future. (2020).

・ National Research Council. How People Learn: Brain, Mind, Experience, and School (Expanded Edition). (2000).

・ Sharp, H. Inquiry approaches to assessment in the history classroom. In Allender, T., Clark, A. and Parkes, R. [eds.] Historical Thinking for History Teachers, pp.129-144. (2019).

【注 記】

ⅰ） 手続的概念は，日本の歴史教育用語で言い換えると「歴史的な見方・考え方」に相当する（玉井ら，2021）。

ⅱ） 本稿ではイングランド歴史教育におけるLP研究を参照したが，アメリカやカナダでも同様にLP研究がなされている。例えば，アメリカではバンスレッドライトによるLPモデルが，カナダではセイシャスとモートンによるLPモデルが開発・検証されている（Ercikan & Seixas, 2015）。両者は，①認知学習モデル（評価対象となる高次の知識や思考の軌跡・進歩を表したもの），②タスク・モデル（認知的反応として捉えることができる特徴あるパフォーマンスを表したもの），③エビデンス・モデル（実際に観察するための尺度・スコアリングを表したもの）を組み合わせたものとしてLPモデルを定義している。詳細は，Ercikan & Seixas（2015）の該当の章を翻訳・解説しているI・HEAPという読書会グループの高松尚平氏（5章）と渡邉竜平氏（7章）のデ

ジタル・アーカイブス【池尻良平のオープンラボ】（http://www.ikejiri-lab.
net/social/iheap-3/）を参照されたい。なお，筆者も I･HEAP に所属しており，
本稿の執筆に際して高松氏と渡邉氏の翻訳・解説を活用する点は，本人に承
諾を得ている。

# 発散的課題の学習評価
# ～複雑なパフォーマンスの質を判断するということ～

神戸大学大学院人間発達環境学研究科　石田智敬
<sub>いし だ ともひろ</sub>

## 1　現代社会を生き抜くためのコンピテンスとは

　近年，社会構造の急激な変容を背景として，教育の焦点は，事実的知識や個別的技能を習得することよりも，知識や技能を統合的に活用する力（認知的に複雑で高次なコンピテンス）を育成することに向けられている。このようなコンピテンスは，「高次の学力」と呼ばれ，さまざまな情報やデータを批判的に分析・評価したり，複雑な問題解決を遂行したり，未知の世界を切り拓いたりする上で重要である（石井, 2015）。

　このような学力観の強調は，これまでの学校教育における評価実践を改めることを要求している。従来，高等学校における成績評価は，定期考査として実施される客観テストに大きな比重を置くことが通例であった。ただし，客観テストは，比較的単純な知識・技能の習得状況を評価することに適した評価方法である。高次の学力を捉え育むためには，知識や技能を統合的に活用するパフォーマンス（作品や実演）を要求する複雑な課題への取り組みを中心として，学習評価を行う必要がある。

　知識や技能を統合的に活用することを要求する複雑な課題は，質の高いパフォーマンスを生み出す，単一のアプローチや正答（一意に正しい応答）が存在しないことに特徴づけられる。たとえば，論述レポート，小論文，エッセイ，オープンエンドな調査・分析，プレゼンテーション発表といった形式がこれに当たる。このような課題形式は，発散的で開かれた応答（パフォーマンス）を学習者に要求するものであり，オリジナリティを発揮する大きな余地がある。そのため，こうした形式の課題

は「発散的課題（divergent task）」と呼ばれる（Sadler, 2009）。

　複雑な課題への応答として表れる学習者のパフォーマンス（作品や実演）は，単純に正・誤で評価できず，その質は素朴なものから洗練されたものまでグラデーションとして表れる。また，同等の質と判断されるパフォーマンスであってもさまざまなアプローチの可能性が存在する。複雑に絡み合った多重のクライテリア群が質の判断に用いられるため，総括的判断を導く特定のアルゴリズムを定式化することは困難である。

　このように，学習者が知識や技能を統合的に活用しながら行うパフォーマンスを直接的に評価しようとする学習評価の考え方は「パフォーマンス評価（performance assessment）」とも呼ばれる。松下佳代は，パフォーマンス評価を「ある特定の文脈のもとで，さまざまな知識や技能などを用いながら行われる，学習者自身の作品や実演（パフォーマンス）を直接に評価する方法」と定義する（松下 , 2012, p.76）。このようなパフォーマンス評価の考え方を教育実践に取り入れることで，単純な知識や技能の習得に留まらず，高次の学力の育成をも射程に捉えることができる。

　こうした議論を背景として，高等学校における学習評価改革が進んでいる。2019 年の指導要録改訂では，「観点別学習状況の評価」を高等学校でも実施することが示された。そこでは，育成すべき「資質・能力」の 3 つの柱に基づき，生徒の学習成果を「知識・技能」「思考・判断・表現」「主体的に学習に取り組む態度」の 3 観点で評価することが求められた。特に，「思考・判断・表現」の観点については，定期考査のみで評価を行うのではなく，論述やレポート作成の取り組み，発表，グループでの話し合い等の多様な活動を取り入れて評価するといったように，パフォーマンス評価の考え方を取り入れることが推奨された。

　このような動向を踏まえ，現在，学校現場では，どのように学習評価を行っていくべきかが模索されている。発散的課題をデザインし，その成果作品を評価することは，客観テストを実施する場合と大きく異なる力量を教師に要求する。以下では，（1）どのように学習・評価課題を

デザインすれば，実りある学びを導き高次の学力を保障できるのか，（2）どのように評価すれば，恣意的ではなく公平・公正だといえるのか，（3）課題のデザインと評価に関する教師の力量はどう形成され，その力量形成をどう助けることができるかについて検討する。

## 2 学習・評価課題をデザインする

学習・評価課題のデザインは，指導と学習の出発点として最も重要である。なぜなら，どのように課題をデザインするかということが，指導と学習の一連の展開を規定するからである。そのため，良い教えと良い学びは，優れた課題デザインから始まるといっても過言ではない。

一般的に，指導や学習の過程に先立って，教育目標（＝ゴール）を明確化して叙述し，出口における学習者の姿に対するイメージを膨らませることが大切だと言われる。というのも，そもそも教育とは，人間の発達や学習の過程に“意図的に”働きかける営みであり，したがって，何を目指すのか（働きかけた先のゴール）ということを教育実践の主体が意識することが大切だからである。ただし，それは十分ではない。なぜなら，たとえ目標を文章で叙述したとしても，最終的にどのような課題に取り組み，その課題でどのようなパフォーマンスが発揮されることを目指すのかまで明確にしない限り，言葉による目標の叙述は，絵に描いた餅となってしまうからである。課題のデザインと，そこで目指すべきパフォーマンスの具体について熟慮することは，どのようなコンピテンスの育成を目指すのかを吟味し明確にすることである。この意味で，評価課題のデザインは，実質的なカリキュラムを表現する。

学習評価に関する多くの専門書では，評価課題の形式が「どのような学力を評価するか」ということを規定すると説明されている。もちろん，両者の間には密接な関連がある。ただし，必ずしも課題形式の選択が，評価される学力の種類を決定づけるとはいえない。発散的課題であっても，高次ないしは低次の学力が対象となりうる。たとえば，レポート形式の課題であっても，単なる単純な知識の羅列や吐き出ししか求めてい

ないような場合があるように。よって，課題形式のみならず，「課題規定（課題文）」をどうデザインするかを熟慮することが肝要である。

　通常，課題規定は教師によって定められるか，教師と学習者との話し合いによって定められる。いずれの場合も，課題規定は，学習成果として発揮されるパフォーマンス（作品や実演）のデザイン・パラメータを設定するものである。すなわち，どのようなパフォーマンスの発揮を求めるのか，その構成，形態，様相を，学習者に明確に伝えるものでなければならない。それらを学習者に明確に伝えるためには，課題規定のみならず，いくつかの作品事例を，学習者にあらかじめ提示することも有効だろう。教師と学習者が共にゴールを明確に意識することで，両者が二人三脚でその達成を目指すことができるようになる。

　教師がしばしば陥りがちな過ちは，課題において，どのようなトピック（内容）について論じるべきかを指定するが，どのような認知操作を要求するかは不明瞭というものだろう。たとえば，レポート課題において，「Aについて」と単に内容のみを指定する課題規定は，高次の学力を育成しようとする目標と照らし合わせて不適切となる場合がある。というのも，この場合，Aについて詳しく調べて，その内容を単に羅列するといった応答も生じうるからである。他方，「Aに関する言説Bと言説Cの相対的な強みと弱みを分析せよ」という設定は，Aに関する言説Bと言説Cについて整理するのみならず，それらを比較して相対的な強みと弱みについて分析することを求めている。要するに，自らの頭を働かせて，言説BとCに対する評価を行う必要がある。

　このように，レポート課題において，説明的な叙述を求めるのか，自分なりの批評や分析を求めるのかでは，学習者に要求される認知操作が異なる。したがって，課題が要求するパフォーマンスの種類が，意図する学習成果（＝学習目標）と適切に対応しているかを常に留意しなければならない。とりわけ，高次の学力を育むことにコミットするためには，学習者が，実際に自らの頭を働かせて高次の思考に深くエンゲージすることを求める課題をデザインする必要がある。このように課題規定を的

確に定めることは，高次の学力を保障する第一歩となる。その上で，学習・評価課題をデザインする際には，①関心や意欲を喚起させる魅力的なものか，②課題に取り組む有意味さや切実さを感じるものか，③適切な難度の設定であるか等についても考慮する必要がある。

## 3 パフォーマンスの質について判断する

　では，学習者のパフォーマンス（作品や実演）の質は，どのように評価できるのか。それらは，客観テストのように正・誤の二分法で評価することはできない。学習者のパフォーマンスが，課題規定で定められた目的をどの程度達成できているのか（提示された問題をどの程度うまく解決できているのか）について，教師は質的に判断しなくてはならない。

　質的判断（qualitative judgement）の能力が，高度に発達したものを鑑識眼と呼ぶ。鑑識眼を備える人は，対象に関する熟達した評価知を有しており，対象の「善さ」について吟味することができる。一般的に，鑑識眼は，嗜好的・芸術的領域における鑑賞と表現の技法として解されることが多い。ただし，熟達した質的判断は，たとえば，裁判官，医師，そして，教師といった専門職を，専門職たらしめる技量でもある。

　嗜好的鑑識眼と専門職的鑑識眼の差異は，専門家共同体で鑑識眼を擦り合わせ調節するキャリブレーションの過程が求められるか否かという点にある。換言すれば，個人的な好みを判断に含むことをよしとするか否かで大きく異なる。たとえば，芸術の鑑賞では，むしろ個々人が自らの鑑識眼を行使し，対象の価値や質をさまざまに認識することが重視される。ただし，たとえば，医師などの専門職者による臨床的判断は，究極的にはそれが主観に根差すものであったとしても，その判断が専門的知識と整合性が取れており，また，専門家共同体における他者の判断と一定比較可能なものでなければならない（＝間主観性の確立）。嗜好的領域の鑑識眼は，個人に内在する私的な鑑識眼である一方，専門職的判断としての鑑識眼は，専門家共同体が共同所有し行使するものとしての公的な鑑識眼なのである。なお，ある評価が間主観的であるとは，複数

人の評価者の間で評価判断が一致していることを意味する。

　では，学習者のパフォーマンスに対して行使される教師の専門職的鑑識眼はどのようなものか。熟達した評価力量を有する教師は，学習者のパフォーマンスに対する豊富な評価経験を有する。評価熟達知（＝鑑識眼を支える熟達知）は，多くの評価経験を積むこと―多様な学習者のパフォーマンス事例（さまざまな質，多種多様なアプローチ）の質を認識すること―によって豊かになっていく。そして，鑑識眼は，教師らの専門職共同体において共同所有し行使されるものでなければならない。

　鑑識眼を鍛えることは，①質の2次元空間を洗練・拡張させること，②クライテリアに精通することの二側面から捉えることができる。

　**①質の2次元空間を洗練・拡張させること。**教師は，さまざまな学習者の作品事例に触れる中で，質の2次元空間を豊かにしていく。2次元空間の垂直軸は質が高いか低いかという理解を表し，水平軸は同等の質と判断される作品であってもさまざまな表現やアプローチの可能性があるという理解を表す。この2次元空間は，過去の経験の範疇に依存し，多くの経験を経ることで，2次元空間が濃密となり，垂直方向と水平方向の領域が拡張されていく。力量ある教師は，共同体の合意に準拠して，学習者のパフォーマンスを2次元空間内の固有の位置に配置できる。

　スタンダードとは，学習者のパフォーマンス（作品や実演）がどの程度優れているか，達成の度合いやレベルの固定点を指す。すなわち，質の2次元空間における垂直軸の固定点がスタンダードである。合意されたスタンダードを参照して，ある学習者のパフォーマンスが，どのスタンダードを満たすのかを判断することが求められる。

　**②多様なクライテリアに精通すること。**学習者のパフォーマンスに対して熟達した質的判断を行う（2次元空間内に配置する）ために，教師は，さまざまなクライテリアに精通する必要がある。ここでいうクライテリアとは，学習者のパフォーマンスを評価する際に採用される観点・側面・次元を指す。たとえば，小論文を評価する際には，「論理性」「説得性」「明快さ」「首尾一貫性」「パラグラフの構成」などのクライテリ

アが参照されて，作品の質が吟味される。教師が熟達した質的判断を行うためには，さまざまなクライテリア概念に精通し，共同体の合意に準拠してそれらを運用できなければならない。

　このように，専門家共同体の中で，質の2次元空間を豊かなものとし，多様なクライテリアに精通することで，共同体の合意に準拠して，学習者のパフォーマンスの質の程度を，間主観的に判断できるようになる。

## 4　ルーブリックの功罪

　今日，教師の質的判断をキャリブレーションする上で，最も幅広く支持されている手段は，「ルーブリック（rubric）」という装置を用いることである。ルーブリックとは，質的判断に用いられるクライテリアとスタンダードを言語で叙述し，それを明示化・可視化した装置である。言い換えれば，ルーブリックは，鑑識眼を構成する評価熟達知を外化しようとするものであり，鑑識眼を外化することで鑑識眼を万人に対して共有することを志向するのである。

　評価の枠組みを外化することは大切である。なぜなら，評価の枠組みが外化されることで，評価判断は各教師の個人的なものでなく，評価の枠組みに準拠したものとなりうるからである。また，教師のみならず，学習者や保護者に対しても評価の枠組みを明示できる。また，ルーブリックは，経験が浅い教師の評価力量を向上させうるとも期待されている。ただし，それほど単純ではないというのが，本稿の主張である。

　ルーブリックの記述語は，直感的に理解できるように思われるものの，記述語における用語や修飾詞は，具体的な文脈無くして適切に解釈することはできず，決定的な意味を持つことはない。したがって，ルーブリックを共有するだけでは，評価の間主観性を確立することはできない。教師集団でルーブリックに対する同一の解釈を達成するためには，必ず具体的なパフォーマンスの事例群を参照する必要があり，事例群とルーブリックの記述とを紐づけるディスコースを形成する必要がある。

　また，ルーブリックは，熟達した質的判断の複雑さを完全に表現する

ものではない。そのため，力量ある教師は，時にルーブリックの記述を破りながら，ルーブリックには記述されていない背後の意図をも踏まえ，ルーブリックを飼い慣らす。ただし，絶対的な規範に見えてしまうルーブリックの記述語に対して柔軟に対応できない場合，記述語を機械的に当てはめるような評価実践に陥る可能性がある。

　鑑識眼の行使においては，明文化された価値・規則体系を適用する技量ではなくて，むしろ，事例の中に内在する価値・規則体系を暗黙的に掴み取って，評価熟達知を形成しなくてはならない。評価熟達知を形成するためには，どれほどルーブリックと睨めっこをしても全く意味がない。ルーブリックを読解することではなく，具体的なパフォーマンスの事例を，教師集団で認識し解釈する経験を重ねていくことが大切である。

　その際，教師集団で共通の評価ディスコースを形成する手段として，ルーブリックや明示的なクライテリア群を参考にすることは，一定の有用性があるだろう。共同体における評価合意をよく理解している先輩教師のもとで，具体的事例に対する評価経験を共有することで（共同注視することで），抽象的な言語記述を具体的に理解し，ルーブリックの記述語を生きたものとする。このように教師集団で，生徒の具体的な作品事例と対話し，ルーブリックを作成したり問い直したりする営みは，価値ある実践である。ルーブリックの作成過程に参画した教師らは，その過程で，お互いの質の2次元空間を擦り合わせ，共通の評価ディスコースを形成し，評価に関する合意を形成する。こうした過程において，教師らの質的判断が洗練され，キャリブレーションされる。ただし，作成されたルーブリックそれ自体が，キャリブレーションの有効な装置として機能するわけではないことに注意しなければならない。

◆ 引用文献
・石井英真『今求められる学力と学びとは』日本標準，2015年.
・Sadler, D.R. (2009). Transforming Holistic Assessment and Grading into a Vehicle for Complex Learning. In Joughin, G. (eds) *Assessment, Learning and Judgement in Higher Education*. Springer.
・松下佳代「パフォーマンス評価による学習の質の評価」『京都大学高等教育研究』18号，2012年，pp.75-114.

# 生徒の「資料を活用する能力」をいかに育成するのか

佐藤 克彦
千葉県立津田沼高等学校

## ❶ はじめに

　筆者は教育活動において，生徒が常に「問い」続け，「問い」に正対して「解」を出すことのできる力を育てることを目指している。教科教育の場面でも，「問い」を生み出し「解答」を導き出すための材料として資料を活用し，資料の読解に力点をおいた授業をこれまで実践してきた。

　「高等学校学習指導要領（2018年告示）解説　地理歴史編」（以下，学習指導要領解説）では，歴史系科目の改善や充実のために「資料の活用」が示された。資料の活用については従来も言及されていたが，新課程では，どのように変化するのだろうか。また，〈歴史総合〉における「資料の活用」とはどのような能力であるのだろうか。その具体化が必要であろう。

　本稿では上記の課題意識から，筆者が「資料の活用」に着目して実践した指導事例を提示する。[i]

　第一に，〈歴史総合〉における「資料の活用」について，学習指導要領解説における例示を整理し，〈歴史総合〉で求められる「資料の活用」を明確化する。その上で筆者はそれらをより具体化して，各大項目の位置づけをおこなった。単元ごとに資料の活用の能力を具体化し，年間を通じてどのように資料の活用の能力を育成していくのかを示す。

　第二に，1時間（50分）の授業デザインを紹介する。〈歴史総合〉は2単位という時間的制約がある。その中で生徒の活動の時間をどのように確保するのかが鍵となる。筆者は毎回の授業で生徒が資料と向き合う時間を15分以上確保し，生徒が資料を多角的・多面的に解釈し，表現する場を設けている。その実例を紹介する。

## ❷ 学習指導要領上での「資料の活用」

　学習指導要領解説では〈歴史総合〉における「資料の活用」の改善・充実について，以下のように述べている。[ii]

> オ　「資料を活用し，歴史の学び方を習得する学習」
> 　……具体的には，大項目Aの（2）「歴史の特質と資料」では，<u>資料に基づいて歴史が叙述されていることの理解</u>とともに，その特性や作成の背景などを含めた<u>資料の吟味の大切さなど，資料を扱う際の留意点に気付く</u>ようにする。その上で，大項目B，C及びDの中項目（1）で，生徒が資料を活用して問いを表現し，（2）及び（3）で，資料を活用して事象を多面的・多角的に考察し，（4）では現代的な諸課題との関係について，資料を活用して考察したり構想したりするよう構成している。このように<u>生徒が資料を活用し考察する学習を繰り返すことで，それに関わる技能の定着を図りつつ確かな理解に至るという，歴史の学び方を習得することを意図したもの</u>である。　（下線は筆者）

　「資料の活用」について，大項目A（2）「歴史の特質と資料」を出発点としてD（4）「現代的な諸課題の形成と展望」に至る構成をとっている。「現代的な諸課題の形成と展望」では，①生徒が自ら主題を設定する，②主題に適する資料の収集・分析などの資料を活用する，③主体的に考察，構想，表現する，の学習のプロセスを通して，歴史的な経緯を踏まえ，現代的な諸課題を理解し，諸課題の展望を構想し表現する。当たり前だが，このような資質・能力は一朝一夕で習得できるものではない。「B　近代化と私たち」や「C　国際秩序の変化や大衆化と私たち」「D　グロー

バル化と私たち」の３つの大単元の中で段階的に育成していくことが重要である。〈歴史総合〉では各大項目において，資料を活用し考察する学習を繰り返し取り組むことで，「歴史の学び方を習得する」ことが目指されている。

　ただ，漫然と資料を扱って授業をすればよいというものではない。教える側が，資料の活用に関して，育成すべき資質能力を具体化しておくことが重要である。つまり，それぞれの大項目において，どのような力をどの程度まで育成すべきかを授業者は明確にしておくべきだ。そのためには，「何を学ぶのか」に着目した学習指導計画だけではなく，「どのような資質・能力を育むのか」というコンピテンシーに着目した学習指導計画の作成が必須であろう。

　さらに，学習指導要領解説では「資料の活用」について，資料に基づいて歴史が叙述されていること，そして資料の吟味の大切さなど，資料を扱う際の留意点に気付くことを挙げている。特に後者は歴史学でいう[iii]「史料批判」に該当するが，解説ではいくつかの例示はあるものの体系的は明示されていない。大学や大学院で史学科の学生が学習するレベルではないにせよ，資料の特性やその扱いについて，高等学校の必履修科目として，どの程度のスキルを生徒に求めるのかについて，生徒の実態に応じて，授業者にある程度は裁量がある。だからより一層，資料の活[iv]用に関して，その中身を具体化する必要がある。

## ❸「資料の活用」に着目したカリキュラムと授業デザイン

### ●「資料の活用」に着目したカリキュラムデザイン ●

　筆者は〈歴史総合〉の授業が始まる直前に，〈歴史総合〉で求められる「資料の活用」にかかわる資質・能力を各大項目別に細分化・具体化した。（資料１）

　大項目Ａ「歴史の扉」では「資料を知る」時期として，資料の種類（一次資料・二次資料）と，資料に基づいて歴史が叙述されていることを知る段階と想定した。

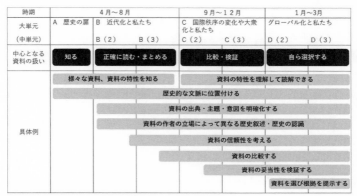

| 時期 | 4月〜8月 | | | 9月〜12月 | | 1月〜3月 | |
|---|---|---|---|---|---|---|---|
| 大単元 | A　歴史の扉 | B　近代化と私たち | | C　国際秩序の変化や大衆化と私たち | | グローバル化と私たち | |
| （中単元） | | B（2） | B（3） | C（2） | C（3） | D（2） | D（3） |
| 中心となる資料の扱い | 知る | 正確に読む・まとめる | | 比較・検証 | | 自ら選択する | |
| 具体例 | 様々な資料、資料の特性を知る | | | 資料の特性を理解して読解できる | | | |
| | | 歴史的な文脈に位置付ける | | | | | |
| | | | 資料の出典・主題・意図を明確化する | | | | |
| | | | 資料の作者の立場によって異なる歴史叙述・歴史の認識 | | | | |
| | | | 資料の信頼性を考える | | | | |
| | | | | 資料の比較する | | | |
| | | | | 資料の妥当性を検証する | | | |
| | | | | | 資料を選び根拠を提示する | | |

資料1　資料の活用に着目した学習指導計画

［具体的な学習の活動］

　・歴史がわかる根拠となるものを考えられるだけ挙げてみよう。

　・資料から当時の○○はどのようなものだったのか，歴史的な文脈を理解しよう。

　大項目B「近代化と私たち」では「資料を正確に読み，まとめる」段階と位置づけた。この単元では，法令，日記，外交文書などの文字資料から，絵画，風刺画，絵巻物などの図像資料，音楽など多様な資料を扱った。主な活動として，資料の特性や扱い方，出典を確認したり，「5W1H」やシンキングツールなどを活用して，内容を整理したりした。

［具体的な学習活動］

　・資料の出典は？

　・この資料はいつ・どこで・誰が・なぜ・何のために・どのように作成された？

　・（資料のタイトルを提示せずに）主題は何か？

　・（●●と××を比較して）共通点や相違点は？

　・信頼できる資料／信頼できない資料か？どの点が？それはなぜか？

　大項目C「国際秩序の変化や大衆化と私たち」では資料の特性を踏まえて，「複数の資料を比較する活動を通して資料の妥当性について検討する」段階と位置づけた。

［具体的な学習活動］

・他の資料では何と言っているのか？

・●●と××の資料とで判断が分かれるのはなぜ？

・共通点や相違点がなぜ生まれたか？

・（矛盾する２つの資料を用意して）どちらの資料の方が妥当だろうか？

　大項目Ｄ「グローバル化と私たち」では，「自ら問いに適する資料を選択し，選んだ資料から根拠を提示できる」段階と位置づけた。生徒にデジタルアーカイブを閲覧させてそのサイト内で資料を探させたり<sup>v)</sup>，生徒に「このように調べると適切に資料を見つけることができるのではないか」という予想を立てさせたりした。

［具体的な学習活動］

・インターネットサイトにアクセスして資料を実際に探してみよう。

・資料を読んだ疑問を解決するためには，どのような資料にアプローチすればよいのだろう？（どのような探し方をすれば資料が見つかるか？）

・どんな資料が最も信頼性があるだろうか？

　以上のように，各大項目で，「問いを表現し，資料を活用して事象を多面的・多角的に考察し，現代的な諸課題との関係について考察・構想する」学習プロセスを展開しながら，資料の活用についても「知る→正確に読む・まとめる→比較・検証→自ら選択」のように段階的に学習を高度化した。

● １時間の授業をどのようにデザインするか？ ●

　上記のように，資料活用の能力を具体化し年間の指導に位置づけたが，実際に１時間の授業単位でどのように資料を活用する時間を確保するのがよいのだろうか。筆者は１時間あたり50分の授業時間を３分割して（前任校では45分の授業），15分のまとまりを１ユニットと呼んでいた。50分の授業は，ユニットが３つから構成されているものであると捉えた。最低１ユニット（15分）以上は生徒が資料と向き合う時間をつくるためである。以下は各ユニットにおける学習活動と，それに対

応する評価の観点である。[vi]

① ウォーム・アップ

[主な評価の観点：知識・技能，主体的に学びに向かう力]

　授業の導入として，視覚的にわかりやすい資料を提示し授業の主題への接続を促したり，概念的かつ本質的な問いを投げかけたりする時間である。最低限の歴史用語の確認・解説をすることもある。

② 資料との対話

[主な評価の観点：知識・技能，思考・判断・表現]

　主に生徒が資料と向き合い一人で，読解をする時間として位置付けている。資料は，教科書や資料集に掲載されている資料や筆者が独自に用意した資料などを活用している。必要に応じて，読解の補助となるような細かな問いを提示したり，クラス全体で資料の扱い方や読み方を確認したり，読解内容を確認したりしている。

③ グループ対話

[主な評価の観点：思考・判断・表現，主体的に学びに向かう力]

　3〜4人のグループを編成し，主に本時の問い（Main Question）に対して議論をする時間である。議論は一つの回答に導く収束的なテーマもあれば，議論が拡散するテーマもある。

　以上のように授業の流れを定式化し，それに対応する授業プリントも作成している（資料2）。プリントには，毎回の宿題として「学習のふりかえり」を記入するスペースがあり，授業を振り返る機会を設けている。生徒は次回の授業までに授業プリントの該当枠内に記入する。これらは学びの蓄積（スタディ・ログ）となり，単元を貫く問いへ回答する一部へと繋がっていくものとなる。

　このように，授業を定式化するメリットとしては，プリントを見ただけで教員も生徒も1時間の授業の学習活動の流れをつかめるところである。結果として資料との対話やグループ対話などの学習活動に関する生徒への指示が減り，生徒の活動時間を多く設けることができた。

　また，誤解しないでいただきたいのは毎回の授業で，①ウォーム・アップ，②資料との対話，③グループ対話の3つのユニットを全て順番通

**資料2　授業プリントの例**

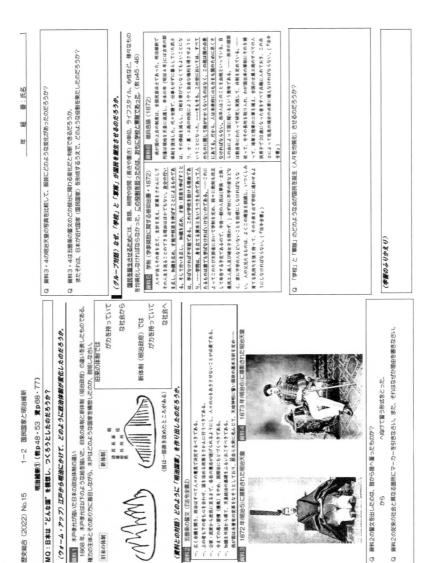

| 項目 | | 内容 | 授業展開 | | |
|---|---|---|---|---|---|
| | | | ユニ① | ユニ② | ユニ③ |
| 近代化と私たち | B（2） | 18世紀東アジアの社会と経済 | ウォ | 資料 | 資料 |
| | | 貿易が結んだ世界と日本1 | グル | グル | 資料 |
| | | 貿易が結んだ世界と日本2 | ウォ | 講義 | 資料 |
| | | 産業革命1 | ウォ | 資料 | 資料 |
| | | 産業革命2 | 資料 | 資料 | グル |
| | | 中国の開港と日本の開国 | ウォ | 講義 | 資料 |
| | B（3） | 市民革命1 | ウォ | 資料 | 資料 |
| | | 市民革命2 | 資料 | グル | グル |
| | | 国民国家とナショナリズム | 知識構成型ジグソー法 | | |
| | | 明治維新1 | ウォ | 資料 | グル |
| | | 明治維新2 | ウォ | 資料 | 資料 |
| | | 明治維新3 | ウォ | 資料 | 資料 |
| | | 帝国主義 | ウォ | グル | 資料 |
| | | 変容する東アジアの国際秩序 | 資料 | 講義 | 資料 |
| | | 日露戦争と東アジアの変動 | ウォ | 講義 | 資料 |
| 国際秩序の変化や大衆化と私たち | C（2） | 第一次世界大戦の展開1 | ウォ | 講義 | 資料 |
| | | 第一次世界大戦の展開2 | グル | グル | グル |
| | | ソヴィエト連邦の成立とアメリカ合衆国の台頭 | ウォ | 資料 | 講義 |
| | | ヴェルサイユ体制とワシントン体制 | ウォ | 資料 | 講義 |
| | | アジアのナショナリズム | 資料 | 講義 | 資料 |
| | | 世界経済の変容と日本 | ウォ | 資料 | 講義 |
| | | 消費社会と大衆文化 | 知識構成型ジグソー法 | | |
| | | 女性の解放 | 知識構成型ジグソー法 | | |
| | | 大衆の政治参加 | ウォ | 資料 | グル |
| | C（3） | 世界恐慌 | ウォ | 講義 | 資料 |
| | | ファシズムの伸張と共産主義 | ウォ | 資料 | 資料 |
| | | チェンバレンの宥和政策 | ウォ | 資料 | 資料 |
| | | 日中戦争 | グル | グル | 資料 |
| | | 第二次世界大戦 | ウォ | 講義 | 資料 |
| | | 国際連合と国際経済体制 | ウォ | 講義 | 資料 |
| | | 冷戦の始まり | 資料 | グル | グル |
| | | 占領と戦後改革 | 講義 | 資料 | 資料 |
| | | 日本の独立と日米安全保障条約 | 資料 | 講義 | 資料 |
| グローバル化と私たち | D（2）D（3） | 東西陣営の動向と軍拡競争 | ウォ | 資料 | 資料 |
| | | 新冷戦と核兵器軍縮 | 資料 | 資料 | グル |
| | | 核兵器禁止条約 | ウォ | 資料 | 資料 |
| | | 地域紛争と脱植民地化 | 講義 | 講義 | 講義 |
| | | ベトナム戦争と世界秩序の変容 | ウォ | 資料 | グル |
| | | 公民権運動と黒人差別 | 資料 | 資料 | 資料 |
| | | パレスチナ問題 | ウォ | 資料 | 資料 |
| | | ヨーロッパの統合と分断 | ウォ | 講義 | 資料 |
| | | 日本の高度経済成長 | 知識構成型ジグソー法 | | |
| | | アジアの中の戦後日本1 | ウォ | 資料 | グル |
| | | アジアの中の戦後日本2 | ウォ | 資料 | グル |

ウォ…ウォーム・アップ、資料…資料との対話、グル…グループ対話、講義…授業者による知識の伝達等

**資料3　単元構成および授業展開**

りにこなしているわけではないことだ。資料読解を重視する授業では史料との対話を，生徒同士の対話を従事する授業では，グループ対話を2ユニット分（30分）確保しているときもある。授業のねらいに即して，どこに何を展開するべきかを考え，柔軟に運用している。また恥ずかしながら良い資料や展開が思いつかず筆者による講義で授業を進めてしまった授業もあった。

　〈歴史総合〉初年度における筆者の年間の授業実践をまとめると以下のとおりになる（**資料3**）。ただし表は教授内容が多い中項目（2）や（3）のみをまとめ，大項目Aや各中項目（1）および（4）に関しては，授業で取り扱っているが資料では省略している。

## ❹ 授業実践例：沖縄日本復帰

　さて，「D　グローバル化と私たち」の「アジアの中の戦後日本」単元において，いかに資料活用の能力を育成しているのか授業実践例を出す。

　2022年は沖縄の日本復帰の50周年の年であった。各種メディアでは50年前を振り返る特集が組まれ，現代の沖縄が抱える課題を考える機会が多く設けられていた。朝日新聞では，「復帰50年　それぞれの沖縄」として特集記事が連日掲載され，興味深い記事が並んだ。筆者は現代の"私たち"とつながる好例であると考え，新聞記事を活用して沖縄復帰を考える授業に取り組んだ。特に，小学生が沖縄復帰にかかわるクラス討議をしている写真は資料としても内容としても興味深く，授業では，「"沖縄の子供たち"は1972年5月15日に何を望んでいたのだろう？」というテーマでグループ対話を行った。[vii]写真からどのような状況が読み取れるのか，予想を立てて，グループごとに発表をした。

　生徒の回答としては，以下のようなものが挙がった。

・沖縄から戦争がなくなってほしいという願い。
・米軍も自衛隊もいない，安全な沖縄になること。
・米軍の脅威がない沖縄。

　その後，筆者は，写真資料ではカメラマンの意図がファインダーに映っていることに着目し，「このカメラマンは何を撮ろうとしたのだろうか？」と発問した。ある生徒は，「生徒の顔にピントが合っていないから，議論の中身に注目させたかったのではないか」という仮説を発表した。

　また，「どのようにしたらみなさんの予想を確証できるだろうか？」と発問して，班ごとに指名して発言を引き出すようにした。

　・当時のこの教室にいた小学生にインタビューする。

　・同時期の小学生を撮影した他の教室の写真を見てみる。

　・学級日誌を読んでみる。

などさまざまな検証方法が挙がった。

　最後に，一例として，朝日新聞の別日の新聞記事を紹介して同時期の他校の例を参考に考えることもできること，当時さまざまな思いが錯綜<sup>viii)</sup>しながら沖縄復帰の日を迎えたことを取り上げた。

　実際に資料を探さなくても，どのようにしたら資料が見つかりそうか授業者と生徒間，生徒同士で対話させるだけでも十分に力の育成になろう。そのようなトレーニングが，現代的な諸課題の形成にかかわる生徒が自ら資料を選択する際にも生きてくるのではないか。

## 5 資料活用の能力をどのように評価するのか

### ● 授業中の生徒の取り組みを ICT を活用して評価する─形成的評価─ ●

　授業内容の理解や定着を見取るために ICT を活用している。千葉県立高等学校では，生徒ひとりずつに Microsoft アカウントが用意されている。Microsoft Teams を主なプラットフォームとして活用し，それに連動するアプリを使用した。第一に Microsoft365 の「OneNote」の特に「Classnotebook」という機能を活用している。「Classnotebook」は，3つのスペース（機能）がある。ひとつ目が「共同スペース（コラボレーションスペース）」である。複数名で同じノートに書き込みができる。オンライン上のホワイトボードのようなものだ。ふたつ目が，「提示スペース（コンテンツライブラリ）」であり，授業の資料の保管庫である。

最後に「個人スペース」は生徒一人ひとりの個人ページである。普段，生徒はタブレット端末にて個人スペースに配信されている授業プリントにノートテイクしながら授業を受けている。授業者は生徒の個人ページは閲覧することができる。例えるならば，いつでも生徒のノートが提出されている状況にあるため，授業者は各生徒の個人ページを閲覧することでその生徒の理解を評価することができる。

〈歴史総合〉における，グループ対話で活用したのが，「共同スペース」である。グループワーク中に対話のメモを生徒にとらせると，授業者もその内容から生徒の学びの実態をリアルタイムで把握することができ，授業中に生徒の理解に応じて，問いかけの難易度や説明の量を変え，指導することができる。

第二にまた特別に生徒の意見を集約し量的に分析したいときは，Microsoft Forms を活用して生徒の回答を集めて評価している。「KH Coder」というソフトウェアを用いて，計量テキスト分析やテキストマイニングを行い，生徒の学びの実態の把握をしている。[ix]

● 「資料の活用」を問う定期考査―総括的評価― ●

定期考査では，資料の活用に関する年間の指導計画に基づき作問をした。授業で使用した資料を別の角度から出題したり，初見資料を多く用いたりした。〈歴史総合〉の授業では扱いきれなかった教科書や資料集に掲載されている資料を活用すると作問にかかわる労力は多少削減される。

また，資料の活用という観点から史料批判の実例を挙げて記述させた。出題の一例として，1920 年のレーニンのモスクワでの演説の写真を取り上げ，補助資料としてテッサ・モーリス＝スズキ『過去は死なないメディア・記憶・歴史』から写真の取り扱いについて述べた一説を引用して，「写真を資料として扱ううえで，私たち（資料の読み手）が留意しなければならない点はなんだろうか。箇条書きで書きなさい。」という問題を出題したりもした。[x]

## 6 他教科や〈総合的な探究の時間〉への発展

　〈地理総合〉は〈歴史総合〉と同様に1学年に設置されたため，〈地理総合〉の担当教員とは密なコミュニケーションをとり，互いに補完し合いながら指導にあたった。〈歴史総合〉で取り扱った内容を他の教科でも取り扱ったという声を生徒や他の教科の教員から聞くことが多く，教科横断的な学びの実現のハードルは高くないと感じる。

　〈総合的な探究の時間〉との接合でいえば，実践校ではSSH（スーパーサイエンスハイスクール）指定校として，全校生徒に3年間を通した探究学習（「長高メソッド」と呼称している）を実践している。[xi] 1学年は，人文科学，社会科学，自然科学の3つの学問分野からなる13のゼミに分かれて，文献調査レポートを作成する学習課題が設定されている。ここでは，①生徒が自身の関心に基づいて問いを立て，②先行研究（文献）にあたり，③自身の関心と社会の課題について考察するのである。この文献調査レポートで求められる資質・能力は〈歴史総合〉の学習プロセスとつながることはおわかりだろう。

　コンテンツ面での教科横断的な学びは意識的には実施していないが，教科横断的な授業実践へのハードルは高くない。生徒は〈歴史総合〉での学習を他の教科・科目と結び付けていることが分かった。また，〈歴史総合〉で育むコンピテンシーは他の教科・科目の学びとも融合し，それらは互いに溶け合いながら〈総合的な探究の時間〉にも力を発揮するのである。

　一方で評価における課題も見つかった。新課程では旧課程よりも科目が細分化され，生徒が1年生で学習する科目数は増加した。観点別評価の本格的な実施も相まって，生徒は多くのパフォーマンス評価を課された。ある一時期に〈歴史総合〉の課題と他の教科の課題が重なってしまうなど，課題が集中する時期があったり，他教科で類似する学習内容の課題があったりと，パフォーマンス課題の運用については今後の課題であると考えている。

　解決策としては，教員間で課題を出す時期を調整することはもちろん

であるが，複数の科目の見方・考え方を働かせながら，生徒が一つの成果物を作成させ，それを複数の科目でそれぞれ評価するなど，パフォーマンス課題の教科横断なども構想したい。

## ▇ おわりに

〈歴史総合〉は「" 私たち " につながる近現代の歴史」という科目のコンセプトがある。私たちの歴史をつくるためには，生徒を教員から知識を与えられる存在としてはいけない。生徒は知を創り出す主体であり，主体的に資料にアプローチし，資料活用を通して，多元的な歴史叙述をする主体となってほしい。

資料の活用に際しては，ただ資料をテキストとして読むのではなく，史料批判の営みが必要不可欠である。資料の他の資料との比較などから妥当性を検証することが求められる。

そのためには年間の指導において，各大単元で育成すべき資質・能力を明確化し，1 時間ごとの授業に落とし込む作業が必要となる。そのようにスモールステップで生徒の資質・能力を育んでいくことが求められる。

〈歴史総合〉は，従来の科目よりも見通しを持って指導することが求められる科目でもある。本稿の内容が，〈歴史総合〉を初めてご担当される先生方や，ご担当されるにあたって不安を思われていらっしゃる先生方に対して，できるだけ見通しをもって授業づくりをしていただけるような一例を提示出来たらのならよかった。

他方，〈歴史総合〉で「問いを表現する→資料を探す→論述する」という学習サイクルは〈総合的な探究の時間〉をはじめとする他教科でも活用できるものであり，〈歴史総合〉で培ったコンピテンシーは教科横断的に生きてくるものである。また，他教科で培った資質・能力もまた〈歴史総合〉に転用されうるものである。他教科・科目との往還をしながら生徒の資質・能力が向上するように指導をしたい。

◆ 参考文献
・サム・ワインバーグ（著），渡部竜也（訳）（2017）『歴史的思考─その不自然な行為』春風社
・杉山清彦「歴史学の現場からみた「資料の活用」─マカートニーは何と出会ったか─」前川修一／梨子田喬／皆川雅樹編（2019）『歴史教育「再」入門』清水書院
・中村洋樹（2013）「歴史実践（Doing History）としての歴史学習の論理と意義 ─『歴史家の様に読む』アプローチを手がかりにして」『社会科研究』79 巻

【注 記】
ⅰ）本稿は前任校である千葉県立長生高等学校での授業実践をもとに執筆した。〈歴史総合〉の初年度に科目を持たせていただいたこと，筆者とともに〈歴史総合〉を作り上げてくれたことを，ここに感謝を示す。
ⅱ）学習指導要領解説 p.23
ⅲ）「資料の活用」について留意しておきたいのは，一つの正解に至る叙述を覚えるような資料読解だけではないということである。多様な歴史解釈や歴史叙述の考察につながるような資料読解もまた求められる。〈歴史総合〉における多様な歴史解釈の事例としては，杉山清彦「歴史学の現場からみた「資料の活用」─マカートニーは何と出会ったか─」前川修一／梨子田喬／皆川雅樹編（2019）『歴史教育「再」入門』清水書院などがある。
ⅳ）資料の活用に着目した実践として，中村洋樹や田尻信壹，原田智仁らによる「歴史家のように読む（Reading Like a Historian）」の実践を分析した取り組みがある。中村洋樹（2013）「歴史実践（Doing History）としての歴史学習の論理と意義 ─『歴史家の様に読む』アプローチを手がかりにして」『社会科研究』79 巻など。
ⅴ）〈日本史探究〉や〈世界史探究〉の学習指導要領解説では，〈歴史総合〉より一歩進んだ「デジタル化された資料の活用」などがある。〈歴史総合〉から探究への接続を考えた際に，〈歴史総合〉でも徐々にデジタル化された資料を活用する意義もあろう。〈歴史総合〉の教科書や資料集ではQR コードが掲載されている教材が多く，適切な資料へのアクセスが容易である。
ⅵ）他の授業形態としては知識構成型ジグソー法を年 4 回実施した。
ⅶ）朝日新聞（2022.5.15）朝刊
ⅷ）朝日新聞（2022.5.6）朝刊
ⅸ）KH Coder については，https://khcoder.net を参照。
ⅹ）ペーター・ガイス，ギヨーム・ル・カントレック（著），福井憲彦，近藤孝弘（訳）（2016）『ドイツ・フランス共通歴史教科書【近現代史】』明石書店。テッサ・モーリス＝スズキ（2014）『過去は死なない　メディア・記憶・歴史』岩波現代文庫。
ⅺ）「長高メソッド」については，千葉県立長生高等学校のホームページを参照。拙稿「探究的教育モデル「長高メソッド」の開発と全校指導体制」千葉県立長生高等学校（2023）『令和 4 年度実践資料集（第 6 集）』ほか。

# 「グローカル・ヒストリー」として福島をとらえ直す
## ―〈歴史総合〉と探究学習の往還関係を生み出すカリキュラム・デザインをめざして―

林 裕文
福島県立ふたば未来学園中学校・高等学校

## ❶ はじめに

　2022 年度より始まった新科目〈歴史総合〉はこれまでの歴史系科目の中でも大きな変革であった。1989 年告示の学習指導要領から必修となっていた世界史が必修から外れ，〈歴史総合〉が新設された。〈歴史総合〉の特徴を簡単にまとめると，①現代的な諸課題の形成に関わる歴史の大きな変化を「近代化」「国際秩序の変化や大衆化」「グローバル化」と 3 つの変化で表現し，18 世紀以降の近現代の歴史を中心に取り扱うこと，②これまでの日本史・世界史の二科目の分割をやめて，双方で取り扱う出来事を総合すること，③現代的な課題の形成に関わる諸事象を考察するだけではなく，その解決に向けて考察，構想する学習を一層重視することが目標に掲げられたことである。

　このような〈歴史総合〉の授業をカリキュラム・デザインするためには，内容の精選やコンテンツ・ベースからコンピテンシー・ベースの教員の指導観を転換することは大前提である。大項目 B ～ D の中項目を 4 ～ 5 時間程度で組んでいたが，入試期間と重なったこともあり，残念ながら大項目 D「グローバル化と私たち」の単元は十分な時間をとることができず，単元としてのまとまりを欠いた単発の授業となってしまった。そこで，本稿では昨年度（2022 年度）の実践を元に，今年度（2023

年度）の授業のために単元を再構成したものを掲載させていただくこと
をおわび申し上げたい。

## ❷ 本単元のカリキュラム・デザインにあたって

### ①「グローカル・ヒストリー」とは ●

　学習指導要領解説（2018 年告示）の〈歴史総合〉では，大項目 A「歴
史と私たち」の目標に「私たちの生活や身近な地域などに見られる諸事
象が，日本や日本周辺の地域及び世界の歴史とつながっていることを理
解できるようにする」とある。学習指導要領の中で身近な地域から世界
との結びつきを考察する地域史学習が求められるのは大きな特徴であ
る。身近な地域の歴史（地域史＝ローカル・ヒストリー）と世界史との
結びつき（グローバル・ヒストリー）を見出して歴史を学ぶことは極め
て意義がある。そこで，両者の視点を取り入れた「グローカル・ヒスト
リー」という視点から，〈歴史総合〉の授業を構想した。

　「グローカル」という言葉は "global" と "local" をかけ合わせた日
本発の造語であり，「国境を超えた地球規模の視点と身近な地域の視点
の両方でさまざまな問題をとらえていこうとする考え方」を意味する言
葉である。環境問題や市民運動の分野では "Think globally，Act
locally" という表現は既に 1960 年代から使用されてきた。一方歴史学
の世界では，1990 年代後半以降の「グローバリゼーション」という言
葉の登場とともに従来の一国史を超えて地域・年代を広げて歴史を取り
扱うグローバル・ヒストリーが盛んになり，多くの研究成果が生まれて
きた。「グローカル・ヒストリー」という表現は[i]，まだ歴史学では知ら
れた表現ではないが，著者はこの言葉を好んで使用している。

　〈歴史総合〉が今後も継続的に行われる科目になっていくためには，
地域の歴史教材を世界史的な視野で読み替え，「総合」していく作業が
必要不可欠である。それゆえ，自分たちの地域にある「世界史」につな
がる史実を掘り起こして教材化を行い，歴史教育の改革のために情報交
換や発信を続けてきた「地域から考える世界史プロジェクト」[ii]は非常に

重要な取組みであった。また，小川幸司さんも「世界史」を「自分たち
が暮らす地域（ローカル）」「日本を含む国（ナショナル）」「複数の国を
含む広い地域（リージョナル）」「世界（グローバル）」が重層的につな
がりあった歴史とより詳細に整理しており，これらの優れた先行研究と
同様の課題意識を持っている。

## ② 〈歴史総合〉と探究学習の往還関係を生み出すカリキュラム・デザイン ●

　〈歴史総合〉と同様に学習指導要領の改訂により，2022年度から〈総
合的な探究の時間〉（以下，「総探」と省略）が始まった。従来から〈総
合的な学習の時間〉（以下，「総学」と省略）が行われてきたが，両者は
根本的に異なる。総学が課題解決を行い，自己の生き方を考えるという
順を追うのに対し，総探は課題解決と自己の在り方・生き方を考えるこ
とは同時に行うこととされている。また，総探は自己の生き方だけでな
く「在り方」を考えながら自分にとっての課題を「発見」していく能力
を養うことを重視していることにある。〈歴史総合〉が学校のカリキュ
ラムに位置付けると，総探における「地域の課題発見や課題解決」にも
つながる可能性が高い。特にPBL（課題解決型）学習の中でも，地域の
魅力化や課題解決の探究学習に取組む学校では総探と〈歴史総合〉は非
常に親和性が高い。このことから，生徒自身が興味・関心を持っている
歴史事象と地域の課題を結びつける（さらに，その足場かけをする）〈歴
史総合〉のカリキュラム・デザインが教員に求められる。

　一般的に総探では課題設定が一番難しいとされており，生徒の興味・
関心から探究をスタートするのがより望ましいが，なかなか課題が深ま
らず単なる調べ学習で終わってしまう例も散見される。一方，教員主導
で課題設定をかっちり決めてしまうと生徒が「やらされ探究」となって
しまい，探究学習の本来の趣旨を損ねてしまう。よい課題設定を行うに
は生徒が興味・関心を持っていること（will）と社会や地域の課題・他
の誰かにとって必要であること（need）の接合点を探っていくことが
重要である。この接合点を探る中で，両者の重なりが最初は小さくても，
興味・関心を広げていくことや，社会や地域の課題を知り深めることで

重なりはより大きなものとなっていく。総探の時間だけでは時間が限られていることから，興味・関心を広げて，社会や地域の課題を知り深める学習をしていく時間こそ，各教科での学習が担うべきである。特に，〈歴史総合〉は高校1年生に学習する学校が多いことから，社会や地域の課題を学び，高校での総探のテーマ設定につなげるには絶好の教科といえる。また，総探では探究テーマ設定後に本格的にアクションを行うと，新たな問いの更新が起こる。どんどん問いの更新が進むと追求したい学問テーマが複数の科目にまたがることが起こってくる。つまり，探究学習を軸にして，教科で学んだことが探究学習に役に立ったり，探究学習で学んだことが教科学習の理解の促進や学びの意欲につながったりすることが期待できる。〈歴史総合〉の授業は現代の諸課題を学ぶ役割を担っており，生徒の will と need の接合点を広げることで総探へのシナジー効果も生み出せると考えている。

### ③ 学校の教育活動と〈歴史総合〉のカリキュラム・デザイン ●

　〈歴史総合〉のカリキュラム・デザインを行う前に，学校の教育活動全体とのカリキュラム・マネジメントとの関係を整理しておきたい。カリキュラム・マネジメントの重要性については近年重視されており，各[iv]学校で策定されたスクール・ポリシーで定める育てたい生徒の資質・能力と各教科で伸ばしたい資質・能力は関連性を整理しておく必要がある。田村学氏はカリキュラム・デザイン[v]について，①教育目標を踏まえつなぐグランド・デザイン（全体計画），②全単元を俯瞰し関連付ける単元配列表，③学びの文脈を大切にした単元計画の3つが必要であるとしている。コロナ禍でのオンライン授業の急速な普及によって，高校生の学びの形は大きく変化した。歴史学習でも充実したデジタルコンテンツが誕生しているが，高校の授業として歴史を学習する際，「なぜここで（この学校で）歴史を学習するのか」という問いは，その学校で学んだ生徒が身につけたい資質・能力を育てるためのグランド・デザインと大きく関わる。特に本校は東日本大震災と原発事故後に新設された県立の中高一貫校であり，「震災と原発事故という人類が経験したことのない前例なき複合災害を乗り越えて新たな地域社会を創るためには，前例なき教

育が必要」という理念のもとに作られた。「未来創造探究」という名の総探の学習をコア・カリキュラムとして学校教育全体を通じて育成したい人材要件ルーブリックを作成している。[vi] 全部で 11 個の項目があるが，〈歴史総合〉の授業ではその中でも以下の 2 つの資質・能力を重視する。

○市民的能動性：社会を支える当事者としての意識を持ち，行動に移せること
○思考力：物事を論理的に考え，クリティカル・シンキング（批判的思考＝本質を見抜く力）ができる。

　本校で〈歴史総合〉を学習することは，福島の震災と原発事故を「固有の課題」をもつ地域史としてとらえるのではなく，幅広い地域とのつながりを探りながら「グローカル・ヒストリー」の視点で課題をとらえる必要があり，今回の授業を構想した。

## ❸ 授業実践

### ① 単元のねらい ●

　大項目 D「グローバル化と私たち」の単元では「グローバル・ヒバクシャ」の問題を取り扱う。[vii] グローバル・ヒバクシャとは，広島・長崎の原爆被害やその後の核開発の結果，被害者が世界で生み出され，甚大な環境汚染が地球規模で引き起こされてきた現実を明確に可視化するために作り上げた新たな概念であり，核問題をとらえる新たな視点である。もともとこの言葉は広島や長崎の核廃絶運動から生まれ，現在では日本平和学会の一分科会となっている。グローバル・ヒバクシャは，各地の差異に留意しながらも，地域の特殊問題としてのみとらえるのではなく，広島・長崎を含めさまざまな核被害の問題を横断的にとらえ，核被害者を結びつけていきたいという問題意識を反映した言葉でもある。「核による被害」を環境汚染としてとらえていく際，広島や長崎に加えて，福島もそれぞれの地域で派生する問題を地域の問題として見ていくのではなく，国境を越える視野を持って，地球の問題としてつないでいくこと

を構想した。広島・長崎の核廃絶運動や福島の原発問題を考える際，日本は「唯一の戦争被爆国」や「地震・津波の自然災害と合わせて原子力災害が発生する人類初の複合災害」という地域の固有性を掲げて自分たちの主張だけをしていても「その地域だけの問題」としてとらえられる可能性がある。そのためお互いが他地域の実態のことを知りながら自分たちの地域との共通点や相違点を確認して，世界の事例に目を向けて「世界中が当事者」であるという意識を持っていくことが重要である。そこで，今回の授業では「グローバル・ヒバクシャ」という観点から，地域の問題を超えて，世界で一体として取り組まなければいけない問題として，大項目 D「グローバル化と私たち」の単元で取り扱うこととした。

　この単元の EQ（本質的な課題）として，「二重の「ヒバク」を体験した日本はどのようなメッセージを世界に向けて発信することができるか？」という問いを設定した。アメリカによる日本への原爆投下や冷戦下における米ソの核開発競争については，本来は大項目 C「国際秩序の変化や大衆化と私たち」のところで扱う内容であるが，「ヒバク」の問題を取り扱うため，一部の資料は大項目 D でも扱うこととした。「グローバル・ヒバクシャ」を取り扱うためのコア教材として，Youth Community for Global Hibakusha という団体の「世界のヒバクシャと出会うユースセッション[viii]」というオンライン学習会の動画を使用した。この団体は 2022 年 6 月に行われた核兵器禁止条約の第一回締結国会議で，世界の若者と知り合った日本の大学生たちが，世界各地の被爆地が連携して各被害の記憶を未来につなぐことを目的として，「グローバル・ヒバクシャ」がつながり，お互いに学ぶ機会を作っている（運営も大学生が行う）。この世界各地の「グローバル・ヒバクシャ」に関わる人たちの動画を知識構成型ジグソー法で取り扱うこととした（なお，ユースセッションのまとめ動画が本授業後に公開されたため，知識構成型ジグソー法を用いてより創発的な対話を生み出すためにこのような形に改変した）。

② DAY1　「グローバル・ヒバクシャ」はどこにいるのか？ ●

　授業の冒頭であえてカタカナで「ヒバク」と表記したことの意味を確

認した。「ヒバク」には爆撃によって被害を受ける「被爆」と放射線に曝されて浴びる「被曝」の２種類がある。被爆は単に爆撃を受けることであるが，日本での「被爆」には原子爆弾を落とされた被害の意味として語られることが多い。冷戦による米ソの核開発競争によって，1945 ～ 1998 年までに世界のどこでどのくらい核実験が行われたのかを視覚的に確認するために【世界の核実験地図】を確認した[ix]。その後，知識構成型ジグソー法を実施して，３つのグループに分かれて資料を精読した。また，グループに応じて，オンライン学習会の動画でグローバル・ヒバクシャの話題提供者として，３人の動画を視聴する。

> ♠フィジー諸島 A さん【マーシャル諸島の核実験】
> ♥ニュージーランド B さん【安全保障と非核運動】
> ♣日本　笹島康仁さん【第五福竜丸と高校生の取り組み】

図１　A さんたちの描いた作品

　♠の班はマーシャル諸島で 1954 年に行われたアメリカの核実験の様子を年表でまとめた。ビキニ島やロンゲラップ島の住民はアメリカの説

明もほとんど何もないまま強制移住させられることや，放射線による健康被害が発生してもほとんど治療されないどころか放射線を浴びた人間に対する研究がなされた機密文書が発見されたことを確認した。また，ロンゲラップ島出身者の体験談の資料から放射線の被曝で甲状腺がんが増加し，異常妊娠が多く発生したことを確認した。Ａさん自身はフィジー出身でマーシャル諸島とは別の国だが，マーシャル諸島の人々がフィジーに多く移住しており，その方々の話やフィジーの退役軍人がキリバスの核実験で被曝した話を聞いて，今この youth session の活動に取り組んでいる。Ａさんは被曝の体験をされた方々の話を後世に伝えるためアートによる活動に取り組んでいる。Ａさんたちが描いた作品の一つ（**図1**）を見てもらい，どのようなメッセージを伝えようとしているかをグループ内で意見交換を行った。

　♥の班は世界の核開発と核軍縮の歩みを年表でまとめた。ニュージーランドのＢさんの話のテーマは安全保障と非核運動である。ニュージーランド自体は直接の被曝体験国ではない。しかし，ニュージランドは多くの核実験場となった南太平洋に位置し，海はつながっていて境界線がなく，放射線による汚染は海でつながった国々にとっても無関係ではないと考えている人々も多い。ニュージーランドは冷戦が激化した1950年代にアメリカやオーストラリアとともに ANZUS（3国による安全保障条約）を締結し，アメリカによる「核の傘」の恩恵にあずかっていた国である。一方で，1980年代にアメリカの核ミサイルを積んだアメリカの艦船がニュージーランドに寄港する問題を機に，ニュージーランドでは反核運動が国民的な運動となり，ニュージーランド政府は核ミサイルを搭載した船の寄港を禁止する措置をとった。これに対し，アメリカは ANZUS 同盟国であるニュージーランドとの安全保障上の約束を撤回し，「核の傘」で保護するために結んでいた合意や約束をすべて取り下げるという報復を行った。ニュージーランドは1987年の「非核地域，軍縮，軍備管理法」を整備して非核地帯となったため，アメリカとの同盟関係は解消された。一方，日本は1951年に日米安全保障条約を締結した後はアメリカの「核の傘」の中で高度経済成長による経済的繁栄を

迎えた。ニュージーランドと日本の安全保障についての考え方を比較しながら，アメリカとの同盟関係をどのように考えるかを議論した。

♣の班は♠の班のビキニ島での核実験を日本の第五福竜丸の側から見た視点である。資料を3つ提示し，第二次世界大戦直後から冷戦の激化が本格化する1940年代後半の核兵器をめぐる国際社会の動きの変化について考察させた。資料1は国際連合結成当初の「国連原子力開発機構設置（1946年）の目標」，資料2はアメリカの核実験であるクロスロード作戦（1946年7月），資料3はソ連のスターリンがアメリカのクロスロード作戦直後に「原爆が欲しい」と自国の軍需大臣や科学者に当てた書簡である。ここから，原子力の国際管理は早くも破綻していることを確認した。その後，第五福竜丸の被曝の状況について資料で確認し，追加資料で1961（昭和36）年の高知新聞の記事を紹介した。この新聞記事は高知高校物理部が1954年に起こった第五福竜丸以外にも高知の漁船なども被曝した事実を知り，事件から9年後に高知の漁船のヒバクの状況についての調査や放射線の測定をしているという記事である。現在の〈総合的な探究の時間〉の先駆けともいうべき内容である。その後，元高知新聞記者で，1954年のアメリカによる太平洋での核実験で被ばくしたとされる高知の元漁船員らを取材するジャーナリスト笹島康仁さんの動画を最後に見てもらった。笹島さんが提起した『「なかったこと」にしないために』について，私たちはどうすべきかと問いかけた。

> 「なかったこと」にしないために
> なかったことにしようとしたら，
> なかったことになることもある。
> なかったことになったとき，
> それはかならずまた起こる。

③ DAY2　福島県は「高度経済成長」の波に乗れたのか？ ●

次に高度経済成長と福島県の関係について，MQ「福島県にはなぜ多くの原発が作られたのか？」という問いを考える上で，原発事故前史か

ら考察した。

　福島県と国家の電力・エネルギー政策の結びつきは強く，1914年に運用開始した猪苗代第一水力発電所は都市圏までの長距離高圧送電に成功し，運用当時の出力は東洋一の規模であった。また，第二次世界大戦後の電力不足に対して，只見川流域の開発は「日本のTVA」と呼ばれ，国土開発の象徴となっていた。また，明治期以降，常磐炭鉱は，首都圏に近い炭鉱として，近代日本の工業化に大きな役割を果たした。1960年代以降には，石炭から石油へのエネルギーシフトが起こり，炭鉱産業の衰退と前後して，福島県は新時代のエネルギーとして注目された原子力発電所の誘致に注力し，常磐炭鉱地帯の北端の双葉郡に東京電力福島第一原発（大熊町，双葉町），第二原発（富岡町，楢葉町）が建設され，首都圏のエネルギー供給地帯としての役割を担い続けた。

　本授業ではいわき市の常磐炭鉱を事例として，「エネルギー革命」の概念を取り扱った。映画「フラガール」の予告編を鑑賞し，当時の炭鉱町の様子の苦悩や生き残りをかけて「常磐ハワイアンセンター」を立ち上げる様子を確認した。一方，原発立地地帯となる双葉町・大熊町などの双葉郡では，1950年代の只見川流域の開発や1964年新産業都市建設促進法により郡山・常磐（いわき市）地区などが新産業都市に指定されるなど，県内でも「地域間格差」が生じていた。追加資料を提示して，「相双地区（双葉郡）」に原発が建設されるようになった背景を確認した。

【資料5】東京電力　原発立地候補地に関する説明
「当社（東電）は，…広範な立地調査を実施したが，東京湾沿岸、神奈川県、房総半島で広大な用地を入手することは、人口密度、立ち退き家屋数、設計震度などの諸点から困難であった。…福島県の双葉郡は6町2か村からなり、南の小名浜地区は良港や工業地帯を持ち、また、北の相馬地区は観光資源のほか、小規模ながら工場もあるのに対し、双葉郡町村には特段の産業もなく、農業主導型で人口減少の続く過疎地区であった。したがって、県、街当局者は、地域振興の**見地**から工業立地の構想を熱心に探索し…」
（松谷彰夫『裁かれなかった原発神話―福島第二原発訴訟の記録』かもがわ出版、2021年、p.32）
※東電はパンフレット『共生と共進―地域とともに』に「入念な根回しを行った」と堂々と本音を書いています。

【資料6】福島民友 1971年3月29日付 双葉町長のコメント
　「双葉地方は高度開発の条件を持ちながらチャンスに恵まれず、福島県のチベットといわれる状態に置かれてきました。なんとかして“チベット”から脱却したいという気持ちは、地域民がつねにいだいてきた共通なものでした。だからこそ将来をこの原発にかけた。」

【資料7】町の人の反応
①　早川篤雄住職（第二原発建設反対運動の先頭にたった、楢葉町の宝鏡寺の住職　※　楢葉町の宝鏡寺境内にある【伝言館】は必見！
　大熊・双葉郡でほとんど反対運動が起こらなかった理由について、「無抵抗というより、極めて隠密に事が進められ、気づいたときにはもう何も抵抗できなかった」
②　大熊町長が「開発のキメ手はこれしかない」と住民に用地買収に説得した際の町民の反応
「地域産業が発達すれば、働きの場所が確保され、冬場の出稼ぎもなくなる」「町もこれで豊かになれる」

## ④ DAY3 「ヒバクシャ」の連帯は何を生み出すか？ ●

　NHKのドキュメンタリー番組「サイエンスZERO」の「ウクライナと福島 科学者たちの闘い」（放送2023年2月19日）の回を視聴した。放送はロシアによるウクライナ侵攻から1年というタイミングだった。ウクライナのザポリージャ原発がロシア軍に攻撃された事実は，世界に衝撃を与えるニュースとなった。原発が攻撃対象になることは日本の安全保障政策やエネルギー政策に重大なリスクとなる。この動画では日本とウクライナともに史上最悪レベルの原発事故を経験したことから10年程前から共同研究を行ってきた両国の絆が描かれる。また，福島大学で放射性物質のリスクを専門にするウクライナと日本の研究者たちが，原発の事故に備えた放射性物質の拡散予測の実施や，森林火災の規模を迅速に把握するための解析方法の開発に取り組む様子も描かれる。動画を視聴し，科学者たちの取組みについての感想共有を行った。
　生徒たちの感想共有はGoogleのJamboardで行った。代表的な班の感想の例を以下に提示する。（生徒氏名はイニシャルで表示）

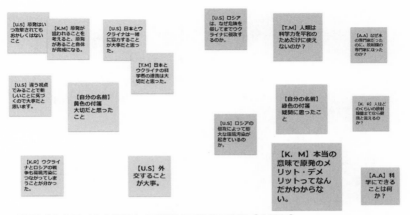

【U.S】原発はいつ攻撃されてもおかしくはないこと

【K.M】原発が狙われることを考えると、原発があること自体が脅威になる。

【U.S】日本とウクライナに協力することが大事と思った。

【U.S】ロシアは、なぜ危険を冒してまでウクライナに侵攻するのか。

【T.M】人類は科学力を平和のためだけに使えないのか？

【A.A】なぜ水の専門家だったのに、放射線の専門家になったのか？

【T.M】日本とウクライナの科学者の連携は大切だと思った。

【U.S】違う視点でみることで新しいことに気づくので大事だと思います。

【自分の名前】黄色の付箋大切だと思ったこと

【自分の名前】緑色の付箋疑問に思ったこと

【K．R】人はどのくらいの放射線量までなら被曝に耐えるのか？

【U.S】ロシアの侵攻によって膨大な環境汚染が起きているのか。

【K.R】ウクライナとロシアの戦争も環境汚染につながってしまうことが分かった。

【U.S】外交することが大事。

【K．M】本当の意味で原発のメリット・デメリットってなんだかわからない。

【A.A】科学にできることは何か？

動画「ウクライナと福島」を視聴して学びの記録【合算版】

### ⑤ DAY4　福島で学ぶ私たちは「ヒバク」体験をどのように語るか？　●

　今の高校1年生は東日本大震災の被災当時3〜4歳であるため，もう直接自身の被災体験を語ることは難しい。また，県内でも東日本大震災の経験を直接親から聞く機会や，東日本大震災及び原発事故のことを直接学習する機会が大幅に減少している。「原子力緊急事態宣言」は事故直後に出されたまま解除されず，原発事故はまだ終わっていない。廃炉が完成するにはあと数十年以上の年月がかかるといわれており，県外避難者も2万人以上存在する。原発事故由来の「処理水」（原発の通常運転の「処理水」ではない）の海洋放出が2023年8月24日に始まるなど，現代的な諸課題が山積している。この授業では吉田千亜さんのルポルタージュ『孤塁―双葉郡消防士たちの3・11』（岩波書店）の一節を生徒とともに精読した。前掲の小川さんは「〈私たち〉の世界史へ」の中で「歴史実践」の作法について以下のように説明する。小川さんは「「過去」の人間たちの姿やイメージを印象しながら，自分たちの生きている位置を見定め，自分の進むべき道を決めようとしている。そのとき「過去」によって世界の中の自分を定位しているならば，それは世界史を考えていることになるだろう」と述べる。生徒とともに『孤塁』の5章「さよなら会議3月15日」を読み，感想の共有を行ったが，多くの生徒が双葉郡の消防士と「特攻隊」のイメージが重なったという感想を

述べている。消防署の職員はチョルノービリ（チェルノブイリ）の消防士たちの運命やJCOの臨界事故のことを知っていたため，イチエフ（＝1F，福島第一原子力発電所）での活動が「特攻隊」のイメージを重ねていたという本文の記述が特に印象に残っていたようだった。これまでに高校生も地域の方々からさまざまな震災にまつわる話を聞いてきたが，双葉郡の消防士たちの話を知っていた生徒はほとんどいない。生徒たちがこのルポルタージュを読み，福島で学ぶ私たちは「ヒバク」体験をどのように語るかを考えることは，小川さんのいう「歴史実践」の一つの形であると考える。歴史を学ぶことが「過去の事実を暗記すること」ではなく，社会を支える当事者としての意識を持ち，行動に移せる「能動的市民」になっていくことを地域の事例をもとに学習することは，教員として求めすぎることだろうかと日々自問自答している。

## ■4 まとめにかえて〜学習評価に対する課題〜

　今回の学習指導要領の改訂で高校でも観点別評価が導入され，授業内容の構想以上に大変だったのは生徒の学習に対する「評価」であった。初年度1年の〈歴史総合〉の取組みで見えた問題点を2点指摘する。

### ① 生徒も教員も「評価疲れ」 ●

　これまでの評価は一般的には定期テストや提出物による評価が中心だった。これまでの授業でも最終評価に至るまでの生徒の学習のプロセスを大切にするために，振り返りシートを用いて生徒にフィードバックをしてきた。生徒の学習による変化を多面的に見取る事ができる上，生徒の記述から教員自身にとっての気付きや授業改善にもつながることから，教育現場ではリフレクション（振り返り）が重視されるようになった。しかし，高校によっては一人の教員が多くの科目を担当する実態もある。著者は今年度で6科目の授業を担当し，授業づくりだけでもかなりの負担感がある上，評価にはさらに膨大な労力と時間を費やした。

　一方，生徒の側も〈歴史総合〉の授業に限らず全ての教科で観点別評価が行われたため，「評価疲れ」とも呼べる現象が起きた。教員と生徒

双方にとって多面的かつ妥当な評価がなされることはとても重要であるが，〈歴史総合〉が「持続可能」な科目となるためには，双方にとって負担感の少ない「持続可能」な評価のあり方を検討する必要がある。

### ② 歴史学習における表現力とは？ ●

　もう一つの問題点は生徒の思考力や表現力などの資質・能力を見取るための方法が文章の記述による評価に偏っていることである。定期考査では記号選択の問題であっても思考力を見取れる観点別の考査問題の作成に苦心した。歴史学習では表現力を育成し，その力を効果的に測定する授業実践はまだ少ない。文章によらない表現力の育成の方法として，アートを含む表現教育の可能性を提案したい。本校では演劇を学校のカリキュラム（学校設定科目）として採用しており，演劇を学ぶことで生徒の創造力や表現力の伸張，コミュニケーション能力の向上及び人間理解の深化等の効果が見られており，創造力や表現力も学校で育てたい人材要件ルーブリックに位置づけられる。EQ に対する問いの回答を当初はレポート課題で考えていたが，次年度行う際にはポスター（描画）で表現させる授業を構想している。

　また，DAY1 の♠ A さんたちは，ヒバクシャから直接聞いたお話や自分たちが学んだことを多くの人達に伝えていくために，アートという表現方法をとった。〈歴史総合〉の授業で年頭に学習する大項目 A「歴史の扉」の「歴史の特質と資料」で学習した内容となるが，歴史的出来事を直接体験した方からの聞き取り（オーラル・ヒストリー）によって作成した図像資料もまた歴史の「資料」に位置づけられる。生徒が行うポスター制作もまた，後世の人々に過去の出来事を伝えるための「資料」を作り出す表現活動となり，生徒たちの歴史実践につながることになる。

### ③「福島をとらえなおす」にこだわった理由＝「伝える」の復権 ●

　著者が「グローカル・ヒストリー」という視点で福島をとらえなおすことにこだわった理由は，歴史学習によって生徒の中で構築される歴史認識は，「生徒自身のアイデンティティそのものの根源」をなすと考えるからである。課題を発見し，自己の生き方在り方を考える上で，地域の歴史（あるいは共同体の歴史）を学ぶことは自己のアイデンティティ

形成にも大きく寄与する。〈歴史総合〉と探究学習を往還させるには生徒自身が「問い」を生み出すことが重要であるが，いかに生徒が自ら立てた問いであっても社会への関心（need）に結びつかない問いは深まらない。東日本大震災や原子力災害の厄災やその教訓を高校生などの若者に語り継いでもらうために，大切なことを先人から「伝える」ことで後世の人たちに「バトンを渡す」という営みは「歴史」の大切な使命である。先述の『孤塁』のエピローグで吉田千亜さんはルポルタージュを書くことを「バトンを渡す」と表現した[xi]。表現者にとって，相手に「伝える」ことは相手にバトンを渡す行為である。AL型授業では，教員が「生徒が何を学ぶか」をイメージしながらカリキュラムをデザインしていくため，「教員が何を教える」かはあまり重要視されない。それでも，教師は「先に生まれたもの」として，大切なことは高校生に「伝え語りたい」のである。

【注 記】

i ）木畑洋一「歴史学におけるグローカルな視座」『グローカル研究』成城大学グローカル研究センター，2015　木畑はグローバルの側からもローカルの側からもナショナル・ヒストリーが相対化されるためには，グローバルな視座とローカルな視座を結びつけるグローカルの視座の有効性について論じている。

ii ）桃木至朗監修，藤村泰夫・岩下哲典編『地域から考える世界史』勉誠出版，2017年　2007年から「地域から考える世界史」プロジェクトが結成され，全国の研究者や教員が参加している。

iii ）小川幸司・成田龍一『世界史の考え方　シリーズ歴史総合を学ぶ①』岩波新書，2022年

iv ）2021年の学校教育法施行規則の改正で「スクール・ミッション」（各学校に期待される社会的役割）の再定義と「スクール・ポリシー」（①育成を目指す資質・能力，②教育課程の編成・実施，③入学者の受け入れ―に関する３つの方針）の策定・公表が求められる事になった。

v ）ぎょうせい教育ライブラリ，田村学「田村学の新課程往来　第７回カリキュラムをデザインすること」
https://shop.gyosei.jp/library/archives/cat03/0000006688（2023年4月10日閲覧）

vi ）ふたば未来学園の人材要件ルーブリックは学校HPまたは本稿のQRコードを参照。

vii ）グローバルヒバクシャについては，日本平和学会のHPを参照。
https://www.psaj.org/conferences/bunkakai1/　（2023年8月8日閲覧）

viii ）https://youth4hibakusha.mystrikingly.com（2023年4月10日閲覧）

ix ）https://www.youtube.com/watch?v=fvB9HdtAjvY（2023年4月10日閲覧）

x ）小川幸司「〈私たち〉の世界史へ」『岩波講座　世界歴史 01』岩波書店，2021 年
xi ）吉田千亜『孤塁 双葉郡消防士たちの 3.11』岩波現代文庫，2023 年

大項目D　グローバル化と私たち

317

# 「現代的な諸課題の形成と展望」を通したエージェンシーの育成

## ―「1 年間の成果を中学生に発信しよう！」実践を事例に―

福崎 泰規
福岡県立修猷館高等学校

## ■ 育てたい生徒の姿や力，想定している「学力」のイメージ

　〈歴史総合〉は，「グローバル化する国際社会に主体的に生きる平和で民主的な国家及び社会の有為な形成者に必要な公民としての資質・能力」の育成を目指すことをその目標に掲げる科目である（文部科学省：2019）。「公民としての資質・能力」（以下：公民的資質）とはどのようなものか，一様に定義することはできないが，公民的資質の育成を大きな方向性に見据え，その上で筆者の勤務校である福岡県立修猷館高等学校（以下：本校）の実態や社会で求められている資質・能力に注目しながら，筆者が授業を通して生徒に身に付けたいと考えている力がどのようなものか，述べていきたい。

　本校は，1784（天明 4）年に設立された福岡藩の藩校「修猷館」の流れをくむ，県立の普通科進学校であり，2024 年には創立 240 周年を迎える県内でも最も古い高校の一つである。すなわち，〈歴史総合〉で学ぶ時代の世界や日本の歴史とともに，本校もその歩みを続けてきたと言える。また，「世のため，人のため」の精神のもと，「次代の国際社会や日本を担う人材，グローバル・リーダーの育成」が長期目標に掲げられている。こうした環境で学ぶ生徒に対し筆者が期待することは，学校の歴史と世界や日本の歴史との関わりを実感することを通して，どの

ような歴史を経て私たちが暮らす現代の社会が形成されてきたかを理解できるようになることである。また，世界やその中の日本の動きを広く相互的に捉えて学ぶ中で，自国や他国の文化を尊重するとともに，歴史的な見方・考え方を働かせながら現代的な諸課題の解決に向けた方策を構想・発信できるようになることも期待している。

　一方で，グローバル・リーダーの育成を射程に入れて「現代的な諸課題の解決に向けた方策を構想・発信する力」を育もうとするならば，単なる机上の空論で解決策を構想し，無責任に発信することに留まっては不十分であり，高校生なりにであっても自らが発信する意見に責任を伴わせることが必要であるとも考える。これに関連して白井（2020）は，OECDの「Education 2030 プロジェクト」が2019年に発表した「ラーニング・コンパス[i]」における中核的概念として，「変化を起こすために，自分で目標を設定し，振り返り，責任を持って行動する能力」と定義される「エージェンシー（Student agency）」が設定されていることを紹介し，「エージェンシー」の獲得のためには「自らの目的や行動が，社会に対してどのように受け止められるのかを考えたり，振り返ったりすることが必要になる」と指摘する。後述する「授業をデザインする上での前提や大切にしていること」に少々踏み込んだ形にはなるが，これらの思考を生徒がおのずと働かせるような活動を意図的に授業に組み込むことで，自らの考えに責任を持った上で発信できる力も育んでいきたい。

## ❷ 授業をデザインする上での前提や大切にしていること

　年間を通した〈歴史総合〉の授業をデザインするに当たり，筆者は次の二点を重視してきた。第一に，生徒の実態に応じて授業をデザインすることである。大項目B〜Dの項目名が「と私たち」の語を冠していることからも分かるように，〈歴史総合〉では生徒自身が課題を見い出し学習を深めていくことが求められている。そのために，生徒の課題意識や学習内容に対する認識などを絶えず見取ることで，年間指導計画を更新したり日々の授業でのアプローチに反映したりすることを心掛けて

いる。

　第二に，生徒の日常生活や社会の文脈に根ざし，生徒が現実の世界に「挑戦する」学習課題を設定することである。資質・能力を育成し見取るために，パフォーマンス課題を設定することの有効性は，その形態による有効性に関する議論も含めさまざまな論者によって指摘されている。例えば豊嶌・柴田（2018）は，現実の文脈と乖離したパフォーマンス課題は公民的資質の育成につながらないと批判し，公民的資質の育成に資するパフォーマンス課題の要件として，「波及効果・影響力」及び「責任」の2要素を提唱している。パフォーマンス課題にこれらの要件が含まれていれば，前節で述べた「エージェンシー」獲得のための「自らの目的や行動が，社会に対してどのように受け止められるのかを考えたり，振り返ったり」する活動も，おのずと課題に取り組む中で見られるだろう。そこで後述する実践では，〈歴史総合〉の最後の中項目である「現代的な諸課題の形成と展望[ii]」において，生徒が課題を通して実社会と関わりを持つという意味で「真正な」パフォーマンス課題を設け，〈歴史総合〉のまとめの学習の中で前述した資質・能力を育み，見取ることを試みた。

## ❸　〈歴史総合〉の年間の流れ

　本校では，〈歴史総合〉2単位を1年次に履修する。また，本校は2学期制を採用しており，前期・後期に各2回，計4回の定期考査が実施される。以上の前提のもと，年間指導計画の作成に当たっては単元のまとまりごとに各定期考査の範囲を設定できるように留意し，各定期考査までの授業時数を計算して単元計画を作成した（**表1**）。

　大項目Aでは，1時間目に本校の沿革をまとめた年表を読み，中学校で学んだ日本や世界の歴史とどのように関連付けられるかを考察することで，身近な社会と日本や世界の歴史とのつながりを実感させることをねらいとした。その上で2時間目には本校の制服の歴史に焦点を当て，本校の制服がどのような経緯で制定され今日に至っているかを，資料の

| 月 | 単元 | 時数 |
|---|---|---|
| 4 | 大項目A「歴史の扉」 | |
| | （1）歴史と私たち……………………………………1時間<br>（2）歴史の特質と資料……………………………1時間 " | 2 |
| 5 | 大項目B「近代化と私たち」 | |
| | （1）近代化への問い……………………………………1時間 | |
| | （2）結び付く世界と日本の開国……………………4時間 | 11 |
| | （3）国民国家と明治維新……………………………6時間 | |
| 6 | 前期中間考査（考査返却1時間を含む） | 2 |
| | （4）近代化と現代的な諸課題……………………4時間 | 4 |
| 7 | 大項目C「国際秩序の変化や大衆化と私たち」 | |
| 8 | （1）国際秩序の変化や大衆化への問い……………1時間 | 10 |
| 9 | （2）総力戦と社会運動………………………………9時間 | |
| | 前期期末考査（考査返却1時間を含む） | 2 |
| 10 | （3）経済危機と第二次世界大戦……………………8時間 | 11 |
| 11 | （4）国際秩序の変化や大衆化と現代的な諸課題……3時間 | |
| | 後期中間考査（考査返却1時間を含む） | 2 |
| 12 | 大項目D「グローバル化と私たち」 | |
| 1 | （1）グローバル化への問い……………………………2時間 | |
| | （2）冷戦と世界経済……………………………………4時間 | 11 |
| 2 | （3）世界秩序の変容と日本…………………………5時間 | |
| | 後期期末考査 | 1 |
| 3 | （4）現代的な諸課題の形成と展望…………………6時間 | 6 |
| | 合計 | 62 |

表1　〈歴史総合〉の年間指導計画

特質に留意しつつ学校図書館の資料を用いて検証した。[iii]

　大項目B～D[iv]では，中項目（1）において教科書に載っている資料をもとに「問いを表現する」学習を1～2時間かけて行い，そこで表現された問いをもとに筆者が主題を設定して中項目（2）（3）の学習を進めた。その上で，6月下旬に実施した「近代化と現代的な諸課題」（全4時間）及び11月中～下旬に実施した「国際秩序の変化や大衆化と現代的な諸課題」（全3時間）の学習では，大項目の学習全体を振り返って生徒自身が追究する課題を設定し，なぜそれが「歴史に見られる課題」と言えるのかを，資料をもとに探究した。その際，学習指導要領が示す

◎**課題**
①これまでの「国際秩序の変化や大衆化と私たち」の学習の中から「歴史に見られる課題」を一つ取り上げ、なぜそれが「歴史に見られる課題」だと言えるのかを説明しよう。その際、次の点に留意すること。
　1）左の5つの視点のうち、どの視点から捉えた課題なのかを明示すること。
　2）なぜそれが「歴史に見られる課題」といえるのか、根拠になる資料を収集し、併せて発表すること。その際、No.2のプリントで取り上げた「資料の特質」に注意すること。
　　※当時の社会の状況は現在のものとは異なるため、何を課題と感じていたかは、現代を生きる私たちと当時の人々とでは異なる場合もあります。当時の人々が何を課題としていたかを理解するためには、当時の社会の状況を理解する必要があり、そのためには当時の状況を示す資料にあたることが必要不可欠です。
②上で取り上げた「歴史に見られる課題」が、現代の私たちが暮らす社会の課題（＝現代的な諸課題）とどう関連づいているのかを考察し、説明しよう。

図1　大項目Cの中項目（4）における探究課題

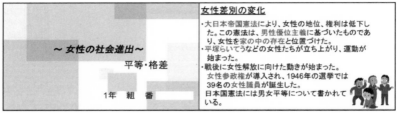

図2　大項目Cの中項目（4）における生徒作成スライドの一部

五つの観点を具体例とともに説明した上で、設定した課題がどの観点から見た課題なのかを明示すること、その課題が現代的な諸課題とどう関連付いているのか説明することを求めた（**図1**）。この課題に対し、生徒はChromebookを用いてGoogleスライドでプレゼンテーションを作成し、各学習の最後の時間にクラス内で相互発表を行った（**図2**）。

## ４　〈歴史総合〉の実践紹介―「現代的な諸課題の形成と展望」―

2022年度の〈歴史総合〉を締めくくる実践として、本校の1年生2クラスの生徒80名を対象に、大項目Dの中項目（4）「現代的な諸課題の形成と展望」の学習において全6時間の実践を行った。以下、実践をデザインする過程から実践後までの様子を詳述していく。

### ① 着想の背景 ●

前節で述べたように、生徒は「現代的な諸課題の形成と展望」の学習

に至るまでに，〈歴史総合〉の学習の中で大項目B・Cでの計2回にわたる探究学習を経験してきた。しかし，その成果発表はいずれも教室内のクラスメイト向けに留まり，現代的な諸課題の解決に向けた方策を具体的かつ責任の伴う形で発信できる環境にあったとは言い切れない活動となっていた点に課題を残した。そこから，〈歴史総合〉の学びが実社会の課題解決を射程に入れたものであるならば，その学びの成果をいかに現実の世界へとつなげていくかが重要であると考えるに至った。

　そうした中で，本校の近隣に所在するX中学校とオンラインで接続し，生徒の探究学習の成果をX中学校の生徒に聴いてもらうという活動を構想した。X中学校は，本校が位置する福岡県第6学区に所在する国立の中学校であり，毎年一定数の生徒が本校に進学している。また，X中学校では総合的な学習の時間をはじめとするさまざまな場面での探究学習が積極的に行われている。ゆえに，第一に本校生徒の探究学習の成果発表を聴いて評価する力を十分持っているであろうということ，第二に本実践が高校での歴史の学びとはどういうものかをX中学校の生徒が知り，高校までを見据えた今後の学習への見通しを持つ良い機会になると考えたことの2点から，X中学校の生徒を本実践における聴き手に選んだ。なお，筆者と面識のある社会科の先生がX中学校に勤務しており，かつ筆者自身もX中学校の卒業生であるというつながりがあったことも，本実践が実施できた要因である。

### ② 実践の概要 ●

　本実践は，後期期末考査終了後の2023年2月中旬から3月中旬までの約1か月間に行われた，全6時間の授業からなる（表2）。1時間目に単元全体の計画と，本単元におけるパフォーマンス課題の提示を予定していたが，それに先駆けて，X中学校の先生と筆者とで打合せを行い，今後の学習計画の共有や発表会の日程及び対象学年の決定，その他すり合わせるべき事項の確認などを行った。なお，本実践はまず筆者がX中学校側に打診したことで実現したものであるが，打合せを進める過程でX中学校の先生にも本実践の意義を理解していただき，「ぜひX中学校の生徒に高校生の学びの様子を見せたい」とのお言葉をいただいた。

| 時間 | 活動 |
|---|---|
| 1 | ○これからの活動内容の確認<br>→「課題」に対して追究したい問いの設定<br>　※各々が設定した問いをもとに，活動の際の班分けを行う。 |
| 2～4 | ○「課題」に対して追究したい「問い」への探究学習<br><br>【学習の流れ】<br>①問いへの仮説を設定する。<br>②仮説を立証するための資料を収集する（図書館の利用も可）。<br>③資料をもとに考察し，場合によっては仮説を立て直す。<br>④調べたことを発表要旨と Google スライドにまとめる。<br>⑤発表練習（Zoom の操作練習も含む） |
|  | 発表要旨を A4 用紙 1 枚で作成・提出→ X 中学校に前もって送付 |
| 5 | ○発表会 |
| 6 | ○発表会のフィードバック・1 年間の学習の振り返り |
| | 今年度から始まった新科目「歴史総合」で，高校生がどのような学びをしているのか，X 中学校の先生から「中学生にぜひ見せたい」と依頼がありました。そこで，1 年間の学習のまとめにあたる「現代的な諸課題の形成と展望」の成果発表を，X 中学校の 2 年生の生徒に見てもらいたいと思います。現代社会が抱えているとあなたが考える課題は，どのような歴史的経緯によって形成され，また，その解決のために私たちに何ができるのか，1 年間の学習をふまえて中学生にプレゼンしよう。 |

表2　本実践の単元計画とパフォーマンス課題

そこで，X 中学校の先生とパフォーマンス課題の文言を詰めていく中で，「高校生の学びの様子を中学生にぜひ見せたいと言われた」という側面をより強く押し出すこととした。結果として，校外からのオファーに応えるという，より「真正な」課題を提示することができ，生徒が課題に対してより責任を持って取り組む環境を作り出せたと考えている。このパフォーマンス課題への取組を通して，1 節で述べた「現代的な諸課題の解決に向けた方策を構想・発信する力」や「エージェンシー」の育成を目指した。

### ③ 学習の展開 ●

　まず 1 時間目に，生徒に対してパフォーマンス課題を提示し，今後の学習で追究したい「問い」を生徒が表現する時間を取った。その際，大項目 D の中項目（4）「現代的な諸課題の形成と展望」の「内容の取扱い」を踏まえ，ワークシートに「近代化と現代的な諸課題」及び「国際秩序の変化や大衆化と現代的な諸課題」で探究したテーマを書き，さらに「グローバル化と私たち」の中項目（2）（3）の 2 単元に取り組む中で追究したいと考えたことと合わせて 1 年間の学びを振り返った上

で，生徒による「問い」の表現を促した（**図3**）。また，5時間目に実施する発表会の概略もこの授業の際に伝えた。具体的には，①当日の聴き手はX中学校の2年生であり，オンラインで発表会を行うこと，②X中学校の生徒は社会科の歴史的分野のうち，日露戦争までの学習を終えていることの2点を伝え，その前提のもとで発表内容を分かりやすくまとめるよう求めた。

その後，2〜4時間目にかけて，生徒自身が表現した「問い」への探究学習の時間を取った。この時間に生徒は，**表2**に示した「学習の流れ」に沿って基本的には各々で探究学習を進め，その上で事前にX中学校に送る発表要旨（A4・1枚）や，当日の発表に用いるGoogleスライドを作成した。なお，4時間目の学習だけは，当日の発表班に分かれてのグループワークの時間を取り，グループ内で発表の予行を実施した。

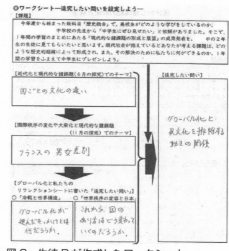

**図3　生徒Pが作成したワークシート**

そして，5時間目に本校とX中学校の2年1〜3組とをZoomで接続し，発表会を実施した。発表会では，まず筆者がX中学校の生徒全体に対して発表会の流れを説明し，発表を聞く際の観点をルーブリック形式で提示して（**表3**），発表の感想とともにGoogleフォームで送信するよう依頼した。その後Zoomのブレイクアウトルーム機能を用いて10個の分科会に分

**写真　発表会当日の様子**

| | A | B | C |
|---|---|---|---|
| 観点1 | 現代社会が抱える課題がどのようなものか、歴史的経緯に触れることでわかりやすく説明している。 | 現代社会が抱える課題がどのようなものか、説明している。 | 現代社会が抱える課題がどのようなものかが説明されていない。 |
| 観点2 | 現代社会が抱える課題が形成された歴史的経緯を、様々な立場や視点から説明している。 | 現代社会が抱える課題が形成された歴史的経緯を説明している。 | 現代社会が抱える課題が形成された歴史的経緯が説明されていない。 |
| 観点3 | 歴史的経緯を踏まえ、現代社会の解決に向けて私たちができることを説明している。 | 現代社会の解決に向けて私たちができることを説明している。 | 現代社会の解決に向けて私たちができることに触れていない。 |

表3　発表会で用いたルーブリック

かれ，一つの分科会を発表者となる高校生が最大4名，聴き手となる中学生が12名で構成した。そして，50分間の分科会で質疑を含めて1人当たり約10分間，本校生徒から中学生に対して探究の成果を発表した。4人の発表が終わった後で最初の1クラスの高校生は退出し，もう1クラスの高校生が分科会に入室してもう50分間同じ活動を行ったので，100分間の分科会全体を通して，中学生は最大で8人の発表を聴いたことになる。それら発表に対する評価と感想を，分科会終了後に中学生がGoogleフォームに入力して，この日の発表会を終了した。

　最後に，6時間目の学習で中学生からの評価と感想を各生徒に渡した。その上で，「現代的な諸課題の形成と展望」での学習を通して考えたこと，及び1年間の『歴史総合』の学習を通して考えたことをワークシートに書くことで，本単元及び1年間の学習を振り返る時間を取った。

　その中で，前述のワークシートを作成し，「なぜ，グローバル化が進む中で，異文化を排除する動きが現れているのだろうか」という問いを立てて探究を行い，本校生徒の中でも特に高い評価を中学生から受けていた生徒Pは，「現代的な諸課題の形成と展望」の学習の振り返りとして，図4のように述べている。そこからは，生徒Pが立場の違う他者への発表に当たり，さまざまな資料をもとに丁寧な考証を行い，かつ分かりやすく相手に伝えようと真摯な姿勢でこの学習に臨んでいた様子が読み取れ，生徒に「エージェンシー」が備わっている様子がうかがえる。また，1年間の〈歴史総合〉の学習の振り返りとして，生徒Qは次のように述べている（図5）。この記述からは，生徒Qが〈歴史総合〉での

中学生の前で発表するということで、画面ごしであっても緊張したし、本当に伝わっているのか不安だった。でも、感想を読むと、思っていた以上に伝わっていたし、いろいろなことを考えてくれていたのが分かってうれしかった。自分としては、データの裏付けが不十分だったり、資料からの考察がやや強引なところもあったりしたので、そこはもう少しじっくり進められたらよかった。

図4 「現代的な諸課題の形成と展望」の学びへの生徒Pの振り返り

世界のことと日本のことを同時に学べて、世界と日本のつながりや、現代にある課題がどのように形成されてきたのかが分かりやすかった。また発表の機会があるときに自分が気になることを詳しく調べて知ることができたので良かった。2年生からは歴史の授業を受けないけど、気になる社会問題があったら、歴史と関連させて色々な見方をしてみようと思った。

図5 1年間の〈歴史総合〉の学びへの生徒Qの振り返り

学びを通して、①世界やその中の日本を広く相互的な視点から捉えていたこと、②現代的な諸課題の形成に関わる近現代の歴史を理解できたこと、③大項目B～Dでの探究学習において自分の関心に沿って学びを深めることができたことを好意的に捉えていること、及び④2年次からは歴史系科目を履修しないものの、〈歴史総合〉で培った見方・考え方を働かせてこれからも現代的な諸課題について考えようとしていることが読み取れる。この記述は、筆者がねらいとする生徒の姿を達成できていることを示す特に顕著なものであるが、ここから読み取れる四つの内容のいずれか一つにでも言及している記述がこの他にも多く見られたことは、年間を通じた実践の成果と捉えることができるだろう。

## 5 〈歴史総合〉の「評価」方法

　本節では、以上に述べてきた実践をどのように見取り、そして「評価」してきたかについて述べていく。その前提として、本校の実態をもう少

し紹介したい。本校は，1学年11クラスの大規模校であり，2022年度は〈歴史総合〉の授業を筆者含む5名の教員で分担して担当した。そのため日々の授業を進める上でまず大きな課題となったのが，いかなる資質・能力の育成を目指すかへの共通認識を持つことだった。

　そこで年間指導計画を作成する際に，国立教育政策研究所が作成した『「指導と評価の一体化」のための学習評価に関する参考資料』を参考にしながら，3観点に沿って評価規準を明文化する過程で，本校の〈歴史総合〉を通して育成すべき資質・能力への共通認識を持つことを図った。2022年度から実質化した観点別評価を進める上で評価規準を定める必要があるのは言うまでもないが，評価のために評価規準を定めるのではなく，育てたい生徒像を共有するために評価規準を定めるという意識を持ちたい。

　その上で，大きく三つの評価材を用いて生徒の年間の学びを見取っていった。第一に，年間4回実施される定期考査である。前述のように単元のまとまりを意識しながら考査範囲を設定し出題することで，各単元の学習内容に対する「知識・技能」及び「思考・判断・表現」の見取りに用いた。

　第二に，後期から授業に取り入れた「リフレクションシート」と筆者が名付けたワークシートである。堀（2019）のOPPAを参考に作成したこのシートを通して「単元全体を貫く問い」に対する自らの考えと，各回の授業で学んだこととを関連付けながらよりよい答えを表現する活動を促した。このシートの記述のうち，「単元全体を貫く問い」への単元終了後の解答を「思考・判断・表現」の見取りに，毎時間の授業における「単元全体を貫く問い」への解答を更新しようとする跡を「主体的に学習に取り組む態度」の見取りにそれぞれ用いた。

　第三に，大項目B〜Dの中項目（4）において生徒が取り組んだ探究学習の成果である。しかし，40名ずつの2クラス計80名の発表を全て聞くことは物理的に不可能であり，生徒が作成したスライドを丁寧に読んで学びを見取ることも，不可能ではないが大きな労力を要するものである。そこで，成果発表の際に大項目B・Cにおいては生徒の相互評

価を，大項目Ｄにおいては前述のように中学生による評価を収集し，その結果を「主体的に学習に取り組む態度」の評価の参考材料とした。

　最後に，これら三つの評価材をどう組み合わせて生徒に観点別学習状況及び評定をフィードバックしたのかを説明する。まず定期考査とリフレクションシートへの記述の二つを以て，「知識・技能」及び「思考・判断・表現」の観点別学習状況を示す。その上で，鈴木（2021）を参考に，「主体的に学習に取り組む態度」の観点別学習状況が「知識・技能」及び「思考・判断・表現」の観点別学習状況に連動するという考えに基づき，他の2観点に対応した基準に沿って「主体的に学習に取り組む態度」の観点別学習状況を一旦定める。その上で，探究学習の成果を参考材料として，顕著に優れている生徒あるいは相当な努力を要する生徒の「主体的に学習に取り組む態度」を修正し，観点別学習状況を定めた。なお，評定については定期考査及びリフレクションシートの記述をもとに評点を100点法で算出した上で，本校の教務規程に基づいて5段階法で示した。

## ⑥ 現時点での問題点と今後の課題

　前節までを通して，2022年度の〈歴史総合〉における実践の全体像，その中の一事例としての「現代的な諸課題の形成と展望」における実践，及びそれらの評価の在り方を述べてきた。最後に，これらを通して浮かび上がってきた問題点を2点示し，今後の課題を述べたい。

### ① 授業と定期考査で求める資質・能力の乖離 ●

　1年間の最後の授業で生徒が記入したワークシートのうち，「1年間の『歴史総合』の学習を通して考えたこと」に対し次のように回答した生徒がいた。

　　　　歴史総合の授業は，プレゼンをつくったりと手を動かすことも多く，資料を読むことも面白かったですが，試験のときに必要な学びと，授業での新しい学びに多少ズレがあるように感じました。

　この生徒以外にも「授業は面白いがどう試験勉強をすればいいのか分

からなかった」と回答した生徒も見られ，授業を通して育成を目指してきた資質・能力と，定期考査を通して測定する資質・能力との間にギャップがあると一定数の生徒が感じていたことが浮かび上がった。これに対し，定期考査を実施せずに筆記テスト以外から生徒の学びを評価するということも考えられる。しかし，授業担当者同士で評価者間信頼性を担保することがより難しくなること，ほぼ全ての生徒が大学進学を志望し，そのうち多くの生徒が大学入学共通テストにおいて〈歴史総合〉を含む科目を受験することが考えられるという実情から，定期考査を無くすることは現実的ではない。

　前述のように，本校では〈歴史総合〉の授業を5名の担当者で分担して実施しており，定期考査の作問も5名の担当者の持ち回りで行った。評価規準の共有や授業進度のすり合わせなどにより，担当者間で授業に対する共通認識をある程度持ててはいたものの，担当者間で作問への認識に多少のずれがあったことは否めない。〈歴史総合〉での学びを通して育成を目指す資質・能力を測定するため筆記テストの在り方について，令和7年度の大学入学共通テストに向けて大学入試センターが作成したサンプル問題などを参考にしながら，教科内で一層の検討を進め，共通認識を深めていくことが今後の課題として挙げられる。

## ② 教科内の他科目や他教科・科目等との連携 ●

　本校では，1年次に〈歴史総合〉とともに〈地理総合〉を履修する。現行学習指導要領で「カリキュラム・マネジメント」の視点からの授業改善の重要性が指摘されていることからも，〈地理総合〉でどのような学びがなされているのかを念頭に置きつつ，〈歴史総合〉の学びをデザインしていくことが望ましいが，そこまでは至らなかったのが実情である。また，本校では2年次からは選択制で〈日本史探究〉及び〈世界史探究〉を履修する。〈歴史総合〉を通して身に付けた資質・能力を，これら「探究」科目を通して更に伸ばしていくことが求められるのは言うまでもない。以上を踏まえると，年間を通して〈歴史総合〉でどういった資質・能力を育んでいくかを考える際に，〈地理総合〉をはじめとする他教科・科目での学びの視点を取り入れていくこと，また，3年間を

通して歴史系科目でどのような資質・能力を育んでいくかを見据えることが，今後の課題である。

　このように，生徒の資質・能力をより長期的かつ多面的視点でどのように育み，どう見取るかが今後の課題になってくると言えよう。その際に，本書のタイトルにもある「評価」の視点を大切にしたい。「評価」とは生徒の学びを評定する役割だけでなく，教師と生徒とで学びの目標を共有する役割や生徒が資質・能力を育む舞台をつくる役割，そして授業の在り方を見つめ直す役割を持つものである。「評価」にこだわりながら，今後ともよりよい〈歴史総合〉の在り方を模索したい。

◆ 参考文献

- 国立教育政策研究所教育課程研究センター『「指導と評価の一体化」のための学習評価に関する参考資料』東洋館出版社，2021年
- 白井俊『OECD Education2030プロジェクトが描く教育の未来』ミネルヴァ書房，2020年
- 鈴木秀幸「『主体的に学習に取り組む態度』の評価―他の二観点と連動させる―」『指導と評価』804号，2021年，pp. 38-40
- 豊嶌啓司・柴田康弘「社会科パフォーマンス課題における真正性の類型化と段階性の実践的検証」『社会科教育研究』第135号，2018年，pp. 14-26
- 堀哲夫『新訂 一枚ポートフォリオ評価 OPPA』東洋館出版社，2019年
- 文部科学省『高等学校学習指導要領（平成30年告示）解説 地理歴史編』東洋館出版社，2019年

【注 記】

ⅰ）「ラーニング・コンパス」とは，「幅広い教育の目標を支え，『私たちが実現したい未来』，すなわち個人及び集団としてのウェルビーイングの実現に進んでいくための方向性を示すもの」と説明される。詳細は白井（2020）を参照されたい。

ⅱ）本実践で使用した教材等は高大連携歴史教育研究会「教材共有サイト2.0」に掲載の「現代的な諸課題の形成と展望―1年間の成果を中学生に発信しよう！―」（https://kodai-kyozai2.org/unit/post-0172/）を参照されたい（2023年4月25日最終アクセス）。

ⅲ）「歴史の扉」における全2時間の実践の詳細は，高大連携歴史教育研究会「教材共有サイト2.0」に掲載の「学校と制服の歴史を『検証』しよう！」（https://kodai-kyozai2.org/unit/post-0065re/）を参照されたい（2023年4月25日最終アクセス）。

ⅳ）大項目B～Dの中項目（4）における学習では，「現代的な諸課題を歴史的に捉えるための枠組みの例」として「自由・制限」「平等・格差」「開発・保全」「統合・分化」「対立・協調」の5つの観点が示されており，各観点を一体の枠組みとして主題を設定し，諸資料を活用して課題を追究したり解決したりする活動を行うことが求められている。

# 教員間の対話と〈歴史総合〉の授業づくりについて

山田 繁
福井県立鯖江高等学校

## 🔟 はじめに

### ① 〈歴史総合〉で育てたい力 ●

　学習指導要領（2018年告示）によると，〈歴史総合〉でどのような生徒を育て，力を身に付けさせるべきかについて，〈歴史総合〉の目標の冒頭には「社会的事象の歴史的な見方・考え方を働かせ…」と書いてある。この「歴史的な見方・考え方」が何を意味するかについては，歴史を教える教員や大学の歴史学研究者の間でさまざまな意見があるだろう。私個人としては，「多角的に事象を見る」ことをこの一つに挙げ，毎年の授業開きの時に生徒に伝えている。〈歴史総合〉は近現代史が中心であり，近代化や大衆化，グローバル化がメインテーマとなっており，多角的に事象を見ることの大切さがより際立つ。戦争，特に第一次世界大戦や第二次世界大戦，アジア・太平洋戦争などについては，歴史に興味があるなしに関係なく，生徒は比較的学習内容が定着していると感じているが，同時に，それまでの学習や経験を通じて，「戦争＝悪いこと」というイメージも大多数の生徒が共有している。しかし，そのイメージを単純に持つだけではなく，戦争がなぜいけないのか，正しい戦争はあるのか（例えば植民地独立闘争などをどう考えるのか），相手側の主張について理解する必要がないのか（例えばウクライナに侵攻したプーチ

ンの主張について，その評価はともかく，知らない生徒が多い），など
について掘り下げて考えていく過程を通して，改めて「戦争をしてはい
けない」という思いを持ってほしいと考えている。このように授業では，
違った視点や考え方があることを，時には史料・資料を用いながら生徒
に提示し，多角的に事象を見る力を育てることを意識している。

### ② 教員間の学びあいと対話の重要性 ●

　〈歴史総合〉の授業を担当するようになり，教員間でお互いの歴史観
や単元観，思いなどについて対話しながら授業を作り上げていくことの
重要性を再確認した。本校では，初年度の〈歴史総合〉はそれまで世界
史をメインに担当している2名（筆者とベテランの教員）で担当する
ことになった。初めて担当する科目であることもあり，この2名で毎
週1回，多い時には2回，必ず授業プランについて話し合う場を設定
した。

　授業の基本プランを交互に作り，互いに意見を出し合うスタイルで授
業をブラッシュアップしていった。互いが蓄積している史料・資料を共
有したり，問いを一緒に考えたりするなかで，互いの歴史観や単元観の
違いが明確になることもあり，まさに違った視点を獲得する機会にも
なった。また，互いが習熟度の高いクラスと低いクラスとの両方を担当
するようにしたため，クラスに応じた授業展開の仕方についても議論が
深まったように感じた。後述する授業はもちろん，レポート課題，観点
別評価の方法など，2人で授業について対話している時間は本当に貴重
な時間であり，授業力向上に大いにつながったと感じている。

## ❷　〈歴史総合〉の授業計画と評価について

### ①　〈歴史総合〉の授業計画 ●

　新課程が始まってからの本校の地歴・公民科に関するカリキュラムは
下表のようになっている。

| 鯖江高校の歴史系科目のカリキュラム | | | 歴史総合 | 世界史探究・日本史探究の選択 |
|---|---|---|---|---|
| 1年 | | 探究科 | 2 | |
| | | 普通科スタ | 2 | |
| | | 普通科健福・スポ | | |
| | | 普通科IT・デザ | | |
| 2年 | | 探究科 | | 2（文系生徒のみ） |
| | | 普通科スタ | | 3（文系生徒のみ） |
| | | 普通科健福・スポ | | |
| | | 普通科IT・デザ | | |
| 3年 | | 探究科 | | 4（2年生から継続） |
| | | 普通科スタ | | 3（2年生から継続） |
| | | 普通科健福・スポ | 2 | |
| | | 普通科IT・デザ | 2 | |

スタ：スタンダードコース
健福・スポ：健康福祉・スポーツコース
IT・デザ＝IT・デザインコース

　本校は，全日制の中に探究科と普通科の2学科，さらに普通科の中にスタンダードコース（いわゆる従来の普通科），スポーツ・健康福祉コース，IT・デザインコースの3コースが存在し，多様な興味・関心を持った生徒が集まっていることが特徴の一つとなっている。探究科および普通科スタンダードコースでは，1年次に〈歴史総合〉と〈公共〉を学習し，文系の生徒は2・3年次に〈日本史探究〉もしくは〈世界史探究〉のどちらかを選択して履修，理系の生徒は歴史系の科目は〈歴史総合〉のみ履修するカリキュラムとなっている。また，健康福祉・スポーツコースやIT・デザインコースの生徒も〈歴史総合〉のみの履修となっている。2・3年次の〈日本史探究〉〈世界史探究〉との連携，さらには，一部生徒には高校で学習する最後の歴史系科目となることを考慮し，初年度は主に第一次世界大戦から現代史まできちんと学習することを目標としてカリキュラムを設定した。しかしそれでも，予定していた単元すべてを学習することはできなかった。そこで2年目からは，下表のようなカリキュラムを設定した（担当者は初年度と同じ2名）。前年度の反省から，扱う単元をさらに精選し，その中でも一貫性のある単元構成になるよう

意識した。

| | | |
|---|---|---|
| 1学期中間考査まで | 第1章　歴史の扉 | |
| | 第2章　近代化と私たち | |
| | 「産業革命のはじまり」 | |
| | 「世界経済の変化と日本の産業革命」 | |
| | 「帝国主義と植民地」 | |
| 1学期期末考査まで | 「明治維新と東アジアの国際関係」 | |
| | 「立憲制の広まり」 | |
| | 「日清戦争と華夷秩序の解体」 | |
| | 「帝国主義国の競合と国際関係」 | |
| | 「植民地支配と植民地の近代」 | |
| 2学期 | 第3章　国際秩序の変化や大衆化と私たち | |
| | 第4章　グローバル化と私たち | |

　1学期中間考査までは，イギリスにおける産業革命とその世界的な波及，そしてそれによる帝国主義競争の勃発，という流れで展開した。テーマを産業革命に限定した結果，産業革命によって社会がどう変化したか，どんな問題が発生したのか，産業革命と帝国主義の拡大との関連性は何かなど，産業革命について深く掘り下げることができた。また，授業の中で「産業革命は今の私たちの生活や社会にどうつながっているのか，考えてみよう」といった現代を生きる私たちとの関連についての小レポート作成，クラス内での共有など，じっくりと生徒の思考を深めることもできた。国民国家の形成などといった他の重要なテーマについて触れられないというデメリットはあるが，一定の成果はあったと考えている。

## ② 〈歴史総合〉の評価について ●

　〈歴史総合〉の評価方法について，新科目が始まると同時に観点別評価の導入も始まったこともあり，評価方法まではなかなか議論が深まっていないというのが，正直なところである。本校では，知識・技能，思考・判断・表現，主体的に学習に取り組む態度の3観点別の評価と同時に，これまで通りの評点も出すことになっているため，地歴・公民科の教員間で，知識・技能を4割，思考・判断・表現を3割，主体的に学習に取り組む態度を3割で評価すること，中間考査や期末考査で知識・

技能，思考・判断・表現に分けて出題することを共通認識として共有した。〈歴史総合〉に関しては，考査ごとにレポート課題を設定し，各授業での取り組みと合わせて主体性を評価することとした。

　レポート課題は，授業で扱った内容に関するもので，各自で調べたことをもとに意見を書くことをメインとし，なるべく現代に生きる私たちにつながるものを設定した。レポートの評価については，字数，具体的な事例が挙げられているか，複数の視点から考察されているか，などの評価の観点をあらかじめ生徒に示し，これらをもとに ABCD の 4 段階で評価している。レポートについては，課題の内容については担当者間でじっくり話し合って決めているが，評価については深い議論ができていないのが現状であり，今後の課題であると実感している。

---

**生徒に課したレポートの例**

・ウクライナに侵攻したロシアに対し，世界は宥和政策を取るべきか，強硬策を取るべきか（第二次世界大戦前のドイツへの宥和政策について学習済）。

・現在のアフリカが抱える問題や課題について調べ，その問題や課題を解決するために，「世界」がやるべきことと「自分」ができることについて（アフリカ分割について学習済）。

・日本の台湾と朝鮮に対する植民地政策について，共通点や相違点を調べ，それが現代の日台および日韓関係にどのように影響しているか（日本の植民地政策について学習済）。

---

## ❸ 授業の紹介

　本校では，上述した通り授業づくりの際，担当者 2 名で授業内容のすり合わせを行い，キーワードの確認，授業展開や使用する史料・資料の共有を行っている。本校は多様な学科・コースが存在するため，個々の授業では目の前の生徒に合わせた内容に修正したり，内容を付け加えたりすることで担当者のカラーを出すことになるが，基本的な授業内容を統一するため，必ず話し合いをする時間を設定している（末尾の参考資料を参照）。

ここで紹介する単元の概要は下記の通りである。

対象学年・学科：１年生・普通科スタンダードコース
クラスの人数：37名　　教科書：東京書籍『新選　歴史総合』
単元：「冷戦下の日本とアジア」

　この単元の基本的な流れについては，末尾の参考資料を参照してほしい。この単元の主な内容は，以下の６点とした。①冷戦下の日本において，55年体制が成立した。②岸信介内閣の時に改定された日米安保条約によってアメリカとの関係を対等にすること，連携をさらに強化することが目指された。③沖縄はアメリカの統治下に残され，基地建設などで犠牲を強いられた。④佐藤栄作内閣のもとで沖縄は日本に復帰したが，復帰後も基地はあまり縮小されなかった。⑤アメリカ以外のソ連，東南アジア諸国，韓国などとも国交の回復を図った。⑥北方領土，竹島，韓国併合の合法性などの問題は未解決である。

　導入では，教科書に記載されている写真（沖縄の日本復帰時の，銀行に人々が並んでいるもの）から，「沖縄の人はなぜ銀行に並んでいるのか？」について考え，発表してもらった。「通貨交換所」という看板が立っているため，多くの生徒が円からドルに両替するためという答えにたどり着いていた。追加で沖縄返還前の道路の写真を提示し，おかしなところはないか考えさせた。こちらも多くの生徒が右側を走っていることに気付いた。この２枚の写真から，沖縄がサンフランシスコ平和条約締結後もアメリカ統治下に置かれ，それがどうなっていくかが今回の授業の主題であることを伝えた。

　その後，上記の内容①②について，教科書および NHK for school の安保闘争に関する動画[i]を活用しながら説明，ワークを行った。さらに，③④について説明したのち，現在も沖縄に米軍基地が集中している状況を確認した。そこで，YouTube にアップされている「「沖縄」が抱える基地問題について，７つのポイントでわかりやすくまとめた」[ii]という動画を紹介し，ワークシートの穴埋めを行った。

　沖縄に米軍基地が集中していることは中学校でも学習しており，ほと

んどの生徒は理解していた。しかし，動画で紹介されていた普天間基地のことや，辺野古移設問題についてはほとんどの生徒が知らないと答えた。そこで普天間基地の航空写真を提示し，周辺に住宅地が密集していること，移設先の辺野古周辺の自然や地盤の問題を説明した。

　その後，グループワークに入る。この授業で書いてもらいたい小レポートのテーマ「沖縄の米軍基地を鯖江（あなたの住んでいる街）に移転することについて，あなたの考えを書いてください」を示したのち，各グループに2色の付箋とホワイトボードを配布し（このような準備物を配布する際，グループ内で「誕生日が一番遅い人」や「一番遅く起きた人」に取りに来てもらうなどし，アイスブレイクの代わりにしている），「米軍基地があることのメリットとデメリット」についてのブレインストーミングを行った。ブレインストーミング終了後，ホワイトボードを使って意見を共有，KJ法を使って分類させた。これらをクラス内で共有するため，グループの代表者1名に出てきてもらい，「これが自分たちのグループのオリジナルと思うもの」を黒板に書き出してもらった。これを全体で共有したのち，Google classroom で配信していた小レポート課題を説明し，各自で書く時間とした。このレポートで出てきた主な意見を以下に紹介する。

○福井県には原子力発電所があり，そこを攻撃されると福井県と米軍基地がともに機能停止してしまうため反対。
○危険が増すことはわかっているが，どの県に移転しても危険性は同じ。日本全体としてみると日本に米軍基地があることで安全になる。
○米軍基地と原発の両方があると敵に狙われやすくなり，最前線で戦わなければならないから反対である。
○米軍基地があると，戦争が始まらないか余計に警戒してしまい，日常生活にも支障をきたす。

その他，兵器が故障して落下してくる恐れがある，騒音が心配などの意見が多数あり，このクラスの9割以上が反対であった。

　小レポートで書かれた意見については，次の時間の最初に隣同士や前

後で共有し，ピックアップした意見は全体の前で発表してもらい，コメントを付け加え，全体で考えてもらう機会とした。また，「多くの生徒が反対としているが，そのような基地が沖縄に集中している現実をしっかりと受けて止めてほしい。これは「沖縄の」問題ではなく，「日本の」問題として，私たち自身の問題としてとらえてほしい」というコメントを付け加え，前回の続きに入っていった。

　この授業のねらいとしては，以下の2点が挙げられる。①メリットとデメリットをしっかり把握し，いくつかの視点から自分の意見をまとめること，②歴史上のできごとを「私ごと」としてとらえてほしいこと。

　①については，上述した「多角的に事象を見る力を育てること」を意識している。基地建設に限らず，メリットとデメリットの両方から（もしくはそれらを超えた視点から）ものごとを判断する重要性を伝え，そのような視点を意識してレポートを書くことを改めて強調した。もっとレベルアップを狙うとすると，「〇〇のようなことも考えられるが…」「△△という意見もあるが…」といった文章を入れること，それにしっかり反論することを条件に加えることも考えられる。このような書き方や思考法は，推薦入試での小論文はもちろん，さまざまな場面で役に立つであろう。しかし，授業の対象が1年生であることも考慮し，担当者間で話をした結果，今回はそこまで求めないこととした。

　②については，〈歴史総合〉の大きなテーマに「〇〇と私たち」とついていることを意識している。歴史的な事象を私ごととしてとらえ，現代に生きる私たちの生活や社会にどうつながっているのか，考えてもらうためである。しかし一方，この沖縄の米軍基地問題に限らず，過去におこった歴史的な事象を現代の問題につなげることだけが大切ではなく，歴史的な文脈の中で考えさせること，当時の世界の中でどのような位置づけとしてとらえるべきなのか，といった観点も大事なように思える。つまり，今回のような問いではなく，「なぜ日本は米軍基地を受け入れざるを得なかったのか？」「アメリカはなぜ日本に米軍基地を置き続けたのか？」などのような問いである。このような問いに，当時の政治家などの言葉を史料として提示する，もしくは自分の意見を説明する

にふさわしい史料を生徒自身が見つけ出すことを通して，生徒に考えて
もらうことで，「歴史的に考える」ことができるようになっていくので
はないか。今後は，このような観点からも授業づくりをしていきたいと
考えている。

## ❹ 現状と課題

### ① 〈日本史探究〉や〈世界史探究〉，他教科とのつながりについて ●

　〈歴史総合〉は，近現代史がメイン，近代化や大衆化，グローバル化
などの大テーマと私たちとのつながりを意識することなどが掲げられて
いる。これまでの日本史や世界史の授業では，歴史の流れや個別具体的
な事象の説明に重点が置かれていたと感じている。これらの重要性はも
ちろん否定しないが，近代化や大衆化，グローバル化などといった「概
念」についてしっかりと生徒が理解し，現代に生きる私たちの社会や生
活，考え方の基盤となっているかについて考えることで，より歴史の面
白さや深みが生徒の中で芽生え，理解が深まっていくのではないか。
　しかし，本校では〈歴史総合〉を 1 年生で学習するためか，1 年生で
「概念」を理解することの難しさを痛感している（これはともに担当し
たベテランの教員も同意見である）。これまでの日本史や世界史で近現
代史を学習するのは，主に 3 年生であった。その間に，国語の授業で
近代化やナショナリズムといった概念を扱う文章を読んだり，さまざま
なニュースや体験に触れ，経験を積んだりしてきていたはずである。抽
象的な概念を本当の意味で理解するためには，具体的な経験が絶対に必
要である。高校生という若さで，この約 2 年間の経験値の差は思いの
ほか大きいのではないかと感じている。逆に考えると，1 年次で学習す
る〈歴史総合〉において，近代化や大衆化，グローバル化などの概念を
しっかりと理解できれば，論理国語や英語の文章の理解につながり，そ
ちらでの議論の深まりも期待できるかもしれない（例えば，本校で使用
されている三省堂『精選論理国語』では第 2 部第 8 章のタイトルが「近
代・現代社会を考える」で隈研吾や夏目漱石などの 4 つの文章が紹介

されており，その他にも鷲田清一の「ぬくみ」，や丸山真男の「「である」ことと「すること」」などでは近代化が大きな主題となっている。また，「ナショナリズム」や「市民（市民社会）」「資本主義」といった概念に関する文章も収録されている）。これらの文系科目との連携をこれまで以上に深め，有機的につなげていくことが課題といえる。

## ② 〈歴史総合〉の課題と今後の展望 ●

　〈歴史総合〉の授業を通して，課題として以下の２点を挙げたい。①扱う内容の複雑さと量の多さ，②授業で扱う史料・資料の充実を図ること。

　①について，〈歴史総合〉の標準単位は２単位となっており，多くの学校では標準単位通りの２単位でカリキュラムが組まれていると考えられる。〈歴史総合〉の教科書（東京書籍『新選歴史総合』）の目次を見てみると，第２章だけでも産業革命・市民社会・ナショナリズム・立憲制・帝国主義・植民地支配などのテーマが並んでおり，さらに，第３章では二つの世界大戦，第４章では冷戦と冷戦後の世界といったように，（必ずしも近現代史に限ったことではないが）非常に複雑な背景を理解しなければならない単元ばかりが並んでいる。この盛りだくさんの内容を消化しつつ，生徒の思考力・判断力・表現力や主体性を育成する授業を展開していくことは非常に困難ではないか。本校では，2023年度は，一貫性のある流れを生徒に提示できることを前提として，思い切って単元を精選したカリキュラムを組んでいる。このように，すべてを網羅的に扱うのではなく，〈日本史探究〉や〈世界史探究〉との連携も考えつつ，学校の実情を踏まえ，単元の精選を図っていく必要があるのではないか。

　②について，学習指導要領によると，〈歴史総合〉では「日本や世界の様々な地域の人々の歴史的な営みの痕跡や記録である遺物，文書，図像などの資料を活用」することが求められており，本校で使用している教科書にもさまざまな史料・資料が提示されている。もちろんこれらを活用しながら授業を展開しているが，担当者間でこれまで使用した，もしくは探し出してきた史料・資料も活用しながら授業を展開している。しかし，私たちのような高校教員がアクセスでき，かつ，高校生がしっ

かりと読み込める史料を見つけ出すのはなかなか容易ではない。岩波書店から出版されている『世界史史料』シリーズやさまざまな書籍からそのような史料を用意しているが，もっと面白い史料がないものかと，日々史料探しをしている。私が所属している高大連携歴史教育研究会では，教材や授業プランの共有が図られているが，このような取り組みをもっと進めていく必要があるだろう。

　以上2点を挙げさせてもらったが，冒頭でも述べたとおり，〈歴史総合〉が始まってから，担当者間で授業について対話する機会が増えた。まだ始まったばかりの科目であり，観点別評価も同時に入ってきたことで難しい面もあるものの，この担当者間で話し合いを行っている時間が，私としてはとても有意義な時間であり，「楽しい」と感じている。お互いの知っている知識を披露し合ったり，時には歴史観や考え方の違いが明らかになったり，このような時間を経ていくことで，確実に授業づくりが「楽しい」ものとなっている。教員の多忙化が進み，なかなかこのような時間が取れないことが大きな問題であるが，できる限りこのような対話の場と時間が確保できる状況に改善していくことを願ってやまない。

【注 記】
　ⅰ）https://www.nhk.or.jp/school/keyword/?kw=%E5%AE%89%E4%BF%9D&cat=all&from=1
　ⅱ）https://www.youtube.com/watch?v=2xUhXj0UVuM
　ⅲ）日高智彦「「歴史的に考える」ことの学び方・考え方」南塚信吾・小谷汪之編著『歴史的に考えるとはどういうことか』ミネルヴァ書房，2019 年

**4章　2節　第5部「冷戦下の日本とアジア」**

キーワード
「自由民主党」　　「55年体制」　　「日米安保条約の改定」　　「岸信介」
「安保闘争」　　「佐藤栄作」　　「沖縄の日本復帰」
「沖縄のアメリカ軍基地」
「日ソ共同宣言」　　「北方領土問題」　　「日韓基本条約」　　「竹島」

ポイント
〇導入
　p. 160左下の写真から、沖縄の人が何をしているか、なぜ通貨交換が必要
　かについて考えさせる。

〇55年体制と日米安保闘争
　・「親米保守」の自由民主党（与党）とそれに対抗する社会党（野党）によ
　　る55年体制の成立
　・岸信介内閣による日米安保改定→安保闘争
　　　NHK for SCHOOL の「安保闘争」を視聴
　　　　→開始30秒で出てくるテロップで停止し、どこが「アメリカと対等」
　　　　　なのか、社会党や学生たちはなぜ反対したのか、考えさせる。

〇沖縄の日本復帰
　・佐藤栄作内閣のもとで、沖縄の日本復帰
　　しかし、米軍基地の問題は温存
　　　　→YouTube で「「沖縄」が抱える基地問題について、7つのポイント
　　　　　でわかりやすくまとめた」を視聴しながらワークシートの穴埋め

〇冷戦と日本のアジア外交
　・鳩山一郎内閣のもと、日ソ共同宣言調印
　　　→平和条約の締結に至らず、北方領土問題は棚上げ
　　　　シベリア抑留者の帰国も影響？
　・東南アジア諸国への賠償問題
　・佐藤栄作内閣が日韓基本条約締結
　　　日本の経済協力と植民地支配の請求権放棄
　　　　→歴史認識問題や竹島問題は未解決

参考資料　単元ごとに担当者間で作成している。

# 初年度の実践，評価の観点も含めて，見つめておきたいポイント 〜地理教師から見た〈歴史総合〉への期待〜

静岡県立沼津東高等学校　鈴木映司（すずき えいじ）

## 1 「付けたい力」から考える「評価」

「評価」は誰のため，何のためにするのだろうか？　成績を付けるため，順位を測るため，教師が達成度を見るため，成長を測るため，行政がシステムの効率を見るためなど，さまざまな理由が考えられる。米国の認知科学者ペレグリーノ（Pellegrino）は「評価」は子供の様子を観察するための窓であると言っている。私は「ゴール」が決まれば「評価」ツールが決まるという考え方に立っている。評価の窓を開けないとゴールまでの距離は推測できない。一度覗いただけでは分からない。

ここで最も重要な事は「『評価』による恩恵の最大の享受者は子供達である」という視点であろう。

## 2 「ゴール？」どこに向かうのか？

自分の力で持続的に問題解決していく事が重要な今日，必要なのは，各教科の「特質」に応じた「見方・考え方」であり，それを使って現実の課題を未来に向かって解決できる力をつける学びであろう。これが「深い学び」に繋がる。

筆者は以前，〈地理総合〉の開発・普及・推進のため，末端ではあるが日本学術会議のメンバーとして活動したことがある。議論の根底には深刻化する地球の自然・社会環境と持続性の問題があった。「SDGs」「ESD」「フューチャー・アース」の示す方向性も手掛かりとした「持続可能な開発のための地理教育に関するルツェルン宣言」も参考に，①持

続可能な開発のための地理学の貢献，②持続可能な開発のための地理的カリキュラムの発展と基準，③持続可能な開発のための情報通信技術教育の重要性，という三点の指針が示された。この内容は学術会議の「持続可能な社会づくりに向けた地理教育の充実」という提言にまとめられている。

　筆者はルツェルン教育大学のアーミン・レンプフラー氏が来日した際に直接対面する機会を得た。ドイツでは地理教育の基礎概念にシステム思考を取り入れ，地理教育コンピテンシーに位置づけていた。

　そのゴールは「どのような未来をつくりたいのか？」という問いに込められている。学習指導要領（2018年告示，以下・新指導要領）には各教科の特質に応じた「見方・考え方」という文言が提示されている。この点において「地理」は結構早い段階からIGU（国際地理学連合）などの海外動向を見据えていた。昨今は，授業開発において「何ができるか？」という「『解決』へのアクション」を求める活動が多く取り組まれている。つまり，今日では，教育のゴールにWell-Beingが示されているわけである。自然と人間の活動をいかに調和させ，持続可能な発展を維持していくか。これは個人だけでなく社会や環境の健全なあり方にも関係してくる。さらに我が国では日常生活の持続可能性を考慮したときに「防災・減災」というテーマが含まれてくる。

　学校現場では進路実現のための入試での得点力向上も求められ，上記で述べた地理教育の理想との両立を伴った現場実装の試行錯誤が求められている。

　「地理的な見方・考え方」の具現化に向けて授業をつくる視点として，新指導要領に基づく課程において重要なのは「基軸となる問い」の設定であろう。授業デザインの柱となる「地理の問い」とは？　何であろうか。自分なりに，三点例を挙げてみたい。

　　①「概念」○○とは何か（自分とは何か）。
　　②「現実」○○はどこにあるのか，それはなぜか？
　　③「理想」○○はどこにあるべきか・どうあるべきか？

　この三点から特に「『現実』　なぜそれがそこにあるのか」と「『理想』本来どこにあるべきか」の二点の視点を特に深めたい。その過程で違和感や不具合・不都合がある場合，持続可能性は低くなる。

　「問い」を使った学習過程には情報（Information）を収集し，知識（knowledge）を選別し，智恵（Function）としそれを再度，再構造し適応させ熟達していくプロセスを多く包含したい。

　教師の仕事は生徒・児童に成長の場を与えることである。教師の発する問いは，ロシア（旧ソビエト）の認知心理学者ビゴツキーが提唱した発達の最近接領域（ZPD）を参考に設定したい。その際，上記①に挙げた「概念」において（自分とは何か），Who am I ? という問いが，生徒自身が自力で学習を続けて行く原点となる。人は生涯を通じて学習を続ける，生徒・集団の発達段階に応じて，生徒・児童としての学び（ペタゴジー）・大人の学び（アンドラゴジー）・老人の学び（ジェロゴジー）という各段階がある。人は過去の学びから自分らしい学び方を生み出し「過去の自分より成長する駆動力」を身に付ける必要がある。評価の軸もここに立脚したい。

　より良い未来という理想と現実のギャップをどの様に埋める事ができるか，ここから「なにができるか？」という方法の模索が始まる。

　筆者は以前，日本協同教育学会のメンバーとして台湾で発表をする機会を得た。国際協同教育学会会長 Lynda Baloche 氏は基調講演の中で，共同学習の目指す方向として，①生徒一人ひとりが知恵を持ち合うこと。②チームを作ること。③一人も取りこぼす者がないこと。④新しい価値を創りあげていくこと。以上の四つを示していた。

　目指す社会の理想は自身（身体と精神）と世界（人文と自然環境）の双方が良好な状態である Well-Being の実現である。各個人が賢くなり，お互いが平等に尊厳を尊重する関係によって民主主義が実現する。ここに向かってすべての学習者は過去より前進する責任を負っている。

## 3 〈地理総合〉〈歴史総合〉と「学習指導要領」との関係

　文部科学省から「学習指導要領解説」が示されている。「教科の目標」についての説明文にどの様な言葉が多く使われているのだろうか？

　〈地理総合〉と〈歴史総合〉の両者をテキストマイニングしてみた。

**ワードクラウド**

スコアが高い単語を複数選び出し、その値に応じた大きさで図示しています。単語の色は品詞の種類で異なっており、青色が名詞、赤色が動詞、緑色が形容詞を表しています。

「地理総合」目標

「歴史総合」目標

**単語分類**

2つの文章に出現する単語を、それぞれどちらの文章に偏って出現しているかでグルーピングした表です。表の左側には「高評価のレビュー」によく出現する単語が、右側には「低評価のレビュー」によく出現する単語が表示されています。それぞれの表の中の単語は、出現頻度が多い順に並んでいます。

| 「地理総合」目標にだけ出現 | 「地理総合」目標によく出る | 両方によく出る | 「歴史総合」目標によく出る | 「歴史総合」目標にだけ出現 |
|---|---|---|---|---|
| 地域 少ない 位置<br>空間 場所 相互依存<br>関係 生活<br>自然環境 結び付く<br>受ける 求める<br>見いだす 地球<br>とらえる 与える<br>地理的 地理総合<br>環境 楽しい やすい<br>激しい くれる 知る<br>進む 言える 培う<br>有する 即す | 地理 考える できる<br>用いる 向ける もつ<br>捉える 養う 異なる<br>付ける 問い<br>学ぶ 成り立つ 問う | 関わる 深い 示す<br>事象 課題 よい 学習<br>捉える 養う 考察<br>解決 考え方 社会的<br>見方 情報 技能 視点<br>構想 理解 まとめる<br>踏まえる 社会 追究<br>現代 様々 深める<br>働かす 意味 資質<br>能力 | 広い 目標 視野 資料<br>着目 入れる | 歴史 歴史総合<br>近現代 時期 推移<br>他国 |

　〈地理総合〉だけに出現する用語は，地域・位置・空間・場所・相互依存・関係・分布・生活・自然環境など。〈歴史総合〉だけに出現するのは，歴史・近現代・時期・推移・他国などで，「両方」に出現するのは，関わる・事象・課題などであった。これらの単語は〈地理総合〉と〈歴史総合〉の特性を示している。

　次に，目標の説明文にどの単語の出現率が高いか？分析してみると〈歴史総合〉に無く〈地理総合〉だけに見られる動詞として「結びつく」・「受

ける」・「求める」・「見いだす」・「とらえる」・「与える」といった動詞がある。教科目標の説明文においては〈地理総合〉に「動詞」がたくさん出ている。「何をするか」「何ができるか」という点により重点を置いているのが〈地理総合〉という科目である。

教科の「改善・充実の要点」についての比較においても〈歴史総合〉では「動詞」が少ない。

## 4 Do ジオグラフィーと Do ヒストリー

習得した知識・技能の活用を通して「思考力」・「判断力」・「表現力」を育むには具体的にどのようにしたら良いのだろうか？

①問題の解決のために知識・技能を活用する。

②ゴールまでのプロセスを見通し思考や表現の段取りを考える。

③シンキングツールや表現方法など，思考・分析・表現のための手法やツールを個性的に利用する。

④複数の資料を比較して多面的な問題解決や表現をする。

⑤異なる角度からの思考や創作内容を比較検証しメタ認知を形成する。

⑥自己評価しながら学んだことを言語化し次の活用学習に繋げる。

以上 6 つのステップを列挙してみた。

さらに，これらを仮説検証型授業にしたりフィールドワークに絡めたりできると楽しいだろう。これは歴史においても有効ではないだろうか？

筆者は授業をデザインする際に「広げる」，「深める」，「身に付ける」という三つの視点を大切にしている。

「広げる」とは，教科における知識を獲得するために，素材と情報を探索・発見・収集する方法と理解・技術であり，これは知識の発見・収集・集積・選択と，それを協働して進める「コミュニケーション」「チームプレー」などの活動である。

「深める」とは，「思考・判断・表現」に関わる活動であり，これは，

知識の構造化や調整・仮説の設定・知識の活用・知識の再構造化・俯瞰（メタ認知）・評価をすすめる活動である。

「身に付ける」とは，主体的に学習に取り組む 態度に繋がる活動のことであり，知識の再発見・省察・新たな問いの創出・新たな試みへの挑戦・プランニングといった認知と行動，さらに学ぶ愉しさ・自走・成長といった感情を持つことを想定している。

## 5 評価「Evaluation」と「Assessment」

再び，「評価」について述べておきたい。

評価というと以前は教師の視点から順位付け（Evaluation）が重視されてきた。新課程からは学習者の視点に立って発達支援（Assessment）の三観点評価が重視されている。

「評価」の世界は実に多様である。少し例を挙げてみると国際的に開発された指標「21世紀型スキル」では Knowledge・Skill・Attitude・Value・Ethics の KSAVE の五つが示されている。インストラクショナルデザイン理論の生みの親であるガニェ（Robert M. Gagne, 1917 ～ 2002）の学習成果の5分類では

①知的技能　②言語情報　③認知的方略　④態度　⑤運動技能
の五つが挙げられている。

「評価」は児童・生徒が学習活動で自走する力を身に付ける支援でなければならない。「どこに行くのか」「今どこまで来ているのか」そして「どの様な方法で行くのか」を自らの力で認識させる事が必要である。

「コミュニケーション力」の測定は Co-Agency「専門集団」チームの中での主体性を測定したい。ICT活用による発話分析ではグループ内で問題解決力・コミュニケーション能力の分析など細やかな看とりが可能になってきている。ワードクラウドで知識の変化，事前事後の繋がりの可視化も手軽にできるようになってきた。

「主体的に学習に取り組む態度」の測定について現場から戸惑いの声があがっている。「態度」とは「感情」（情動・気分）「認知」（知識・思

考）「行動」（接近・回避・受容・拒否）である。人生は選択の結果できている。例えば「もう一度体験できるとしたら，してみたいことは？」または，「しないことは？」そして「それはなぜ？」といった質問で概要を確認することができる。考え方が示せて，その理由を述べることができているということは自己をメタ認知できているという事になる。目的・価値観・自分の理想が表現（語れる）できることは重要であり，「実現に向けて『次の問い』を生み出す力」を持ち解決のための日付と内容が入った，具体的プランまで示せているならば間違いなく主体的・能動的な学習者といえるだろう。

教師には大切な仕事として「削ること」がある。ミケランジェロが大理石の中に天使を見て解き放ったように，本質以外を削ぎ落とす。これは豊かな知見と経験がないとできない。丁寧な「評価」の導入で教員の負担は激増している。何を残して何を削るか選別するための「評価の評価」は①信頼性 Reliability，②妥当性 Validity，③客観性 Objectively，④効率性 Efficiency，の四つの視点から捉えたい。

## 6 新課程になって思うこと

〈地理総合〉が必修となったので全員が地図帳を持っている。地図帳は〈歴史総合〉においても活用できる。

中学校よりも通学圏が拡大する高校段階ではさまざまな「地域」で育まれた「個性」との出会いがある。今日学校生活への適応で困難な生徒も増加している。安心安全な学習集団づくりという点でも「総合」科目の役割は軽視できない，ここに対話的な学びを組み込んでおくことはその後の学校生活全般に関わる基本的対人関係の構築と結びつく。

一般に自分を育んできた地域のことを学ぶのは高校までであり，進学等で地元地域を去る場合最後の機会となる。地域の活性化を志望し将来Uターンするとしてもここでの学びは大切な座標となる。「地のもつ理屈」を理解し「自分の背景にある地域」と学校の位置する「地域」の比較は「地域学習」の出発点となる。地域史という視点を持てば〈歴史総

合〉でもこれは可能だ。

　例えば学校周辺や身近な地域の新旧地図を見比べてその編成と自然的・社会的背景を繋げることで多面的に他地域と比べたり，防災・減災に関する知識や，地域の課題を発見したり，クラス→地域→国家→世界というグローバルな視点の軸足を育むことができる。これは〈歴史総合〉でも可能だろう。

　〈○○総合〉での学びは必修の基礎科目ゆえにすべての生徒のその後の，社会科学習の「共通言語」（ベース）になる。さらに，安心安全な学校・クラスづくりにも繋がる。このような議論や提案は新しい地歴科目内だけでなく〈公共〉や他教科科目に照らし合わせても進められる。

　「地歴」として「地歴科共通のグランドルーブリック」を付けたい力からの「逆向き設計」から作成してみることで対話が生まれ，結果として教科内で指導の一貫性と効率化に繋がるだろう。ゴールが近づくとさらに次のゴールが見えてくる。我々教師も疑問を持ち歩きながら書き換え答えを探究していく持続性が必要になっている。

## 7 Do に繋がるナラティブが自らのハイ・ストーリーを紡ぐ

　私も知らない，あなたも知らない，未来が予測できない時代，過去からの学習だけでは「答えのない時代」，対話によって答えを創る Agency（社会の中での主体）の育成が必要になってきた。そこでは歴史の流れを，相互に検証可能な根拠（エビデンス）に基づいて物語（ナラティヴ）として，自分の言葉で語れることが求められる。

　ブルーナー（Bruner. J）は「人間の認知過程」について「論理的議論や演繹法，数学や論理学など，客観的・普遍的な真理の探究に使われる『論理的科学様式』」と「自身を主人公として心を引きつけ，解釈し，想像し，人間らしくストーリーを語る『ナラティブ様式』」という２つの思考様式を論じている。ストーリーが変化すれば未来も変わる。時代の認識にはこの両輪が不可欠だろう。

# 〈歴史総合〉と〈公共〉では，何を評価すべきだろうか

東京都立田園調布高等学校　宮崎三喜男

## 1　はじめに

　18歳に選挙権が引き下げられた際，主権者教育の充実が強く叫ばれたのは記憶に新しいことであろう。また近年では，成年年齢が18歳に引き下げられ，生徒たちが消費者トラブルに巻き込まれないよう，消費者教育の充実も学校現場の課題となっている。そのような中，ある研修会にて，「主権者教育や消費者教育の授業実践はよく見かけるが，どのように評価するのか。何をもって主権者教育や消費者教育の授業は『うまくいった』と言えるのか」という質問が出され，議論になったことがある。

　2022年からスタートした学習指導要領（2018年告示）では，高等学校においても観点別評価が導入された。1時間の授業で「知識・技能」「思考・判断・表現」「主体的に学びに向かう力」の3観点を見取るのではなく，単元全体で3観点を評価することになっているが，仮に評価が「AAA」だったとしても，主権者として，消費者として本当に高い評価といえるのであろうか。主権者教育や消費者教育を例にすると，前者は将来の投票率が向上している，より良い社会を考え公正に投票している，後者は，将来消費者被害の数値が低くなる，賢い消費者としてより良い消費行動ができているなどとして評価されるべきであろう。つまり公民科においては，短期的な評価と中長期的な評価は異なる場合がある。

　本論では，まずは短期的な評価として公民科，特に新しく新設された

〈公共〉の評価方法について論じ，その後，公民科としての中長期的な評価について私見を述べたい。

## 2 新科目〈公共〉とは

　小・中・高等学校で順次，改定された学習指導要領が実施される中，高等学校公民科においては必履修科目として〈公共〉が設置された。〈公共〉は従来設置されていた〈現代社会〉を廃止し，40年ぶりに公民科に新設された科目である。

　改定学習指導要領では「思考力，判断力，表現力等」の一層の育成を重視した改定が行われ，具体的には「習得した知識を活用した思考力，判断力，表現力等」の育成を図るために，「習得」項目と「思考力，判断力，表現力等」の項目に分けて示し，また「思考力，判断力，表現力等」をさらにわかりやすく示すために，〈公共〉では「事実を基に多面的・多角的に考察し公正に判断する力」や「合意形成や社会参画を視野に入れながら構想したことを議論する力」と具体的に明記した。また「判断する力」や「議論する力」の育成の前提として，「習得した知識」を「選択・判断するための手掛かりとなる概念や理論」と位置付けるなど，網羅的な知識の伝授を行ってきた学校教育を改善させるために，大きな変革がなされた。なお〈公共〉の目標は以下のとおりである。

　（1）現代の諸課題を捉え考察し，選択・判断するための手掛かりとなる概念や理論について理解するとともに，諸資料から，倫理的主体などとして活動するために必要となる情報を適切かつ効果的に調べまとめる技能を身に付けるようにする。
　（2）現実社会の諸課題の解決に向けて，選択・判断の手掛かりとなる考え方や公共的な空間における基本的原理を活用して，事実を基に多面的・多角的に考察し公正に判断する力や，合意形成や社会参画を視野に入れながら構想したことを議論する力を養う。
　（3）よりよい社会の実現を視野に，現代の諸課題を主体的に解決しようとする態度を養うとともに，多面的・多角的な考察や深い理解を通して涵

養される，現代社会に生きる人間としての在り方生き方についての自覚や，公共的な空間に生き国民主権を担う公民として，自国を愛し，その平和と繁栄を図ることや，各国が相互に主権を尊重し，各国民が協力し合うことの大切さについての自覚などを深める。

　〈公共〉の内容構成は，大項目と中項目から成り立っており，大項目Aにおいて，他者と協働した当事者としての国家・社会などの公共的な空間を作る存在であることを学ぶとともに，古今東西の先哲の取組，知恵などを踏まえ，社会に参画する際の選択・判断するための手掛かりとなる概念や理論などや，公共的な空間における基本的原理を理解することにより，大項目B及びCの学習の基盤を養うことをことになっている。

　その際，大項目Aの具体例として，倫理的主体として，行為の結果である「個人や社会全体の幸福を重視する考え方」や，行為の動機となる「公正などの義務を重視する考え方」などを用いて，行為者自身の人間としての在り方生き方を探究するとともに，人間の尊厳と平等，個人の尊重，民主主義，法の支配，自由・権利と責任・義務など，公共的な空間における基本的事項について学ぶこととなった。また大項目Bでは，法，政治，経済などの主体としての必要な知識及び技能や，思考力，判断力，表現力等を身に付けさせ，主題としては「法や規範の意義及び役割，多様な契約及び消費者の権利と責任，司法参加の意義，政治参加と公正な世論の形成，雇用と労働問題，財政及び租税の役割など」が示された。そして大項目Cでは，持続可能な社会形成のために課題を自ら見いだして設定し，それまでに身に付けた資質・能力を活用しながら解決策を考察・構想し，記述・発表するなどの表現を伴う探究活動が想定されている。

| 科目 | 大項目 | 中項目 | 主な視点・概念 |
|---|---|---|---|
| 公共 | A　公共の扉 | (1) 公共的な空間を作る私たち<br>(2) 公共的な空間における人間としての在り方生き方<br>(3) 公共的な空間における基本的原理 | 幸福，正義，公正，個人の尊重，自主・自立，人間と社会の多様性と共通性，民主主義，法の支配，自由・権利と責任・ |
| | B　自立した主体としてよ | (1) 主として法に関する事項 | |

| | りよい社会の形成に参画する私たち | （2）主として政治に関する事項<br>（3）主として経済に関する事項 | 義務，寛容，希少性，機会費用，比較衡量，適正手続き，民主主義，配分，平和，持続可能性など |
| --- | --- | --- | --- |
| | C　持続可能な社会づくりの主体となる私たち | | |

（高等学校学習指導要領解説公民編・2018年告示より作成）

## 3　新科目〈公共〉の評価

　では〈公共〉ではどのような授業が行われるのであろうか。社会科系科目は網羅的な知識を教員が「説明」する授業が多く，批判されてきており，改定学習指導要領，とりわけ〈公共〉においても探究的な学びを取り入れることが重要視されている。もちろん「基礎的な知識」を活用して学びを進めていくことは重要であり，「基礎的な知識」を軽視しているわけではないが，この「基礎的な知識」とは「用語」を意味している訳ではない。生徒たちは教科書の太文字を「基礎的な知識」と思い込んでいる節があるが，改定学習指導要領における「基礎的な知識」とは「見方・考え方」のことをさし，〈公共〉における「見方・考え方」とは，「社会に参画する際の選択・判断するための手掛かりとなる概念や理論などや，公共的な空間における基本的原理」を意味する。つまり，「A公共の扉（3）公共的な空間における基本的原理」では，「人間の尊厳と平等，個人の尊重，民主主義，法の支配，自由・権利と責任・義務」などの「概念や理論」こそが「基礎的な知識」となるのである。そしてこれらの基礎的な知識を習得・活用する中で，「事実を基に多面的・多角的に考察し公正に判断する力」や「合意形成や社会参画を視野に入れながら構想したことを議論する力」を養うことを求めているのである。

　以下，授業実践を紹介することで，評価について論じたい。

---

単元：A公共の扉（3）公共的な空間における基本的原理（以下，授業の流れ）
① 「女性専用車両に『逆差別』主張」（2018年5月6日朝日新聞）を生徒に読ませる。
② 授業者が「女性専用車両に賛成か反対か。その理由は何か」を問う。

---

③　個人で意見を考えた後で，グループに分かれて議論する。
④　グループの代表者が意見をクラスで発表し，クラスで共有する。
⑤　授業者が「法的な見方・考え方」（正義，平等・公平，公正，効率）を提示する。
⑥　「候補者男女均等法」成立および「オピニオン」（両記事とも 2018 年 5 月 16 日朝日新聞）を生徒に読ませる。
⑦　授業者が「候補者男女均等法に賛成か反対か。その理由を，法的な見方・考え方を踏まえた上で議論しなさい」と問う。
⑧　グループに分かれて議論し，代表者が意見を発表。クラスで共有したのち，生徒に「候補者男女均等法に賛成か反対か」について，レポートを書かせる。

　授業では，最初に女性専用車両の新聞記事を読み，資料を基に自由に議論をしてもらった。その上で法的な視点（見方・考え方）の解説をし，正義（justice），平等・公平（equality），公正（fairness），効率（efficiency）の 4 つの考え方を提示した。それを基に候補者男女均等法（議員候補者男女同数推進法）案の新聞記事を配布し，再度議論を行わせ，発表，最後に授業者からの講評という流れである。

　実際の授業の様子であるが，女性専用車両の新聞記事のワークでは，「女性専用車両に賛成」の立場の生徒が多かったが，その主張はあくまで生徒の経験知や生活知から導き出されるものであった。しかし法的な視点（見方・考え方）を提示して以降，議論の質が大きく変化した。具体的には女性専用車両設置の目的は女性を痴漢被害から守るため（人権の保障）であり，正義（justice）の問題であるという議論に変化した。つまり，社会的優位の立場（通勤電車内における多数派）の男性が「不平等だ」と訴えるのは，問題のとらえ方が本質的に誤っており，本議題が平等・公平（equality）の問題ではないということに生徒は気付いたのである。

　上記の視点を踏まえたうえで，2 つ目の課題である「候補者男女均等法」の問題に関して議論をさせ，課題レポートを出させた。

### ① 知識の評価について

『高等学校学習指導要領解説　総則編』（2018年告示）では，「『知識』には，個別の事実的な知識のみではなく，それらが相互に関連付けられ，更に社会の中で生きて働く知識となるものが含まれている点に留意が必要である」と書かれている。また，『高等学校学習指導要領解説　公民編』（2018年告示）では，「基礎的・基本的な知識を確実に習得しながら，…（中略）…社会における様々な場面で活用できる，現代の諸課題を捉え考察し，選択・判断するための手掛かりとなる概念や理論を獲得していく」と書かれている。

それでは教科書にはどのように書かれているのだろうか。清水書院『私たちの公共』（公共706）の「公共の扉（3）公共的な空間における基本原理」は小項目として「個人の尊重と社会」「民主主義，立憲主義」「法はなぜ必要なのか」として計6ページが，第一学習社『高等学校　新公共』（公共711）の「第3章　公共的な空間における基本的原理」は小項目として「人間の尊厳と平等，個人の尊重」「民主主義と法の支配」「自由・権利と責任・義務」「日本国憲法に生きる基本的原理」として計10ページが書かれている。

以下の表は，教科書で太文字になっている用語である。

| 個人の尊重と社会 | 個人の尊重，〜からの自由，〜への自由，生命，自由及び幸福追求に対する国民の権利，J.S.ミル，他者危害の原則，責任，対話，社会秩序，政治（権力） |
|---|---|
| 民主主義，立憲主義 | 王権神授説，絶対主義国家，市民革命，民主主義，社会契約説，多数決，直接民主制，間接民主制，代表民主制，法，憲法，立憲主義，権力分立，モンテスキュー，三権分立，基本的人権の保障 |
| 法はなぜ必要なのか | 社会規範，慣習，倫理，道理・道筋，道徳，法，法の支配 |

（清水書院　『私たちの公共』）

| 人間の尊厳と平等，個人の尊重 | 人間の尊厳，平等，基本的人権の保障，個人の尊重 |
|---|---|
| 民主主義と法の支配 | 政治，国家，民主主義，国民主権，民主政治，直接民主制，議会制民主主義，多数決，議論，法，法の支配，モンテスキュー，法の精神，三権分立，立憲主義 |
| 自由・権利と責任・義務 | 功利主義，ベンサム，最大多数の最大幸福，J.S.ミル，他者危害の原則 |

| 日本国憲法に生きる基本的原理 | 日本国憲法，大日本帝国憲法（明治憲法），天皇主権，ポツダム宣言，国会，内閣，議院内閣制，裁判所，硬性憲法 |
|---|---|

（第一学習社　『高等学校　新公共』）

　前述した通り，「知識」とは共通した「用語」ではなく「概念や理論」である。しかしながら実際の学校現場ではいまだに「用語」の説明で終わっている授業が多く存在しているのも事実である。しかし，2つの教科書の太文字を見ていただきたい。これらの用語を暗記したからと言って，「公共的な空間における基本的原理」が正しく身に付いたとは到底言えないであろう。

　本実践では，「選択・判断するための手掛かりとなる概念や理論」を法的な視点（見方・考え方）として提示した「正義（justice），平等・公平（equality），公正（fairness），効率（efficiency）」の4つの考え方（概念）と授業者が位置付けているため，これら4つの視点が知識と位置付けられている。

## ② 思考・判断・表現の評価について

　次に「思考・判断・表現」の評価について考えてみたい。改定学習指導要領では，「思考・判断・表現を通して，知識・技能を身に付けさせる」こととなっているが，「はたして思考・判断・表現の評価はどのように行えばいいのだろうか」という悩みを持つ教員は多い。

　国立教育政策研究所が発行している『「指導と評価の一体化」のための学習評価に関する参考資料 高等学校 公民』（2021年）によると，「『思考・判断・表現』については，現代の諸課題について，事実を基に概念などを活用して多面的・多角的に考察したり，解決に向けて公正に判断したり，合意形成や社会参画を視野に入れながら構想したことを議論したりしている状況を評価する。この観点におけるポイントは次の3つである。第一に，「事実を基に」考察，構想すること，第二に，「概念などを活用して」考察，構想すること，第三に，「多面的・多角的に」考察，構想することである」と記載されている。

　「思考・判断・表現」については，探究活動を通して，レポートなど

を作成させ，上記の３つが身に付いているかを確認することが想定されている。つまり思考・判断・表現の評価を行うポイントは，提出されたレポートや参与観察を通して，第一に，「事実を基に」考察，構想されているか，第二に，「概念などを活用して」考察，構想されているか，第三に，「多面的，多角的に」考察，構想されているかの３点を基に評価することになる。提示した授業事例では，課題（候補者男女均等法に賛成か反対か）について資料等から調べ調査する活動（第一），法的な見方・考え方（本実践では，正義，平等・公平，公正，効率の４つの概念）を活用し考察すること（第二），それらを踏まえて多面的，多角的に考察すること（第三）がそれに該当する。

　本事例では，単元の評価規準である「幸福，正義，公正などに着目して，公共的な空間における基本的原理について，思考実験など概念的な枠組みを用いて考察する活動を通して，個人と社会との関わりにおいて多面的・多角的に考察し，表現している」ことが出来ているかどうかを単元終了時のレポートにおいて評価することとしている。その際，概念を用いて，多面的・多角的に考察し表現している記述内容となっていれば「おおむね満足できる」状況（B）と評価できる。なおレポートに，幸福，正義，公正などに着目していたり，個人と社会との関わりについて記述がなされていると判断できる場合，「十分満足できる」状況（A）に達していると判断できる。

## 4　公民としての評価

　高等学校における「公民科」としての評価は上記に述べたとおりであるが，中・長期的に考えた場合，はたしてそれが本当の評価と言えるのであろうか。学校において，評定が高ければ高いことにこしたことはなく，第一志望の大学に入学することや，自らが望む職業に就くこと，または自己実現をすることは望ましいことである。しかしながら，長い人生において学校教育での評価はほんの一部であり，長い人生をどのよう

に送っていくかが本質的には重要であろう。

　そのような視点から考えると，学校教育で行う公民としての本質的な評価は，中長期的に見取ることがなされるべきであろう。例えば 18 歳に選挙権が引き下げられ，近年，主権者教育が充実されてきているが，その評価は今の若年層の投票率だけで測れるものではなく，10 年後，20 年後といった主権者教育を受けた世代が，その後の人生においてより良い有権者となっているかという点で初めて評価が得られるといった考えである。そして公民科は多岐にわたり社会問題を扱っており，つきつめるところ，将来の日本および世界のあるべき姿が評価であると考えることができる。

　と考えると，公民としての評価は，学習指導要領の公民科の目標にも書かれている「よりよい社会の実現を視野に，現代の諸課題を主体的に解決しようとする態度を養うとともに，多面的・多角的な考察や深い理解を通して涵養される，人間としての在り方生き方についての自覚や，国民主権を担う公民として，自国を愛し，その平和と繁栄を図ることや，各国が相互に主権を尊重し，各国民が協力し合うことの大切さについての自覚などを深める」ことであり，集約すると「広い視野に立ち，グローバル化する国際社会に主体的に生きる平和で民主的な国家及び社会の有為な形成者」を育成することができたかどうかということに尽きるのではないであろうか。

　筆者は，公民科の授業は「課題を多面的・多角的に捉え，自らの意見を形成し，根拠をもって自らの考えを主張・説得し，また合意形成を図る力を育むこと」，「主体的に社会と向き合い，自分たちの社会をどんな社会にしたいのか考え，参画する力を養うこと」であると考えているが，これは中長期な視点から育むべき力を考えてのことである。授業者は，つねに中長期的な視点を持ちつつ，〈公共〉の評価，単元の評価，1 時間の評価を設定すべきであると考える。

## 5 〈歴史総合〉に期待すること

　改定学習指導要領では，地理歴史科において〈歴史総合〉と〈地理総合〉が，公民科においては〈公共〉といった新科目が設置され，それぞれが必修科目となった。つまり高校生全員が〈歴史総合〉〈地理総合〉〈公共〉の３つの科目を履修し，それをベースに〈日本史探究〉〈世界史探究〉〈地理探究〉〈政治・経済〉〈倫理〉という探究的な授業を学ぶことになった。

　これは高校教育の入口において，いわゆる総合社会のような探究的な学びに大きくシフトチェンジすることを意味している。〈歴史総合〉では時間軸から探究的にアプローチし，〈地理総合〉では空間軸から，そして〈公共〉では社会問題を探究的にアプローチするという役割が求められていることであろう。つまり〈歴史総合〉〈地理総合〉〈公共〉の３科目を，いかに総合的に結び付けるかで，改定学習指導要領が目指す資質や能力を有機的に育むことができ，かつそのことが中長期的な評価につながると考える。

　カリキュラム・マネジメントという言葉が主張され，異教科間コラボレーション授業も多く見られるようになった。しかしながら近接科目でありながら「歴史総合と地理総合」「歴史総合と公共」といった実践はなかなか見受けられない。〈歴史総合〉の授業を通して，歴史学を学ばせるという視点から脱却し，「新しい時代に必要となる資質や能力の育成」のために，〈歴史総合〉は何ができるのか，〈公共〉では何ができるのかを，中長期的な視点から考え，授業開発をしていく必要があるではないだろうか。

# 国語科における観点別評価

福井県教育庁　高校教育課　参事（高校改革）　**渡邉久暢**<sup>わたなべひさのぶ</sup>

## 1　国語科における観点別評価の独自性

　これまで国語科においては，他教科と異なる観点に基づき評価を行ってきた。その起源は昭和 23 年「小学校学籍簿について」に遡る。これには，社会科を含む国語以外の教科は「理解」「態度」「技能」の能力別の 3 観点が示されているが，国語科では，「聞く」「話す」「読む」「書く」「作る」の言語活動に基づく領域別の 5 観点となっている。

　高等学校に関しても同様である。昭和 24 年「中学校，高等学校生徒指導要録について」では，社会科の観点が「歴史，地理，経済，政治，社会等の基礎的な諸概念の知識と理解」「問題解決法を用いる能力，批判的な思考をなしうる能力」「他人の必要と権利との尊重，公民的技能の習得」という，能力別の 3 観点が示されているのに対し，国語科では，「理解しながら早く読む能力」「文学の理解と鑑賞」「書くことによって効果的に自己を表現する能力」「話すことによって効果的に自己を表現する能力」という，言語活動に基づく領域別の 4 観点となっている。

　昭和 26 年版中学校高等学校学習指導要領国語科編（試案）でも，「聞くこと」「話すこと」「書くこと」「読むこと」の各領域ごとに，評価すべき能力の要素を複数挙げている。たとえば「聞くこと」においては，「態度（聞こうとする意欲に基づく真剣な態度など）」「聞き取る力」などの能力が示されている。これ以降，国語科では，領域ごとに生徒に培うべき能力を定めて評価するという，他教科とは異なる独特の観点別評価が始まった。

平成11年の学習指導要領改訂に対応して平成16年に出された「評価規準の作成，評価方法等の工夫改善のための参考資料」では，地歴科を含む国語科以外の教科における観点別学習状況の評価の観点は「関心・意欲・態度」「思考・判断」「技能・表現」「知識・理解」の4観点を基本としている。しかし，国語科は，言語による「思考・判断」と言語の「技能・表現」とは密接，不離の関係であり，個々に分けて評価することは困難であるという理由から，領域ごとの能力の観点として再編して示され，評価の観点としては「関心・意欲・態度」「話す・聞く能力」「書く能力」「読む能力」「知識・理解」の5観点となった。

　平成21年の学習指導要領改訂に対応して平成24年に出された「評価規準の作成，評価方法等の工夫改善のための参考資料」でも，国語科の評価の観点は前回と同じ5観点とした上で，「話す・聞く能力」「書く能力」「読む能力」は，「基礎的・基本的な知識・技能」と「思考力・判断力・表現力等」とを合わせて評価する観点だと明示した。

　しかし，平成30年の学習指導要領改訂では，全ての教科において，従来学習指導要領に記載されてきた教科固有の個別具体的な知識・技能に加えて，教科固有の概念的知識および教科固有の思考技能（「見方・考え方」）が明示された。その目的は，知識や技能の質を高め，生きて働く資質・能力とすることにある。平成30年版学習指導要領に対応して令和3年に出された「「指導と評価の一体化」のための学習評価に関する参考資料（高等学校編）」（以下，参考資料）では，国語科を含む全ての教科において，「知識・技能」「思考・判断・表現」「主体的に学習に取り組む態度」の3観点で評価するとしたものの，国語科においては，「思考・判断・表現」の観点における「内容のまとまりごとの評価規準」を作成する際には，当該単元で指導する領域（「読むこと」など）を明記するよう，示されている。

　このように，国語科においては他教科と異なり，領域別に観点を設定している。なぜ，このような違いが生まれるのだろうか。その特徴を〈歴史総合〉におけるカリキュラム構成と比較して考えよう。たとえば令和

　3年版参考資料「地理歴史」にて〈歴史総合〉の単元として示された「列強の帝国主義政策とアジア諸国の変容」の単元では，「列強の帝国主義政策とアジア諸国の変容」を理解することが目標の一つとされている。つまり，認識内容の習得が重要視されているのである。

　それに対して同じ令和3年版参考資料「国語」の〈現代の国語〉の単元として示された「論理的な文章の内容や構成，論理の展開について理解し要旨を把握しよう 」の単元では，宇宙探査機開発を事例として宇宙開発産業のあり方について論じる複数の文章を教材として扱っているが，「宇宙産業開発」に関する認識内容の習得は目的ではない。複数の文章における主張と論拠を比較するという言語活動を通して，同じテーマや事象を扱った文章でも，主張や論拠が異なることがあり得ることや，主張と論拠との関係の妥当性が文章の説得力に影響を与えることなど，「情報と情報との関係」について理解することが求められている。

　もちろん，地歴科でも言語活動を通して単元目標の実現を図る。しかし，それは「要約力」等の言語能力を高めることや，「プレゼンテーション」等の言語活動を上手に行うことを第一の目標として指導計画を構想したりするのではない。あくまでも地歴科の目標の実現のために資する学習活動，つまり手段として言語活動を位置づけるのである。

　国語科においても言語活動が目標実現のための手段であることには変わりはないが，その一方で国語科は，各教科における言語活動が充実するよう，言語活動を行うために必要な汎用的な能力を育成するという重要な役割も担っている。その能力を育成するためには，「話すこと・聞くこと」「書くこと」「読むこと」それぞれの領域ごとに目標を焦点化し，評価することが求められる。

　高木（2003）は，国語科の学びは階段を一直線に踏んで次のステージに上がっていくのではなく，「同じように見える内容を繰り返しながら」次第に層を形成し，重ねていく過程に存在することを指摘する。たとえば，**図1**「言語能力を構成する資質・能力が働く過程のイメージ」に示されているとおり，テクスト（情報）を理解するための力は，「認

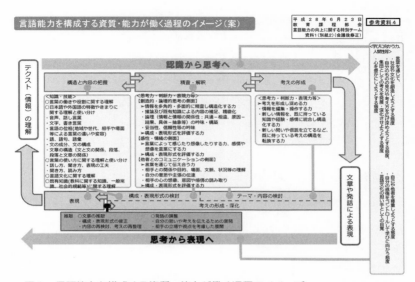

**図1 言語能力を構成する資質・能力が働く過程のイメージ**
（2016年6月23日　中央教育審議会教育課程部会言語能力の向上に関する特別チーム
資料1より）

識から思考へ」という過程の中で働く。もちろん，扱うテクストごとに
異なる部分はあるものの，「構造と内容の把握」「精査・解釈」「考えの
形成」のそれぞれの過程において，「知識・技能」や「思考力・判断力・
表現力等」の資質・能力を働かせる経験を繰り返すことを通して，読む
力は培われていく。

　さらに，テクストの理解によって形成された考えは，「テーマ・内容
の検討」「構成・表現形式の検討」という，「考えの形成・深化」の過程
を経て表現へと至る。つまり，「認識から思考へ」「思考から表現へ」，
そしてまた，表現されたものに対する「認識から思考へ」という，資質・
能力が働く過程を循環的に繰り返すことが，汎用的な言語能力の向上を
図る手立てなのである。

　地歴科における「思考力・判断力・表現力」については，令和元年に
日本学術会議が「歴史的思考力を育てる大学入試のあり方について」に
おいて，「演繹法と帰納法，事象間の比較と関係づけ，分析・分類と総合・

# Focus

一般化といった学習の過程で働かせるべき一般的思考法」も育てるよう提言している。このこともふまえ、地歴科において「思考力・判断力・表現力」を育む際にも、国語科と同様に「認識から思考へ」「思考から表現へ」、そしてまた、表現されたものに対する「認識から思考へ」という、資質・能力が働く過程を、循環的に繰り返すことが有効になるのではないだろうか。

## 2 階層としての能力観点に基づく評価

平成30年版学習指導要領国語の「読むこと」における「思考・判断・表現」の観点については、「構造と内容の把握」「精査・解釈」「考えの形成」の3つの観点、つまり、読みの深さを示す、階層としての能力観点に置き換えられた。以下は、高校国語科科目である〈論理国語〉における3つの観点に基づく評価規準である。

読みの深まり →

| 構造と内容の把握 | 精査・解釈 | 考えの形成 |
|---|---|---|
| ○文章の種類を踏まえて、内容や構成、論理の展開などを的確に捉え、論点を明確にしながら要旨を把握すること。<br><br>○文章の種類を踏まえて、資料との関係を把握し、内容や構成を的確に捉えること。 | ○主張を支える根拠や結論を導く論拠を批判的に検討し、文章や資料の妥当性や信頼性を吟味して内容を解釈すること。<br><br>○文章の構成や論理の展開、表現の仕方について、書き手の意図との関係において多面的・多角的な視点から評価すること。<br><br>○関連する文章や資料を基に、書き手の立場や目的を考えながら、内容の解釈を深めること。 | ○人間、社会、自然などについて、文章の内容や解釈を多様な論点や異なる価値観と結び付けて、新たな観点から自分の考えを深めること。<br><br>○設定した題材に関連する複数の文章や資料を基に、必要な情報を関係付けて自分の考えを広げたり深めたりすること。 |

（平成30年告示学習指導要領に基づき筆者作成）

このように読みの深まりを階層化して捉えることは、どのような利点を生み出すのか。

まず第一の利点は、年間指導計画を立てる際に、精緻な検討を促すことである。そもそも資質・能力を階層的に捉えるとは、「それぞれの層

は質的に異なっており，基礎となる層が形成されていても，その発展の層が形成されているとは限らない」と考えるということだ。地歴科において，個別具体的な知識（たとえば，第一次世界大戦はいつ，どのように起こったのか，等）を暗記しているからといって，教科における重要な概念（政治，外交，経済，思想や文化などの様々な面で国際的な結び付きが強まり，国家間の関係性が変化したことを背景として，人々の生活や社会の在り方が変化する，等）を自分の頭で理解しているとは限らない。ましてや，重要な概念を理解しているだけで，その概念を実生活・実社会の文脈において使いこなせるとは言えない。これと同様に，国語科においては，抽象的な語彙が多く使われている難解な論理の文章の要旨が把握できたとしても，読みのレベルとしては浅い。もちろん，浅い読みの経験を繰り返すことは，深く読む力を育むことにはつながらない。逆に，高校生に対し小学校1年生の教科書教材である『スイミー』を通して，「個性の伸長」「希望と勇気」「努力と強い意志」「真理の探究」等の観点から自分の考えを深めていくことは，まさに深い読みと言えよう。授業者は読みの能力を階層的に捉えることにより，最終的に育成したい総合的な読みの能力を育むためには，どの時期にどのような能力を重点的に育むべきかを考えることが必然となる。各単元でどのような能力を育むことを通して，総合的な能力を育むのかについての検討が必然となるのだ。

たとえば，〈論理国語〉の「読むこと」領域において，最終的に形成したい「思考力・判断力・表現力」は，「論理的，批判的に考える力」や「創造的に考える力」である。この能力を育むために，年間の指導計画を立てる。たとえば年度当初は，「構造と内容の把握」の観点に関わる「文章の種類を踏まえて，内容や構成，論理の展開などを的確に捉え，論点を明確にしながら要旨を把握できる」といういわば「浅い読み」のレベルの目標の実現を目指した上で，年度の中盤には「主張を支える根拠や結論を導く論拠を批判的に検討し，文章や資料の妥当性や信頼性を吟味して内容を解釈できる」という「精査・解釈」に関わる「やや深い

読み」のレベルを目標とする。そして，年度の終盤では，「文章の内容や解釈を多様な論点や異なる価値観と結び付けて，新たな観点から自分の考えを深める」という「創造的に考える力」を生徒が獲得できるよう導く，という流れだ。能力を相互に独立した要素として捉えるのではなく，階層として捉えることは，その順序や配当時間を丁寧に検討することを促すという点で，大きな意味を持つ。

　読みの深まりを階層化して捉える第二の利点は，階層に応じた適切な指導と評価の計画を立てることが促されることだ。たとえば，「構造と内容の把握」の階層に示された能力の一つである「要旨を把握する能力」を育むのであれば，「文章に用いられている語句」「主張とその前提や反証など情報と情報との関係」「情報を重要度や抽象度などによって階層化して整理する方法」などの，知識や技能を確実に定着させる指導が必要である。並行して，主要な論点と従属的な論点とを判別し，その関係を押さえた上で，主要な論点を的確に読み取ることができるよう，複数の素材を用いて要旨を捉える活動を組み込み，形成的評価を行うことが有効だ。さらに，総括的評価の場面である定期考査などの機会に，初見の文章を用いて「要旨を150字以内で整理せよ」等の問いを投げかけることも重要だ。

　一方で最も深い読みのレベルである「考えの形成」レベルの能力を育もうとするならば，生徒が与えられた課題について学習を進めるだけでなく，それまでの学習経験や身に付けた能力などを生かしながら，課題を自ら設定し探究していくようなデザインが必要となる。言語活動としては，参考となる資料を調べたり，フィールドワークを行ったりして生徒が集めた情報を自ら整理，分析して，分かったことや考えたことをまとめた上で，仮説を設定したり推論したりする場面や，形成された自分の考えを，場面や目的に応じて，適切に必要な文章にまとめて，分かりやすく伝える場面を設定し，形成的評価を行いたい。総括的評価の方法としては，時間を区切ってのペーパーテストよりも，レポートやプレゼンテーションなどに基づくパフォーマンス評価が，指導と評価の一体化

| 問　い | 社会的思考力・判断力とその内容 | | 知　識 |
|---|---|---|---|
| いつ，どこで，誰が，なにを，どのように | 事実判断 | 資（史）料をもとに，事実を判断し記述できる。 | 事象記述 |
| なぜか，（その結果）どうなるか，（時代の社会の）本質はなにか。 | 推　論 | 事象の原因，結果，意味や時代の社会の意義・特質を解釈し説明できる。 | 事象解釈 時代解釈 社会の一般理論 |
| よいか（悪いか），望ましいか（望ましくないか） | 価値判断 | 事象を評価的に判断できる。 | 価値的知識（評価的知識） |
| いかに～すべきか | 意思決定 | 論争問題や論争場面において望ましい行為や政策を根拠に基づいて選択できる。 | 価値的知識（規範的知識） |
| その知識の背後にはどのような価値観や立場性があるか。 その知識は，どのような手続き・方法により主張されているか。 | 批判的思考 | 知識（言説）に内在する価値・立場を吟味できる。 知識（言説）の主張の手続き・方法を吟味できる。 | メタ知識（知識を解釈するための知識） |

**図2 「社会的思考力・判断力」と「問い」・「知識」の関わり**

（梅津正美他（2013）より引用）

を図る意味でも有効であろう。もちろん，評価課題を作成する際には，教科の見方・考え方を働かせながら，これまでの学習過程で身に付けてきた複数の知識や技能を組み合わせて使いこなせるような課題にすることが求められる。

　梅津正美他（2013）は**図2**に基づき，社会的思考力・判断力については，「事実判断」から「批判的思考」までの5つの階層を提示している。このように階層化して考えることは，国語科同様に，年間指導計画を立てる際に精緻な検討が促されたり，思考力の違いに応じた適切な指導と評価の計画立案が可能になったりすることにつながる。今後の地歴科教育における実践研究の発展に期待したい。

◆ 参考文献
・ 髙木展郎（2003）『ことばの学びと評価』三省堂
・ 梅津正美他（2013）「中学生の社会的思考力・判断力の発達に関する研究（Ⅰ）：歴史的分野を事例とした調査を通して」『鳴門教育大学研究紀要』28，pp.64-79
・ 西辻正副（2010）「資料　指導要録における『評価の観点』の史的変遷」『国語科教育』68，pp.75-82
・ 八田幸恵・渡邉久暢（2023）『高等学校　観点別評価入門』学事出版

# 評価について思うこと
## 〜一数学教員のつぶやき〜

立命館宇治中学校・高等学校 酒井淳平
<ruby>酒<rt>さか</rt></ruby><ruby>井<rt>い</rt></ruby><ruby>淳<rt>じゅん</rt></ruby><ruby>平<rt>ぺい</rt></ruby>

　2022年度から実施された学習指導要領で観点別評価が必須となり，評価について考える機会が増えた。評価について，数学と社会で共通する悩みがあるのではないだろうか。そんなことを思いつつ，数学の教員として観点別評価を中心に評価について思うことや〈歴史総合〉に期待することを書きたい。本稿をきっかけに，異なる教科の視点が入り，評価の議論がより活発になることを願いつつ。

## 1　数学科でよくある評価方法

　2022年度から高等学校でも学習指導要領（2018年告示）が実施され，特に観点別評価をどうするのかが，多くの学校で問題になっている。数学科の場合，定期考査と小テストや提出物（これらをまとめて課題点と称することが多い）で成績を出していた学校は少なくない。たとえば小テストや提出物などの課題点の比率を20％と決めれば，定期考査の点数と課題点から成績を100点満点で出すことができる。たとえばある生徒が，中間テストと期末テストの平均点が70点（満点は100点），課題点が18点（満点は20点）とする。この場合，70 × 0.8 ＋ 18 ＝ 74より，74点が100点満点の成績となる。たとえば70点以上が「4」と決まっていれば，この場合の評定は4となる（言うまでもなく75点以上が4ならば3になる）。

　この評価法は他教科から見ると，かなりドライに見えるかもしれないし，レポートや授業のノートなど他に評価するものはないのか，提出物をもう少し細かく評価できるのではないかという思いを持たれる方も多

いかもしれない。しかし数学科の教員は提出されたレポートやノートをループリックなどを使って 10 点満点などで評価するのに慣れてない場合が多く、「9 点と 8 点の違いをきっちり説明できるのか」などを心配する傾向がある。特に提出物は、答えを写した生徒と自分で解いた生徒を完璧に見極めるのは容易でない。もちろんすべての学校がこんな評価をしているわけでも、数学の教員が全員このように考えているわけでもないが、ここに書いたことは決してレアなケースではないということは事実である。結果的に数学では定期考査重視の評価が一番納得できるものと思われがちなのである。

## 2 観点別評価実施にあたって気になっていること

　高校でも観点別評価が実施されるようになり、気になっていることが2つある。1つ目は「教員の正解探し」である。これは教科に関係ないが、たとえば「AAC はおかしい」「この問題は知識・技能ではない」「小テストを観点 3 に入れるのはおかしい」など、評価に正解や不正解があることを前提としたようなことが声高に主張されるときがある。もちろん学校として「AAC という観点はいけない」などのルールがあるならば、そのルールに従わないといけないし、ルールに疑問があるならより良いルールを考えて提案することが必要である。しかし、そもそも観点別評価を実施するにあたって、「2 つの観点が A ならば、もう一つの観点はA か B でなければならない」「小テストは知識・技能を評価するもの」というような、正解とでも言えるものはあるのだろうか。そもそも指導には必ず教員の意図があり、教員は指導したことを評価する。だとすれば同じことを実施しているように見えても、意図や指導によってどの観点に入るのかは変わるのではないだろうか。たとえば数学のテストで証明問題を出題すれば「思考・判断・表現」として評価される場合が多い。しかし指導の過程で教員が証明を教えこみ、「この問題は必ずテストに出す」と予告すれば、おそらく生徒は証明を暗記してテストに臨むだろう。その瞬間に証明問題は「知識・技能」を評価する問題になる。授業

で扱った内容の定着度を測る小テストも，基本的な「知識・技能」を問うものという考え方もできるが，自分の理解度を自分で把握し，目標の点数に向かって自分なりに学習をした結果が小テストの点数だと考えれば，「自己調整」つまり「主体性等」を評価する学習機会になる。このように評価するにあたっては指導の意図が大事であるはずなのに，「この問題は観点○」「このような観点別評価はおかしい」という発言は，形式だけにこだわっているようにしか思えない。そしてその背景には「正解探し」があるように思えてならない。

　2つ目は特に数学科で顕著だと思うが，「私たちの指導によって，思考・判断・表現を評価するのに適した問題を，知識・技能にしてしまっているかもしれない」ということである。生徒に考えさせるのではなく，教員が教えこんで問題のパターンを暗記させる指導がこれにあたる。センター試験から共通テストになってかつてのようにパターンの暗記だけでは乗り切れない問題が増えてきたが，今後「共通テストに出題されそうな問題をパターン暗記させよう」という指導が増える危険性も感じている。そもそも数学は数学的思考力を育てる教科であり，その思考は数学以外の世界でも活用されるものである。思考力をちゃんと評価しようという観点別評価の趣旨を考えたときに，思考・判断・表現の力を育てるのに適した題材を，私たちの指導によって，知識・技能の力を育てる題材に変えてしまうことはなるべく避けたいと思う。

## 3　何のための評価なのかが今問われている

　そもそも何のための観点別評価なのか，その前に私たちはなぜ評価するのか。今大事なのはこうした問いであるように思えてならない。

　複数の観点で評価されることで，自分の現状がより明確にわかることは事実である。たとえば「健康度A」と言われるよりも「生活習慣B，血液検査S，体型Aでトータルすれば健康度A」と言われる方が，より明確に自分の現状がわかる。自分の現状がわかるということは，今のままでいい点や改善すべき点もわかるということであり，今後の行動にも

つながりやすい。この例は観点別評価を意識して3つの観点で書いたが，従来の評定が「健康度A」という評価であったのに対して，観点別評価では後者の例のように3つの観点で評価される。それは現状をより明確に伝え，評価された側が頑張った点や改善すべき点を理解して次の行動につなげるためである。ここに観点別評価の意義があるのではないだろうか。観点別評価は生徒が自分の現状を今まで以上に把握でき，頑張っている点や改善すべき点を理解し，次の行動につなげるための評価であるということ。このことを忘れてはいけないと思う。このように評価は本来，生徒のためのものではないだろうか。

　一方で評価にはこのような「生徒のため」以外にも重要な点がある。1つ目が「説明責任」である。教員として到達度をきっちり説明する必要があり，記録を指導要録に残さないといけない。ここで記録として残る評定は入試など生徒の将来に直接影響する場合もあるので，「なぜその評価なのか」を説明できることが必要であり，客観性が求められる。

　2つ目が「指導改善のため」である。何らかの指導をしたあとに，生徒の到達度を評価すると指導の結果がわかる。たとえば「思考・判断・表現」の評価が思ったより悪いとわかれば，指導の結果を受け止めて指導改善につなげることができる。観点別に評価することで，指導を改善すべきポイントが今までよりも明確になることは間違いない。

　このように評価にはさまざまな側面がある。すべてが大事であるが，観点別評価ですべてが評価できるわけではないということを忘れてはいけないように思う。たとえば身長や体重はその人の体の大きさを理解するときにわかりやすい数字ではあるが，身長と体重だけですべてを表すことはできない。観点別評価も同じだろう。こちらで意図をもって指導し，その結果を3つの観点で評価するが，すべてを評価できるわけではないし，その限界もある。だからこそ私たちは生徒への個別の声かけや提出されたものへのコメントなど，観点別評価には反映されない部分を大事にしているのではないだろうか。

　生徒のための観点別評価であること，観点別評価には限界があること，

これらを忘れた,「どう評価するのか」だけの議論をむなしく感じるのは自分だけだろうか。

## 4　評価を実施する際に大事な点

　評価を実施するにあたっては,目標設定と,評価をする場面の設定が大切なのではないかと思う。そして常に労力とセットで考えることを忘れてはいけないと思う。

　どのような目標を設定し,その到達度は何をもって評価するのか。まずはこの問いからすべてが始まる。これは求める成果物の設定を考えることにもなるだろう。たとえばある単元を指導するにあたって,その単元の知識だけでなく,生徒が学習したことを活用して他の場面に活用することを思考できるようになってほしいと考えたとする。この目標に対して「生徒が思考できるようになっているかどうかがどうすればわかるのか」と問えば,「課題としてレポートを課す」「学習したことを使えば解決できるような問題をテストに出す」などの答えが思いつくのではないだろうか。レポートの場合,どのようなことが書ければ理想的なのか,どのような記述では不十分なのかを考えれば,AとCが決まるので,あとはその中間としてBを設定すれば評価することが可能になるだろう。このように「何をどのように評価するのか」まで含めて目標設定をすることが評価においては重要である。

　次に「いつどうやって評価をするのか」という評価をする場面である。これを考える際に,定期考査が評価をする場面として便利なことは事実である。学校で定期考査を実施するとなれば,全クラス共通して定期考査に取り組む時間が確保される。また定期考査で問う範囲はあらかじめ生徒に告知し,生徒はそれに向けて準備する。定期考査の作問は目標に応じたものになり,生徒は定期考査を意識するので,結果的に目標の共有もできる場合が多い。さらに定期考査の結果は数値化され,結果への納得感も持ちやすい。こうしたことを考えると,特に知識・技能を評価することを考える際に,定期考査という機会をどのように活用するのか

を考えることは重要であると思う。一方で定期考査は採点の期間に制約がある場合が多く，採点に時間がかかりすぎるものは出題しにくいことや，決められた時間でのアウトプットを求めるものになるという限界はある。さらに定期考査の時期を自分たちで決めることができないので，単元の終わりと定期考査の時期が一致しないという欠点もある。しかし定期考査という機会があるなら，定期考査を評価する場面として便利な機会だととらえなおすことは重要ではないだろうか。

　定期考査では測れないものを評価するというときに，たとえばレポート作成，授業内でのプレゼンなどいろいろなことが考えられるだろうが，このときに忘れてはいけないのが労力である。生徒がレポートなどを作成するのにかかる時間を考えることはもちろん，その評価にかかる労力も考える必要がある。たとえば4000文字の論文を精緻なルーブリックを使って30点満点で評価するということを考えたときに，1人の採点にどのくらい時間がかかるのだろうか。もちろん時間がかかっても重要な教育活動で，目標に大きくかかわるのなら実施することもあるだろう。この場合は「いつ採点するのか」を考えておくことが重要である。このあたりのことを考えず「観点別評価をしないといけないから，いろいろな作品を集めないといけない」という思いでさまざまな取り組みを進めてしまうと，お互いにしんどくなるだけで，何のための評価なのかがわからなくなってしまう。どんなに理想的な評価であっても，手間のかかりすぎるものは現実的ではない。このことを忘れず評価法の最適解を考えることが，今求められているように思う。

## 5　私の取り組み〜自己調整能力を高めることを目指して〜

　評価に関する取り組みとして，今年度（2023年度）数学の授業の中で，生徒の自己調整能力を高めることに挑戦している。「生徒が自分の理解度を自分で把握し，自分で学習内容を設定して努力する力を育てたい」という思いから始めた試みで，上越教育大学の河野先生に協力していただいている。

これまでは定期考査のたびにテスト範囲の問題集をノートに解かせて，そのノートを提出させてきた（提出すれば課題点に入れる）。今年度からは，生徒が何を学習したのかを自分で申告し，学習したノートを提出するという仕組みにした。ノートと一緒にテスト勉強に向けて頑張れたことや頑張れなかったことなどテストにむけての学習のふりかえりも1枚の紙に書いて提出させている。生徒には「学習したノートの量や質は一切成績にいれない，提出したかどうかだけを評価する」と伝えている。この取り組みの結果，問題集の答えを丸写しだけして提出する生徒はいなくなり，私は生徒の学習状況をより把握できるようになった。また，1年間続けることで，生徒は徐々に自分なりの勉強の方法をつかんできたようにも感じている。またノートの返却時には学習状況に対する簡単なコメントを書いて返している。このコメントは成績には一切関係ないが，生徒のための大事な評価だと考えている。年度の途中からは1か月に3回程度実施する小テストにもこの方法を応用し，河野先生のシステムを使わせていただきながら，小テストごとに生徒がふりかえりをしている。このシステムでは以前の自分のふりかえりも常に見とれるようになっているので，生徒は過去の自分のふりかえりを見ながら小テストのふりかえりを積み重ねていくことになる。学習方略や自分の成功パターン・失敗パターンに気づいてほしいという思いで取り組んでいる。これは成績には算入しないが，少しでも生徒のための評価になればと思って取り組んでいる。

## 5 〈歴史総合〉への期待

最後に門外漢ながら，〈歴史総合〉への期待を3つ書きたい。

第一に大きなテーマに対して，生徒が学習を深めていくという〈歴史総合〉の学習スタイルへの期待である。〈歴史総合〉は歴史上の出来事の経緯を追うだけの学習でなく，たとえば「18世紀ごろに各国ではどのような商品を生産し，流通させていたのか？」というようなテーマをたてて，世界やそのなかにおける日本の歴史を学習していくと同僚に聞いた。

実はこの学習スタイルは今数学に求められていることでもある。数学は問題を解くだけと誤解されがちだが，そこからの脱却が今求められている。実際，2022年度から使用されている検定教科書では，「各章のはじめに，その章を貫く日常生活と関連させた問題があり，その章を学び終えればその問題が解決できる」という構成になっているものがいくつかある。これは生徒にとって数学を学習する意味を実感できるだけではなく，生徒が学習を振り返った時に，どのようなことができるようになったのか，どのような力が身に付いたのかを把握できることにつながる。この学び方が主流になれば章の終わりにパフォーマンス課題を用意し，それに基づいた評価を実施することができるかもしれない。評価の多くをテストに頼っている数学にとってこれは大変重要なことである。しかしこのような教科書がようやく発行され始めたというのが現状で，実践はまだまだ追いついていない。この点で〈歴史総合〉に学べる点があるかもしれないと思う。

　第二に合教科的な取り組みへの期待である。〈歴史総合〉は，資料を扱い，資料を吟味しながら学習すると聞いている。数学は公理から出発し，定理を積み重ねていく学問であるが，〈歴史総合〉の資料は，数学でいう定理に似たところがあるかもしれないと思う。資料そのものに吟味を加えながら思考を積み重ねていくプロセスは，数学にも似たところがあるように思うが，一方で歴史ならではという思考のプロセスもあるのだろう。数学と〈歴史総合〉での思考のプロセスの比較から，数学ならではの見方や考え方が明らかになるかもしれないと思う。また，生徒は同じ学び方を複数の教科で経験することで，学び方を学ぶこともできるのではないかと思う。資料の中には数字やグラフなどが出てくるものもあるだろう。そのときは数学的な見方・考え方の出番があるのかもしれない。結果的に合教科的な取り組みが実現できないだろうかとも思う。

　最後に評価の方法である。はじめに書いたが数学科の教員はレポートなど記述されたものや，生徒のプレゼンなどを数値化する評価に慣れていない。ここはこれまでの蓄積が豊富な〈歴史総合〉の教員に学びたいところである。

# FOCUS

# 社会を多面的に理解するための理科と評価

熊本県立熊本北高等学校　**溝上広樹**

## 1 「生物は暗記すれば大丈夫？」―評価をなぜするのか？

　現在，知識偏重型の教育からの脱却が求められている。しかし，私たち教員もそのこと自体は大切なこと，教科の本来の面白いところは知識を暗記することではないことは以前から気付いていることだろう。「生物は暗記科目」と話す生徒も多かったが，その度に生物学の面白さは，暗記して再生するところではなく，生物界にあふれる人類未踏の多くの不思議や，自然の崇高さに触れられることであり，これらをどうやって高校生物で経験させられるのか思い悩んでいた。

　また，一夜漬けで問題集を覚えて試験に臨む生徒や，追試験に向けて徹底的に知識を詰め込む生徒に対して，そのような違和感を覚えながらも卒業の日まで懸命に指導し支えてきた経験を持つ先生方も多いのではないだろうか。

　担任をしたある生徒も，まさにそのような状況の中やっとのことで卒業を迎えることができた。その時に書いてくれた作文の一部を紹介する。

　『まず初めに，自分は良い生徒では無かった。正直なことを言うと，「自分は卒業すべき人間なのか」と思っている。一応は就職も決まりこれから新たな一歩を踏み出そうとしているが，そこには中身があるのか，「外側」だけじゃないのかという気持ちが出てきて不安さえ覚える。』

　「外側」だけでない「中身」のある状態とはどのような状態なのだろうか。当時わたしが持っていた数少ないヒントの一つとして，同時期に担当した科学部において，課題研究を通して成長した生徒の姿があった。

自らの興味・関心と研究テーマを結びつけて，懸命に研究に取組み，外部の大会や学会での発表を通して最終的には，大学教員と対等に会話し，自然界の巧みさに気付ける小さな科学者となっていた。その後，化学の授業で課題研究を行ったりもしたが，通常の授業の中で「中身」を育てるような授業はできないのかと試行錯誤した。そのような中で，わたしは習得型の授業におけるアクティブラーニング型授業の研究と実践を本格的に取組み始めた。

　では，理科教育を通して育てる「中身」がある状態とは一体どのような状態なのだろうか。それは，時間とともに抜け落ちてしまう表面的な知識を越えた，生涯にわたってその生徒を支える確かな力を身に付けた状態をイメージできるかもしれない。そのようなものとして，全米科学教育スタンダードで紹介されている「科学リテラシー」は，具体的で分かりやすい。ここでは，一部翻訳・整理したものを紹介する。

　科学リテラシーとは，個人的な意思決定，市民活動や文化活動への参加，経済的生産性に必要な科学的概念とプロセスに関する知識及び理解とされている。そして，詳しくは次のように定義されている。
- ・日常生活から湧いてくる疑問について尋ねたり，課題を発見したり，もしくは答えを見つけることができる。
- ・自然現象について記述したり，説明したり，予測したりできる能力を有している。
- ・科学に関する新聞等の記事を理解しながら読み，その結論の妥当性について話し合える。
- ・国や地方の決定の根底にある科学的課題を特定し，科学的および技術的情報に基づく立場を表明できる。
- ・科学的情報の質を，その根拠やどのようにデータを取ったのかということに基づいて，評価できる。
- ・根拠に基づいて議論を提示したり評価したりし，議論からの結論を導き出すことができる。

日本の理科教員も，このような状態に導くことが現在求められている。そして，生徒が成長していく姿を捉える，つまり「評価」することが同時に求められていると言える。ここでの評価は，テストによって点数を付けるような成績評価に留まらず，到達のプロセスを見取っていく形成的な評価，さらに学習に臨む前の生徒の状態を確認するための診断的評価を含んでいる。

評価を駆使しながら，生徒だけでなく教員自身の授業やカリキュラムも同時に評価し，工夫・修正・改善をしながら，生徒が生きていくこの世界を理解し，未来を切り拓いていく資質・能力を生徒が身に付け卒業していくことが重要である。つまり評価とは，生徒の成長のために行われるものと言えるだろう。

さらに，科学技術の進歩やそれに伴う利点や欠点を的確に判断し，社会における影響を考慮し，行動していくためには，理科教育だけでなく歴史教育，またあらゆる教科・科目で育む様々な資質・能力を総合的に身に付け発揮すること，さらに互いの違いを認め共創していくこと，そのような資質・能力を学校全体で育み，ビジョンを共有することが必要となってくる。

## 2 学校の共有ビジョンとしてのマクロルーブリック策定

大変革の時代を生き抜く人材に必須の資質である「学力の3要素」の涵養を基本として，高等学校教育，大学教育及び大学入学者選抜を三位一体で改革しようとする高大接続システム改革が国全体として進められている。

本校においても，「大学入学共通テスト」が高校に与える影響は大きいと判断し，2017年当時の副校長の下に若手職員で構成される委員会を立ち上げ対応を検討した。その中で，学校全体で目指す生徒像やその評価方法を2年程かけて，委員会が中心になりながらも全職員でワークショップを行いながら検討していった。

現在，多くの学校においてスクールミッションやスクールポリシーが

| | S | A | B | C | D |
|---|---|---|---|---|---|
| 生徒像 | 求めているレベルを越えて達成している。 | 求めているレベルを十分に達成している。 | 求めているレベルをおおむね達成している。 | 求めているレベルを達成できていないが努力が認められる。 | 求めているレベルを達成するには大きな課題がある。 |
| 主体性 | 学びを自分事として捉え、社会との関連性を見い出し、自律学習を行うことができる。 | 学んだこと同士や学びと日常生活を関連づけ、自律学習を行うことができる。 | 学習や活動の背景や目的を理解し、課題に前向きに取り組むことができる。 | 与えられた課題におおむね取り組むことはできるが、学びに意味を見い出せせていない。 | 与えられた課題への取り組みは十分でなく、学びに意味を見出せていない。 |
| しなやかな心 | 目標達成に向けて（必要に応じて協働しながら）、自己の責任を最後まで果たし周囲に良い影響を与えることができる。 | 目標達成に向けて（必要に応じて協働しながら）活動し、自己の責任を果たすことができる。 | 目標達成に向けて、（必要に応じて協働しながら）活動し、自己の役割を果たすことができる。 | 自己の役割についての認識は十分ではないが、（必要に応じて協働しながら）活動することがおおむねできる。 | 自己の責任についての認識は十分ではなく、（必要に応じて協働しながら）活動することができないことの方が多い。 |
| 創造的思考力 | 経験が無いような場面においても、知識・技能を適切に活用し、思考・判断・表現をすることができる。 | 様々な場面において、必要とされる知識・技能を適切に活用し、思考・判断・表現をすることができる。 | 習得した知識・技能を活用し、おおむね適切な思考・判断・表現をすることができる。 | 習得した知識・技能を活用しようとするものの、思考・判断・表現に不十分なところがある。 | 活用すべき知識・技能が習得されておらず、思考・判断・表現があまりできていない。 |

**図1　熊本北高校マクロルーブリック 2021 年 10 月 21 日 ver.**

策定されているが，そのような取組みを幸運にも先取りして実施することができた。そして，ここで掲げられている生徒像に導くためにどのようなステップが必要であるかを考え，評価するためのマクロルーブリックを完成させた。マクロルーブリックは，学校全体で目指す生徒像に導くための大きなルーブリックである。そして，その中に包含される各校務分掌や教科・科目のルーブリックについてもワークショップを通して順次作成した（溝上・前田 2023）。

　ルーブリックの評価項目は，本校グランドデザインで目指す生徒像「未来を切り拓く 18 歳」に必要な「主体性」「しなやかな心」「創造的思考力」の 3 つ要素から構成されている。評価基準は，長期的な生徒の成長を意図しており，ウィリアム・ペリーの認知的発達段階説を根拠に，5 段階の尺度を設定した。

　この大きなルーブリックは，まずは職員が共通認識つまり共有ビジョンを持って学校全体として生徒の育成を行うことを意図している。さらに，生徒が自分の資質・能力について現状を認識し，主体的にその向上につなげることができるようにすることも考慮した。成績評価を目的に作成されたものではないが，ここから派生するレポート評価のための小

さなルーブリックを利用することで成績評価に利用することも可能である。吉田（2006）によると『いい評価は，「成績」を求めるところには必要な情報を容易に提供することができる』とされており，本校のマクロルーブリックもその点を考慮して作成した。

　なお，ルーブリックは，使用しながら適宜改定することを内包している必要がある。本校では，SSH研究部のルーブリックについて専門家の助言も受けながら次のような手順で適宜見直しを行っている。

ステップ１　研究開発課題に合わせて評価項目を追加，修正する。
ステップ２　学校のスクールポリシーとの整合性を検討する。
ステップ３　評価項目を，探究の過程の流れに沿って整理し直す。
ステップ４　認知的発達段階説を根拠に，５段階の尺度を設定する。
ステップ５　過去の生徒のパフォーマンスを基に基準を記述する。
ステップ６　生徒・職員が共通認識を持てるよう，生徒や職員を相手に試行を実施し表現や内容を修正する。

## 3　生物の授業におけるルーブリックとその運用

　本校マクロルーブリックに基づき，担当する生物の授業のルーブリックを生物担当者全員で作成した。マクロルーブリックに対応する３つの評価項目は，生物の中では「主体性―興味関心」「しなやかな心―協働性」「創造的思考力―科学的思考力」とした。作成の際には，マクロルーブリックを参考にしながら，生物の授業を通して成長した過去の生徒のパフォーマンスを基に，まずは一番高い評価段階を作成した。そして，そこに至るまでの段階を考えながら残りの基準を作成した。また，その５段階についても，生徒を励ますような文言で表現した。この運用に際しては，新学期スタート時と学期ごとの自己評価を行い，その後，教科内面談を通して自己評価の内容を確認していく。その際に，自己評価と照らし合わせ「このような場面はなかった？」「どのような活動が根拠

になっていそう？」等問いかけたり，「この点は確かに到達していますね。次の学期ではどの点を頑張りたいですか？」と生徒と話したりしながら振り返りを促し，次の行動につながる成長を促すツールとしての運用を心掛けている。

| 生徒像 | 伸ばしたい力 | 素晴らしすぎる！！ | 余裕で合格！！ | 合格点！ | 頑張っています | がんばれ〜 |
|---|---|---|---|---|---|---|
| | | 求めているレベルを越えて達成している。 | 求めているレベルを十分に達成している。 | 求めているレベルをおおむね達成している。 | 求めているレベルを達成できていないが努力が認められる。 | 求めているレベルを達成するには大きな課題がある。 |
| 主体性 | 興味関心 | 学習した内容を自分事として捉え，自然環境の課題について探究し，生命尊重の態度を育もうとしている。 | 学習した内容を，日常の場面や他の分野，教科で学習した内容と結びつけて課題をみつけることができる。 | 学習した内容を，日常の場面や他の分野，教科で学習した内容と結びつけて説明することができる。 | 学習した内容は身につけているが，日常の場面や他の分野，教科で学習した内容と結びつけられない。 | 学習した内容が身についていない。 |
| しなやかな心 | 協働性 | 相手の説明を傾聴し，気づきや疑問を見つけ，自らの意見を発展させ，周囲に良い影響を与えることができる。 | 相手の説明を傾聴し，気づきや疑問を見つけ，自らの意見を発展させることができる。 | 相手の説明を傾聴し，気づきや疑問を見つけることができる。 | 相手の意見を傾聴できる。 | 相手の意見に傾聴しない。 |
| 創造的思考 | 科学的思考力 | 重要語句どうしを関連付けながら，自らの言葉で生命現象を説明でき，自分で情報を集め分析しようとする。 | 重要語句どうしを関連付けながら，身近な生命現象と関連させて自らの言葉で説明できる。 | 重要語句どうしを関連付けながら，自らの言葉で生命現象を説明できる。 | 重要語句どうしを関連付けながら，生命現象を説明できる。 | 重要語句の関連付けができない。 |

図2　熊本北高校生物におけるルーブリック 2021 年 6 月 24 日 ver.

## 4　授業実践例と評価—看図アプローチと 1 枚ポートフォリオ

### ① 看図アプローチによる評価

　写真や図を見て思考する看図アプローチによる 1 時間の授業実践例を紹介する。「人間活動と生物多様性の減少」の導入で，図３のような写真を示し「写真の文章のタイトルを考えて，付箋に記入してみましょう」という指示をした。すると，その解答として高速道路が森の中

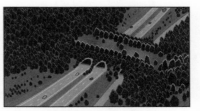

図３　「緑の橋」（イメージ）

を通っていることから，人工物を自然に溶け込ませるための工夫と考え「自然と人工物の共存」といったタイトルを付ける生徒が目立った。また，橋の上まで草木が育っている様子を根拠に「手入れのされていない橋」

という荒廃した橋と考える生徒もいた。ここでは，診断的評価として，写真とこの単元の本質的理解とは，まだ結びついていないことが確認できる。

　展開では，生物多様性を減少させる4つの要因として「人間活動や開発」「人為管理の減少」「外来生物の影響」「地球温暖化」について解説とグループ活動にて学習した。

　まとめの際に，**図1**を使って導入時と同じ質問をした。その結果，「人為管理の不足」と「分断防止」の2つの意見におおよそ集約された。「人為管理の不足」と答えた生徒は，人為管理が不足した里山で生物多様性が失われている例等と関連付けていた。「分断防止」と答えた生徒は，同種集団である個体群が小さくなることや分断されることで絶滅へとつながる例と関連付けていた。解答としては，「分断された生息場所をつなぐ回廊」であり，**図3**は生物多様性の確保のため，隔離された生息場所をつなぐ人工的な回廊のための橋である。そのため，「分断防止」が正解となる。しかしながら，いずれの生徒の解答の場合でも，学習内容と写真を結びつけている状態を評価することができる。なお，この授業ではデジタル付箋であるJamboardを利用しているため，個人内の変化を追うことも可能であり，知識を活用した思考の深まりを個別に評価し，点数化することも可能である。その際，「人為管理の不足」と「分断防止」で点数の差を付けられる写真となっているのか，つまり，よく見て考えることができれば「分断防止」に到達できる要素が読み取れるのか，どこまでをゴールとするのか等については検討が必要である。

## ② 1枚ポートフォリオによる実践例と評価

　次に汎用性が高い実践例として，1枚ポートフォリオ（OPPA：One Page Portfolio Assessment）を示す（**図4**）。1枚ポートフォリオとは，学習に入る前の診断的評価，学習過程の形成的評価，学習後の総括的評価が1枚の紙でできる仕組みである（堀・西岡 2010）。1枚ポートフォリオでは，このような毎時間の振り返りを複数1枚の紙にまとめるため，単元の連続性を可視化できる仕組みとなっている。

中央の4つの四角で囲んだ部分では，学習内容の毎回の振り返りを記入する。ここでは，学習した中で自分自身が重要だと考えた重要語句3つ程度を利用しながら記入してもらう。ヒント無しで難しい時期には，重要語句をプリントに10個程度示し，その中から上位3つ選び，関連付けながら書くよう指示している。この記述を確認することで，授業内容の理解や取組を評価することができる。

---

植物は、周囲の環境に合わせてどのように生育しているか？また、環境にどのような影響を与えているか？　※知っていることを記入
ヒマワリは、光の方向を向いて咲いている。植物は、二酸化炭素を吸収して、酸素を出している。

**第1節　植物と環境のかかわり**　　　　p168〜p171
要点　今日勉強した中で一番大切なことを書いてみよう！
　非生物的環境が生物に影響を及ぼすことを作用といい、光・水・二酸化炭素・養分などが成長に影響がある。逆に生物が影響を及ぼすことを環境形成作用という。植物は光が強くなると光合成速度が増加するが、光飽和点以上では速度は一定となる。また、光補償点より強い光が無いと植物は成長することはできない。
気づき・考えたこと(知識や自分との関連付け等)・疑問等

**第2,3節　さまざまな植生/植生の遷移①**　　p172〜p175
要点　今日勉強した中で一番大切なことを書いてみよう！
　森林の中では、階層構造という層構造がある。光の強さが上層から下層にいくにつれて弱くなっていく。葉は、それぞれの層の光の強さに適した光合成の特性がある。森林の土壌にも、落葉層や腐食層のような成分による層構造がある。根は、団粒構造が発達した通気性が高く、有機物が多いところでよく育つ。
気づき・考えたこと(知識や自分との関連付け等)・疑問等

**第3節　植生の遷移②**　　p176〜p179
要点　今日勉強した中で一番大切なことを書いてみよう！
　遷移には、土壌や種子が無い場所から始まる一次遷移と、山火事などで植生が破壊された場所から始まる二次遷移がある。荒原→草原→低木林→陽樹林→混交林→陰樹林の順に遷移する。陽樹林では、光の量が少なくなるため、陽樹の幼木ではなく、陰樹の幼木が育ちやすくなり、入れ替わる。
気づき・考えたこと(知識や自分との関連付け等)・疑問等

**第　節**　　　　　　　　　　　　　p　〜p
要点　今日勉強した中で一番大切なことを書いてみよう！




気づき・考えたこと(知識や自分との関連付け等)・疑問等

植物は、周囲の環境に合わせてどのように生育していくか？また、環境にどのような影響を与えていくか？
遷移初期の土壌が薄く栄養塩類があまりないときには、地衣類やコケ植物や特別な植物だけがまばらに生える。植物により、土壌が形成されていくと草原となり、さらに陽樹の低木林となる。さらに土壌形成が進む中で、陽樹林が形成されるが、これらの成長によって林床の光の量が少なくなる。そうすると、今度は、陰樹の幼木が生き残り、陰樹林へと変化していく。遷移が進行しても、森林に陽樹が見られるのは、倒木した場所にギャップが出来て、光が強くなるために、陽樹が先に成長するからである。

**図4　多様な植生と遷移**

---

**Focus**

　さらに1枚ポートフォリオは，先程の看図アプローチの例と同じように，学習前後で同じ問いを利用して，診断的評価と総括的評価ができるよう設計されている。例えば，「植生の遷移」の単元では，「植物は，周囲の環境に合わせてどのように生育しているか。また，環境にどのような影響を与えているか。」という問いを設定すると，学習前は中学校までの光合成の知識との結びつきを記入する。しかし，学習後には植生の変化に伴う土壌や地表への光量の変化といった異なる視点や時間軸を加えた表現へと変化する。この記述の変化を見取ることで，単元の本質的な理解の程度を確認し評価することが可能である。

　実際の学習後の評価段階の運用では，教員が生徒と一対一で記述内容を確認したり，口頭で質疑応答をしたりする中で理解を支援し全員が基準を達成できるようフォローしている。その過程を記録することで，生徒も理解の深まりを実感することができるようになっている。

## 5 〈歴史総合〉—高校教育への期待

　歴史と理科は，社会を多面的に理解し行動していくための資質・能力を育む上で重要なパートナーになり得ると考えている。生物の関連分野では，先日「雄マウスの細胞から卵子を作るのに成功」といたニュースが報道された。生殖細胞の機能や病気の解明，絶滅危惧種の保全という利用以外にも，人類がこれまで経験したことがない同性同士の出産を可能にする技術とも言える。私達教師がこれまで経験したことの無いような新たな問いにも生徒は，将来向き合っていく必要がある。また，バイオテクノロジーだけでなく，人工知能等の様々な分野における科学技術の発展が，これまでに無いスピード感で教育界を含む社会全体に大きな変化をもたらしている。このような状況下において，未来を切り拓き，ウェルビーイングを実現しながら生きる未来の大人を確かに育てていくことが求められている。その中で，過去の事象を通して多面的・多角的に理解・考察し，よりよい社会の実現を視野に主体的に課題を追究，解決しようとする態度を養う〈歴史総合〉の学びは必要不可欠である。

3観点評価による成績評価が，高校の現場では話題となっている。その検討・運用の際にも，生徒がより良い学習経験が行えるような目的・学習活動・評価になっているのかを担当者同士で考え，成長のための振り返りを促し，生徒の一人ひとりの成長を一緒になって支えていく仕組みになっているのか考慮することが大切である。

　身近な理科教員に1歩踏み込んだ話題提示等をしていただき，そこから共創的な対話が生まれること，さらには，日本各地の高校から「外側」だけでない確かな力と自信を持って生徒たちが巣立ち，未来を切り拓いていくことを期待したい。

◆ 参考文献
・ BBC NEWS JAPAN(2023.3.9)「雄マウスの細胞から卵子を作るのに成功 初期段階の成果を阪大教授が発表」
　https://www.bbc.com/japanese/64897982
・ 堀哲夫，西岡加名恵（2010）『授業と評価をデザインする理科―質の高い学力を保障するために』日本標準（一枚ポートフォリオについて紹介）
・ 河口竜行ら（2022）『シリーズ 学びとビーイング 1.いま授業とは，学校とは何かを考える』りょうゆう出版（溝上の所属校におけるマクロルーブリック等作成の過程を紹介）
・ 溝上広樹（2018）「高校生物におけるアクティブラーニング実践の自己改善」『日本生態学会誌』68（2），p141-147（高校生物におけるアクティブラーニング型授業の実践例）
・ 溝上広樹（2022）「1人1台端末を利用した高校生物における看図アプローチ授業実践」『全国看図アプローチ研究会研究誌』12号，p3-9（ICT利用の看図アプローチ実践例）
・ 溝上広樹，前田敏和（2023）『学校現場でのワークショップのためのハンドブック 校内連携・外部連携推進のヒント』（熊本北高校の職員研修について紹介）
　https://kumamoto-kitako.ed.jp/bbs/board.php?bo_table=news&wr_id=620
・ 奈須正裕，江間史明（2015）『教科の本質から迫るコンピテンシー・ベイスの授業づくり』図書文化社（教科の本質を捉えた授業づくりについて紹介）
・ National Academies of Sciences, Engineering, and Medicine(1996)「National Science Education Standards」Washington DC, The National Academies Press（科学リテラシーについての記述）
・ Sellers D.,Dochen C.,Hodges R.(2014)「Academic Transformation: The Road to College Success 3rd edition」Pearson Education, Upper Saddle River, NJ.（ウィリアム・ペリーの認知的発達段階説を紹介）
・ 吉田新一郎（2006）『テストだけでは測れない！一人を伸ばす「評価」とは』生活人新書（人を伸ばす「評価」について紹介）

# 結　評価をかえて "学びの意識改革" を

梨子田 喬
西大和学園中学・高等学校

## マラソン大会の順位づけから

　数年前に放送されたとあるテレビ番組の一幕。フィンランドの校長先生が日本の学校を視察し，日本の校長先生とマラソン大会の順位づけについて議論をしている。フィンランドの校長先生は日本の小学校のマラソン大会の順位づけに疑問を述べる。

　「運動はそもそもいいものなのに子どもたちを競わせることで運動が得意じゃないという子はビリという烙印を押されてしまいます。それでもう運動はやりたくないと思ってしまうのではありませんか」

　これに対し，日本の校長先生はこう反論する。

　「私たちは子どもたちに自分の目標というものを持たせています。去年の大会で10番だった20番だった子はそれよりも速い順位になるように努力をしています。その努力の過程を私たちは学校で評価しています。次はもう少しいけるだろう，そういう励ましの中で，自分の目標にむかって努力をすることが大事だと考えています」

　しかし，フィンランドの校長先生は納得しない。

　「順位が少しくらい上がったからってそれがなんなんですか。」

　そしてこうつづける。

　「このような大会は子どもたちが運動を好きになって，将来社会に出た時に健康を維持するために走ったりするようになることが，本来の意味ではないでしょうか。」

　日本とフィンランド両国の教育観が反映されたいい議論である。

　「目標を持たせそれに向けて努力をする過程を大切にするもの」という日本の校長先生の反論は，私たち日本の先生方の根っこにある教育観を上手に表現している。この的確なコメントゆえに，それに重ねるフィ

ンランドの校長先生の「ビリの生徒の順位が少しぐらい上がったくらいでそれがなんなんですか」という一言は，われわれをはっとさせる。日本の学校では，勉強にせよ，スポーツにせよ，あらゆる場面で順位付けによる競争意識の中で目標を設定させ，それに向けて努力を求めることが，疑われることがないくらい当然になっている。しかし，ビリの生徒の目線に立てば，マラソン大会は「走ることは向いていないから，他のことを努力したほうがいい」という思いを抱くきっかけでしかなく，学校の教育活動が得意と不得意とを弁別する手段にすぎなくなっているともいえる。本当に全ての生徒に「目標を設定し努力の過程を大切にする」という教育活動の狙いが共有されているのだろうか，疑わしく覚えてくる。

## 競争という風の中で

　私たち教員は，生徒の学習活動を設計したり，学級を経営する時，「競争という風」の中に生徒を囲いがちである。自分自身の子どもの頃を振り返ってみても，テストの順位やマラソン大会，部活動の校内順位，皆勤賞，提出物ランキングなんていうものもあった。教室の日常に「競争という風」を吹かせ，子どもたちの間に意識付けを起こし，取り組みを活性化させる。それが優秀な教師の技量でもあり，そうした教師たちが吹かせる競争という風が学校現場には流れているものである。

　こうした競争の風を煽る手段となっているのが「評価」である。しばしば生徒から「テストがないとやる気にならない」「評価がないとやる気にならない」という言葉を聞く。「歴史は本来面白いのに，うちの生徒は競争がないと学ばないのか…」と嘆息してしまうが，「次回の考査のために社会科目を10点あげよう。学年○番以内を目指そう」といった具合に面談で生徒に「競争の風」を煽っているのは，同僚の担任の先生だったりする。「競争の風」の中では，評価に求められるものといえば，努力がきちんと反映されること，公正であること，客観性，そして順位付けなどの序列化機能である。そんな風にあたった生徒たちから，「何を勉強すれば社会のテストで点が取れますか」「ワークをやれば何点取

れますか」といった質問攻めにあう。探究的な授業を実践しても「授業は面白かったんですが，テスト勉強をどうやってやればいいのかわからず困ってます」と言われてしまう。努力の道筋を示すというのは必要なことかもしれないが，それが攻略法のようなものに受け取られるのであれば，それは何か違う。

## 学び手なのか成績向上ゲームのプレーヤーなのか

　今回の原稿執筆にあたり，大学に入ったばかりの教え子たちにお願いをして，評価についてオンラインで意見を出してもらった。冒頭のフィンランドと日本の校長先生の議論を見てもらったあと，これまで学校という場で評価や成績と向き合ってきて感じていたこと，高校現場と違った大学の評価と比較しながら感じていることを本音で述べてもらった。大変いい議論になったが（在校生のうちから議論をしておけばよかったと痛感。こんなにしっかり考えているのかと思わされた），少し見過ごせない意見も出てきたので紹介したい。

### 卒業生たちから出てきた意見

> ・「振り返り」を書けば単純に「主体性」の成績になる，でよいのだろうか。「こんな雰囲気で書けばいい」というのを考えながら書いていて，悪い意味で振り返り慣れしている。
> ・評価によってモチベーションが上がっているのは上位者だけ。下位者にとっては「恥の回避」が原動力になっている。
> ・観点別評価で成績を提示された時にどこをみるか。まず，関心意欲態度。そこが低いことが原因ならば次に上げやすいのでそこを狙う。

　小中高校と 12 年間の長きにわたって学校で評価を受けながら過ごしてきた生徒たちである。「こんな雰囲気で書けば」を探りながら振り返りを書いたり，関心意欲態度が低いところを狙って成績を上げに行くなど，いわば"成績向上ゲームのプレーヤーの処世術"を教えてくれた。授業をする側としては，学習の自己調整が行われているかを見取るため

に振り返りを行い，学習改善を促すために観点別評価を行っているつもりである。しかし，競争の空気の中では生徒たちは"学ぶもの"というより，"評価を受けるもの"となってしまいがちであり，そうなるとこちらの狙いや意図は伝わらないことも多くある。

　こういうわけで競争原理は学習の取り組みを表面的なものに変えてしまう弊害がある，と思ってしまうが，それは言いたくない。その結論は安直であるし，私たち教員は子どもたちの間に「競争の風」を吹かせることで教育の質を向上させてきた。そんな現実があるからである。むしろ，競争原理を否定するのではなく，「競争の風」と調和をさせながら本質的な教育実践をしたい。そうなると，「なぜ学習をするのか」そして「何のために学習評価があるのか」という理念的な部分を授業者がきちんと整え，伝え，考えさせていくこと，それも競争の風の中でも負けないレベルで浸透させる。これが重要となる。

## 私たちはなぜ生徒の学びを評価するのか

　授業開きに「どのように評価するか」を伝える先生は多いが，「なぜ評価が必要なのか」「そもそもなんのために評価をするのか」を伝える先生は少ない。学習指導要領の文言を借りれば，「生徒のよい点や進歩の状況などを積極的に評価し，学習したことの意義や価値を実感できるようにする[i]」ために，文科省の発行したハンドブックの言葉を借りれば「生徒自身が自らの学習を振り返って次の学習に向かうことができるようにする[ii]」ために私たちは評価を行っている。しかし，現場では，こうした学習評価の重要な目的があまり語られず，多忙感の中に身を置く教員にとって「成績処理」という数ある事務処理の一つになり，生徒にとっては「競争という風」に吹かれて評価本来の理念とは違った点取り競争の様相を呈してしまう。こうした状況が学習評価を一筋縄ではいかない難しいものにしている。

　「生徒自身が学習したことの意義や価値を実感し，次の学習に向かうことができるようにするために評価を行うのだ」と評価の理念や意義を追求すれば，「競争の風」から離れて生徒の取り組みが悪くなってしま

うし，かといって「競争の風」に身を任せてしまえば軽佻浮薄な点取りゲームと堕してしまう。1年間や1学期の学習活動全体を見据えながら設計しなくてはいけないのだが，あまり複雑に細かくすれば多忙化に拍車がかかる。評定という生徒の進路を左右する数字として出力をしなくてはいけない現実もある。それゆえ私たち教員は，とかく評価の方法に悩み，その手法を模索している。

## 評価の本質は，教師と生徒が二人三脚で魂を入れる「学びの意識改革」

しかし，結局，手法以上に大切なことは，いかに生徒を自立した学びの主体として育てていくかである。とかく評価の方法をあれこれ渉猟し，巷間に溢れるさまざまな手法を導入しても，生徒の学ぶ姿勢が受動的であれば，結局，生徒は成績向上ゲームのプレーヤーに過ぎなくなってしまう。生徒が自立して学習にのぞむマインドを育てていかなくては，どんなにいい評価の仕組みを作っても結局は「競争の風」が生み出す“点取りゲームの攻略法”によって形骸化していく。そういう意味で，学習評価の改善とは，教師と生徒が二人三脚で行いながら魂を入れていく「学びの意識改革」なのだとつくづく思う。

この二人三脚において，走る（学ぶ）のはもちろん生徒なのだが，教員が担う役割が二つある。一つは，生徒の自ら学ぶ姿勢を育てるような学習活動全体のデザインである。単発なもの，たとえば単発な振り返りであればそれは主体性評価のためのエビデンス（証拠）集めのようなものにしかならず生徒の意識を変えるものとはなりにくい。単発な取り組みではなく，一つ一つの教育活動，目標設定，授業の活動，振り返り等を生徒に返して，生徒自身が学習サイクルを回して自ら走ることができる学習過程となるよう学習全体の設計を行うことが求められる。下の図1に示したように，生徒は，身につけたい力を意識しながら目標を設定し，授業の活動に取り組んだ中で目標の達成度合いやつけたい力が身についたかを振り返り，その後学習の自己調整をしていく。こうした生徒の一連の取り組みは，身につけさせたい力の提示，授業における見取り

の場面設定，振り返りに対する形成的フィードバック，そして学習の自己調整場面の設定など，教師による学習設計により実現されていく。

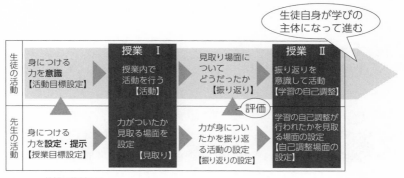

図1　学習サイクルのモデル図

　もう一つの役割とは，評価を通して力が身についたかどうかを生徒自身が確認する支援をすることである。とかく競争の道具とされがちな評価だが，他人と比べるものを第一の目的とするのではなく，自己の学びがどの程度達成されたかのバロメーターとして用いるものだという意識啓発をしていかなくてはいけない。また方法についても，テストや宿題の提出といった単一な方法ではなく，振り返りの変容をみるため長期的なスパンを設定したり，教師だけでなく生徒相互で行なうなど評価者を多様にしたり，形成的なフィードバックを与えそのレスポンスをみるなど，一点の瞬間ではなく幅をもった期間で，さまざまな目，さまざまな方法で，さまざまなアウトプットで生徒に返していくことが大切である。

## 評価だけの議論ではなく，生徒の学びをどう考えるかの議論を

　将来的には，われわれ教員が行う評価は，総括的なジャッジの性格が弱くなり，生徒たちの主体的な学びの側面支援となっていく性格が強

まっていくだろう。コロナ禍の中で出された「令和の日本型学校教育」<sup></sup>の答申では，情報活用能力の育成とあわせて，個別最適化や学習の個性化が目指されることが示された。かつては，一斉授業を前提として教師が主導した学びが標準的な教室であったが，教授者中心の授業から学習者中心の学びの創造に向けた教授パラダイムの転換も，ゆっくりと歩み始めている。

　本書で紹介された実践の中には，Well-being や Agency など，OECDが唱導している教育理念に基づく実践なども見られたように，これまでの競争の風に加えて社会全体の Well-being という新しい風も吹き始めていく。ここ 10 年で，これまでの一斉講義による知識伝達型の授業や管理主義的な教育についての問題が提起され，無論短期間で変わるものではないが，長いスパンで教育が変わっていく時代の大きな潮目にいることは間違いない。そういう中で評価というものを考えていかなくてはいけない。

　石井英真氏の「テスト 7 割，平常点 3 割は受験対策的な一方通行の講義式授業と管理主義的な授業態度の指導という日常を反映している」という指摘は，私たちをはっとさせる。確かに，「テスト 7 割平常点 3 割」の背後には，「一斉伝達による知識技能の再現率の向上」という学習観，「取り組み態度向上のための管理の道具」という評価観がある。結局のところ，評価とは，私たち教員が生徒の学びを日常どのように考えているのか，これに尽きる。評価をどうするか云々の議論は，評価だけの問題にとどまらず，「我々はいったい生徒たちの学びをどのように考え育てていくのか」，日常的な取り組みのレベルでこれが問われていることに他ならない。読者の皆さんがこの問いに応えていくために，本書がその手がかりを提供できればと願っている。

【注記】
　ⅰ）『高等学校学習指導要領』（2018 年告示）第 1 章第 3 款の 2 の（1）
　ⅱ）『学習評価の在り方ハンドブック』（2019 年 6 月）文部科学省国立教育政策研究所教育課程研究センター
　ⅲ）「令和の日本型学校教育」の構築を目指して〜全ての子供たちの可能性を引き

出す，個別最適な学びと，協働的な学びの実現〜（答申）（中教審第 228 号）
iv）石井英真『中学校・高等学校　授業が変わる学習評価深化論』図書文化社，
　　2023

## Column
# 「評価」とは何か～杉村春子さんのこと～

福岡県立ありあけ新世高等学校・定時制課程　<ruby>前川修一<rt>まえかわしゅういち</rt></ruby>

### はじめに

　日本の演劇史を代表する俳優であり，さまざまな意味で一つの「女優」の型を確立した杉村春子。没後 26 年。いまやその存在を知る人も少なくなってきているが，筆者は 20 代の頃，彼女の生の舞台を二度観たことがある。

「女の一生」布引けい役
（写真提供・文学座）

　一度目は，劇団新派百周年の記念公演に客演した 1989 年 2 月の「心中宵庚申（しんじゅうよいごうしん）」（東京・新橋演舞場），いま一つは 1995 年 11 月，熊本市民劇場例会の文学座公演「怪談牡丹灯籠」（熊本県立劇場演劇ホール）の 2 作品である。ともに杉村さんの 80 歳代の公演であり，晩年とは思えない，杉村さんの演技者としてのみずみずしさを感じさせる，ある意味脂ののった舞台であった。

### *1* 唯一無二の女優

　新派の舞台は歌舞伎から分かれただけあって，独特の間合いとやや大げさな格調の高いセリフの抑揚，明治時代の錦絵をそのまま再現したかのような舞台美術が特徴的である。しかし，「心中宵庚申」の舞台に立つ杉村さんの存在は周囲と何ら違和感がなかった。新劇

は旧劇を批判する演劇運動そのものなのだから，新劇の俳優である杉村さんが旧劇の新派の舞台に立つのは，本来おかしなことなのである。所作もセリフの言い回しも違うはず。しかし，そのことを忘れてしまうほど，舞台空間にすっと入ってしまっている。華のある役者とはこのこと，観客は杉村さんの登場とともに高揚感を増し，その一挙手一投足を固唾をのんで見つめている，そんな舞台だった。演舞場を後にする観客たちの，どの口も杉村さんを褒め称え，上気した顔を覚えている。

　その6年後，地方に暮らす私にとって演劇は遠いものだったが，たまたま地元の演劇サークルのおかげで，文学座の公演を観ることができた。杉村さん演じる「牡丹灯籠」のお峰は，伴蔵役の北村和夫とのコンビネーションよろしく，テンポの良い早口のセリフの掛け合いが秀逸だったのだが，杉村さんは女房お峰と令嬢おつきのばあや（実は幽霊），明治時代の貴婦人の三役を早変わりで演じてみせたのだ。このとき，なんと89歳。幽霊の低いが客席一杯に響く声，貴婦人の格調高く気品に満ちた声，そして江戸の女房を代表するお峰の，ちゃきちゃきしたセリフの歯切れの良さ。初めて観た時よりは表情に衰えはあったものの，声の違う三つの役を見事に演じ切っていた。

　杉村さんの演技の特徴は，客席の隅にまでよく通る甲高い声，早口でも聞き取れる確かなセリフ，喜怒哀楽を湛えた女性としてのさまざまな表情，そして細かな所作（特に新派の花柳章太郎仕込みの和服の着こなしは秀逸である）が一体的に表現されるところである。有吉佐和子作「華岡青洲の妻」の於継（おつぎ）の役は，自分の服を着付け帯を締めながら難解な和歌山弁のセリフをよどみなく言ってのける難役だが，観客は一連の動きの美しさに，思わずため息をもらしたものだ。

　1970年代の筆者の幼少時，杉村さんはテレビドラマの出演者の一人だった。母親が見ていた日曜劇場などのホームドラマでの演

技が，子どもながらに印象に残っている。杉村さんが登場すると画面がぴしっと締まり，ドラマ全体が活き活きする感じだった。共演者にとっても杉村さんは特別な存在だったようである。例えば岡田茉莉子が，杉村さんの前ではあがってしまって何度もNGを出していたこと，山田五十鈴や森光子が彼女との共演を希望し，常に目標としていたことなど，当時の名だたる大女優たちが杉村さんを尊敬し，憧れ，特別の思いをもって接していたことを後で知る。森光子いわく「杉村さんは自分が尊敬する唯一無二の女優である」と。

## 2　映画の中の杉村春子

　私が杉村さんを強烈に意識したのは，黄金期の日本映画，ことに小津安二郎監督の作品群をビデオ等で鑑賞しだしてからである。30〜40代の杉村さんの姿がフィルムに活き活きと映し出されている。「晩春」（1949）の嫁ぐ娘（原節子）を送り出す父（笠智衆）の妹（ことに，鶴岡八幡宮の参道で落ちていた財布を拾ってさっさと歩きだすコミカルなシーンは有名），「麦秋」（1951）の息子の再婚を願う母親の正直さ，「東京物語」（1953）の，田舎から東京に出てきた両親（笠，東山千栄子）を迎えるが，必ずしも大切にしない長女の屈曲した性格，そして，「浮草」（1959）の12年ぶりに島を訪れた旅役者（二世中村鴈治郎）に接する一膳飯屋の女将（実は彼の子どもを産み育てている女性）の静かな強さ，などひときわ杉村さんの存在が光る作品ばかりである。どの作品の役どころもすべて違う。

　小津作品の他にも，戦前の豊田四郎監督「小島の春」（1940），戦後は木下恵介監督「大曾根家の朝」（1946）「野菊の如き君なりき」（1955）「香華」（1964），稲垣浩監督「手をつなぐ子等」（1948），成瀬巳喜男監督「晩菊」（1954）「流れる」（1956），黒澤明監督「わが青春に悔なし」（1946）「赤ひげ」（1965），

そして最晩年の主演作ながら映画賞を総なめにした新藤兼人監督「午後の遺言状」（1995）など枚挙にいとまがない。出演作はどれも日本映画史を代表する綺羅星のような作品ばかりだ。それにしてもこれだけの役の違いを見事にこなす，それでいて自身の個性を失わない演技に，杉村さんが女優の神様と称される理由がある。杉村さんは日本を代表する映画女優でもあった。

## 3 波乱万丈の演劇人

　しかし，杉村さんは映画やテレビの世界にいることをよしとしなかった。「私が演劇を捨てたら何も残らない。演劇だけは絶対に続けていく」と笠智衆に語ったという（笠智衆『俳優になろうか』朝日文庫，1992）。

　杉村春子は1906年に広島で生まれた。私生児として生まれ，裕福な養父母に育てられたという。1922年に高等女学校を卒業すると，東京音楽学校（現在の東京芸術大学音楽学部）を受験し声楽家を志したが2年連続で失敗，1924年広島に戻って，2年間音楽の代用教員をつとめた。地元に来た新劇の舞台を見て感動し，1927年に再び上京，新劇の父ともいうべき小山内薫，土方与志が設立した築地小劇場の採用試験を受ける。音楽の道は諦めて，新劇の俳優を志したのである。ところが，広島弁のなまりが強く，「3年間セリフなしで辛抱するなら」という条件付きで研究生採用された。音楽教員の経歴からセリフのないオルガン弾きの役で初舞台を踏んだ。いわば築地小劇場では端役として俳優生活をスタートさせたわけであるが，上野の音楽学校をめざしたプライドからすれば屈辱であったろう。

　1937年，文学座の結成に参加するが，スター俳優であった友田恭助・田村秋子夫妻が中心となるべきところ，友田が日中戦争に従軍し中国大陸で戦死し，結果的に劇団の中心俳優とならざるを得

なかった。しかし，田村の母親役など，実年齢に見合わない役を多く演じている。等身大の演技とは違う「演じる」ことを若いころから背負わされたことが，結果的に杉村のキャリアを作ったと大笹吉雄は言っている。この頃から文学座のみならず他の劇団や映画にも客演し，またNHKのラジオドラマにも出演していった。

　1945年，戦時下に初演された森本薫作『女の一生』は，愛人でもあった森本が杉村のために書き下ろした作品である。大当たりとなり，戦後まで上演回数が900回を超える文学座の財産演目となる。上演中に空襲警報が鳴り響く中，相次ぐ中止を経験しながらも，「自分たちの」演劇を守るべく，最後まで上演し続けようとした。戦争による文化・芸術の受難を体験した杉村は，戦後も演劇人としてのスタンスを反骨において，変えようとはしなかった（1995年，文化勲章の内示に対し受賞を辞退している）。

　演劇における杉村の代表作は「女の一生」（上演回数947回)，「華岡青洲の妻」（634回）の他にも，テネシー・ウイリアムズ作「欲望という名の電車」（593回），「華々しき一族」（309回），「ふるあめりかに袖はぬらさじ」（365回）など多数あり，どれも記録的な上演回数を残している。

　しかし，政治の季節が劇団を覆い始める。60年安保を境に文学座分裂の動きが始まり，1963年1月，劇団の運営に不満を持った芥川比呂志ら，中堅劇団員の大半が文学座を集団脱退して福田恒存とともに新劇団を結成する（第1次分裂）。背景には，劇団の運営面で絶対的な力を持っていた杉村への反発があった。さらに同年12月には，文学座の座付き作家的な位置にあった三島由紀夫の戯曲「喜びの琴」上演拒否問題が起き，1964年1月，三島を筆頭に中村伸郎ら，古参劇団員が次々に脱退していった（第2次分裂）。作品の思想性から，上演が劇団の存続に重大な影響を与えると杉村がとっさに判断したことが背景にあった。

　「女の一生」の初演を見るなど，三島は杉村の実力を戦前から認

めていた作家で，「鹿鳴館」の影山朝子役は杉村にあてて書いたといわれている。第1次分裂の際は劇団を代表して声明文を書くほど，三島は文学座および杉村の側に立っていたし，杉村にとっても三島は特別な存在だったという。しかし，戯曲「喜びの琴」は，思想的にかなり踏み込んだ作品だったことから，杉村が主導して上演中止を決定，一方の三島は杉村および文学座に対して決別の文を書いた。新聞は文学座の致命的挫折を書き立て，崩壊間近とまで喧伝した。さんざんな書かれ方であり，また実際に多くの座員を失った。しかし，杉村はひるまなかった。

財産演目である「女の一生」などの作品を大事にすることにより，経済的な基盤を固めつつ，杉村ゆずりの細かな演技で女優の宝庫と言われるほど，太地喜和子，小川真由美，樹木希林，田中裕子などの実力派女優を育てあげた。また演出の木村光一，男優では江守徹，高橋悦史，渡辺徹ら若手を育て，結果的に世代交代を成功させ文学座を存続させていく。福田恒存らの新劇団が分裂を繰り返し，現在ほとんどの劇団が残っていない状況とは対称的である。

私生活では，二度にわたって伴侶との死別（いずれも肺結核）を経験した。経営の苦労を骨の髄まで体験している杉村は，観客を大事にし，全てにおいて観客と芝居のスケジュールを優先した。二度目の夫，石山季彦の死は，北海道での旅公演中の出来事だったが，列車での移動時にデッキで泣き崩れている杉村さんを，加藤武は目撃したという。


## *4* 「評価」嫌い

文学座という劇団のために，献身的に働いた杉村さんだったが，たった1つ拒否し続けた仕事がある。文学座附属演劇研究所の採用試験の面接である。俳優座養成所と並んで，当時は演劇や映画で活躍する明日のスターをつくる最難関の俳優学校であった。劇団の

みならず日本を代表する大女優が面接をすること自体意味がある。しかし，劇団幹部が何度説得してもこれだけは受けなかった。「あたしは人を評価するなんてできないのよ。一度の評価で，どうやってその人を判断するの？あたしは，ぜったいやらない。ぜったいにいや！」と江守徹に語ったという。

　杉村さんほどの大女優，しかも実質的な劇団の主宰者が，なぜかくも俳優の卵に道を拓く演劇研究所の採用面接の仕事を拒否したのだろうか。

　二度にわたる東京音楽学校の不合格，広島訛りによっていわば補欠合格となった築地小劇場，文学座創設時の脇役としての出発，差別を含めた戦争中の俳優生活のみじめさ，戦後の二度にわたる劇団の分裂，特に芥川比呂志・三島由紀夫ら，数多くの若きインテリたちとの確執，高齢を重ねても舞台に立ち続ける杉村に対する過酷な劇評（「老害」とまで書かれた）。その一つひとつが杉村にとっては心の傷であり，面接員の拒否はそのたびに復活を果たしてきた杉村の境地だったのではないか。そこには，人から評価される，人を評価することへの生理的な嫌悪と，強烈な劣等意識が見て取れる。

## *5*　定時制高校の定期考査から

　私は5年ほど前に，勤務する定時制高校の〈日本史A〉の授業で，次の問いを出したことがある。

問い：昭和の初めには軍部と政党との対決する場面が多くなり，結果的に軍が主導権を持つきっかけになる事件があいつぎました。もし，あなたが昭和の初めに生きていたら，ひとりの国民としてどんな行動をとったでしょうか？下の文を参考にして，思うところを自由に述べなさい。

兵士たちの怒号を聞きまして，まだ寝ておりました父が，すぐ起きまして，自分の左手にあります小さな襖を開けて，拳銃を取り出しました。覚悟していたのだろうと思います。そして私に「和子はお母様のところへ行きなさい」，これが最後の，私が父から聞いた言葉でございました。逃がしてくれたわけでございます。

（中略）

茶の間の方から青年将校2人（高橋太郎少尉と安田優少尉）と兵士が数人入ってきて，父を射撃いたしまして，最期に銃剣で切りつけて，とどめを刺して帰っていきました。

（中略）

駐在武官として父は長い間，ドイツ，オランダ，中国，満州，そういう所へ参りました。私には直接申しませんでしたけども，母や姉に聞きますと，父は「軍隊は強くなければいけない。でも戦争だけはしてはいけない」ということを絶えず言っていたそうでございます。「戦争は勝っても負けても国を疲弊させる。自分が勝った国，負けた国に駐在武官としてずいぶん長いこと行っていたけども，そこの人たちがどれほど食糧や着るもの，家を壊されて困っているかをつぶさに見てきた。戦争だけはしてはいけない」。それがもしかすると，その当時，ひたすら「戦争をしなければならない」と思っていた方々にとって邪魔な存在になっていたのかも存じません。私の母は，父がよく「俺が邪魔なんだよ」と言っていたと後で話してくれました。つまり父の存在が一部の方々にとっては非常に邪魔だったのです。

（目の前で軍人に父を殺された，渡辺和子さん〔当時9歳〕の講演より）

のちにノートルダム清心女子大学の学長・理事長となる Sr. 渡辺和子の手記である。二・二六事件において，父渡辺錠太郎教育総監が目の前で殺害されたときの様子を生々しく描いている。できるだけ生の史料に接することで，生徒たちが自分事として歴史事象をとらえることをねらった問いだが，生徒たちの答えは，そのほとんどが次のA・Bに代表される2つの意見に分かれた。

## A さんの答え

> 　もし，私が当時生きてたら，青年将校や戦争をしなければならないと思っている人に目をつけられないように生活していたと思います。軍人でなかったとしても何かしらの迫害を受けるかもしれないし，自分だけではなく家族にも被害が及ぶ可能性を考えると何もしないことが一番だと思います。今の時代は一人ひとりが声をあげなければいけないけれど，当時，死と隣り合わせにも関わらず政治的な行動を取る気にはならなかったと思います

## B さんの答え

> 　私が国民であれば，この方のお父さんのように死のうとも戦争はしてはいけないと声を上げたいと思います。いくら軍人が思っているようにならなくとも邪魔だとしても，人を簡単に殺してはいけないし，私はそんな人たちからできている軍を信用できません。

　要するに，声をあげるかあげないかの違いである。戦争に対する反対の意思はあっても，具体的な行動を伴う書き方はなされていない。

　これらに対して，独創的な答案を書いた生徒がいる。服装も受講態度も，また出席状況においても優等生にはほど遠い。いわば良い「評価」というものを受けたことがほとんどない生徒。そんな生徒がこのように答えた。

## C さんの答え

> 　この時代は自分が違うと思っていても口にしちゃいけない時代だと思ってます。一人じゃどうしようもできないし，周りに話せば家族がきけんにさらされるかもしれません。それでも負けたくないから，私はアンネ・フランクのように日記を書きます。見つかる事もなければ，みらいの人に少しでもうけつないでもらえるように書き残しておきたいと思うからです。（ママ）

　表立って反対はできないけれども，日記を書いてそのときの状況

を克明に残すという選択。歴史とは何か，という問題意識にもつながる。それはまた，授業中の問いに対する1つの答えにすぎないのだけれども，「負けたくないから」という記述の中に，この生徒の育ってきた環境や，その時の仕事の状況すらさらけ出す意思の吐露まで感じられた。歴史事象に自分の置かれている現在地を重ねているのだ。私はこれをどう「評価」すべきか，しばらく考えこんでしまった。

## *6* おわりに

「評価」とは何だろうか？与えられた問いを考えるとき，そこには「評価」という言葉にみられる微妙なニュアンスが浮かび上がる。

評価の「評」という字には，①はかる，②あげつらう，③しなさだめする，という意味がある（オンライン「漢和辞典」より）。「あげつらう」とは，「物事の善悪，理非などを議論する。物事の是非をただす。また，ささいな非などをことさらに取り立てて言うこと」らしい（『日本国語大辞典』小学館）。

欧米ではどうなのだろうか。Assessment や evaluation の中に，人をあげつらったり，品定めしたり，大げさになじるようなマイナスのイメージがついてくるのだろうか。

観点別評価をはじめ，教育の現場にはさまざまな「評価」が舞い降りてきている。いや，世の中全体が「評価」なしには成り立たない社会になっていると言ってもいいかもしれない。長い歴史の中でこびりついた「評価」のマイナスイメージに向き合い，正しいあり方を今こそ国民的に議論すべきではないのか。

「評価」を考えるとき，明治〜平成まで第一線の女優として活躍したレジリエンスの人杉村春子さんのことを，私は思い出す。

◆ **おもな参考文献**
大笹吉雄『女優杉村春子』（集英社，1995）
川良浩和『忘れられないひと，杉村春子』（新潮社，2017）

# これからの〈歴史総合〉の話をしよう
## —学びの「主体」としての教員，「自分事化」の先にあるもの—

皆川 雅樹

産業能率大学経営学部

## 1. 教員としての「不十分さ」

　本書は，タイトル『歴史総合の授業と評価　高校歴史教育コトハジメ』の通り，本書に登場する現場の先生方がつくる〈歴史総合〉の授業と評価について紹介し，〈歴史総合〉1年目の状況を記録として残すことを目的・意図したものである。新型コロナウイルス感染症（COVID-19）の禍やロシアによるウクライナ軍事侵攻などが続いている中で，〈歴史総合〉は1年目を迎えた。〈歴史総合〉の授業内容が，感染症のような人間活動と自然環境をめぐる問題や近代国家による侵略戦争が主題となる場面が多くなることは必然と言えよう。生徒たちが歴史を学ぶ上で，教員が授業で歴史を学ぶ場をつくる上で，現在と過去をつなげたりくらべたりする思考や行為をしやすい状況であることは確かである。

　そして，本書が刊行されるときには，〈歴史総合〉の実施から2年目の中盤を迎えている。昨年度の実践を生かしてブラッシュアップしている方，昨年度の実施を横目に見つつ今年度初めて実践している方など，いろいろであろう。「近代化と私たち」の大項目を終えてホッとしつつも（終えられなくて危機感を持ちつつも），次の大項目「国際秩序の変化や大衆化と私たち」などを見据えての授業準備や教材研究を進めているところではなかろうか。

　ここで，〈歴史総合〉がもたらした教員への作用について，本書に掲載されている先生方の言葉から探っていくと，以下の3点が浮かび上がってきた。

## ①教員としての「あり方」

　序「〈歴史総合〉とは何か—歴史総合元年を終えて—」で金子勇太氏は，

〈歴史総合〉とは「ルネサンス」であると表現している。「教員を目指して歴史教育を学んでいた学生時代の理想を，現場に出てさまざまな現実に直面して忘れかけていた」（本書p.21）と言い，教員としての自分自身の「あり方（Being）」を「再生」「復活」させている。

### ②教員同士の「つながり」「対話」

　土居亜貴子氏は，本書の授業実践「平和な未来を目指して─つながりを学ぶ〈歴史総合〉─」の最後に，授業を進めていく中での同僚や他校の先生方との情報を共有することについてふれている。「〈歴史総合〉のおかげで，毎日ワクワクしながら働くことができ，人とのつながりが広がっていることに感謝している」（本書p.271）とし，土居氏は一教員だけに授業づくりがとどまらないことに心を躍らせている。また，山田繁氏は，授業実践「教員間の対話と〈歴史総合〉の授業づくりについて」で，〈歴史総合〉を担当する教員間での対話の機会が増えたことを強調している。「お互いの知っている知識を披露し合ったり，時には歴史観や考え方の違いが明らかになったり，このような時間を経ていくことで，確実に授業づくりが「楽しい」ものとなっている」（本書p.342）とあり，山田氏は教員が多忙化していく中で限りある時間の中での担当者間での対話の場の大切さを痛感している。両氏は〈歴史総合〉のはじまりによって，教員同士の新たな「つながり」や「対話」が生み出されてきたことに喜びを感じている。

### ③教員が「伝える」

　林裕文氏は，授業実践「「グローカル・ヒストリー」として福島をとらえ直す─〈歴史総合〉と探究学習の往還関係を生み出すカリキュラム・デザインをめざして─」の最後に「東日本大震災や原子力災害の厄災やその教訓を高校生などの若者に語り継いでもらうために，大切なことを先人から「伝える」ことで後世の人たちに「バトンを渡す」という営みは「歴史」の大切な使命である」（本書p.316）と述べ，歴史を学ぶ際に「先人から「伝える」」意義について問い直している。「教師は「先に

生まれたもの」として，大切なことは高校生に「語り伝えたい」のである」（同上）とし，「先人」の中には授業を実践する教員も含まれることを強調している。林氏は，生徒が学ぶことだけに重きを置くのでなく，教員が「伝える」ことの重要性を再確認している。

　以上，①～③の３つの視点に共通した気付きは，教員としての「不十分さ」ではないかと考えてみた。①教員として授業を行う理由や必然性を考える余裕がない，②教員同士のコミュニケーションや協働の不足，③先人としての教員が伝える努力不足といったことである。このような「不十分さ」を認識したからこそ，それを乗り越えるような気付きが生まれたわけである。担当せざるを得ない〈歴史総合〉ではなく，〈歴史総合〉の授業を担当すること（によって歴史を学び教えること）が「自分事化[iii)」できているのであろう。

　また，①～③の３つの視点の背景には，①教員としての「あり方」は「自己との対話」，②教員同士の「つながり」「対話」は「他者との対話」，③教員が「伝える」内容は「対象（世界）との対話」，という３つの「対話的な学び[iv)」が存在している。〈歴史総合〉を担当することによって，〈歴史総合〉を通じて教員自身が歴史を学ぶ「主体」となる姿がここにあるわけである。

## 2. 教員にとってのこれからの〈歴史総合〉

　一方，今なお〈歴史総合〉を担当していない歴史担当の教員も存在しているはずである。〈歴史総合〉は担当していないが，〈世界史探究〉もしくは〈日本史探究〉を担当している教員もいるはずである。このような教員の方々には，〈歴史総合〉を担当する教員との対話や〈歴史総合〉の各社教科書での叙述内容を読み解くことにぜひ取り組んで欲しい。そして，自身の「不十分さ」と向き合ってみるのはどうであろうか。

　〈歴史総合〉が授業科目として動き出してから，まだまだ日が浅い。生徒たちとの授業を通じた学び（主体的・対話的で深い学び）の場づくりをしながら，教員自身も〈歴史総合〉を学ぶ「主体」として，〈歴史総合〉での学びを「自分事化」していく必要があろう。学ぶ「主体」に

ついて小川幸司氏は，次のように述べる。

　　歴史とは，歴史学者や歴史教育者だけが探究するものではなく，様々
　　な人々が日常生活の中で参照し，それをもとに行動するものでもあ
　　る。（中略）学生や生徒・児童は，歴史教師が研究の成果を教え込
　　む客体などではなく，歴史教師とともに歴史を探究していく主体で
　　ある。歴史を探究する主体どうしが対等なパートナーとして歴史対
　　話を展開することで，私たちは互いの歴史認識（歴史実証・歴史解
　　釈・歴史批評・歴史叙述の総体）を鍛えることができ，ひいてはそ
　　れが社会の集合的記憶を鍛え上げる営み（歴史創造）になっていく
　　のであろう。このように，世界史は，私たち一人ひとりに開かれて
　　おり，皆が自分の世界史をつくり，それを開いていくべきなのであ
　　る。[v]

　歴史を学ぶ「主体」は，教員だけではなく，学生や生徒・児童など様々
な人々が含まれるのである。[vi] このような学びのために，〈歴史総合〉を
通じた教員による「自己との対話」「他者との対話」「対象（世界）との
対話」という３つの「対話的な学び」が必要であることは，先述の通
りである。なお，「他者との対話」には，教員同士だけではなく，生徒
を含めた様々な人々も含めることができる。教員自身が現状に満足せず，
自身の「不十分さ」を認識（見える化）していくことで，これらの「対
話的な学び」が促されることが期待される。

　〈歴史総合〉における教員としての学びの対象としては，授業の場づ
くり（教育方法）と授業コンテンツがあげられる。前者については，こ
れまでの歴史教育の方法やそれ以外の教科・科目の方法が参考になる。[vii]
しかし，後者については一筋縄ではいかない。この点について，戸川点
氏は，次のように述べる。

　　「歴史総合」はアクティブ・ラーニングという教育方法論ととも
　　に日本史と世界史の統合という内容面について画期的な変化がある
　　科目である。これまでの議論ではどちらかと言えば思考力養成，ア
　　クティブ・ラーニングという教育方法に関する議論が多かったよう
　　に思う。教育方法ももちろん重要であるが，日本史と世界史をどう

統合するのかという「歴史総合」のコンテンツに関する議論を実践も含め具体的にさらに積み重ねていく必要があろう。[viii]

〈歴史総合〉の内容は「日本史と世界史の統合」というかつてなかった形での叙述であることを考慮すると，これから授業実践を通じて議論・検証していく必要性を提示する。また，矢景裕子氏は「『日本史』と『世界史』を教えることはできない」として，〈歴史総合〉のあり方について次のように述べる。

> 歴史総合はそもそも制度設計からして「日本史」と「世界史」の「二つの歴史」を教えるものとして考えられていないのである。(中略) 現行教科書の日本史・世界史が併記された内容をすべて網羅することを「通史を教えること」とするならそうかもしれない。しかし，「国民国家の歴史」という「通史」は教師自身の手で（または調査活動を通じて，生徒自身の手で）再構築できるものである。歴史総合は，通史が教えられない科目ではない。むしろ，「私たち」が今ここに至るまでの「通史」を，日本や世界のあらゆる史資料を用いて生徒とともに考える科目である。[ix]

「日本史」か「世界史」かというこれまでの区別ではなく，「国民国家」というテーマを通じた歴史を，教員や生徒などの手で再構築していくことができるのが〈歴史総合〉であるという。前掲の小川氏が「歴史とは，歴史学者や歴史教育者だけが探究するものではなく，様々な人々が日常生活の中で参照し，それをもとに行動するものでもある」という点とも通じる。

〈歴史総合〉の事始め。歴史学者（「歴史総合」という分野の専門家はまだいない）にとっても高校歴史の教員にとっても，「不十分さ」を感じやすいものである。〈歴史総合〉を学ぶことについて「自分事化」できたその先にあるものは何かを考え続けることを最後に提案したい。そのために，まずは教員自身が「自己との対話」，生徒や同僚教員などを含めた「他者との対話」，〈歴史総合〉を基点に小中学校での歴史コンテンツや〈世界史探究〉〈日本史探究〉の授業コンテンツをつなげたりくらべたりすることによる「対象（世界）との対話」という３つの「対

話的な学び」を実践し続けていくことを願う[x]。

## 【注 記】

i ）小田中直樹『世界史の教室から』（山川出版社，2007年）は，歴史を学ぶ上で「つなぐこと」「くらべること」が有効であることを提示する。

ii ）教員としてのあり方（Being）については，河口竜行・木村剛・法貴孝哲・米元洋次・皆川雅樹編著『シリーズ学びとビーイング1. いま授業とは，学校とは何かを考える』『シリーズ学びとビーイング2. 授業づくり，授業デザインとの対話』（りょうゆう出版，2022年・2023年），アンバー・ハーパー（飯村寧史・吉田新一郎訳）『教師の生き方，今こそチェック！―あなたが変われば学校が変わる―』（新評論，2022年，原著2020年）など参照。

iii ）「自分事化（自分ごと化）」については，皆川雅樹「「自分事（自分ごと）」とは何か―Being History を実践するための刺激―」『シリーズ学びとビーイング3. 学校内の場づくり，外とつながる場づくり』（りょうゆう出版，2023年10月刊行予定）など参照。なお，小川幸司『世界史とは何か―「歴史実践」のために―』（岩波新書，2023年）第1講では，松本サリン事件について授業内外で歴史的に学ぶ場をつくったことを紹介している。教員としての小川氏自身だけでなく，多くの生徒たちを巻き込んで（小川氏が多くの生徒たちに巻き込まれて），歴史について探究したり行為したりする「歴史実践」における試行錯誤は，まさに「自分事化」した学びである。

iv ）佐藤学『学びの快楽―ダイアローグへ』（世織書房，1999年）pp.60-62によると，学びの実践とは，対象と自己と他者との関係において3つの対話的実践の領域を形成するという。第一に，「対象（世界）との対話」とは，「対象に問いかけ働きかけて，推論し，探究し，名づけ統制するという一連の対話で構成された言語的実践」（＝「世界づくり」）。「自己との対話」とは，「対象世界に対峙する自己自身を構成し，自己自身を対象化するメタ思考を展開して，自己自身を再構成している」（＝「自分探し」）。「他者との対話」とは，「他者との関係を内に含んだ社会的実践」であり，「教室における学びは，教師や仲間との関係において遂行されているし，一人で学ぶ状況におかれた場合でさえ，その学びには他者との見えない関係が編み込まれている」（＝「仲間づくり」）。3つの対話的実践は，それぞれ相互に媒介し合う関係で，三位一体であるという。

v ）小川幸司「〈私たち〉の世界史へ」（『岩波講座世界歴史01 世界史とは何か』岩波書店，2021年）p.5, p.16。

vi ）皆川雅樹「歴史は誰のものか―Being History を実践するための確認―」（河口竜行・木村剛・法貴孝哲・米元洋次・皆川雅樹編著『シリーズ学びとビーイング2. 授業づくり，授業デザインとの対話』りょうゆう出版，2023年）など参照。

vii ）これまでの歴史教育の方法が〈歴史総合〉にも生かせることについては，私自身も紹介したことがある。皆川雅樹「「アクティブ（・）ラーニング」の黎明期を走り抜けた先に―日本史の授業実践を〈歴史総合〉につなげるには―」（宮崎亮太・皆川雅樹編著『失敗と越境の歴史教育―これまでの授業実践を歴史総合にどうつなげるか―』清水書院，2022年）参照。

viii ）戸川点「教員養成課程からみる「歴史総合」／歴史学」（『思想』1188, 2023年）

　　p.73。

ix）矢景裕子「歴史総合の構想・授業・評価」（『思想』1188，2023 年）pp.208-
　　209。

x ）〈歴史総合〉の学びの先にあるものについて，大学入試とは言いたくない。加
　　藤公明「おわりに―歴史（社会科）を入試科目から外す―」（同『考える日本
　　史授業 5―「歴史総合」「日本史探究」，歴史教育から歴史学，歴史認識論への
　　提言―』地歴社，2023 年）p.342 では，次のように訴える。
　　　　歴史教育の本来の目的は生徒を歴史認識の主体として成長させることであ
　　　る。彼らが自らの歴史意識に基づいて自由にそして科学的に，つまり実証的，
　　　論理的，個性・主体的に歴史認識を構築できるようにすることである。歴
　　　史を入試科目にするならば，そのような歴史教育によって生徒が獲得する
　　　学力のなにをどのように評価するのか。そもそもその学力は，歴史を入試
　　　に課したその大学（高校・中学）に入って学生（生徒）として研究（学習）
　　　活動をしていくのにいかなる意味で必要なのか。それらの点が開示され，
　　　かつ具体的な評価のメソッドが開発され，その有効性が検証されてからで
　　　なければならない。それがないままに歴史（社会科）を入試科目とし続け
　　　ることは，歴史（社会科）教育の危機的状況を増大させるだけではないか。
　　　ただちに，歴史（社会科）を受験科目から外すべきである。
　　「歴史（社会科）を受験科目から外すべき」という刺激的な提案について私（皆
　　川）は賛成である。受験だけをモチベーションにした歴史の学びについて，
　　歴史を学ぶことの意味を考えることを通じて，これからも探究していきたい。

　最後に，大変お忙しいところご執筆してくださいました皆様に心より
御礼申し上げます。また，清水書院編集部の中沖栄氏，標佳代子氏には，
総勢 33 名の執筆者とねばり強くお付き合いいただき，この一書を編み
上げていただきました。言葉に尽くせないほどの感謝の気持ちでいっぱ
いです。ありがとうございました。そして，本書で紹介した授業実践に
登場する生徒や卒業生の皆様，関係する皆様にも，厚く厚く御礼申し上
げます。

# 執筆者一覧

（執筆順，2023 年 10 月現在）

金子 勇太　　（青森県立青森高等学校）
若松 大輔　　（弘前大学大学院教育学研究科 助教）
宮﨑 亮太　　（関西大学中等部・高等部）
坂田 匡史　　（東京都立小山台高等学校）
野々山 新　　（愛知県立大府高等学校）
溝上 貴稔　　（長崎県立大村高等学校）
矢景 裕子　　（神戸大学附属中等教育学校）
山崎 大輔　　（巣鴨中学校・高等学校）
神部 健　　　（三浦学苑高等学校）
吉川 牧人　　（静岡サレジオ高等学校）
多々良 穣　　（東北学院榴ケ岡高等学校）
寺坂 悠平　　（長崎県立対馬高等学校）
土居 亜貴子　（兵庫県立御影高等学校）
佐藤 克彦　　（千葉県立津田沼高等学校）
林 裕文　　　（福島県立ふたば未来学園中学校・高等学校）
福崎 泰規　　（福岡県立修猷館高等学校）
山田 繁　　　（福井県立鯖江高等学校）
梨子田 喬　　（西大和学園中学・高等学校）
皆川 雅樹　　（産業能率大学経営学部 准教授）

COLUMN
　加藤 公明　　（国士舘大学 客員教授）
　小川 幸司　　（長野県伊那弥生ケ丘高等学校）
　廣川 和花　　（専修大学文学部歴史学科 教授）
　北村 厚　　　（神戸学院大学人文学部 准教授）
　塚原 哲也　　（駿台予備学校日本史科講師）
　穂積 暁　　　（独立行政法人大学入試センター 試験問題調査官（世界史担当））
　前川 修一　　（福岡県立ありあけ新世高等学校・定時制課程）

FOCUS
　玉井 慎也　　（北海道教育大学釧路校 講師）
　石田 智敬　　（神戸大学大学院人間発達環境学研究科 特命助教）
　鈴木 映司　　（静岡県立沼津東高等学校）
　宮崎 三喜男（東京都立田園調布高等学校）
　渡邉 久暢　　（福井県教育庁 高校教育課 参事（高校改革））
　酒井 淳平　　（立命館宇治中学校・高等学校）
　溝上 広樹　　（熊本県立熊本北高等学校）

編著者紹介

**金子 勇太**（かねこ ゆうた）　1977年，青森県生まれ
　青森県立青森高等学校　教諭
　青森県立大湊高等学校教諭，青森県立五所川原高等学校教諭，青森県総合学校教育センター指導主事を経て現職。主な実績に，『現場ですぐに使えるアクティブラーニング実践』（共著，産業能率大学出版部，2015年），『教科書と一緒に読む　津軽の歴史』（共著，弘前大学出版会，2019年），『日韓歴史共通教材　調べ・考え・歩く　日韓交流の歴史』（共著，明石書店，2020年），『失敗と越境の歴史教育』（共著，清水書院，2022年）などがある。

**梨子田 喬**（なしだ たかし）　1976年，静岡県生まれ
　西大和学園中学・高等学校　教諭
　岩手県立釜石商業高等学校，岩手県立盛岡北高等学校，岩手県立大船渡高等学校，岩手県立盛岡第一高等学校，岩手県教育委員会指導主事を経て現職。主な実績に，『歴史教育「再」入門』（共編著，清水書院，2019年），『現場ですぐに使えるアクティブラーニング実践』（共著，産業能率大学出版部，2015年），『持続可能な学びのデザイン』（共著，清水書院，2021年），『失敗と越境の歴史教育』（共著，清水書院，2022年）などがある。

**皆川 雅樹**（みながわ まさき）　1978年，東京都生まれ
　産業能率大学経営学部　准教授
　法政大学第二中・高等学校特別教諭，専修大学附属高等学校教諭を経て現職。主な実績に，『日本古代王権と唐物交易』（単著，吉川弘文館，2014年），『歴史教育「再」入門』（共編著，清水書院，2019年），『持続可能な学びのデザイン』（編著，清水書院，2021年），『失敗と越境の歴史教育』（共編著，清水書院，2022年），『「唐物」とは何か』（共編著，勉誠出版，2022年）などがある。

ブックデザイン／ペニーレイン　上迫田智明

定価はカバーに表示

# 歴史総合の授業と評価　高校歴史教育コトハジメ

2023年10月30日　初版発行

編　著　者　金子勇太，梨子田喬，皆川雅樹
発　行　者　野村久一郎

発行所　**株式会社　清水書院**
　　東京都千代田区飯田橋3-11-6　〒102-0072
　　電話　　　東京（03）5213-7151
　　振替口座　00130-3-5283
　　印刷所　　広研印刷株式会社

Printed in Japan　　ISBN978-4-389-22606-0